不浪漫
赵孟頫传

周文翰 著

清华大学
出版社
北京

图书在版编目（CIP）数据

不浪漫：赵孟頫传 / 周文翰著. —北京：清华大学出版社，2022.7
ISBN 978-7-302-60433-4

Ⅰ.①不… Ⅱ.①周… Ⅲ.①赵孟頫（1254—1322）－传记 Ⅳ.①K825.72

中国版本图书馆CIP数据核字（2022）第052836号

责任编辑：孙元元
装帧设计：谢晓翠
责任校对：王凤芝
责任印制：杨 艳

出版发行：清华大学出版社
　　　　网　　址：http://www.tup.com.cn，　http://www.wqbook.com
　　　　地　　址：北京清华大学学研大厦A座　　　邮　编：100084
　　　　社总机：010-83470000　　　　　　　　邮　购：010-62786544
　　　　投稿与读者服务：010-62776969, c-service@tup.tsinghua.edu.cn
　　　　质量反馈：010-62772015, zhiliang@tup.tsinghua.edu.cn
印装者：小森印刷（北京）有限公司
经　销：全国新华书店
开　本：154mm×230mm　　印　张：25.5　　字　数：350千字
版　次：2022年7月第1版　　印　次：2022年7月第1次印刷
定　价：159.00元

产品编号：089791-01

与古为新

"宣物莫大于言,存形莫善于画",中国文艺源远流长,传统深厚,几千年来一代代艺术家留下了内容丰富的诗文书画作品,引发了无数专家学者角度各异的解读,所有这些作品以及对它们的研读阐释,构成了一幅动态的艺术史、文化史。

听闻文翰君有志为宋、元、明三代的文艺巨匠苏东坡、赵孟𫖯、文徵明等写传,我亦有所期待。中国艺术的一大特点是"诗中有画,画中有诗",艺术家往往有综合的文化修养,集诗文书画创作于一体。这三位文人艺术家就是其中的佼佼者,他们是中国文化的灿烂天河中闪耀的星座,其创作对中国的艺术史、文化史有重要的影响,实有必要以21世纪的史学观念、美学视野、跨界思维追溯他们的人生和时代,写出今人对他们的鲜活理解。

这三位艺术巨匠有一些共同点,比如都兼擅书画诗文,都喜好鉴藏、园林、游览,也都在生前就享有盛名。可是他们所处的时代不同,面对的文化命题也有所差异,因此他们的人生和作品也各有特色。

苏东坡,是与孔子、屈原、司马迁、陶渊明、李白、杜甫、白居易同列的文化巨人。他的作品闪耀着时代精神的光华,无论是诗文书画、话语方式还是生活态度都对中国宋代以来的文化有巨大而持续的影响,今天的中国人依旧对他感到亲切。他曲折的人生、博雅的知识、达观的性情,总是让人回味,值得一写再写,似乎永远无法穷尽。

赵孟𫖯,元代南北书画艺术交融的集大成者,继承多种书体风格而又别出心裁创造了"赵体",并以书入画,是"文人画"的重要奠基者,对元末以来的绘画艺术有巨大的影响。可是专业以外的人，大多仅仅知道他的名字和几件代表作，对他的人生际遇、艺术面貌不甚了解。元代的社会文化状况对许多人来说也比较陌生，值得各界研究者深入挖掘。

文徵明，和他的老师沈周构成了"吴门画派"的双子星座，是承前启后的山水画大家，对明代中期以来的文人画有巨大影响。他的书法也是明代的佼佼者，至今还有诸多影响。这位艺术家和苏州这座城市的关系也值得深入研究，吴门画派的兴起背后体现的艺术和商业、艺术和城市崛起的互动关系也对我们今天的文化建设有重要参考价值。

每个时代都有每个时代的艺术，每个时代的艺术总以杰出作者和经典作品为代表，伟大的艺术家既来自那个时代，又能超越那个时代的一般状况。他们或者集大成，或者开宗立派，或者独辟蹊径，或者别有情趣，对后人有无尽的启示，如此才可谓"技可进乎道，艺可通乎神"的境界。

我历来提倡立足"大文化""大历史"看待文艺创作和研究，觉得创作者要有认识的高度、思想的深度、视野的广度、表达的精度，以扎实的创作功底和精深的文化素养为"厚积"之基，在创作过程中锐意追求"薄发"之境，登广博之峰而造文艺之极。上述艺术家的经历可以说就是生动的例证，我想这些前贤的人生、作品对今天的艺术家、作家、读者也会有许多积极的启发。

孟子说："颂其诗，读其书，不知其人，可乎？是以论其世也。"这可以用来说明传记的重要作用。它给一幅动人的画、一篇精彩的诗文补充了大背景，让我们得以审视艺术家的一生，看到他的家庭生活、社会关系、时代氛围的方方面面。先了解他的人生，再来看那一幅画，读那一首诗，会有更透彻的认知，更震撼的感受。

文翰对文化史有相当的研究，之前已经写过《中国艺术收藏史》等通识著作，能沉下心来写这几位重要人物的传记，可以说是从"纵观"变为尝试"横切"，这需要慢工出细活，从原始的文献入手，抽丝剥茧，研究传主和周围人物的关系，体会特定时代脉搏的起伏，如此才能绘出众多主角、配角细致入微的群像，由点及面呈现那个时代的精神面貌。

我觉得这几本书是求真意、有新见之作：求"真"，是把人物放在他所处的文化生态中严肃审视，勾勒形貌，点染精神，写人物的成长、内心的挣扎、命运的遇合，紧要处间或为之心中一沉；见"新"，是以当代的历史和美学观念看待三位艺术家和他们的时代，以视觉化的文字风格描画历史景观，探究前人容易忽视的侧面，叙述中不时让人眼前一亮。

惟愿诸君读之、鉴之，若有所得，诚为美事。

中国美术家协会主席

范迪安

人间俯仰成今古

在后人眼中，赵孟頫是"风流儒雅，冠绝一时"[1]的文化巨擘，是元代文化和艺术的典范人物。

机缘巧合，落魄王孙赵孟頫得到举荐，进入大元皇帝忽必烈的视野，成为少数获得出仕机会的江南文士之一。他的故事从这里开始。经历了元代前期的各种风云变幻，他成了元代中期官位最高的文学侍从官僚之一，成为时人乃至后世眼中元代最著名的书法家、画家、鉴赏家。

如此，他的成功犹如一幕激动人心的戏剧，他和才女管道昇的"完美婚姻"也余韵悠长，令人遐想……

这就是剧情的全部吗？

在元代，赵孟頫生在南方，恰好还是宋朝宗室赵氏后人，这是他的命运的基点。

他的一生涉及北士与南士、艺术与权谋、家族与皇朝、道德与律令、官场与文坛的重重冲突和考验，他的生命体验要比碑铭上记载的那个光辉形象更复杂。他的苦衷和快乐、屈辱与荣耀都藏在一幅幅书画流动的线条里，躲在书稿图籍的字里行间。

现在，请跟我一起回到大元，踏入湖州、杭州、大都的街头巷尾，去寻觅这位貌似潇潇洒洒的前朝文士。他生活在一个不浪漫的时代……

1.（清）顾嗣立.元诗选：初集.北京：中华书局，1987：593.

目录

一

南人北上：
侧身天地一儒冠

许多年之后，赵孟頫仍清楚地记得至元二十四年（1287）[1]二月中旬的一天，那是他第一次拜见世祖皇帝忽必烈。那一刻，改变了他的一生。

那天依旧北风冷冽，只有御河边柳树嫩黄的枝条带给他一丝温暖的感觉。进入一座小宫殿，门口摆着的大桌子上放着黄金打造的兽形大酒瓮，地上铺着厚厚的地毯。两排壮实的蒙古侍卫站立在两侧——他们腰挎环刀，肩扛的朱红色"骨朵"的顶端是涂着金漆的蒜瓣式铜锤。几天前教导拜见礼仪的官员已经告诉赵孟頫等人，这是皇帝的近卫"云都赤"，凡是皇帝会见外人时都要在场。

正中的金色长榻上那位鬓发皆白的壮硕老人就是皇帝，他同时也是蒙古人、西域人口中的"大汗"。他两侧还放着"坐床"供大臣就座，留出了一些空位。觐见的二十来位江南士人跪拜之后，皇帝一一审视眼前的众人。这位皇帝一向注重人的相貌风姿，看到最前面时年三十三岁的赵孟頫面色如玉、身材修长，眼光和神情也稳定自若，便称赞他仪表堂堂，像是"神仙中人"[2]，让他坐在那位几个月前来到大都的知名文士叶李的右侧，蒙古人以右为尊，这代表对赵孟頫的格外欣赏。

皇帝简单了解了一下这几个人，就命赵孟頫每隔几天就到皇宫来侍从左右，旁听一些政务，在皇帝有疑问需要咨询时提供一些建议，算是见

---

1. 本书在帝王年号纪年后面标注了对应的公元纪年年份，但是需要注意的是，两者仅仅大致对应，因为通常帝王年号纪年的十二月对应的往往是公元纪年的下一年一月。书中的月、日如果没有特别说明，皆指当时通行的月、日而非公元纪年的月、日。

2. 忽必烈欣赏那些相貌突出之人，可是他大概只能听懂简单的汉语，不会书写汉字。他可能对赵孟頫的仪表的确比较欣赏，但是未必了用了"神仙中人"这样的字眼称赞他，最多是赞美一句"一表人才""好漂亮的秀才"这样的话而已。唐代笔记小说之后常用"神仙中人"形容人的外貌风度，黄庭坚在《题东坡字后》《题子瞻墨竹》中用此句形容苏东坡。最早用"神仙中人"形容赵孟頫的是鲜于枢（字伯几，一作伯机）在写给田衍的信中，见赵孟頫所撰《田氏贤母之碑》。苏东坡是南宋以后中国文化史中的偶像级人物，赵孟頫能和苏东坡一样，被人称为"神仙中人"，当然得意。赵孟頫死后，其家人请杨载撰写的《大元故翰林学士承旨荣禄大夫知制诰兼修国史赵公行状》则挪用于元世祖见到赵孟頫后的观感，明初宋濂等撰写《元史》中"赵孟頫传"时沿用了杨载的写法。

习，也是一种考察，要看看他的能力和特长。御史中丞耶律氏听说了此事，上书劝谏，说赵孟頫是宋朝宗室子孙，不应该获得举荐，更不能侍从皇帝左右，意思是这种人可能暗害皇帝、妨碍政事。忽必烈看到这道奏章后轻蔑地说："他这种人怎么能理解我的想法！"马上派遣侍臣传旨，从即日起解除耶律氏在御史台的职务。这就是皇帝生杀予夺的权威，他可以顷刻之间拔擢一介布衣文人当官，也可以随意撤去一位大臣的职位。

这时忽必烈七十二岁，已经做了二十六年皇帝，依然强有力地掌握着这个帝国。十年前他消灭了偏安江南的宋朝，从唐末以来第一次实现了"混一宇内"，得到臣子连篇累牍的赞美。可是他也不是万能的，至元十一年（1274）、至元十八年（1281）两次东征日本都失败了，他心爱的皇后察必在五年前去世，早就选定的继承人真金太子也在一年前病逝，对此他无能为力。他还有10个儿子、6个女儿，可是他们都已经成年，和他并不亲密。于是他决定把皇位传给真金的儿子，自己年轻的孙子，当然，要等到自己死亡的那一天。是的，皇帝清楚自己是个老年人，他的腿脚几年来一直遭受痛风病的折磨[1]，他和臣僚都知道自己将慢慢变得更老迈。他开始酗酒，暴饮暴食，臣僚们眼看着他的身材越来越肥胖。

之前一年春天，皇帝急切想要任用南方儒士担任官职，或许是为了让他们和北方儒臣相互制衡，或者是觉得南方懂得财政实务的儒士可以帮助蒙古、色目官僚一起加强理财事务。他知道，在西部草原，和窝阔台汗之孙、自己的堂侄孛儿只斤·海都持续了十几年的战争在不断吞噬国家的钱财，前年征安南（今越南北部）也是耗资巨大却徒劳无功。国库经常东凑西凑，最简单的招数就是加印纸钞，从至元十三年为了征服南宋和日本而急剧增加纸币"中统钞"的币量开始[2]，到至元二十三年

1.（元）虞集. 贺丞相墓志铭//文渊阁四库全书本.

2. 中统钞在中统元年（1260）首次发行73352锭，之后多年缓慢增长，至元十一年（1274）为24万锭，但是至元十三年暴增为接近142万锭。

元世祖忽必烈像（元）佚名
绢本设色 59.4cm×47cm（台
北"故宫博物院"藏）

　　画中元世祖忽必烈头戴银
鼠帽，身着蒙古族最重视的白
衣。丰颐，重髯，神态肃穆，
应该是其中老年时画像。

元世祖皇后察必像（元）佚名
绢本设色 61.5cm×48cm（台
北"故宫博物院"藏）

　　画中察必头戴珍珠饰罟
（gǔ）罟冠，身着金锦衣缘朱
袍的半身像。人物面容丰满，
神态雍容。

中统钞的印数高达218万锭，通货膨胀就成了一个难缠的大问题，物价连年上涨，民众都在抱怨。如果陷入更严重的财政危机，或许就要引起社会骚动。

可是皇帝对财政的担忧也是有一阵没一阵，有时他为此恼怒焦躁，有时候却又满不在乎，常常大肆赏赐诸王、近臣。几天前中书省的官员提到从正旦那天到二月中旬，皇帝已经赏赐出去中统钞50万锭，建议如果近臣奏请赏赐哪个人时，皇帝最好召中书省管理财政的官员一起参与商议再做决定。皇帝当即拒绝这个建议，觉得赏赐谁、赏赐多少是自己独裁的事情，无须和中书省官员商量。

皇帝觉得朝廷中的南方儒臣太少了。这是数百年来历史发展的结果，先有唐末五代的藩镇割据，后有辽、金、蒙古相继和北宋、南宋对峙三百多年，尤其是北宋灭亡后，北方的山西、河北、山东等地被金、蒙元统治了一个半世纪，北、南民众分属不同政权，交通也存在隔阂，政教制度、经济发展、民俗习惯的差异也越来越大，北人和南人常彼此轻视[1]。

蒙古统治者按照归附时间先后和地域，把治下民众分为蒙古人、色目人、汉人、南人四部分[2]。"色目"指西域至中亚的各族各部落，主要包括畏吾尔、回回、康里、唐兀、哈剌鲁、钦察、阿速、阿尔浑以及吐蕃、乃蛮、汪古等族群，他们绝大多数依旧生活在本土，但是有数万户色目人作为侍从、军人、商人，跟随蒙古统治者到大都和各个城镇为官、从军、经商，很有影响力。"汉人"和"南人"大致以原来金、南宋的疆域划分："汉人"指淮河以北原金朝境内的汉族、契丹、女真、高丽等族，以及蒙古较早征服的四川、云南两省人，总人数约2000万；"南

1.（元）余阙. 杨君显民诗集序//张元济. 四部丛刊续编本. 上海：上海书店出版社，2015.
2. 蒙思明. 元代社会阶级制度. 上海：上海人民出版社，2006：46.

人"则专指江浙、湖广、江西三个行省以及河南行省南部之人，又称"蛮子""新附人"，总人数约5000万[1]，至元十三年（1276）南宋灭亡后才纳入元朝统治之下。因为归顺最晚，所以"南人"常受到蒙古贵族乃至色目人、北方"汉人"的歧视。

至元十三年元灭南宋前，蒙元占领黄河、淮河以北地域已近半个世纪，形成了蒙古贵族主导，西域各族"色目"官员和北方"汉人"儒臣、世侯为辅佐的官场人事格局。主掌全国行政的中书省、主管全国军事的枢密院、负责监督官员为政的御史台这三个核心部门和翰林国史院、集贤院、太常寺等朝廷机构中，都有相当数量的北方"汉人"中高级官员，朝廷各部和地方行省的中低级官吏则几乎都来自北方[2]。可以说，蒙古、色目权要掌握大权，出身北方的中低级汉人官吏则构成了传达帝国统治意志的末梢血管系统。这些官吏彼此关联，引荐更多北方汉人进入官府，即使江浙、湖广、江西三个行省中，也是北方官吏占绝大多数[3]。

新归顺的"南人"中的儒士很快就明白了自己的不利地位，朝廷极少任用江南士人为官，更不要说当高官了。不时有江南士人抱怨："士生于南方者，为时所弃，恒不得为显官。"[4]在整个官僚系统中，北方汉人官吏对南士的排斥或许更加强烈，因为南士参政对踞有高位的蒙古、色目官僚不会有太大影响，但对于身份等级相对接近的北方汉人官僚来说是严重威

---

1. 至元二十七年（1290）统计当时全国有1319万户，58 834 711人，其中不包括云南行省和一些边远地区的人口，没有统计军户、僧道以及诸王封地中的"投下"人口数量，因此实际人口数量应该比统计数据稍多一些。其中江浙行省的人口数量达2873万，几乎占全国一半人口。史卫民. 元代社会生活史. 北京：中国社会科学出版社，1996：22-23.
2. 当时官员估计吏员出仕者约占官僚总数的85%，宿卫近臣出仕者占10%，儒者出仕占5%。（元）姚燧. 送李茂卿序//文渊阁四库全书本.
3. 元朝先后设立了辽阳、河南江北、陕西、四川、甘肃、云南、江浙、江西、湖广、岭北等10个行省，中书省则直辖今山西、河北、山东及内蒙古大部，称之为"腹里"。其中江浙、江西、湖广三个行省的税粮合计占全国一半，江浙行省的税粮占全国的三分之一，是全国人口最密集、出产最多、经济最富庶的地区。
4. （元）杨翮. 送崇仁县尹陈子英之任序//文渊阁四库全书本.

胁：他们熟悉的是同样的经史典籍、治理策略和文字，两者在官僚体系中占据同一"生态位"，彼此的竞争会更为激烈。

对江南的百万儒士来说[1]，南宋和蒙元的变替可谓"天翻地覆"：

首先，就出仕为官而言，宋朝最重科举，南宋三年一次的乡试参加者多达20万人以上，他们中的幸运者考中进士就可以出仕为官；而元初没有设立科考，士人没有了出仕这条途径，也就没有了俸禄以及相关联的利益。

其次，就社会身份而言，宋代州学、县学的学生可以免除征役，进士可以免除徭役和身丁税，让儒士可安心攻读或者讲学、著作，他们在本地都是受尊重的社会精英；而元代尽管也给"儒户"免予承担徭役的优待，可是学校的规模缩小了，官府认定的儒户数量有限，因此受益的人少了很多。种种原因，导致江南许多科举出身的高门巨室在元初迅速衰败、离散。一般儒士家庭如果家中缺少田产，只能尽快改弦更张，凭技能去经商、为吏、入幕、从医、卖画、占卜算命、写杂剧小说，为生计四处奔波。

当然废除科举不仅仅对南人有影响，北方士人在半个世纪前就遭受了蒙元灭金之变，也经历了巨大的心理冲击。许多北方士人看到皇室近侍、权要奴仆即使不识字也能当官，而苦读多年的文人儒士却沦落街巷，只能在杂剧中悲叹："这壁拦住贤路，那壁又挡住仕途。如今这越聪明越受聪明苦，越痴呆越享痴呆福，越糊涂越有了糊涂富！则这有银的陶令不休官，无钱的子张学干禄。"[2]当时的滑稽演员戏说大元社会的等级是"一官二吏……七匠八娼九儒十丐"[3]，这并非真实的社会阶层划分，却也充分反映了儒士普遍的失落感。

---

1. 在宋代科举制度引导、官学和私学发达、雕版印刷技术普及、图书市场发达等的合力之下，南宋中期参加科举或准备应举的读书人近百万，受科举影响受教育的人数当数倍于此，教育已经相当普及。何忠礼. 科举制度与宋代文化历史研究，1990（5）：119-135.
2. （元）马致远. 半夜雷轰荐福碑//（明）臧懋循. 元曲选. 台北：台湾中华书局，1966：579.
3. （宋）谢枋得. 送方伯载圭三山序//四部丛刊（影印明刻本）.

皇帝当然早就知道江南也有可用的人才，至元十三年（1276）刚征服南宋时他就颁布《定江南诏书》，号召官员举荐"前代圣贤之后，高尚儒、医、僧、道、卜筮，通晓天文历数并山林隐逸名士"。之后，忽必烈多次派人到江南求访人才，如至元十四年让御史大夫相威到江南求访"遗逸"；至元十六年派近臣崔彧到江南寻访"艺术之人"，就是画师、工匠之类人才；至元十七年又派人到江南名山寻找"高士"。在他眼中，"好秀才"（儒士）是与"得道高人"（僧人、道士、方士）、"艺术过人者"（手工艺匠人）并列的实用技能人才[1]，可是这几次招来的大多是僧人、道士、工匠等，很少有江南儒士因此入朝为官。

至元十九年（1282），本身就是江南人的集贤直学士程钜夫曾建议朝廷起用南方人才。他针对江南政务奏陈《吏治五事》，指出存在"北方之贤者"看不起江南士人的现状，直指汉人官僚排斥南士的现象，并建议皇帝大力延揽南方人才担任官职，获得忽必烈的首肯。北方儒臣也注意到皇帝似乎对南方儒士有浓厚兴趣，并有了相应的反制举动，如王恽在同一年上书举荐之前因事罢职的前中书左丞相耶律铸、前中书左丞张文谦、前安西王府王相商挺、秘书监焦仲益等四人，并表示任用这类老臣要比"求访疏远"更有利于政务大局[2]，这显然有针对程钜夫建议的意味。

至元二十二年，因为任用北方汉人官员卢世荣理财失败，皇帝对北方儒臣和财政专家极为失望，有意任用江南人才，曾多次在和朝臣谈话时强调朝中应该任用江南人才，可是没有得到蒙古权贵和汉人儒臣的充分重视。程钜夫揣摩皇帝的心思，于至元二十三年（1286）初又接连上奏《学校》《好人》《公选》等奏疏，指出朝中、地方上南方官员寥寥无几的现状，请求忽必烈并用南北人才，再次获得了忽必烈的首肯。程钜夫还自告

1.（宋）谢枋得.上丞相留忠斋书//四部丛刊（影印明刻本）.

2.（元）王恽，杨亮，钟彦飞.王恽全集汇校：卷第九十一.北京：中华书局，2013：3734-3735.

奋勇说自己愿意到南方搜访"好秀才"。

这年二月，程钜夫上奏说中书省、翰林院都有南方儒臣任职，但是御史台、各道提刑按察司中还没有南士，建议起用熟悉江南民情风俗的南方人才，有助于监察官员行政，稳定江南局面。御史台是最高监察机构，下设台院、殿中司和察院，负责劝谏皇帝为政得失，纠察官员行政。其中的高级职位如御史大夫、御史中丞一般是蒙古人、色目人，七品的监察御史则有很多汉人，至元五年刚建立御史台时12名监察御史全是汉人，至元十九年以后32名监察御史中一半汉人、一半蒙古人。在地方，至元十四年设立的江南行御史台中最初10名监察御史全是北方汉人，后来改成28个名额，一半是汉人，一半是蒙古人、色目人。朝廷在路、府、州、县衙门之上设置了行省、宣慰司、提刑按察司，每个道的提刑按察司负责监督所辖路、府、州、县官吏，设有三品的按察司使、四品的副使、五品的佥事各二人，主要纠察各地官吏的举措、刑罚是否得当，是否有贪赃枉法行为，还可以保举贤能人才。

皇帝觉得程钜夫的建议很有道理，当即吩咐御史大夫玉昔帖木尔执行，玉昔帖木尔回答说"我们会选择贤者的名字报上来"。皇帝反驳说："你们那里当官的汉人难道个个都是'贤者'吗？！"显然他对朝中的"汉人"有看法，急切想要任用南人。御史台见皇帝这样心急，这才任命了两名南士担任监察御史。

御史台官员说他们对南方人才缺乏了解，请求派遣程钜夫去寻访"公洁知名之士"充当按察司官员。于是，皇帝派遣程钜夫以嘉议大夫、侍御史兼任江南行御史台事的身份到江南搜访"遗逸"。之前皇帝诏令都是用蒙古文字，此次为了郑重其事，皇帝特命到江南搜访遗逸的诏令用汉字书写，还叮嘱程钜夫一定要把赵宋宗室子弟赵孟頫（dí）和有名的儒士叶李两人召来。

赵孟頫在南宋末年曾任知建昌军（今江西南城县），把废坏的寺庙田产整理成为学校的田产，文天祥曾撰文称赞此事，忽必烈或许曾从哪位官员那里听说过这个名字。杭州文士叶李是南宋末期国子监的学生，他当年率领同学公开上书，指责权倾一时的宰相贾似道"变乱纪纲，毒害生灵"，引起朝野关注。后来贾似道便唆使党羽临安府尹刘良贵罗织罪名，以叶李用金粉装饰书斋匾额这件违反礼制的小事为由，把叶李流放到福建漳州，贾似道倒台后他才回到家乡。

宋亡后叶李隐居在富春山，江淮行省及宣抚司、行御史台的官员几次推荐他担任苏、杭、常等郡儒学教授，他都拒绝任职。至元十四年（1277）御史大夫相威举荐叶李。忽必烈以前就听过叶李指斥贾似道的文章，十分赞赏他的观点，看到这个名字后立即任命他为从五品的奉训大夫、浙西道儒学提举。前去任命的使者除了携带诏书，还附有丞相安童写给叶李的信，提及皇帝也知道他在宋朝忠言直谏的旧事，希望他出仕报答皇帝的殊遇之恩，叶李就出任了这一官职。当江南地区的士人普遍怀着"遗民"心态观望政局、隐遁不出时，叶李是率先出仕的江南士人代表，想必曾因此面对相当大的社会舆论压力。

至元二十三年三月，程钜夫带着圣旨和随从由大都出发，四月抵达杭州。不知道为何，他并没有找到赵孟蔺，或许他已经病故了，或许他躲藏到什么地方去了。程钜夫就劝说叶李和另一位隐居华亭的南宋太学生王泰来两人赴京。叶李和王泰来到大都后，忽必烈命集贤大学士阿刺浑萨里把他们安置于集贤院中，过了几天在宫中的披香殿召见他们，咨询关于治国安邦的道理。叶李讲述了历代帝王得失成败的原因，忽必烈连连点头称是，让他们每五天入宫议事一次，此后经常在罢朝之后另召他们议事。可是王泰来有点书生意气，他和叶李讨论问题时一言不合，就坚决辞谢回到了杭州，隐居终老。

程钜夫在江南各地拜会官员、走访儒士了解人才的情况，在江南士人中引起好几个月的情绪骚动。可能是为了应对此事，曾任南宋义乌县令的金华浦江县遗民吴渭发起成立月泉吟社，约请知名文人方凤、谢翱、吴思齐作为考官，在十月发起有奖征诗活动，广泛号召江南文人就

"春日田园杂兴"创作同题诗歌，隐隐含有鼓励江南士人安于隐居的意思。这次征文持续了两个多月，到次年正月一共征集到2735首诗歌，选出280首列出名次，其中60首刻印为《月泉吟社》文集。从获得第一名的罗公福的诗可以看出，评委侧重表彰隐士精神，颇有劝谏江南士人莫要动心的意味[1]：

老我无心出市朝，东风林壑自逍遥。
一犁好雨秧初种，几道寒泉药旋浇。
放犊晓登云外垄，听莺时立柳边桥。
池塘见说生新草，已许吟魂入梦招。

这个"罗公福"实际上是定居杭州的福建士人连文凤的化名。十年前的二月二十八日，元军占据临安后逼迫南宋太学生北上去大都。三衢太学生徐应镳决定以身殉国，他写了一篇文字到岳飞祠中祭告，然后带着三个儿女一起跳井自杀，仆人捞出他们的尸体安葬在西湖边的金牛寺中。为了振奋江南士人的心气，连文凤和当年的太学同学刘汝钧、林景熙、何梦桂等50余人发起了祭奠徐应镳的活动，把徐氏父子的遗骨移葬到南山的栖云寺后，给徐应镳私谥"正节先生"。这次祭奠活动，可能也有激励江南士人拒绝元朝廷笼络的意味。

程钜夫通过自己考察、地方官员的推荐，约在十月大致确定了赵孟頫等"至诚无伪、以公灭私、明达治体、可胜大任之才"[2]的30人的名单，然后发公文到郡县，让官吏携带公文到这些人家中通知，如果愿意应召，就给予钱财、发给文书，可以依托官方的驿站系统进京。

---

1. 方勇. 元初月泉吟社诗集版本考略：兼驳四库提要"节录之本"说. 古籍整理研究与中国古典文献学学科建设国际学术研讨会，2009.
2. （宋）谢枋得. 上程雪楼御史书//四部丛刊（影印明刻本）.

上述30人背景各异，一类是宋亡以后隐居的南宋进士、官员，如宝祐四年（1256）进士谢枋得，咸淳元年（1265）进士何梦桂，咸淳四年（1268）进士孙潼发、曾子良都是这种情况，这四人接到了官府发来的文书后，仍然以各种理由拒绝应召上京；一类是已经出仕元朝但是任满闲居或者官职低微的，如曾任浙东道宣慰副使的杨必大、时任杭州路儒学提举的范晞文、杭州路儒学教授的张伯淳等就是这种情况；一类是赵孟頫这样在南宋、元朝都没有任官，但在地方有一定知名度的士人。

一些人以各种理由拒绝应征，比如东阳县有一位赵氏宗室子弟赵若恢得到举荐后对官员说自己身体有病，又说就算尧、舜那样的圣人统治的时期，也允许巢父和许由这样的隐士在民间，请官府允许自己当个隐士，程钜夫就没有强迫他[1]。赵若恢是宋度宗咸淳元年进士，他比赵孟頫至少大十岁，声望也要比赵孟頫高。

程钜夫可能曾从朝廷官员夹谷之奇、张孔孙口中听说过与他们有交往的赵孟頫之名，也有可能是赵孟頫的五姐夫张伯淳等人谈及赵孟頫，更有可能是没有办法把名望更高的赵孟蕑、赵若恢请去京城，程钜夫只好退而求其次，把赵孟頫这位赵氏王孙列在北上人才名单的首位。他知道，皇帝需要一个标志性的人物显示自己对南士的态度。

程钜夫个人最想举荐的人其实是江西抚州的老同学吴澄。吴澄是朱熹三传弟子程若庸的弟子，学问精深，十九岁就作《道统图》并序，以传承发扬程朱理学自诩，之后又注释《孝经》，可谓年轻一代儒士中的佼佼者。三十七岁的吴澄却不理会老同学的好意，再三声称母亲年老，无人奉养，不愿意应召。最后程钜夫劝他，即使不肯出仕，也可以借此机会和自己一起北上游览中原山川。此前因为南宋和北方的金、元长期对峙，江南

1.（清）王梓材，（清）冯云濠，沈芝盈，梁运华．宋元学案补：卷五十六．北京：中华书局，2012：3244-3245.

文人对北方了解很少，有机会去游览的确是难得的经历。吴澄对此确有兴趣，便答应与程钜夫同行。

赵孟頫收到征召的公文以后在杭州与程钜夫见面，按照习惯谦虚地表示辞谢，可是他的口气并不坚决，一来二去，最后还是答应出这一趟远门，约好在江淮行省官署所在的扬州会合后一起北上。一些亲密的朋友问起他应召北上的事，他就以"应酬失宜"为由推脱，显得自己好像是被官府勉强才不得不去的（参P96）。

对于赵孟頫应召北上，他吴兴、杭州的亲友在背后有许多议论，有人反对，也有人支持，如杭州著名文人方回写的赠别诗《送赵子昂孟頫》就非常功利地预祝他能够当大官：

> 文赋早知名，君今陆士衡。真能辨龙鲊，未可忘莼羹。
> 剩喜修途辟，深防俗目惊。时闻黄耳信，缓步取公卿。

方回本人因为在宋末投降元朝，所以在遗民圈中名声不佳，他可能并不在乎新朝旧朝之别。

至元二十三年（1286）十二月底，赵孟頫从家乡湖州坐船出发，先去了一趟杭州，然后沿着运河从杭州北上。他带着官府的文书，一路都能得到官方驿站的招待，比如可以在丹阳县的云阳驿休息一两天。这里有驿馆27间，驿站人员负责供应饮食、灯油、柴炭之类。第二天行船可以抵达长江南岸的镇江，这里的丹阳驿规模庞大，馆舍多达109间，可以容纳几十位官员以及他们的随从暂住和换乘。陆路来的客人在西侧馆舍休息，赵孟頫这样乘船而来的人在码头停靠后可以去东侧馆舍休息。

从这里渡过长江就到了扬州的驿站，在这里赵孟頫与程钜夫、吴澄等人会合，分乘几条船北上。众人一路谈经论学，写诗品文，倒也不是太寂寞。应征的其他人才分了几批北上，如湖州安吉县的凌时中、张伯淳等都是分别北上的。

一路上吴澄和赵孟頫挺谈得来，吴澄熟悉儒家经典和程朱理学，而赵孟頫正在写作《书今古文集注》，对儒家经书、礼仪文献很熟悉，而且他对乐、琴颇有研究，也是赋诗、书法的高手。两人一路上经常交流，赵孟頫在言谈中十分推崇四明文人戴表元，让吴澄也有了深刻印象。在吴澄眼中，赵孟頫的外貌是"玉色天人表"，言谈风度类似李白，而学问气质犹如南宋初期名儒张栻，可谓超出众人的"异材"[1]。

在路上，赵孟頫也对比自己大五岁的程钜夫有了更多了解。程钜夫是建昌军（今江西南城县）人，小时候过继给叔叔程飞卿为嗣子。他的家族是儒学世家，叔祖程若庸是南宋末年名儒，曾在临汝书院指点吴澄，因此程钜夫和吴澄算是同窗。至元十三年（1276）元军攻宋时，担任建昌军通判的程飞卿献城降元，把二十七岁的程钜夫送到大都作人质，他则被授予宣武将军、管军千户的闲散官职，实际是在宫中充当侍卫。至元十五年忽必烈召见程钜夫时，问他觉得南宋宰相贾似道是怎样的人，程钜夫说得头头是道，观点新颖。他书写的笔札条理贯通、文字俊秀，忽必烈十分欣赏，对近臣说我看这个人的相貌就应该是显贵之人[2]，听其言论的确有见识，让他担任武职没有发挥所长，可以安排到翰林院去。此后程钜夫历任应奉翰林文字、翰林修撰、秘书监少监、翰林集贤直学士兼领会同馆事，是忽必烈颇为赏识的南人官员。

程钜夫自认是南方来的"疏远之臣"[3]，不像蒙古贵族、色目近臣、汉人儒臣那样在朝中根深蒂固，因此他在官场外圆内方，比较谦退温和，注意和北方儒臣维护关系，常常向爱好经史诗文的翰林学士承旨王

1. （元）吴澄. 别赵子昂序并诗//文渊阁四库全书本.
2. 这是蒙古大汗的传统，成吉思汗当年选择护卫时的要求就是"有技能、身材好者"。忽必烈选人重视身材相貌。（明）宋濂，等. 元史：卷一百七十二. 北京：中华书局，1976：4015.
3. 程钜夫为燕公楠撰写的《资德大夫湖广等处行中书省右丞燕公神道碑铭》提及燕氏以"疏远"为由辞任中枢高官，程自己也以这个理由多次谢绝担任中书省官员。出处同注2.

磐、枢密副使商挺请教，也与翰林国史院同僚王恽、阎复、王构等人有诗文往来。程钜夫学问渊博，言谈洒脱，又颇受忽必烈看重，人们也乐于和他交往。他也经常和服务皇太子真金的詹事府官员宋衜（dào）、不忽木等人交流，其中不忽木是汉化较深的康里贵族，从小入侍宫中，很受忽必烈信任。

程钜夫、吴澄、赵孟頫等人如果夏秋时北上，应走漕运的路线，交替走运河、陆路前往大都[1]，可现在是冬季，沿着运河走到淮安后就要沿驿道骑马前进，陆续经过桃源、崔镇驿、宿迁、邳州、徐州、彭城、藤山、沛县、固陵、鱼台、潭口、新济州、汶阳、郓州、东平、东阿、高唐州、博州、陵州、献州、滹沱河、河间、保州、涿州、涿鹿、白沟河等地北上[2]。一些陆路紧靠着运河，路上铺着石头，两边栽种着杨柳，可是冬季越往北越冷，树木都光秃秃的，没有什么值得欣赏的风景。

是陆路、运河、海洋构成的交通网络，把这个北到阴山，西到新疆戈壁，东到辽东，南到海南的庞大王朝联系在一起。朝廷在水陆交通要道都设有驿站，陆有马站，水有水站，沿海码头建有海站，全国共有1400个

---

1. 此时的漕运路线如果从扬州出发，沿着淮南运河到高邮、淮安，从淮水转入黄河（当时黄河在淮水下游流入东海），逆流上行，可直达中栾旱站（今河南省封丘县黄河北岸）。到这里水路终止，沿着陆路向北行到淇门镇（今河南淇县南）的御河（今卫河），沿着水路向东北到达直沽（今天津市），再沿着河漕渠到达通州（在北京东郊）。因为这条路周折费时，至元十九年（1282）在济宁（治所任城）筑修堽城坝和金口坝引汶河、泗河之水汇于济宁，向南北分流，新开了一条二百多里的运河"济州河"，从济宁南的鲁桥与泗河相接，向北经济宁、南旺、开河、袁口至须城（东平县）安民山（今属梁山县）之南，这里是古济水与汶水汇合之处，向北即寿张县与东平县交界线上的大清河，到东阿县后大清河折向东北从利津入海。之后几年江浙漕船都是从济宁沿着济州河、大清河北上，从利津在海运抵达直沽。可几年后利津海口发生淤沙壅阻，漕船难以通行，只好在东阿鱼山转为陆运至临清，再装船御河达直沽。东阿至临清二百里泥路在夏秋漕运时十分难走，至元二十年一度停止漕粮陆运，只用海运。至元二十六年（1289）和至元二十八年皇帝让人开凿了会通河、通惠河，才贯通了南起杭州、北至大都的大运河，从那以后江南的人可以乘船抵达大都。

2. 党宝海. 蒙元驿站交通研究. 北京：昆仑出版社，2006：279-313.

驿站，配备了5万匹马、6700匹骡、1400头牛、4000辆车和近6000条船[1]，全国有大约30万"站户"负责为驿站提供各种物资和服务。许多乡村和渡口还设置村店供来往的商旅住宿，官府会专门派人保护过往旅客的安全。陆路上大约每隔一百里就有一个驿站，陆路两边栽种着榆树或者柳树、槐树，官府每年九月组织人清理整修道路、堤岸、桥梁。

在官道上，每隔十几里、二十几里还设有"急递铺"负责传送官府文书，每个铺中设有5名"铺卒"，他们接到文书以后就要上马骑行传递给下一个急递铺，身上还挂着铃铛一路发出声响以提醒人们让路，据说公文一昼夜就可以传送到四百里外的地方，紧急公文则要一日传达五百里。

程钜夫说皇帝每年三月初就要去上都（今内蒙古锡林郭勒盟正蓝旗东北上都镇）避暑和巡视，他们需要在那之前赶到大都朝见皇帝，所以他们一行走得很快。按照驿站管理规定，他们本可以在每个驿站休息两天，这样还可以顺便去周围游览。可是为了赶时间，如果没有刮大风或下雪，他们只在每个驿站休息一晚就出发。驿站对携带令旨来往的官员有固定的招待标准，像程钜夫这样的"正使"按照每天一升米、一斤面、一斤羊肉、一升酒、一束柴的标准供应，而他的随从只能得到米粥，没有肉和酒。应征的士人自然和程钜夫的待遇一样，所以沿途他们可以喝酒吃肉。可是大家毕竟都是士人，而且又都是应召北上，心中难免有点忐忑，没有人敢嬉闹放纵。

在驿舍中，赵孟頫经常能看到军官、官吏、僧人、道士和西域商人的身影。军官受到特别的优待，驿站需要每天供应万户长三瓶酒，千户长两瓶酒，百户长一瓶酒，所以经常能听到军人饮宴的喧闹声音。按规定只有手持皇帝的圣旨、金字圆符或者诸王、公主、驸马的银字圆符传

---

1. 袁冀. 元史研究论集. 台北：台湾商务印书馆，1974：243.

元代八思巴文虎头圆符牌　铁质镀银　18.1cm×11.4cm 13世纪晚期（纽约大都
会艺术博物馆藏）

　　这是元代使者使用驿站服务时需要出示的凭证，圆牌上部为弧齿叶端形趺
座，座顶有用于系绳佩戴的椭圆形活环，趺座两面都有微微凸起的虎头。八思巴
文是元世祖命藏族高僧八思巴创建并推行的一种文字，符牌上的八思巴文字应该
是预制的，只需嵌入按字形镂空的牌体即可，上面八思巴文从左至右意为"上天
眷命，皇帝圣旨。如不钦奉虔敬，治罪"。　赵孟頫去上都时跟随的官吏应该就戴
着这样的符牌，之后他成为官员外出执行任务或许也会佩戴这种符牌。

递重要军事、公事文件之人才能使用驿站，可实际上许多贵族侍从、僧道、商人都找门路获得上述凭证，享受驿站的免费招待。比如一些西域商人是受皇室、诸王、公主委托经营高利贷商业的官商"斡脱"（ortaq，意为合伙），权贵提供本银，委托他们放高利贷或者远距离贩卖珍贵货物。这些官商手持皇帝圣旨、诸王令旨，不仅可以减免货物课税，还能免费获得驿站招待。向这些高利贷商人借款的利息十分高，以复利计算的"羊羔利"更是惊人，造成很多民众甚至官员因为还不起债务而破产，甚至有人为此典当妻女，朝廷不得不规定"羊羔利"的利息不得超过本金的100%。

让赵孟頫感到震惊的是，过了淮河，沿路北方村镇看上去都十分凋落，人烟稀少，即使靠近城镇也很少看到人家，许多县城的人口还没有江南镇子上的人多。这些地方都曾在蒙、金战争中遭到毁灭性的破坏，至今还没有恢复过来。整个河南行省的人口才80万户，山西、河北加上山东这一大片朝廷称为"腹里"的地带的总人口也只有135万户，还不到江浙行省人口的四分之一。所以也就不难理解为什么北方的粮食出产那么少。如今朝廷每年都要从长江以南的三个行省调运大批税粮供应大都、上都所需，每年大都耗费约100万石粮食，上都耗费约50万石，如果发生战争或者重大水旱灾害，那就需要更多的粮食，这些漕粮大多都是靠海运北上，还有一部分靠运河船运和陆地交替转运北上。

赵孟頫等人走了一个多月，直到至元二十四年（1287）二月中旬才靠近大都。这时，路上的马车、蒙古人驾着的勒勒车（大轱辘车）、骆驼、骑兵、步行的民众越来越多，沿途有不少招待商旅住宿的旅店，每个旅店分别接待不同国度的商旅，还有装载着许多货物的骆驼进进出出，许多包着头巾的胡商在呼朋唤友喝酒吃饭。沿途许多人家都饲养马、骆驼，大多都是朝廷让民众代官府饲养的，名义上官府应该发给他们补助，实际上常常不发，成了民众的沉重负担。如果这些马、骆驼不慎病死的话，饲养者还要赔钱给官府。

过了卢沟桥，就靠近了燕京旧城。这是金朝的中都，如今依旧人烟密集，有62个坊，街道上有许多酒馆、商店，人来人往，颇为热闹。原来的金朝皇宫经历了火灾、战争破坏，只剩下一处处残垣断壁，长满了荒草，许多官署也已经搬迁到大都，空留下一片废墟。忽必烈当年来燕京时觉得城中的宫殿太破败，就住在燕京北城墙之外的金帝离宫"大宁宫"。他最喜欢湖泊中的琼华岛，让人整修了岛上的广寒殿，最喜欢在那里饮酒待客。

鉴于燕京的宫殿无法使用，城内的水源也不足，至元四年（1267），忽必烈决定以大宁宫为中心营造一座新都城，让光禄大夫、太保、参领中书省政事刘秉忠担任营建都城的总负责人，阿拉伯人也黑迭儿负责设计新宫殿。从至元四年到至元二十二年，历时十八年营建了一座宏伟的城市[1]。仅仅为了安装城门的大门，就征发了3000人砍伐蔚州等地的大树[2]。蒙古、汉人叫它"大都"，西域的商人、僧人把这里称作忽必烈薛禅可汗的"汉八里"（Khanbaliq），即"大汗之城"。这座城市方圆六十里，虽然没有方圆一百六十里的杭州大，却是北方最大的城市。

穿过燕京旧城就能看到大都高耸的城墙，墙下围绕着凹陷的城壕，高耸的夯土城墙高16米，下部基础宽24米，城墙上宽8米，两辆马车可以在上面并排奔跑。城墙下面散落着许多芦苇垛，这是因为城墙都是用夯土修筑的，连日下雨后容易渗水崩塌。有个官员提议把芦苇编织起来，一排排从下到上把城墙盖起来，如同厚衣服一样将其包裹住，这样雨水就顺着外侧的芦苇流走，不会直接冲刷里面的夯土了。所以大都官府就在南城墙文明门外五里设立了"苇场"，每年大量收购芦苇，征用民夫编织这种防雨设施。

大都的城墙上开了11座城门，东部分别是光熙门、崇仁门、齐化门，南部分别是顺承门、丽正门、文明门，西部分别是肃清门、和义

---

1. 元代大都南城墙在今北京东西长安街稍南，东西城墙即今北京东二环、西二环（明清的内城东西墙），北城墙在今北四环路土城遗址。
2. （元）赵孟頫，钱伟强. 赵孟頫集：卷第八. 杭州：浙江古籍出版社，2012：206.

门、平则门，北部是建德门、安贞门。北墙之所以只有两个门，据说是刘秉忠的主意，以南、东、西三墙各三门象征哪吒的三头和六臂，北二门则象征他的两足[1]。每个门设有主管钥匙和大门开闭的"门尉"，都是由大都留守司派出的皇帝近卫军怯薛成员轮流担任，是正六品官员，比一般的县令的品级还要高。晚上一更三刻后城门关闭禁止出入，到早上五更三刻才允许通行。

他们从南面的文明门进入，立即看到了一条笔直开阔的大街，大街两侧有露天的石砌排水渠。大都有着比杭州更加整齐的布局，城里分成了50个坊，前朝后市、左祖右社（社稷坛于至元三十年才修建），有九经九纬的街道和纵街横巷制的街网布局，很容易就可以熟悉它的结构。9条南北向的大街，9条东西向的大街构成了城内的主要交通线路，每条大街宽24步（古代1步约为1米），其他小街道、胡同分别有12步、6步宽。

大都的中心是俗称"鼓楼"的齐政楼[2]东侧的中心台，那里立有刻着"中心之台"四个大字的石碑，代表这里是京城的中心。鼓楼上设有铜壶滴漏显示时间，白天每到固定时刻就有值班的人敲鼓报时。鼓楼北边还有一座高耸的三层建筑"钟楼"，上面悬着一口大钟，每夜鸣钟报时。三更时第三次钟响，这以后就有巡逻兵在街头不断巡逻，禁止人们在街上行走或者出门[3]，除非遇有紧急军政事务或有孕妇分娩、生急病需请医生这类事才可以提着灯笼上街。

---

1. 元人传说大都"城系刘太保定制，凡十一门，作那吒（哪吒）神三头六臂两足"。（元）长谷真逸. 农田余话：卷上（说郛本）。另外《辇下曲》所言"大都周遭十一门，草苫土筑那吒城。譏言若以砖石裹，长似天王衣甲兵"。（元）张昱. 可闲老人集：卷二//文渊阁四库全书本.
2. 今北京鼓楼位置。
3. 尽管对威尼斯商人马可·波罗是否真的来到元朝并得到忽必烈的任用有争议，但是他的游记无疑记录了欧洲商人在上都、大都的见闻，有许多细节补充了中国史书的不足。（意）马可·波罗. 鲁思梯谦. 马可·波罗游记. 陈开俊，戴树英，刘贞琼，译. 福州：福建科学技术出版社，1981：97.

大都城内的核心是周长二十里的皇城，高高的萧墙周围栽种了许多柳树，城墙上开设着红色的大门，红门里面生活着皇室和一千多名宫女、一千多名宦官。在皇城的东门"东华门"外设有主管军政的枢密院官署，皇城南门"灵星门"和大都南门"丽正门"之间的"千步廊"东侧的五云坊正在修建一系列新的官署，即将成为权臣桑哥领导的尚书省的办公场所。这两个官署如此靠近皇城，显然是皇帝最为重视的衙门。在皇城城墙和大都城墙之间还分布着许多衙门的官署，如北部的钟楼街西凤池坊北，是主管全国行政的中书省官署以及翰林国史院、蒙古翰林院、蒙古国子监、大都路都总管府等官署。大都路都总管府负责管理大都所属地区的民政，管理大都城区（设左、右两个警巡院）、燕京旧城（设南城警巡院）、6个县和10个州。

赵孟頫看到大都街道两侧常有空地或者堆放着砖瓦一类建筑材料。这是因为至元二十二年（1285）新城建成后，皇帝下诏允许旧城（燕京）居民迁入城内，每一家都只能固定购买8亩地修建自己的房舍，有钱人、官员可以优先购买，所以这两年有许多工匠都在城里修建房舍。因为冬季寒冷，工匠停工了两三个月，现在天气转暖，工地上又有了工匠的身影，即将变得热闹起来。

这就是至元二十四年（1287）春天赵孟頫看到的大都，和燕京旧城加起来一共约有10万户人家，50万人口，是淮河以北唯一人口超过10万户的大城市，它完全是因为最高统治者在这里而快速繁荣起来的。城市里有许多异域面孔，有波斯人、阿拉伯人、天竺人、犹太人和欧洲来的白皮肤的西洋人，有僧人、道士、吐蕃僧人、穆斯林、犹太教徒、聂思脱里教徒、罗马天主教徒、摩尼教徒，以及从草原和森林来的各路萨满；有来朝拜皇帝和王侯权贵的使节，有来做生意的商人，有各地来的官吏，有进入府邸的随从仆人。

这座城里至少还生活着数千名江南来的人。十一年前南宋皇帝赵㬎（xiǎn）投降后有一千多名官员、侍从、宫女随从北上，到京城后一千多宫女都被忽必烈下旨许配给了京城的工匠。前年又迁移来800户江南乐工服务宫廷。另外元军将士当年也从江南抢掠了不少人当奴婢，还有许多南方的穷人子女被贩卖给京城富贵人家当奴婢，所以京城中常能见到江南口音的人。

程钜夫带南士入住集贤院的官方旅社"会同馆"，那里已经住了一些到这里的应征者，比如湖州安吉县人凌时中之前任建昌路（今江西南城）司狱，如今被举荐入京看能否授予新职，他比赵孟頫小六岁，此前并不认识。

会同馆中经常有在京办事的道士住宿，让赵孟頫感到新奇。集贤院是唐朝开元年间创立的朝廷机构，主要负责整理经籍、求访人才。但是元朝的集贤院比较特殊，还负责提调学校，管理道教、阴阳、祭祀、占卜事宜，所以这里经常有道士、阴阳术士出入。赵孟頫在会同馆中认识了湖北通山县九宫山来的道士罗法师，后来还应他之请撰写了《九宫山重建钦天瑞庆宫记》。元朝皇帝、后妃大多信仰佛教、道教，经常召僧人、道士进京，也有许多僧道前来大都找门路寻求赐号、赐袈裟等好处，这位罗法师就是其中一员。

有集贤院的官员来教导赵孟頫文士觐见皇帝的礼仪，比如要称呼皇帝为"圣上"之类。程钜夫则回家去撰写向皇帝呈交的报告。这一时期所有官员的上书都必须用"国语"即蒙古文，需要先写出汉文草稿，然后让译员翻译成蒙古文上奏。程钜夫之前答应吴澄不把他的名字列入奏章推荐，但到了京城后，他反复思考，觉得吴澄人才难得，于是违背诺言，把吴澄的名字也写入了奏章中。吴澄知道此事后以母亲年迈体衰为由，坚决推辞朝见皇帝，等于放弃了这次当官的机会。但是他也没有立即离开大都，而是暂住下来和这里的儒臣、学者进行交流。

程钜夫最后向皇帝推荐的22人中，约一半人没有答应出仕或者没有授予官职，有8位被荐前已经出仕元朝的南士被授予了新的官职，其中余恁、张伯淳、凌时中、胡梦魁、曾冲子、范晞文等6人出任各道提刑按察司官职，如四品的按察司副使、五品的佥事、八品的知事一类佐贰官和幕职官，还有几个人担任了儒学提举这样的学官。凌时中被委任为福建廉访经历，赵孟頫在他离开时写了赠别的序文。

这一批人中，时年三十三岁的赵孟頫算是相对年轻的，除凌时中外，其他人都比他年长，而且其他人要么是南宋的进士、官员，要么已经出仕元朝为官，论为官的资历都要比他长，名声也比他大，但是许多人获得的获得的官职却没有赵孟頫高。最显著的对比是，崇德（今浙江桐乡）人张伯淳比赵孟頫大十二岁，是南宋咸淳七年（1271）进士，娶了赵孟頫的五姐为妻，至元二十三年（1286）就被荐为杭州路儒学教授，这次仅仅改任浙东提刑按察司知事，是八品幕官而已。而赵孟頫不仅留在了大都，几个月后还被授予从五品的兵部郎中一职。即使在南宋时，科考中高中状元、榜眼、探花也仅仅被授予六七品的官位而已。而忽必烈对赵孟頫另眼相看，把还是平民的赵孟頫一下就提拔为从五品的中层官员。

拔擢赵孟頫，不仅有忽必烈赏识赵孟頫的因素，更重要的是他有南方来的赵宋宗室子弟这个身份，任用他具有很强的象征意义：连江南的赵氏子弟都应召入朝为官，既可以象征自己的统治之清明，也代表自己对南方士人大力奖掖、使用的姿态。

最开始一个多月，皇帝每隔几天就召赵孟頫入宫侍从，这使他对皇城的格局也就有了一定了解。皇城中的建筑分为三部分：

第一部分是位于皇城东部的"宫城"。这是皇帝和皇后居住的地方，有长方形的砖墙包围，周长九里三十步。这里主要包括两组建筑群，即皇帝居住和朝会的大明殿建筑群，皇后和妃嫔居住的延春殿建筑群（在今景山下）。修建这些宫殿的木材有些来自汴梁，有些来自高丽，都是从遥远的地方海运、陆运而来。大内的各个主要宫殿正好位于大都南北中轴线上，象征皇帝居中统治天下。大明殿是举行大朝会、大宴会、大典礼的场所，每年元旦皇帝在这里举行大朝会，与群臣一起观赏歌舞表演。大明殿后有柱廊相连的寝宫、东西侧殿等建筑。大明殿中并列摆放着皇帝、皇后的御座，两侧依次是宗王、近侍、百官的座位。皇帝也经常在延春阁举行招待宗亲、亲信重臣的宴会，常常大肆赏赐与会的亲贵。这里面还有称为"茶迭儿"的蒙古帐殿，皇帝也经常在这里召见臣僚。

第二部分是位于皇城中部的太液池（今北海、中海）御苑。这是皇室游览的宫苑，池中栽种了许多荷花。太液池中有两座小岛，北面的琼华岛上有一座小山万寿山，山顶修建了广寒殿，山腰有座仁智殿，这是皇帝喜欢的休闲和办公地点；南面的小岛叫"瀛洲"（位于今北海公园团城），上面修建有仪天殿。琼华岛和瀛洲之间有200余尺的白玉石桥连接，瀛洲的东西两侧有木桥连接两岸陆地，可以走过去参观东岸饲养各种珍禽异兽的"灵圃"等处。周边的园林和宫殿采用了新的技术和装饰元素，比如在水池中修建石制平台设置凉亭和宫殿，这是西亚、中亚的园林建筑形式，御苑、太子宫中的"水心亭"或"水心殿"或许也是西域工匠设计的异域风格建筑[1]。

第三部分是皇城西部的太子府[2]，这组建筑群和宫城隔着太液池相对，有小桥通向御苑。

赵孟頫入宫一般是从皇城南墙的正门"棂星门"进入，走入里面数十步就是金水河，两岸栽种着高大的柳树，河上有三座白石桥，栏杆上都雕琢着龙凤祥云的图案。过桥不远处就是宫城的正门"崇天门"，进去以后就是一座广场，中央的白石台基上矗立的大明殿是宫城中最壮丽豪华的建筑，殿前的台基上铺着沙土，栽种着蒙古草原移植来的"莎草"，忽必烈以此提醒自己的子孙不要忘记祖宗创业之难和发源之地，人们称之为"誓俭草"。大明殿中并列放着皇帝的七宝云龙御榻和皇后的座榻，在重大节庆，皇帝会和皇后一起接受朝臣的朝拜。御榻下首两侧摆放着能自动报时

1.（元）陶宗仪. 南村辍耕录：卷之二十一. 北京：中华书局，1959：256-257.
2. 太子府在元成宗时改名"隆福宫"，作为太后居所，元武宗时以隆福宫为皇太子居所，在隆福宫之北新修了兴圣宫作为太后居所。

的七宝灯漏、大酒瓮和乐器等。

那座金色的七宝灯漏高一丈七寸，是心灵手巧的太史令郭守敬制作的，内有水流转动机械，小门内藏有12个小木偶雕刻的神像，手中拿着自己的时辰牌子。每到一个时辰就有举着该时辰牌子的小木偶从小门中伸出来，另外还有一个小木偶人手指门口刻画着的对应时辰标记，让来拜见皇帝的人都觉得十分神奇。

皇帝也常在琼华岛的宫殿召见赵孟頫等人，太液池周边都栽种着柳树、杨树，万寿山上也种满了绿色的树木，只露出山顶金碧辉煌的广寒殿，远远望去，犹如水中的蓬莱仙岛。皇帝是著名的好酒者，广寒殿中放着一个巨大的渎山大玉海，重达7000多斤，可贮酒30余石。这个大酒器的材质黑中带白，工匠顺着白色部分雕刻出鱼、兽的样子，好像它们出没在幽暗的波涛之中。皇帝常去的宫殿中都摆着体量可观的装酒器具"酒海"，有金子做的、银子做的、玉石做的。每当皇帝高兴的时候，他就赏赐大臣、使者和自己一起喝酒。他最喜欢喝马奶酒和葡萄酒，也经常喝黄酒、阿剌吉酒，还喜欢据说可以延年益寿的虎骨酒、枸杞酒、地黄酒、五加皮酒、羊羔酒等。阿剌吉酒是从西部遥远地方传来的做法，用一种容器把已经酿好的葡萄酒等酒水蒸馏，取得蒸腾出来的白色"酒露"，滋味干辣，很容易把人喝醉。这种酒在江南比较少见，可是大都有不少贵族喜欢它的滋味。

因为经常需要骑马出行，赵孟頫也换上了蒙古人的穿着质孙服（一色衣），这是一种上衣紧窄，下裳较短，适合骑马的服装，皇帝常常把这种服饰赏赐给臣僚。穿了质孙服，在外面还要穿保暖的皮衣、戴皮帽，这样才能抵挡大都的寒风。在驿舍和皇宫奔走之余，赵孟頫写了两首诗《初至都下即事》记述自己这一段的见闻和感想：

> 海上春深柳色浓，蓬莱宫阙五云中。
> 半生落魄江湖上，今日钧天一梦同。

尽日车尘马足间，偶来临水照愁颜。

故乡兄弟应相忆，同看溪南柳外山。

赵孟頫感慨自己这样一个落魄文人，如今终于抵达了都城，见识了传说中天帝住的"钧天"（实际指皇帝的宫殿）。他还在诗下注明"北方谓水泊为海子"，这是他的诗中第一次提及异族词汇，想必他也经常到城内西北部的海子那里游览，湖水、柳树让他联想到湖州的水，心里感到亲切。在这里他孤身一人，也时常怀想在家乡的亲友，想起了南方的春天。赵孟頫性格温和，并不是那种决绝于立功立言之人，即使在得意之时也常常想要回到家乡，回到自己熟悉的环境中去。

在大都至少还生活着他的四个赵氏宗室亲戚：瀛国公赵㬎、平原郡公赵与芮和其子赵孟桂、翰林直学士赵与訔，可是他们都是敏感人物，大概彼此都不敢来往，只能在朝会这类公开场合长揖致意、寒暄几句而已，否则容易被人诬陷、罗织各种罪名。时不时就有朝廷官员提议要把江南的赵氏宗室全部迁移到北方加强控制，因此他们家族常常面临危险的命运。

南宋的末代皇帝赵㬎如今是瀛国公，这是大都官场之人都要小心翼翼对待的特殊角色。至元十三年（1276）他和其他皇室成员、宫女、内侍、乐官、大臣、太学生等上千人一起被押解到了大都，赵㬎被封为公爵，从此便深居简出，怕惹来麻烦。至元十九年处死文天祥的同一日，忽必烈派人押送赵㬎、全太后、王昭仪等南宋皇室人员以及宗室赵与訔、南宋宫廷琴师汪元量去上都。他们随着蒙古部落的牧群一路西行到居延（今内蒙古额济纳旗）、天山（今祁连山）等处，经历了风霜雨雪，至元二十二年才被允许回到大都。赵㬎当然不能表现出关心政事，日常阅读的都是佛经，显示自己无意天下得失。他已经把大部分资产都献给了大元的皇后、太子，只保留了少数私人财产和360顷田地。

赵孟頫刚进京没几天就听说平原郡公赵与芮去世了，享年八十岁，忽必烈令赵与芮的儿子赵孟桂承袭了爵位[1]。赵与芮是宋理宗的亲弟弟，宋理宗自己的儿子早夭，就把赵与芮的儿子赵禥收为继嗣，即后来的宋度宗，宋度宗生下了南宋的最后一任皇帝赵㬎。赵与芮实际上是赵㬎的亲爷爷，在南宋末年极受尊崇，被封为"福王"。至元十三年（1276）南宋灭亡后，赵与芮被押送到大都，封为平原郡公。赵与芮不仅是赵孟頫的宗室长辈，还和赵孟頫的父亲是连襟[2]，按礼节而言他应该要去郑重吊祭这位长辈，可是如今的情势下，平原郡公府上不敢大操大办。赵孟頫为了避嫌恐怕也不敢前去吊祭，只能装作不知道。只有汪元量这样如今担任翰林供奉这一闲散官职的南宋宫廷旧人，才敢写《平原郡公赵福王挽章》这等文字。

赵与票从辈分上算是赵孟頫的族叔。他是南宋灭亡后伯颜推荐给皇帝的宋宗室贤才，应召到京师后上书建言十六事，请求对江南郡县轻征敛，至元十六年后任职翰林国史院，时任翰林直学士。至元十九年忽必烈一度担心局势不稳，派人把瀛国公赵㬎、赵与票等在京的赵氏宗室流放到北方草原，只有赵与芮因为年老免于前往。赵㬎、赵与票等人两年前才得到允许回大都。有这些切身经历的教训，他们在大都估计都格外谨慎，生怕有什么闲言碎语就会招来杀身之祸。听说，一些朝廷官员也对留在江南的赵氏宗室不放心，至元二十一年有人建议把赵宋宗室和出仕宋朝的高官迁徙到内地，皇帝没有听从。

这时候朝廷中出身江南的官员寥寥可数，至元十三年南宋灭亡之初，曾有几十名官员组成使团北上大都，也有一批官员随赵宋皇室来朝，只有几个人留在了大都为官，其他大多或者病亡，或者回家了，甚至还有人绝食而死。当年有99名南宋太学、武学、宗学的士子被押送到大都，很多人在路上病死，只有18人经过考核以后被委任为南方各州郡的儒学教授，其

1.《元史》没有明确记载平原郡公赵与芮的逝世年月，但是记载至元二十四年二月"以赵与芮子孟桂袭平原郡公"可以推测他应该是在此时逝世，儿子才得以袭爵。

2. 陶渊旻.《宋故万一直阁李君圹志》考. 东南文化, 2013（5）：97-100.

中包括两名赵氏宗室子弟赵希榛、赵孟镠[1]。

忽必烈在朝中任用了几名宋朝的进士官员，如浙江衢州人留梦炎、明州（今宁波）人谢昌元。留梦炎是宋理宗淳祐四年（1244）的状元，曾任南宋左丞相，至元十四年（1277）降元后官至礼部尚书、翰林学士承旨，时任吏部尚书。谢昌元也是淳祐四年进士，曾任将作少监。元军攻打明州时他与宋宗室、沿海制置使赵孟传一起投降，至元十四年到大都，先后担任殿中给事、礼部尚书，预议中书省事，忽必烈称他为"南儒""谢秀才"。至元十三年，忽必烈还把投降的南宋驸马杨镇（字子仁，号中斋）任命为吏部尚书兼临安府安抚使，派他到杭州安抚人心。之后他在朝中担任了一段时间中书省参知政事、中书左丞，后去担任江西行省左丞。

可以说，朝中江南来的官员寥寥可数，远远比不上蒙古人、色目人、汉人官员的数量。此时的忽必烈之所以想要任用一批南士为官，很大程度上是因为对朝中颇有势力的北方汉人儒臣不满。

第一，忽必烈对北方汉人儒臣有戒心，想让色目人、南士与他们互相制衡，从而强化蒙古贵族的统治。

从太祖成吉思汗开始，蒙元历代大汗习惯从自己家族的家臣和近身侍卫"怯薛"中选拔将领和官员，这也成为他的后代遵循的准则。可是随着统治范围的扩大，尤其是四五十年前从北方草原向南部金国统治的农业地区推进时，出于对金作战和统治占领区的需要，大汗们开始利用北方的汉族武将和文人儒臣治理华北、中原地区。他们在北方任命十多名归顺的地方武装头目为"汉军万户"分统诸路，这些人向蒙古统治者履行缴纳贡赋、把子女送到大汗处作为人质、按时入觐、奉命随蒙古军出征、接受蒙古"达鲁花赤"监督等条件，就可以自治所辖区域的军政钱谷事宜，并世袭其职，故称"世侯"。如史天泽家族、董文炳家族、张柔家族等都是汉

---

1. （南宋）周密，吴企明. 癸辛杂识. 北京：中华书局，1988：173-174.

军世侯。史天泽、董文炳曾在中央位居中书省右相、左相的高位。

忽必烈在当藩王时就积极接纳北方汉人儒士[1]，任用河北邢州（今邢台）的刘秉忠（1216－1274）、山西怀仁的赵璧（1220－1276）、河北邢台的张文谦（1216—1283）、山东东明的王鹗（1190—1273）、山西交城的张德辉（1195—1274）等为幕僚，经常与他们商议政事。忽必烈称他们为"秀才"，常常与他们讨论到深夜。宪宗蒙哥即位后，任命弟弟忽必烈总领漠南汉地军国庶事，驻帐于金莲川草原（今内蒙古正蓝旗东北），忽必烈又结识了北方世侯推荐的幕僚杨果、郝经、杨奂、宋子贞、商挺、李旭用、徐世隆等汉人。

中统元年（1260）忽必烈即位后，听从刘秉忠的建议设立中书省和宣抚司，上述"潜邸旧臣"都得到任用，预议朝政，如赵璧担任统领汉地政务的中枢"燕京行中书省"平章政事，刘秉忠参与领导中书省政事，姚枢先后任大司农、中书左丞、翰林学士承旨，杨果先后任北京宣抚使、参知政事。可以说，此时忽必烈在蒙古亲贵之外，对北方汉人将领、儒臣文官颇为信任，北方儒臣在行政系统中拥有很大实权。当然，北方汉人之间并非铁板一块，如平章政事王文统就和许衡、姚枢、窦默在治国安邦的政策、学术上的观点有别，把后三者排挤到较为不重要的官职国子祭酒、大司农、翰林侍讲学士等职位上。

但是中统三年（1262）的李檀叛乱事件让忽必烈对汉人官僚有了猜疑。当时忽必烈正在北方与在漠北自立为大汗的弟弟阿里不哥相持不下，据守山东的汉军万户李檀乘机暗中联络南宋和其他北方万户发动武装叛

---

1. 之前窝阔台大汗也曾信重自己收养的弘州（今河北阳原县）汉人杨惟中，他和洛阳儒士姚枢（1203—1280）在1235年蒙古南征时就在枣阳、襄阳等地寻访儒、道、释、医、卜士各方面的人才，搜罗各种图书典籍尤其是二程、朱熹的道学著作送往燕京，还把赵复、河北肥乡人窦默（1196—1280）等儒士带到燕京，于1241年创办了官办的太极书院，请赵复、王粹等为师教授学生，还印刷各种经书，从此程朱理学得以在蒙古帝国统治的北方传播开来。许衡、姚枢、郝经、刘因等北方学者得以接触程朱之学。

乱，得到太原路总管李毅奴哥、达鲁花赤（蒙古语"daruqachi"的音译，意为镇守者）戴曲薛以及邳州万户张邦直的响应。几个月后李檀失败被杀，可后续影响深远。李檀和汉人文武官员有许多交往，他的亲家就是时任中书平章王文统。忽必烈诛杀了王文统之后，对推荐过王文统的刘秉忠、张易、商挺、赵良弼以及汉化很深的色目人廉希宪等人都产生了怀疑，在外地的商挺、赵良弼更是被紧急召回大都接受盘查。

此后几年忽必烈处心积虑限制、剥夺汉人世侯和儒臣的权力，一方面在北方汉地实施兵民分治的政策，削夺绝大多数汉人万户的兵权，消除世侯割据的隐患；另一方面在中央和地方加紧培养和提拔蒙古、色目近臣办理政务，疏远汉人儒臣。此后皇帝对中书省宰执人员的任命上逐渐形成惯例：右丞相一员必由蒙古人担任；左丞相一员由蒙古或色目人担任；其他平章政事、右丞、左丞、参知政事各两员，则蒙古人、色目人、汉人参用。其他机关大多也以蒙古人为长官，参用汉人、色目人，实际上让色目人、汉人互相制衡，从而保证蒙古贵族的主导权。在地方，以前朝廷派驻各地的最高长官达鲁花赤除了蒙古人，也有汉人。为了防范和监督汉人、南人，忽必烈多次下诏强调监守郡县的达鲁花赤只能由蒙古人担任，汉人可以担任总管，回回人可以担任同知，禁止让汉人、南人担任达鲁花赤一职。

第二，忽必烈觉得蒙古官员、北方汉人儒臣无法处理财政危机问题，想用色目人、南士解决这个难题。

朝廷的财政支出主要是军费、宫廷花销、赏赐宗王和近臣、官僚薪酬等几个方面，许多花费都有很强的随意性，比如因为每一任大汗都必须得到诸王、驸马、功臣集会拥戴才能即位，所以大汗经常大量赏赐亲贵、臣僚。另外，皇帝、太子、太后大多信教，爱给寺庙道观赏赐大量钱财，这些都导致财政上经常左支右绌，只好不断增加纸钞发行量，这又导致通货膨胀日益严重，物价高涨，财政收支紧张。十多年来忽必烈一直希望能找到能干的大臣改善财政状况，可是之前两次尝试都草草落幕，让他心有不甘。

忽必烈理财最早依靠的是出生在费纳喀忒（今乌兹别克斯坦境内）的色目人阿合马。他本是察必皇后的陪嫁奴隶，忽必烈觉得他聪敏善言，擅长理财，中统三年（1262）任命他兼管中书左右部、兼任诸路都转运使，专门主管财政赋税方面的事。至元七年（1270）忽必烈下旨设立尚书省，阿合马担任平章尚书省事，主持所有财政相关政务，果然让财政状况大有改观。至元九年（1272）忽必烈干脆把尚书省合并于中书省，阿合马担任中书平章政事，权力进一步扩大。两年后忽必烈把中书右丞相安童派到西北边境辅佐皇子守边，阿合马独揽大权，成了最得宠的权臣。此时唯有皇太子真金敢于抗衡阿合马，一些蒙古贵族和北方汉人儒臣也依靠真金对抗阿合马。至元十九年（1282）三月，忽必烈和皇太子真金出巡上都时，阿合马留守大都。益都千户王著和一个姓高的和尚带领八十多人伪装成回京师参加佛事的皇太子及其部属，在东宫门前假传皇太子旨意召见中书省官员，当场击杀了阿合马和中书左丞郝祯。民间对阿合马都十分怨恨，他死了以后大都、燕京旧城的官员、市民都感到高兴，人们饮酒庆祝，三天内就把店铺的酒都买光了。忽必烈刚听说阿合马被杀大为震怒，当天就起驾赶回大都，命军队奔驰到大都把王著、高和尚和留守大都的中书省平章政事兼枢密副使张易都处死了。在后续的追查中，阿合马贪赃枉法的行为被揭发出来。忽必烈听说阿合马在民间名声极差，便利用这个死人的价值安抚民心，下令掘开阿合马的棺木，在通玄门外斩戮尸体，听任狗吃他的肉。阿合马的子侄也都被诛杀，家属和财产被没收。阿合马死后，亲近北方儒士的蒙古贵族和礼霍孙出任右丞相，又大量起用北方汉儒，可是他们无法解决财政问题，让忽必烈更加厌恶北方儒臣，觉得他们对实际问题无能为力，只会以各种大道理劝谏皇帝。在一批跟随自己打天下的北方元老儒臣刘秉忠、史天泽、赵璧等去世后，忽必烈没有再提拔北方儒臣参与大政，御史台中16名汉人儒臣的名额也全部空缺，其他儒臣只能在不太重要的朝廷部门如翰林院、国子监任官，在润色典章、修撰国史、谏议、儒学教育方面发挥作用。

两年之后，忽必烈就开始第二轮理财尝试。至元二十一年（1284）十一月他罢免了和礼霍孙，重新起用安童为中书右丞相，以总制院使桑哥推荐的财政官员、河北大名人卢世荣为中书右丞，以卢世荣推荐的史枢为中书左丞，让他们上任"整治钞法"，就是解决滥发纸币导致的通货膨胀和财政危机问题。

可是卢世荣推出的增加金属货币和绫券流通量、强化铁器专卖、垄断对外贸易等措施没有立即见效，一些措施反倒引起非议，比如他增加赋税后要求各路官员自行承包解决税款，让在各地为官的蒙古、色目权贵和汉人官僚极为不满，民间也因为物价上涨怨声载道。仅仅半年后，监察御史陈天祥就上章弹劾卢世荣以前的贪污劣迹，指责他的财政政策没有效果。忽必烈也对卢世荣不满，命安童召集诸司官员、老臣、儒士与卢世荣对质，查出卢世荣犯的一些小错。可是忽必烈和众人却以此为由头强加了许多大罪名给卢世荣，几个月后就把他处死了。

阿合马、卢世荣仅仅是财政危机和权力博弈的替罪羊，他们推行的一系列政策要么损害蒙古、汉人官僚的利益，要么影响民生和稳定，很容易被政敌抓到把柄、加以攻击，下场也都很悲惨。而且，卢世荣是河北人，也算是汉人一员，此事让忽必烈对北方的汉人儒臣和理财专家都感到失望，甚至对宰相安童说"朕左右复无汉人，可否皆自朕决。汝当尽心善治百姓，无使重困致乱，以为朕羞"[1]。

第三，皇太子真金之事让忽必烈对北方儒臣有了看法。

至元二十二年（1285）春，一名江南行台御史上疏建议年事已高的忽必烈禅位于皇太子，并请南必皇后勿再干政。真金得知此事后甚为恐惧，让御史台把这道奏章截留，没有上报给皇帝。阿合马余党答即古阿散听到

1. （明）宋濂，等.元史：卷十三.北京：中华书局，1976：277.

风声后，以追查亏欠钱粮的名义请忽必烈下令收缴内外百司的档案，想从御史台档案中查找这份奏章。出自河北保定的儒臣尚文当时担任御史台都事，他深知关系重大，秘密藏起了这份奏章。答即古阿散上报此事，忽必烈大怒，命令大宗正薛尺玕前去索取该奏章。

尚文从阿合马案件的档案中找出答即古阿散的数十条罪状，急忙去见御史大夫玉昔帖木尔，说这是坏人陷害太子、大臣的奸谋，应该先发制人，先去向皇帝指控答即古阿散的罪状，揭露他的险恶用心，于是玉昔帖木尔和右丞相安童一起去见皇帝呈报情况。忽必烈对让自己禅位的奏章果然十分震怒，可是冷静下来觉得自己确实已经年老，没必要对一向信任的太子大动肝火，反倒对答即古阿散的用心有了怀疑，不久之后以"奸赃"的罪名处死了他。这事让忽必烈对太子以及他亲近的北方儒臣心有芥蒂。皇太子忧惧之下生了一场大病，当年底就病逝了，终年四十三岁。

正是在上述背景下，至元二十三年（1286）忽必烈对任用南士之事格外上心。他觉得起用南士可以与色目人、汉人官僚彼此制衡，而且南士熟悉汉地情况，或能提出有针对性的理财、治理政策。敏感的程钜夫体察到忽必烈的用心，抓紧时间上书促成了去南方寻访人才之事。

就这样，赵孟頫被举荐来到了京城，见到了皇帝，从此人生的路径有了巨大的变化。

二 青葱岁月：
我昔放浪江湖间

如果没有得到忽必烈的赏识，湖州文士赵孟頫的一生会是另外的模样。当然，如果宋朝没有在至元十三年（1276）败亡，赵孟頫的人生也会是另外一种境况。

位于太湖南畔的湖州，地势自西南向东北倾斜，西部为起伏的低山丘陵，西南可以望见迤逦的天目群山，东北部为水乡平原，田地之间穿插着众多河流、湖泊、湿地，正北就是浩瀚的太湖。

这里在商周时代先后隶属吴、越、楚。楚考烈王十五年（前248），春申君黄歇在太湖南岸修筑了"菰城"，因这里的河溪、沼泽中长满了菰草而得名。秦国攻取这里以后，于秦王政二十五年（前222）在菰城设立乌程县，管辖太湖南岸的大片土地，归会稽郡管理。

三国时期吴国皇室子弟孙皓最初被封为乌程侯，在乌程县生活了六年后继承了吴国皇位。他以吴郡、丹阳郡的阳羡、永安、余杭、临水、丹阳、故鄣、安吉、原乡、於潜等诸县的河水都流向乌程为由，设立了吴兴郡，治所在乌程县，名义上是设立新郡有利于镇服山越和守卫自己父亲的陵墓，实际上是抬高自己发家的地方，"吴兴"即"吴国兴盛"之义。

隋朝在仁寿二年（602）设置湖州，管理乌程、武康、长城三县，因为州府所在的乌程县城濒临太湖，故名"湖州"。

从唐代起，湖州就是太湖边的富庶之地，下辖乌程、安吉、长兴、德清、武康等五个县，郡治在乌程县城，唐末这里属于吴越国（今浙江）钱氏统治。

宋太宗太平兴国三年（978），吴越国纳土降宋，太平兴国七年（982）因为乌程县管理地域广大、人多事杂，有官员奏请朝廷分出乌程县东南部十五个乡设置了归安县，把原来的县城也"一分为二"，以后石桥、仪凤桥、甘棠桥、霅溪水为界，城西北部属乌程县，城东南部属归安县，从此吴兴城内就有了知州衙门和两个县衙。

湖州的城墙东西长十里，南北长十四里，这是唐初武德四年（621）

越郡王李孝恭修筑的，景福二年（893）、绍兴三十一年（1161）两次重修[1]。城墙上有六座城门，东曰迎春门，西曰清源门，南曰定安门，北曰奉胜门，东北曰临湖门，西北曰迎禧门。城内分布着知州衙署、州学、添差金判西厅、兵马钤辖厅、军资库、常平库、铁作院等十几个府一级设立的官方机构以及乌程县衙、归安县衙、县学等。

州城（乌程、归安两县县城）内外河溪湖泊众多，州城之北十八里处的卞山（弁山）传说是卞和采玉的地方，山上有个水池被称为"卞和池"，州城之北五里的毗山又称"浮玉之山"，是一处观景的胜地；西南有石城山、铜山；州城之南依次有岘山、道场山、何山（金盖山）、衡山、车盖山，车盖山前的碧浪湖中有一座小山"浮山"，传说它可以随着湖水的高下浮动，露出水面的部分始终如一。这里历来是湖州人春天乘船踏青赏景的好去处，那时候许多船只都会停靠在这座湖泊环绕的小山四周；州城外向东二十一里处有升山；州城外向东北十八里处有戴山，传说是东晋名士戴逵隐居的地方。

吴兴有山有水，风景秀美，东晋就颇为有名，尤其是郡城周边河湖环绕，每当微风拂过，湖面水光潋滟、碧波荡漾，远远望去，城池犹如映在水中，唐代官员杨汉公在《题郡城楼》诗中形容湖州的城楼犹如水月映照的"水晶宫"（一作水精宫），诗云：

> 吴兴城阙水云中，画舫青帘处处通。
> 溪上玉楼楼上月，清光合作水晶宫。

相传唐代官员在湖州子城的城墙上修了十座高楼，后北宋初拆除子城时大多被毁，到南宋只剩下了谯门东侧的会景楼、清风楼，嘉定十六年

---

1. 这是唐代湖州城的外城墙"罗城"，而子城则在太平兴国三年被拆除，所以罗城就变成了湖州城唯一的城墙。

（1223）湖州知州宋既济在谯门东侧重建了消暑楼并整修了清风楼、会景楼。宋理宗宝庆年间（1225—1227）一场飓风把三座楼都吹塌了，淳祐年间（1241—1252）知州高衡孙在废址上重建了两座楼，一座命名为镇鲊（zhà）楼，一楼命名为清风楼，并修建了一座连廊式建筑"会景楼"连接两座高楼，规模宏丽，十分壮观。

湖州出过沈约、丘迟、吴均、钱起、孟郊、皎然、张先、叶梦得等诗文名家，曹不兴、燕文贵等丹青高手。王羲之、王献之、张僧繇、戴逵、颜真卿、柳恽、张志和、陆羽、杜牧、陆龟蒙、梅尧臣、苏轼、黄庭坚、米芾等名流都曾流连湖州山水。诸多文人墨客、游宦官员都留下了歌咏湖州的文字，颜真卿在这里当过五年湖州刺史，与隐士张志和、茶圣陆羽优游山水，留下许多诗文书帖；杜牧登临过城中的消暑楼；李贺称颂过美味的"乌程酒"。

到了北宋，名人苏轼在湖州当了98天知州，突然就被御史台抓到汴京，闹出了"乌台诗狱"、被贬黄州的乱子。苏轼是南宋文人心目中的文化偶像，他当湖州知州之前就曾数度去过湖州，写过歌咏当地风光的诗文，还和湖州著名词人张先交往密切。熙宁五年（1072），湖州知州孙觉在知州官署中修建了一座墨妙亭放置境内自汉以来的石刻碑志，苏轼应邀撰写了《墨妙亭记》。湖州好几处地方都与苏轼有关，比如知州官署的园林中有一座"六客堂"，是纪念苏轼等人先后两次在湖州聚会的。镇鲊楼之下的"四贤堂"是纪念内史王公、太傅谢公、忠烈颜公、文忠苏公四位贤能湖州太守的。湖州文人大都熟读苏轼的诗文，对他的书画观点也很熟悉。

宋代以来，湖州也是著名的科举之乡，以文教发达著称。宋仁宗宝元二年（1039）湖州知州滕宗谅（子京）在州署西一里修建了规模宏大的府学，建成一百二十间房屋，请名人张方平撰写记文、蔡襄书写，又请石曼卿书写"敕建州学"匾额安置在仪门上。他请来经学名家胡瑗主持教学，四方之士云集，湖州府学声闻天下，培养了一大批人才。胡瑗在这里摸索的教学模式后来还推广到汴京的太学和全国很多地方。南宋官员曾在府学中设立了纪念胡瑗的祠堂以及纪念曾任湖州太守的颜真卿、滕宗谅、苏轼等人的七贤祠。

当然，湖州也是一座经济繁荣的城镇，尤其以出产的丝织品、铜镜等闻名，如乌程、归安的樗蒲绫，安吉的丝绢，武康的"天鹅脂"丝绵都名闻江南，仪凤桥一带的制镜作坊出产的铜镜也畅销东南各地乃至出口到海外，如石家镜、薛家镜都是有名的字号。

南宋时一些中原、四川等地的官宦世家迁居到湖州，如叶氏、贺氏、秀岩、东窗、凤山三李氏、高氏、牟氏、倪氏、莫氏、沈氏、程氏、陈氏都以富有藏书、重视教育著称。当地一些世家大族以科举、富足著称，许多人都修建园林，宋末元初的湖州大族子弟、著名文人周密所撰《吴兴园林记》中记录了湖州城内外有三十多处知名园林，如南沈尚书园、北沈尚书园、章参政嘉园、牟端明园、丁氏园等。

宋朝宗室本来主要居住在以汴京为中心的中原地区，靖康元年（1126）年底汴京沦陷。次年，居住在开封的宗室近属如宋徽宗诸多子孙及其妻孥三千余人，宗室男、妇四千余人，贵戚男、妇五千余人都被金人掳掠北迁。宋英宗生父濮王位下南班宗室大都居住在汴京，被逼北上的最多，导致"南渡"以后太宗、濮王一系的宗室人口十分稀少。反倒是提前迁移到西京河南府（今河南洛阳）、南京应天府（今河南商丘）两地的疏远宗室子弟逃过一劫。他们听说赵构在江南即位后，急忙与衣冠士族、诸军百姓一起仓皇南遁，于是福州、泉州、四川和江南的杭州、平江府（今江苏苏州）、湖州、越州（今浙江绍兴）等地都有了宗室寓居，经过上百年的繁衍，发展出数万赵氏宗室子弟。

其中有两支赵氏宗室就落户在太湖南岸的湖州。一支是住在城内东南部的宋太祖次子燕王八世孙赵希怿家族，赵希怿是淳熙十四年（1187）进士，为官颇有政声。他从青田移居湖州，他的三个儿子、四个孙子都获进士及第，一家三代出了八个进士，是湖州有名的科举望族。湖州知府为了表彰他们，把赵府门口的牌坊"仁政坊"改名为"丛桂坊"。

这个家族还出了几个好书画、爱收藏之人，如赵希怿的三子赵与懃（qín）（约1193—至元中期）字话舜，号兰坡，是嘉熙二年（1238）进士，先后担任知临安府（今浙江杭州）、枢密院都丞等职位，为官之余喜好收藏和画墨竹，是宋末元初的收藏大家。《赵兰坡所藏书画目录》记载他收藏有法书179卷，名画213卷，这仅仅是他的部分收藏。周密《云烟过眼录》中记载他藏有王羲之、王献之、虞世南、梁元帝、李后主、陆探微、苏东坡等84人的作品183件。他的侄子赵孟奎（字文耀，号春谷）是宋理宗宝祐四年（1256）进士，同年的科考状元是文天祥。赵孟奎先后任衢州知州、秘阁修撰，颇有名声，工书画，善画竹石兰蕙。他家在临湖门边，私家园林"北园"靠近湖州城墙，登上城墙可以远眺城外山水。

另一支宗室是住在湖州城内西部的宋太祖四子赵德芳之后赵伯圭家族。北宋灭亡后，赵德芳的五世孙赵子偁移居到秀州（今嘉兴），他只生了一个儿子赵伯琮。南宋的创立者宋高宗赵构因为自己没有后嗣，就把刚六岁的赵伯琮（后改名赵眘）接入宫中收为养子，即后来的宋孝宗。可这样赵子偁就没有后嗣了，于是宋高宗又下诏，把宋太祖次子赵德昭的七世孙赵伯圭承继给赵子偁。赵子偁曾在湖州担任通判，喜欢那里的风水，死后就安葬在湖州的菁山。嗣子赵伯圭也移居到湖州，从此便在湖州繁衍，成了当地的名门望族，而且从宗法关系上成了当朝皇帝的兄弟。

因为有上述特殊的宗亲关系，孝宗和儿子光宗对赵伯圭这一支"近亲"格外照顾。绍兴三十二年（1162），宋孝宗继位后封赵伯圭为秀王。绍熙二年（1191），宋光宗又在湖州安僖祠之侧给赵伯圭赏赐了一处宅邸。赵伯圭身后，他的十个儿子师夔、师揆、师垂、师稷、师卨、师禹、师皋、师嵒、师弥、师贡也都在朝廷任官，他们这个大家族的宅院大多在城西的拥旌坊。

赵伯圭三子赵师垂的长子赵希戭（yǎn）担任过五品的朝奉大夫、直华文阁，有一分富足的家业，可是他没有留下子嗣就早逝了，遗孀郑氏打算找个嗣子继承家业。

宋高宗赵构半身像 （南宋）佚名 绢本设色 74cm×116.4cm（台北"故宫博物院"藏）

　　说来也巧，不久之后另一家宗室子弟、时任湖州府通判的赵与𫸭（yīng）来拜访宗亲，两边有了来往。赵与𫸭是宋太祖次子、燕王赵德昭的九世孙，家住浙江婺州兰溪县（今金华市下辖的兰溪市）。他的亲生父亲赵希瓐（guī）官位不高，生了十个儿子，而且四十多岁就在担任江西雩都县丞时病逝，分家以后每个儿子的资产应该都不多，两个年幼的儿子赵与訔（xiè）、赵与詟（yín，字仲父）就由哥哥赵与𫸭照看。

　　当时的宗室子弟并不像外人想象的那样都过着锦衣玉食的生活。宋太祖赵匡胤、宋太宗赵光义、魏王赵廷美三兄弟的后人数量众多，到南宋末年他们的第十世、第十一世后裔的数量多达14788人[1]，绝大多数都已经是普通家庭，甚至有人陷入贫困无助的窘境。按照宋神宗时期确定的宗室授官制度，按宗法关系的服属远近依次降低宗室待遇，其中五服内近属宗子享有赐名、授官待遇，可以获得皇帝授予的虚职武官官衔和相应的俸禄，而疏属的宗室子弟不会被皇帝授官，他们或者参加科举的解试、省试出

1. 何兆泉.宋代宗室研究.浙江大学中国古代史专业博士论文，2004：45.

仕，或者参加专门为宗室子弟设置的考试如"取应"（类似科举"恩科"考试）、"量试"等途径出任中低级官员[1]。尽管相对于平民子弟，宗室子弟出仕的路径更多，录取率更高，但是要从上万名宗室子弟中脱颖而出当官并不容易，要大富大贵更是困难。

跟在哥哥身边的少儿赵与訔就属于上万疏远宗室中的一人，本来他长大后最好的结果就是通过考试去当个小官，可是他撞上了好运。赵希戫的遗孀郑氏听说赵与鹰带着两个年幼的弟弟在身边，就特意与赵与鹰的妻子交往，观察这两个孩子的性情、智能，或许觉得十岁左右的赵与訔年纪更小，便于培养感情，就想让这个孩子做嗣子，况且辈分也正合适，于是她就和赵与鹰夫妇商量能否把赵与訔过继给赵希戫为嗣子。

对两家来说，这都是个好事，虽然两家都是宗室，但是赵希戫这一支和当朝皇帝关系更近，属于五服之内可以获得赐名授官资格的近亲，而且赵希戫家在湖州有房有地，过继以后赵与訔可以过上舒服的少爷生活，未来的前程也更光明——当然，也可以大大减轻哥哥的负担，甚至还能帮衬一下哥哥这边。

于是两家商量之后奏请主管宗室事务的宗正同意，正式把赵与訔承继给赵希戫为后嗣，成为宗谱上的赵德芳九世孙、秀安僖王赵子偁五世孙、新兴恭襄王赵师垂的长房长孙，也成了当朝皇帝五服之内的近亲，能享受赐名授官的待遇。

就这样，赵与訔搬到了甘棠桥南侧的新家。他在郑氏的照顾下生活，就像当时的江南大族一样，他在赵氏家塾跟随饱学之士学习诗文、书法。他还依稀记得以前在婺州兰溪跟随兄长到徐子才先生家学习《周易》的往事。

赵与訔年少时就以父荫补官"饶州司户参军"，按常规成年以后就可

---

1. 祖慧. 南宋宗室科举制度探析. 历史研究，2011（2）：36-50，190-191.

以凭恩荫出仕，至少可以当个中低级官员。

赵与訔的运气格外好，他成年后娶了德清县大族李氏的小女儿为妻，不料在之后却因此和皇室攀上了另一层特殊关系。德清李氏是当地著名的仕宦世家，出过宋高宗时的宰相。李氏生有两个女儿，长女嫁给了当时还家境普通的宗室子弟赵与芮，次女就嫁给了赵与訔。赵与芮和哥哥赵与莒本来是宋宁宗的远房堂侄，与皇室血缘十分疏远，他们的父亲赵希瓐在世时没有任何封爵，只在山阴县当过小官，是小户人家而已。父亲逝世后这两兄弟没有了依靠，只好跟着母亲住在舅舅家中生活。可是他们兄弟运气绝佳，权臣史弥远觉得他们没有什么背景，便于自己将来操纵，于是在嘉定十五年（1222）运作，让赵与莒成为宋宁宗弟弟沂王的嗣子。嘉定十七年，没有后嗣的宋宁宗驾崩后，史弥远拥立赵与莒为帝，改名赵昀，是为宋理宗。理宗忌"湖"读音同"胡"，宝庆二年（1226）改湖州为安吉州。

作为皇帝的弟弟，赵与芮自然成了最受信重的亲王。赵与訔和赵与芮既是同宗兄弟，又是连襟，和皇室关系越发亲近。可惜李氏嫁给赵与芮三年就无后早逝，倒是一个陪嫁的侍女黄氏给赵与芮生了个儿子赵孟启。宋理宗自己的儿子早夭，淳祐六年（1246）便收养年仅六岁的侄子赵孟启，改名赵禥并立为太子。所以，赵与訔也可以说是太子的姨夫。

有了这样的背景，赵与訔在宋理宗、宋度宗时期官运亨通，先后监海昌盐场、军器监、直宝章阁、两浙西路提点刑狱公事、知平江府（今苏州）等官职。他的主要政绩是重修了苏州至德庙后的大粮仓"宝祐百万仓"，疏浚了运输漕粮的河道，方便把粮食运输到仓库中保存。大概在公务上出了什么差池，他遭到弹劾，于是就担任了闲差，主管建康府一所道观崇禧观，可以在家赋闲的同时拿一份俸禄。

赵与訔业余喜欢园林、书画，在郡城外南关三里处修建了一座"苏湾园"，可以欣赏碧浪湖、浮玉山等风景。他的叔祖在府城月河西侧有一座园林"莲花庄"，因为四面环水，荷花盛开时景色绝美，是城中的名胜。

赵与訔从族人手中买下莲花庄的一半,在溪水边修筑堤岸、小桥,栽种荷花、柳树,在水中一座小岛上栽种上百种菊花,命名为"菊坡",估计是仿效白居易、苏轼的"东坡"取名。与菊坡园隔着溪水相对的就是他家的宅邸,他取名叫"天开图画",因为这里地势有起伏,在园中的亭子中可以看到犹如天然图画的城南诸山。这处临河而建的宅邸居住他一家三代十几口人,加上仆从至少有三四十口人,所以这处孙衙河头的廊屋式建筑群有好几进院落,有门厅、大厅、后厅,厅两侧都是用于住人、存储的厢房,以及几处附属的院落、天井、花台。

赵孟頫于宋理宗宝祐二年九月十日(1254年10月20日)出生在这个大宅中。这一年他的父亲赵与訔四十二岁,母亲丘氏是赵与訔的侍妾。据说丘氏梦见有僧人来敲门寄宿,然后怀孕生下了赵孟頫[1],这让丘氏、赵孟頫都对僧人有了好感,赵孟頫长大后甚至怀疑自己前世就是僧人。

赵与訔子女众多,此前他已经生了六个儿子,依次叫孟頖、孟颁、孟硕、孟颂、孟颣、孟颢,赵孟頫排行第七。这时赵与訔的正妻李氏已经去世四年。富有的士大夫有几个侍妾是常见现象,丘氏虽然是侍妾,可是先后生下了五子孟颣、七子孟頫,几年后还生下了八子孟籲(yù),因此在家中相当有地位,或许是以侍妾的身份照看门户。

此外,赵与訔的妻妾还生了14个女儿,除了最后出生的两个女儿早夭,其他12个女儿都嫁给了吴兴以及附近的富足人家或者官宦世家。其中长女赵孟巽嫁给了沈昌言,五女儿赵孟艮嫁给了张伯淳,九女儿赵孟莘和十女儿赵孟渐分别嫁给了钱谊、钱澄,十一女儿赵孟豫嫁给了沈光谦,还有两个女儿赵孟比、赵孟益嫁给了常熟印氏家族的印直传、印德传这对从兄弟。这几家都是官宦人家,比如印德传的父亲印应雷、印直传的父亲印应飞是亲兄弟,他们两人都考中了南宋的进士。印应雷历仕淮西总领财赋

1. (元)大䜣. 又题归去来辞后//藏经书院. 新编卍续藏经:第121册. 台北:台湾新文丰出版公司,1993:246-247.

兼江东转运判官、知江州主管江西安抚司公事、知庆元府兼沿海制置使、两淮制置使知扬州等职，印应飞官至户部侍郎、淮东总领、知镇江府，都是一方大员。

生赵孟頫这一年，赵与告担任的是个闲职，名义上主管建康府（今南京）的崇禧观，实际在家闲居。可是他在宫中、朝中都有后援，也是皇帝看重的宗室，所以赵孟頫出生几个月后，赵与告又被任命为将作监、总领浙西江东财赋、淮东军马。他的二、三、四、五子也先后出仕为官。

宝祐六年（1258），赵孟頫四岁时进入族内私塾接受启蒙教育和书法训练。他的父亲这一年因为谏官弹劾丢掉了江西转运副使兼知隆兴府的官职，又回家闲居了一年多，曾经请升元报德观道士杜道坚在家中私塾住了一段时间，空闲时常逗弄年幼的赵孟頫取乐。杜氏十七岁在太平路（治今安徽当涂）天庆观出家，后入茅山学道，淳祐年间曾在临安宫廷中充当御前道士，那时就与赵与告有了来往。

在临安的宋理宗或者高官显然对赵与告这位宗室亲戚念念不忘，景定元年（1260）五月再次任用赵与告为官，他在之后一年内先后任司农卿兼左司郎中、两浙计度转运副使、知临安府兼浙西安抚使。可是皇帝任命他为枢密都承旨时遭门下省官员的拒绝，于是皇帝又一次差遣他担任了几个月闲官"提举江州太平兴国宫"，在十月任命他担任江东转运使并赏赐金紫色袍服。赵孟頫跟着父亲去金陵为官，次年赵与告回到临安朝中担任权户部侍郎、敷文阁待制等官职，可是不久又遭到弹劾，又一次担任闲职"提举隆兴府王隆万寿宫"。

赵与告只能又在家中待了段时间。他爱好收藏，有韩滉《嵇康像》、宋徽宗《水墨草防》（《百合萱草群蚁图》）、黄筌《雪鹊》《梅竹白鹇》、易元吉《乳猫图》、艾宣的《野凫》两幅、孙知防《九曜图》、崔白《野凫》、石恪《钟馗》、赵希远的《百劳画》两幅、黄庭坚《大字发愿文》、唐画《人物图》两幅、《梅枝上鹰》一幅等藏品，赵孟頫大概也常常观摩，尝试着描绘小孩感兴趣的花鸟之类图画。

作为官员子弟，他也随从父亲去过几次知州衙门拜会知州、参加雅聚，对知州大厅中那些真宗、徽宗、高宗皇帝的御制碑刻、知州衙署后花园中墨妙亭中保存的颜真卿等人的碑刻充满了好奇，也知道父亲把那些绢上、纸上的书法、绘画视为宝物，或许那时就希望自己也成为书法出色的人，期望很久以后自己的书法也会被人们如此保存。

赵孟頫也开始熟悉自己生活的府城。湖州的街巷之间有和乐坊、平康坊、仁政坊、乌氏坊、程氏坊等55个标志地名的牌坊，成了人们访客、行路的指针。

城内有两所南朝梁武帝始建的道观，一座叫天庆观，里面的圣祖殿供奉着赵氏皇族的祖先赵玄朗，凡是官吏就任都要来拜祭，每年元日州县长官还要率领官属来拜祭；另一座叫报恩光孝观。

城内的佛寺数量则达20多座，城中还有好几座民众祭拜的祠庙，比如祭祀地方神灵的城隍庙、通灵王庙、苏将军庙、灵佑庙，当然，城中也有几座祭祀名人、烈士的祠庙，如祭祀项羽的西楚霸王庙、东吴末帝孙皓纪念自己父亲的吴文皇帝庙、祭祀东晋官员郭璞的郭尚书庙、祭祀沈约的德贶庙、祭祀颜真卿的忠烈庙等，忠烈庙中左右两侧分别是苏轼祠、赵子璘祠，走廊下保存着颜真卿所书石刻。

景定四年（1263）春天，赵与訔再次参与政务。这一年权臣贾似道为了解决财政难题，采纳知临安府刘良贵的建议，让朝廷官员在平江、常州、江阴、镇江等地购买私人田地当"公田"，以便在税粮之外还能获得地租收入。春二月，临安通判陈言到湖州、秀州等地催督官员购买"公田"时，闲居的赵与訔因为熟悉税赋财政事宜，也奉命协助湖州知州谢奕羞办理此事。朝廷官员为了取悦上级，无论田地土壤是肥是瘠、收成是多是少都大量强行购买，一共在浙西六郡买下了350余万亩田地让佃农租种。结果到了秋天因为部分土地贫瘠、一些佃农顽劣，许多土地收成不如预期，于是官府又强迫当初卖田的人家负责赔偿短缺的收入，造成许多卖田之人破产、被捕，浙西民众怨声载道。

或许赵与訔协助知州买田有功，九月赵与訔再次获得任命担任平江知府兼提点浙西刑狱。赵与訔在仕途上三次遭到弹劾和一次被门下省驳回任命诏旨，说明他的名声一般；可是他又能四次复出并继续升官，说明他得到皇帝或其他权贵的关照，在宫廷、朝中颇有人脉。

景定五年（1264）底，理宗赵昀病逝，在位四十年，享年六十岁。太子赵禥即皇帝位，即后世所说的度宗。赵与訔升任三品的户部侍郎、兼知临安府、浙西安抚使。赵孟頫跟着父亲去临安上任，曾在管理宗室事务的睦宗院中见到刘松年描绘唐太宗斥退突厥可汗的《便桥见虏图》，这是南宋皇族激励子孙立志打败北方异族政权的图画。

咸淳元年（1265）初，度宗赐赵与訔进士出身，显然对他颇为看重，有进一步提拔重用的打算。可是三月二十三日赵与訔竟然病逝了，年仅五十三岁。度宗赐给银、绢办理丧事，归葬湖州乌程县澄静乡聂村的祖墓。这一年赵孟頫年仅十一岁，他跟着母亲丘氏等一大家人回到了湖州。

赵家迎来了一场大变，这时候赵与訔几个年长的儿子都已经成家，因此很快就分家了。丘氏和赵孟頫、赵孟籲这两个还未成年的儿子一起生活。他们可以分到祖宅中的一处院落、一些田地还有赵与訔的一些藏品。至于菊坡园、苏湾园两处园林很可能都转手给他人然后分钱，或者是兄弟之间用田产、房产之类交换，归某个爱好园林的哥哥所有。赵孟頫还分得父亲留下的两张古琴"大雅"和"松雪"。

分家后母亲丘氏督促赵孟頫认真学习，说你年纪幼小就失去了父亲，没有了依靠，你更要努力学习才能有所成就，否则成年以后没有办法担负家庭重担，我们家也就破落了，说到这里就流下了眼泪。

赵孟頫发愤苦读，好在他自幼聪敏，读书过目不忘，不久就能够下笔成文。他喜欢日日临写智永《千字文》、王羲之《兰亭序》，已经表露出书法方面的才能，在学校中颇有名气。可能因为母亲信佛的缘故，他也常书写《金刚经》。

他还去城中朱家位于河边的房舍"舫斋"学习书法[1]，所作书法渐渐在少年中小有名气。在当时像他这样的宗室子弟能受到优待，可以不经过考试就进入所在州学、县学听读，享受官府学校学生免费食宿的待遇。

他当时学习的书法范本是宋高宗赵构的字帖，以及在家族中流转了六次才到他手中的《宋宁宗书谱》。赵构钟爱书法，在《翰墨志》中说北宋"一祖八宗皆喜翰墨"，他取法苏轼、黄庭坚、米芾、智永等，对自己的书法颇为得意，经常把书迹赏赐臣子。在赵构的大力提倡下，南宋诸帝都留心翰墨，宗室子弟往往擅长书法。赵构的书法结字比较扁平，上大下小，赵孟頫青少年时候的书风近似宋高宗的"思陵体"[2]。在这时的湖州城中，他也能观摩到许多皇帝、名臣书写的碑刻，比如鲁公祠中立着颜真卿书写的《敕天下放生池碑》《千禄字书碑》、米芾书写的《鲁公仙传》，知州大厅中立着真宗皇帝《御制文臣七条》《御制武臣七条》、徽宗皇帝《圣制御书手诏》《御笔御制辟雍手诏并大司成□昂奉旨所撰后序》、高宗书写的《皇帝御制戒石碑》，州学中立着《真宗皇帝御制文宣王赞》《高宗皇帝御笔御书孝经》等，知州衙署花园中的墨妙亭保存着众多碑刻，有名的如集王羲之书《唐太宗御制圣教序》、颜真卿所书《石柱记碑》《项王庙碑阴述》以及传说是颜真卿写的《射堂记》等。这是石碑的拓本，湖州士人家中都保有一些，方便子弟临摹学习。

家中没有了收入来源，母亲也不擅长经营产业，赵孟頫家的境况一年不如一年，只能靠母亲勉励支撑。作为宗室子弟和官员后代，赵孟頫十四岁就获得恩荫注册了一个职衔"真州（今扬州附近仪征、六合一带）司户参军"。按照制度规定，荫补出身者必须年满二十五岁方可注官，因此官

---

1. （明）王肯堂. 郁冈斋笔麈：卷二（明万历刻本）.
2. 赵孟頫自述小时候对宋高宗书法"沉潜展玩，留心多矣"。（元）赵孟頫，钱伟强. 赵孟頫集. 杭州：浙江古籍出版社，2012：395.

宦一般都鼓励子弟参加科举考试，从这个"正途"出身做官更容易升职，如果考不上再靠荫补为官。

赵孟頫应该十七岁时就去临安参加了国子监的考试，成为注册的监生。他不必真去国子监上课，只需要三年后参加国子监给宗室子弟举办的单独考核，通过了就可以参加省试、殿试，靠科举获得正途出身去当官。

毫无疑问，如果一切顺利的话，赵孟頫将拥有远比通常文士更高的概率考中进士、当官。他喜好书法，刻苦练习写字，有深厚的基本功，青年时一天能写上万字，可以快速写完一篇字的同时保证每个字都不松懈，因此在同辈文人中很有名气。

这时的他作为富家少年，也常和兄弟乘船到湖中游乐。"金鸭焚香川上暝，画船挝鼓月中归。"[1]这时候他以钟情书画出名。南宋从宋高宗开始就鼓励宗室子弟用心书画，颇多宗室子弟以此闻名，比如南宋初年的宗室画家赵伯驹、赵伯骕兄弟就以绘青绿山水知名，赵伯骕的儿子赵师睪、赵师宰都善画花木；住在海盐的另一支宗室赵孟坚、赵孟淳兄弟在南宋末年以花木竹石闻名。赵孟坚曾任湖州掾，或许对湖州的宗室子弟有所影响，如也住在湖州的族兄赵孟奎以画竹石兰蕙为乐，在杭州、湖州颇为有名。赵孟頫一天天在长大，他临摹过墨梅画开创者、北宋僧人花光仲仁的墨梅，也学过赵孟坚兰石的画法，比如用笔轻拂描绘石块的技巧。

十九岁那年，他家就拜托认识的官员写了担保书证明赵孟頫的宗室出身、训名、身体特征、履历等，报名参加了咸淳九年（1273）举办的国子监"解试"，可惜没有能考中，这样也就失去了接下来参加省试、殿试成为进士的可能性。不过这不算什么，三年后还可以再考，就算下次还考不中，二十五岁时他依旧可以靠父荫当官。

1.（元）赵孟頫，钱伟强.赵孟頫集：卷第四.杭州：浙江古籍出版社，2012：98.

可是咸淳十年（至元十一年，1274）秋冬，二十岁的赵孟頫发现局势一天天严酷起来，他很快就意识到自己再也没有机会出仕大宋了。

这年六月，忽必烈命三十九岁的左丞相伯颜率领20万军队南下，先进攻长江中游的鄂州、汉阳等地，然后就要沿长江东下攻打南宋核心地区。而此时恰好宋度宗病逝，年仅四岁的宋恭帝赵㬎继位，太皇太后谢氏垂帘听政，宰相贾似道主导朝政。江南各地已经是人心动摇，不久后就盛传一首民谣，"江南若破，百雁来过"[1]，敏感的人知道"伯颜"到来意味着什么。年底下了一场雪，二十岁的赵孟頫和弟弟赵孟籁（字子俊）一起游览南郊十四里处的何山（金盖山）时，已经隐隐觉得形势不妙，感叹"兵革时犹动，山林日就荒"[2]，有了隐遁的年头。

德祐元年（至元十二年，1275）初，沿江制置使、知黄州（治今湖北黄冈市）陈奕，在蕲州（治今湖北蕲春县）的权刑部尚书、都督府参赞军事吕师夔，江西安抚使、知江州（治今江西九江市）钱真孙，知安庆府范文虎等大宋官员先后投降。二月十九日，元军在丁家洲（今安徽铜陵北）击溃贾似道率领的宋军主力，贾似道乘坐一艘船仓皇逃到扬州。次日，长江中游大批宋兵乘船东下，贾似道派人在岸边扬旗招揽将士，可是没有将士理会，甚至有人在船上恶语漫骂。这时候宋军人心已经散了，无法抵挡元军，无奈之下贾似道上书朝廷请求迁都，太皇太后没有允许。

元军乘势南下，全面进攻长江中游、下游地区，湖北、安徽、江苏等地军队将领、州郡长官望风而降，官员投降、被杀、自杀、逃跑的消息沸沸扬扬，比如担任宁国府（治今安徽宣城市）知府的宗室子弟赵与可就弃城逃遁回家乡湖州府安吉县。赵孟頫的五哥赵孟頖（pàn，字景鲁）之前担任签书高邮军判官，也弃官躲回了家中。

临安朝廷中的许多官员都称病回家，听说右丞相章鉴、左司谏潘文

1.（元）王恽，杨晓春.玉堂嘉话.北京：中华书局，2006：103.
2.（元）赵孟頫，钱伟强.赵孟頫集.杭州：浙江古籍出版社，2012：79.

卿、右正言季可、同知枢密院曾渊子、两浙转运副使许自、浙东安抚王霖龙、签书枢密院文及翁等人甚至弃官逃遁。不久后赵孟頫听说元军包围了扬州城，他姐姐的公公印应雷时任两淮制置使、知扬州，忧惧之下暴病身亡。姐夫印德传是水军军官，被朝廷任命为沿海制置使，继续统领沿海地区的数千水军。

官署在乌程县城的安吉州知州李庚也弃官逃跑，自然成了湖州各县传扬的大新闻。朝廷临时派来宋太宗后裔、宗室子弟赵良淳（字景程）担任知州，安抚人心、加强武备。人心惶惶之际，六月初一又出现了日食，天空晦暗如夜，这种天象在如今的动荡局势下更是让朝野恐慌，次日太皇太后下诏削去自己的尊号"寿和圣福"中的"圣福"二字以应天戒。七月，听说左丞相陈宜中本来称病在家，直到太皇太后谢氏亲自给他母亲写信，他才于十月还朝。湖州城中也是乱象纷纷，就连著名的寺庙"观堂"也遭到偷抢，成了一处废墟。

十月元军从金陵南下，听到消息后许多州县官员弃官而逃，只有都督府参赞官、总三路兵马兼平江知府文天祥还在组织兵马抵抗元军。安吉州知州赵良淳也在城中安抚军民，打算对抗元军。新任的安吉州通判塞材望在众人面前信誓旦旦说自己要与城共存亡，蒙古人进来自己要投水自杀殉国，还找人制作了一面大锡牌，上面镌刻着"大宋忠臣塞材望"七个字，又在随身带着的两块小银板上刻了"有人获吾尸者，望为埋葬"几个字，说将来自己殉国后，如果有人看到自己的尸体，可以拿走这两块银板为报酬，只需埋葬自己并把那面大锡牌立在自己的墓前[1]。

十一月二十二日，文天祥奉宰相陈宜中、留梦炎之令放弃平江，退守临安。乌程县城中人心惶惶，许多溃散的士兵乘机抢掠沿途城镇。浙西提刑徐道隆处斩了几名抢劫的士兵才让秩序好转。可是此时元军已经

1.（宋）周密，吴企明. 癸辛杂识. 北京：中华书局，1988：139-140.

迫近，安吉州的独松关是建康到临安（治今浙江杭州市）的交通锁钥，二十三日元军攻占了独松关，距离临安距仅一百多里，骑兵一天之内就可冲到临安城下了。

这时宋军在各州县大多或降或逃，只有扬州、常州守城官兵殊死抵抗数月，给元军造成了不少伤亡。所以，二月初元军攻破常州后，对城内军民进行了残酷的大屠杀，让江南各地闻之色变。

十二月二十七日元军统帅伯颜自平江派蒙古将领忙古歹、降将范文虎会合右军阿剌罕、昔里伯进军安吉州。这时已经投降元朝的宋将范文虎遣使来招降，赵良淳焚烧来信、斩杀来使表达誓死抗敌的决心。蒙古万户阿剌罕率军包围了乌程县城，主持守城的都督府参议官、宗室子弟赵与可和军将吴国定下令打开南门投降，一些民众前来围观，蒙元士兵一边进入城市布防一边大呼"众人各自回家，元帅不杀你们"，于是民众都号泣着散去。赵良淳看到这种局面就回府给儿子赵友伯写了一份遗书，说自己"宁为赵氏鬼，不作他国臣！行年五十有三，守土而死节，尚复奚憾。诸子幸而生者勉㳟忠孝"[1]，然后就上吊自杀了。混乱中没人看到通判塞材望，人们猜测他十之八九已投水自杀。其实塞材望是悄悄出城去迎拜元军将领，得以担任安吉州同知的新官职。几天后他骑着马得意地走进城门，塞通判变成了塞同知，湖州人私下对他前后的表现都议论纷纷。

至元十三年（1276）正月初一，元军统帅伯颜入驻湖州城，这里成了元军的指挥中心。十八日他在这里接受了宋朝廷从临安送来的降表和传国玉玺。二月五日，谢太后命人打开临安城门投降，宋朝就此灭亡。伯颜封存南宋内府秘书监所藏经籍图书、书画等物，让之前一年投降的水军千户朱清等人从海路运输这批图籍书画北上直沽（今天津），再转送大都（今北京）。伯颜自己于三月押送六岁的赵㬎、赵㬎的母亲全太后、度宗的妃

1.（宋）周密，孔凡礼.浩然斋雅谈：卷中.北京：中华书局，2010：33.

嫔王昭仪、福王赵与芮等南宋皇族、后妃北归，谢太后因为生病留在临安一段时间才北上。

在湖州失陷之前一两个月，当地的许多大户人家收拾细软，跑到了西部的天目山间躲避乱兵，赵孟𬤇也和母亲、弟弟等众人跑到山中避难。进山躲避战乱是当时人家的通常举措，如临安的许多南宋皇室子弟都逃到新昌山中躲藏，等局势平定下才回家。退休的南宋知庆元府兼沿海制置使陈存也和家人躲避到乡野，回来以后他听说了赵良淳的事迹，写了《挽赵良淳三首》对比赵氏和自己的行为：

> 慷慨君酬国，奔逃我丧家。陆沈同一壑，渊涉渺无涯。
>
> 祈死惟嫌晚，余生只自嗟。蒿莱连雉堞，落日噪栖鸦。

赵孟𬤇在山中躲了几个月，因为传说元军到处搜捕南宋的宗室，要带到大都去。他听朋友说天台山下的杨叔和急公好义，就去杨家避难，一度住在天台南屏的兴教寺。这时他二十二岁，整天都在山中读书。他曾在诗文中描述自己的生活是午睡之后去山边取泉水，捡拾松枝煮茶，然后读《周易》《国风》《左氏传》《离骚》《史记》及《陶杜诗翰》、苏轼文章数篇，累了就去山径漫步。

躲了几个月后他才回湖州，在路途上目睹了战乱破坏的痕迹，写下了他一生中最为"直露"的两首诗《赵村道中》，其中一首描述了自己秋日霜降的早晨出南城门去西山的萧瑟心情，感叹"至今蓬蒿下，犹有白骨枯"的战后场景：

> 昔年干戈动，兵尘暗三吴。长江已无险，智勇亦难图。
>
> 筑垒依平山，谋国一何愚。桢干群林空，遗址莽丘墟。
>
> 至今蓬蒿下，犹有白骨枯。天阴万鬼哭，惨惨荒山隅。
>
> 兴亡自有数，不敢问何如。独怜野菊花，立马为踟蹰。

在变乱之中，很多人都目睹乃至经历了掠夺、死亡、饥寒，有愤怒，也有无奈，只能慢慢等待局面平静下来。

听说元人一边继续派军队陆续南下征服各地，一边选任官员安抚已经攻占的地区。元人皇帝改安吉州为湖州路安抚司，任命手下世侯子弟史枢（字子明）临时担任安抚使。当时各地各州县、村镇的民众逃亡到山中依托险阻自保，史枢就大力宣喻居民回到家中居住和农耕、经商等。民众见到城镇中并没有再发生混乱，就返回了家中。住在湖州的宗室子弟、曾任宁国府知府的赵与可因为率领湖州军民归顺，也被授予安抚使的官职，参与了招揽流失民众的事务。他是赵孟頫的族叔，有他关照，赵家诸支的利益都有了保障。

赵孟頫回到湖州城，他当然听说了赵良淳和塞材望两人充满戏剧性对比的故事。这并不让人太过惊奇，这是改朝换代之际经常发生的事情。

在湖州，赵孟頫常常听闻各地传来的各种消息，临安投降之前，宋度宗的两个年幼的儿子益王赵昰（shì）、广王赵昺（bǐng）被护送离开。几个月后，枢密使文天祥、礼部侍郎陆秀夫、右丞相陈宜中等在福州拥立七岁的益王赵昰为帝，改元景炎元年，在江西、福建、广东和元军作战，可是终因势孤力单，逐渐败退到了遥远的海滨。

赵孟頫当然也听说了家在湖州的秀王赵与择偷偷投奔益王，不久后在瑞安对元军作战时被俘、遭到杀害的消息。又听说元军打到兴化时，南宋的参知政事陈文龙和赵孟頫的姐夫、时任沿海制置使印德传等148名官员率领水军3000人、水手7000人和海船78艘投降，元军任命印德传担任了管军万户，负责统领这支水军。

扬州守将李庭芝已经坚守扬州城池长达十六个月，元军两次以太皇太后谢氏的手诏劝谕他投降，他都拒绝。可是这年秋天，他奉诏赴福建福安朝见新帝赵昰，刚离开扬州，他的副手、制置副使朱焕就献城投降了。李庭芝也在泰州被元军俘虏，在扬州被杀。元军乘势相继占领泰州、高邮等地，至此，淮东大部才被元军占有。听说伯颜下令搜查元军将士行李中抢掠来的散银，熔铸成锭，每锭重50两，上铸"扬州元宝"，献给皇帝，再由皇帝分赐将士，从此这种马蹄形的银锭逐渐流通于市面，俗称"元宝"。大都的皇帝九月时下令拆除江淮的城墙，于是湖州的罗城也在这个冬天被拆除了。

至元十五年（景炎三年，1278）称帝的益王在逃亡途中受到惊吓早逝，群臣又拥立时年六岁的卫王赵昺继承帝位。年底，文天祥被元军抓住送往燕京。次年二月元军围攻崖山，丞相陆秀夫背着卫王跳海殉难，皇太后杨氏等皇室成员、臣僚、将士纷纷跳海自杀。听到这凄惨的消息，江南还心怀宋室的人也只能死心了。

总之，那两三年没有什么让人振奋的好消息，赵孟頫这样的前朝宗室子弟只能默默听一会儿，也不敢和人议论什么。他和许多江南文人都忐忑不安地适应着新统治者的作为，许多新鲜的事物来到了湖州，来到了江南。

从至元十三年起，湖州城中最有权力的是新派来的湖州路达鲁花赤忽刺出和他的色目、汉人随从。忽刺出是之前围困乌程县城的军将之一。

蒙古人、色目人大多不会说汉语，为此官府中设有负责翻译公文的笔译和负责口译的"通事"。蒙古文字是"国字"，公文、表章都以蒙古字书写，汉字为副本。蒙古、色目官员彼此见面时，同辈以双手环抱为礼，下级则以左腿半跪为拜见礼，和江南士人的长揖不同。还有官员根本不会用毛笔写名字画押，只能用木刻的牌子代替，让江南士人暗暗感到好笑。这些蒙古人、色目人有的信奉西域佛教，所以他们还在城内西北角的广化寺内东侧，修建了一座供奉帝师八思巴的佛殿帝师殿，这些官员时而去那里朝拜。

与南宋只重视儒士不同，新官府按职业把民众分成民户、军户、商贾户、僧道户、儒户、医户、站户、匠户等分别登记，规定户口是世代传承的身份。民户就是普通的农民，要缴纳赋税、支应差役，负担最重；僧道户、儒户、医户则受到优待，可以免去赋税和差役；军户、站户、匠户也有减免赋税的待遇，可是要应付从军出征、服务驿站、修建工程的差役，比如每一家军户都必须有一名男子在军队服役，相应也可以得到一些生活补贴和钱粮奖赏，而隶属匠户的铁匠每年都要按照官府要求完成一定数量兵器或者农具的打造，其他时间可以为自己工作。

每年元旦，湖州路的达鲁花赤、总管会召集官吏、耆老、僧道、儒士、军官等一起向着京城的方向朝拜皇帝，然后举行宴会招待嘉宾。蒙古、色目官员喜欢吃烤羊一类的大块肉食，他们在宴会上纷纷抽出锋利的镔铁匕首割下肉吞咽，让江南缙绅暗暗吃惊。

到了八月二十三日、当朝皇帝忽必烈的生日"天寿圣节"，达鲁花赤、总管率领官员到寺观中礼拜僧人、道士设立的"祝寿万岁牌"，把牌位从寺观迎接到官署正厅或者城镇中的公众场所，一路上有随行的乐队敲锣打鼓，吹吹奏奏，还有歌舞演员边走边表演戏法杂技，吸引了许多看热闹的人，之后官员还要招待僚属、儒士、耆老、军官等一起吃素宴、饮酒。达鲁花赤等主要官员还要进献礼物给皇帝。

元灭宋后，最初保留了南宋原来的州、府、县地方官吏进行统治，任命达鲁花赤监督。等局势稳定下来以后，陆续派来许多北方官吏接替了前朝官员。许多北方来的蒙古、色目高级官员不识汉字，中低级的管理也仅粗通文墨，乃至于江淮行省的"省臣无一人通文墨者"[1]。很多府、州、县的达鲁花赤、总管也不识字，发生过把上级文告理解错误而贯彻实行的事情，读书人见到这种现象，只能在杂曲中感叹一二："不读书有权，不识字有钱，不晓事倒有人夸荐。老天只恁忒心偏，贤和愚无分辨。折挫英雄，消磨良善，越聪明越运蹇。志高如鲁连，德高如闵骞，依本分只落的人轻贱。"[2]

1.（明）宋濂，等.元史.卷一百七十三.北京：中华书局，1976：4038.
2.隋树森.全元散曲.北京：中华书局，1964：1688.

江南城镇也出现了许多新奇的建筑，比如西北来的蕃僧在杭州宝石山"大佛寺"门口修建了一座白色的壶瓶塔，这种塔下面是方形台式建筑，中间有洞可以通行，上面犹如蒜头瓶一样有个"大圆肚子"的白塔，所以杭州人也称之为"壶瓶塔""过街塔"[1]。离大佛寺不远的霍山（弥陀山）上也修建了一座壶瓶塔，名为庆忌塔，塔四周的龛中供奉着数千小泥塔[2]。

镇江路副达鲁花赤薛里吉思是个也里可温教徒（叙利亚基督教），他长期在宫廷中负责用水果、香料熬制"舍里八"饮料，得到皇帝的赏识。至元十四年（1277）外派担任镇江府路总管府副达鲁花赤。他热心传播也里可温教，之后几年捐资修建了7座"十字寺"，包括镇江城中瓷铁门的大兴国寺、甘泉寺，金山西侧的云山寺、聚明寺，丹阳的渎安寺、高安寺，在杭州荐桥门修建了大普兴寺，寺的外面装饰着十字交叉的标志。

还有一物影响到每个人的大变化，是大元的纸币"中统钞"（中统元宝交钞）[3]取代了南宋的纸钞"会子"和"见钱关子"。钞面上方横书汉文钞名"中统元宝交钞"，花栏内上部正中写着面值如"壹贯文省"四字，面额下为横置钱贯图，两侧书写九叠篆汉字和八思巴文。右侧汉文"中统元宝"，八思巴文为"诸路通行"，左侧汉文为"诸路通行"，八思巴文为"中统元宝"。钱贯图右为"字料"，左为"字号"，字料上方、字号上方都盖有印章，钞面上下则各盖有红印一方，钞背有"至延印造元宝交钞"字样墨印一方。这种纸钞和银子、黄金一样可以用来交税、买东西，如果钞票有磨损，还可以去官府设立的机构兑换新钞。为了加快中统钞的流行，至元十四年朝廷下令禁止江南人再用铜钱，江南人可以去官府指定

1. 邓子勉. 明词话全编. 南京：江苏凤凰出版社，2012：1383.
2. （明）杨循吉，等. 陈其弟. 吴中小志丛刊. 扬州：广陵书社，2004：135-136.
3. 中统元宝交钞（简称"中统钞"）1260年开始发行面值分为十等，即一十文、二十文、三十文、五十文、一百文、二百文、三百文、五百文、一贯文、二贯文等共十种面值。朝廷规定"中统钞"每两贯文可兑换白银一两。

的机构以3贯铜钱换回中统钞1贯[1]，50贯宋会子可以兑换中统钞1贯。

这些或者亲眼所见，或者听闻的事情都让赵孟頫这样的江南士人感到新奇和讶异，还有许多法规让人们感到不便，比如官府禁止江南城镇居民在晚上一更三刻最后一次夜钟响过之后出门和点灯点火，怕有什么阴谋，到清早五更三刻早钟响了才许民众出门和点灯，违者要处以鞭打等刑罚。

几年来赵孟頫听闻、经历的都是宋军的接连溃败，他只能在湖州闭门小心翼翼地生活，免得被人罗织罪名。所以他的青春岁月是孤独而忧郁的，只能在家中读书、写字、画画，掌握了书画、鉴赏的许多"杂学"方面的知识和技能。他这几年写的《古风十首》《咏怀六首》《咏逸民》都是表达士人的忧思，透露出隐居度日而又未能忘怀天下的心绪，这可以说是当时许多江南文人的共同情绪。

在新朝治下，江南士人因为遭遇了国族之变，产生了屈辱、惶惑、失落、迷惘、孤独的情绪。他们对在新朝出仕本就有抵触和犹豫，科举的废弃更使得他们出仕的现实路径完全堵塞。许多人都有了隐逸的心态，彼此之间互通声气，以著作、吟诗自娱，出现了清吟社、白云社、孤山社、武林社、武林九友会、两湖社等文人社团，形成了一个个松散的遗民群体。也有人在家中闲居度日，很少参与士人的社交活动，如赵孟頫的五哥赵孟頖就闲待在家中以翰墨和欣赏花草为娱，经常以小楷书写儒家的"九经"，每天在木几上焚香后静心书写佛教的《莲华经》《华严经》《楞严经》《圆觉经》《金刚经》等经典。

南宋灭亡之初，赵孟頫颓唐过一阵子，无心读书学习，只是以书画自娱。这个时期他经常和钱选研讨书画之技，还曾临摹李公麟的《飞骑射图》[2]。至元十四年（1277），他创作了《书画合卷》，题跋上的字体明显

---

1. 方回.嵊县尹余公遗爱碑//越中金石记卷七.清道光十年刻本.
2. （元）戴表元.题子昂摹龙眠飞骑射图//钦定四库全书本.

近似宋高宗的笔迹。宋高宗自己推崇钟繇、王羲之、虞世南、褚遂良、智永等人，所以赵孟頫受上述诸人影响较大，如这时候他已经开始频繁临写智永的《千字文》以及钟繇、萧子云的楷书，或许因为后两人有比较浓厚的隶书的遗留影响，赵孟頫此时的楷书、行书结体较为肥厚古拙，依旧略显头重脚轻。

至元十四年，大都朝廷把安吉州升置湖州路，任命赵孟頫的那位族叔赵与可担任湖州路总管，这是仅次于达鲁花赤的官员。也有赵孟頫的其他亲戚出任了新朝的官员，比如湖州同乡林友信出身南宋武将世家，投降元朝后担任湖州路湖炮翼上千户所管军总管、宣武将军。

这时有了个重要变化：各地官府开始在江南登记户口，能够提供自己是士绅或者原南宋官员身份凭证的人可以登记为儒户[1]。儒户享受一定优待，可以与僧人、道士一样免除差役，在学校读书的学生可以获得一天两顿免费餐食，老年儒士可以获得官府发放的补贴。这让一些江南士人不仅仅可以改善自身的家庭境况，也隐约看到了希望——未来朝廷或许有意起用江南儒士。

在这个背景之下，母亲丘氏劝说二十三岁的赵孟頫：不管什么朝代[2]，总是要用到读书人，你更应该努力读书，这样才有超越常人之处，将来好谋个前程。

赵孟頫因而决定加强自己的儒学知识，拜本地的名儒敖君善（敖继公）为师，时常向他请教。敖君善是福建长乐人，他在学问上属于程朱理学分化出的"永嘉学派"这一系统[3]，南宋时期浙东永嘉（今温州）地区薛

1. 截至至元二十七年江南一共有约10万户儒户，定位儒户的条件是家庭中有人在官方承认的学校或私塾学习，或者有人担任文官、学官或者在官方承认的学校担任儒学教授、书院山长等。萧启庆. 内北国而外中国：蒙元史研究（上）. 北京：中华书局，2007：388-389.
2. 当代学者潘柏澄认为赵孟頫传及杨载《行状》中丘氏说"圣朝必收江南才能之士而用之"明显是赵孟頫成名后其亲友的说辞，暗暗为赵孟頫出仕找理由，似乎是他奉母命出仕。潘柏澄. 赵孟頫仕元考略. 史苑，1972（17）.
3. 魏凯. 从经学史角度探寻敖继公学统. 黑龙江史志，2009（16）：30-31.

季宣、陈傅良、叶适等人提倡"事功"思想，主张通经致用，重视经史、礼仪制度和各项实务的研究[1]。敖君善主要受薛季宣、张淳的影响，侧重对礼制的研究和阐释，当时正在编著《仪礼集说》（大德五年刻印），吴兴归安县的姚式、倪渊等文人都曾拜敖氏为师。跟随这样的地方饱学老儒学习，至少有助于赵孟頫以后去做私塾教师这类工作，或者在地方的学校、书院谋个教授的差事。

在江南划分儒户户籍从至元十四年（1277）开始进行，最开始都是街坊中的"里正"负责上报，遗漏了许多南宋的进士、举人和名儒，引起江南士人的抱怨，拖了十多年才最终完成这件事[2]。

至元十五年年底，赵与可在任上病逝。至元十六年年初，北方官员李秉彝接任湖州路总管，他颇欣赏赵孟頫的才学，引介他去江淮行省官署所在的扬州办理儒籍，还介绍他去找时任扬州行御史台掾的鲜于枢帮忙。鲜于枢比赵孟頫大八岁，他性格豪放，雅好书法，精于鉴别，与擅长书画、鉴赏的赵孟頫一见如故，当即邀请他到自己的住处暂住，从此两人开始了来往。

成为儒户可以不用负担差役，让赵孟頫家的经济情况有所改善。随着湖州的局势渐渐安定下来，士人们也恢复了社交。可是赵孟頫的前朝宗室子弟身份让他和别人都有点为难。至元十三年后的最初几年，别人不太敢和他交往，只有几个稍微要好的朋友与他诗文唱和。当然，这座城市里还生活着他父亲那一辈的前朝遗老，他们对赵孟頫的鼓励和赞誉有助于赵孟頫在本地文人中出名。

对赵孟頫帮助最大的是遗老陈存和牟巘（yǎn）。

陈存，字体仁，号本斋，浙江丽水龙泉县人，考中南宋淳祐七年（1247）进士后出仕为官，曾任宝谟阁直学士、朝请大夫、知庆元军府

1. "其学主礼乐制度，以求见之事功。"（清）黄宗羲，（清）全祖望，陈金生，梁运华. 宋元学案. 北京：中华书局，1986：1690.
2. 到至元二十八年（1291）一共在江南确定了约10万户儒籍户。

事。宋亡后隐居吴兴郡安吉县，先后拒绝了元朝的七次征召和举荐。陈存和赵孟頫父亲十分熟悉，曾给少年时的赵孟頫作《砚铭》鼓励他好好学习。赵孟頫把这篇《砚铭》刻在自己的砚台底下，他一生写的6首有关陈存的诗中都尊称其为"本斋先生"，对他极为尊敬。

牟巘的父亲牟子才是南宋的名臣，从四川举家迁移到湖州安吉县、乌程县等处。他在湖州州城长桥之东发起、修建了一座祭祀主掌功名、禄位的梓潼神（文昌帝君）的文昌庙。牟家在湖州城南的"南园"是一处有名的园林，里面有硕果轩、元祐学堂亭、芳菲亭、万鹤亭、双杏亭以及怀念家乡的岷峨一亩宫等景点。牟巘以恩荫出仕，担任过南宋大理少卿，是元初湖州和江南地区著名的遗老文人之一，许多官员、文人都以得到他的提携为荣。

湖州城中还生活着另外一个著名士大夫文及翁，他是宝祐元年（1253）一甲第二名进士，德祐初官至资政殿学士、签书枢密院事，入元后累征不起，家居著书。

当然，赵孟頫与年龄差不多的青年文人交往更亲密一些，尤其是与钱选、牟应龙、陈康祖（字无逸）、姚式、陈悫（què）、萧和（字子中）、张复亨等人交好，人称"吴兴八俊"[1]。这几个朋友也多是当地的世家子弟：

钱选（约1235—1307）：字舜举，号玉潭，别号巽峰、清癯老人、习懒翁、雪溪翁等。这一批吴兴文人中，钱选无疑是至元年间最有名的一个，他不仅通诗文、经学，也是一位技巧高超的画家。他在宋亡后焚毁了自己所著《论语说》《春秋余论》《易说考》《衡泌间览》等文稿，靠卖画维生。他

---

1. "吴兴八俊"并不是赵孟頫年轻时吴兴就有的说法，而是赵孟頫成名之后虞集、张雨等人的总结，似乎是把赵孟頫《送吴幼清南还序》中提及的七个朋友敖君善、钱选、萧和、张复亨、陈悫、姚式、陈康祖与赵孟頫合称"吴兴八俊"，其中敖君善是赵孟頫的老师而且年龄很大，在其中非常违和，于是就换成了另外一人牟应龙。张雨《题钱舜举溪岸图》题跋中提到元初吴兴"有八俊之号，盖以子昂为称首"。张雨.静居集：卷三//四部丛刊三遍本.虞集说法：（明）董斯张.吴兴备志：卷十二//文渊阁四库全书本.另外元代中后期"钱舜举（钱选）画、赵子昂（赵孟頫）字、冯应科笔"号称"吴兴三绝"。朱同.覆瓿集//景印文渊阁四库全书.台北，台湾商务印书馆，1986：714.

来禽栀子图卷 （元）钱选　纸本设色　29.2cm×78.3cm（华盛顿弗利尔美术馆藏）

和敖君善是时常研讨的朋友，在至正年间在吴兴乃至杭州已经成名。他比赵孟頫大十来岁，赵孟頫曾经跟他学习画法[1]，写有《次韵舜举春日感兴》等唱和诗。至正末年他是吴兴乃至环太湖地区著名的画家，要比赵孟頫的画名更盛，赵孟頫主要以书法而不是绘画著称。

　　牟应龙（1247—1324）：字伯成，牟巘的儿子。考中了咸淳进士，曾任光州定城尉，南宋亡后隐居乡间。

　　陈康祖：字无逸，陈存的孙子。赵孟頫青年时写有《次韵陈无逸中秋月食风雨不见》《次韵刚父无逸游南山作》等诗唱和。

　　姚式：字子敬，号筠痷。他和赵孟頫一起师从湖州硕儒敖君善学习儒家经典，擅长诗文、书法，赵孟頫写有《和姚子敬秋怀五首》等唱和诗。

---

1. 黄公望跋《浮玉山居图》，张雨、黄公望都说赵孟頫早年曾经跟钱选学画，张、黄两人都是见过赵孟頫并得到他的指点之人，他们如此说当有一定根据。中国古代书画鉴定组. 中国古代书画图目：十九册. 北京：文物出版社，1999：69-70.

钱舜举 来禽栀子 赵松雪题语 诒晋斋

陈悫：字仲信，事迹不详，曾在赵孟頫所画《墨梅》上题诗一首。

萧和：字子中，事迹不详。

张复亨：字刚父，湖州乌程人。博学工诗文，赵孟頫写有《岁暮和刚父杂诗四首》《次韵刚父无逸游南山作》《次韵刚父即事》等诗唱和。

赵孟頫因为身份敏感，不敢频繁与人聚会，即使见面了也不便多说什么。对他这样的宗室子弟来说，议论朝政、义士之类的话题，容易被有心人抓住把柄诬告[1]，所以他与别人谈话时只能小心地把话题局限在历史掌故、书法、绘画方面，尽量不要涉及宋元之际的时事和当朝天子。他只是偶然一两次才在唱和诗中流露出家国之变的痕迹，如对姚式感慨

1.《元史》记载至元二十一年（1294）有朝臣建议把宋宗室迁移到内地，还有人上告说有住在江南的赵氏宗室要谋反，忽必烈派出使者去逮捕疑犯，但是被其他大臣劝谏召回。至元二十六年绍兴路总管府判官白絜矩认为赵氏宗室"散居江南，百姓敬之不衰"，又一次建议迁移赵氏宗室到大都，江淮行省觉得此举动摇民心，上奏反对才作罢。（明）宋濂，等. 元史：卷十五. 北京：中华书局，1976：328.

"胡笳处处军麾满，鬼哭村村汉月孤。新亭举目山河异，故国伤神梦寐俱"[1]。赵孟頫比较亲近和佩服钱选，多次和钱选诗歌唱和，也彼此在画作上题跋。

渐渐地，赵孟頫在吴兴文人中已经小有名气，可是宋灭之后的最初五六年，他除了和弟弟一起出游，都是自己一个人游览吴兴的名胜，很少呼朋唤友聚会。他也很少在诗中提及自己和其他友人同游某处、登临某处，因为他知道自己必须谨言慎行：

一是作为赵氏宗室弟子，他不敢表现得太活跃，免得招人嫉妒非议，被官府注意。所以很少与他人一起出游，即使出游也不愿意用笔墨记录传播。

二是他家的经济状况不佳，一起出行需要各自出份子钱或者轮流招待，这对当时经济拮据的他来说是个不小的压力。至元十七年（1280）他父亲的坟墓遭盗挖，于是改葬到湖州城南的车盖山下，但是他们八兄弟却没有给父亲立墓碑，这很可能与他们家族普遍经济状况不佳或担心新朝忌讳有关，也有可能是因为分家之后兄弟之间不和，无法就立碑的费用如何分摊达成一致。赵孟頫之后和他的大哥、五哥、弟弟这三个兄弟有书信往来，比较亲密，和其他兄弟似乎关系一般。

这时候他遭遇了另一件事的打击，他的生母丘氏病逝了。丘氏是赵与訔买来的侍妾，出身的家庭非常一般，尽管她生下了三个儿子，可是按照当时的礼法，士大夫一般不会把侍妾扶正，因此丘氏所生的三个孩子都是庶子，在宗法制度上无法和正妻生的嫡子相比。赵孟頫很忌讳自己是侍妾所生这一点，从没有提过生母的家世，也没有记录她何时去世。他日后给父亲立的新墓碑中根本没有提到丘氏，仅仅提到父亲的正妻是李氏，然后一一列举了包括自己在内八个兄弟的名字，有意模糊自己的庶子身份。他写下的诗文

1.（元）赵孟頫，钱伟强.赵孟頫集：卷第四.杭州：浙江古籍出版社，2012：95.

中从没有提及自己的母亲，似乎宁愿她从自己的人生中消失。

这时候的赵孟頫喜欢一个人去游览，如吴兴东北有一座飞英塔，本是唐末所建的石塔，北宋开宝年间僧人在石塔之外增建木塔经罩，形成别具一格的"塔里塔"形式，取佛家语"舍利飞轮，英光普照"中二字，称"飞英塔"。南宋高宗绍兴二十年（1150）塔遭雷击而焚于火，后重修而成。赵孟頫曾经登上这座高塔眺望千里湖山。城南的碧浪湖中有一个小岛，湖水满时山顶只露出来一点绿色，宛如浮玉，故名"浮玉山"，赵孟頫也曾经歌咏这里的风光：

> 玉湖流水清且闲，中有浮玉之名山。
>
> 千帆过尽暮天碧，惟见白云时往还。

二十多岁的赵孟頫对吴兴的地理环境、先贤人物、物产、风光、风俗十分自豪，曾经创作《吴兴赋》一一给予赞咏。还创作了一幅《吴兴山水清远图》，描绘他心目中的吴兴山水：

昔人有言："吴兴山水清远。"非夫悠然，独往有会于心者，不以为知。言南来之水，出自天目之阳；至城南三里而近，汇为玉湖，汪汪且百顷。玉湖之上，有山童童状若车盖者，曰车盖山。由车盖而西，山益高，曰道场。自此以往，奔腾相属，弗可胜图矣。其北小山坦迤，曰岘山，山多石，草木羽瘦如牛毛。诸山皆与水际，路绕其麓，远望惟见草树缘之而已。中湖巨石如积，坡陀磊魁，葭苇丛焉，不以水盈缩为高卑，故曰浮玉。浮玉之南，两小峰参差，曰上下钓鱼山。又南长山，曰长超。越湖而东，与车盖对峙者，曰上下河口山。又东四小山，横视则散布不属，纵视则联若鳞比，曰沈长，曰西余，曰蜀山，曰乌山。又东北，曰毗山，远树微茫中，突若覆釜。玉湖之水，北流入于城中，合苕水于城东北，又北东入于震泽。春秋佳日，小舟溯流城南，众山环周，如翠玉琢削，空浮水

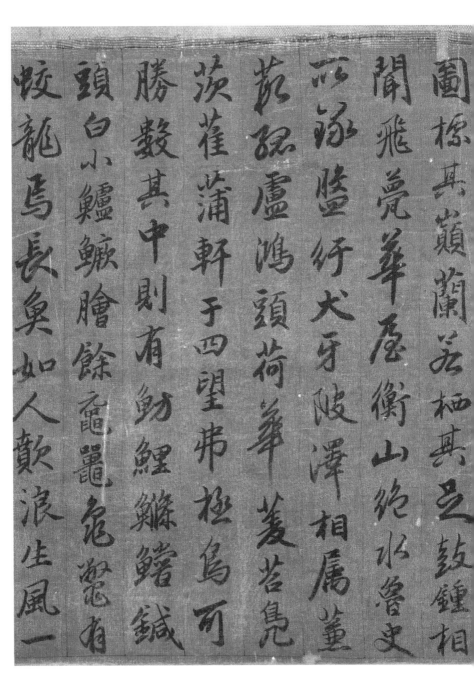

圖標其巔蘭茁栖其足鼓鍾相
聞飛鳧華屋衡山絕水瞥史
疏鑿鹽紆犬牙陂澤相屬菫
藅飫盧鴻頸荷華蔁苕莞
茨萑蒲軒于四望弗極烏可
勝穀其中則有魴鯉鰜鱔鹹
頸白小鱸鯨膾餘黿鼉黿鼉有
蛟龍焉長臾如人歎浪生風一

吴兴赋（局部）　　（元）大德六年　赵孟頫　绢本墨迹　25.8cm×282.95cm（台北"故宫博物院"藏）

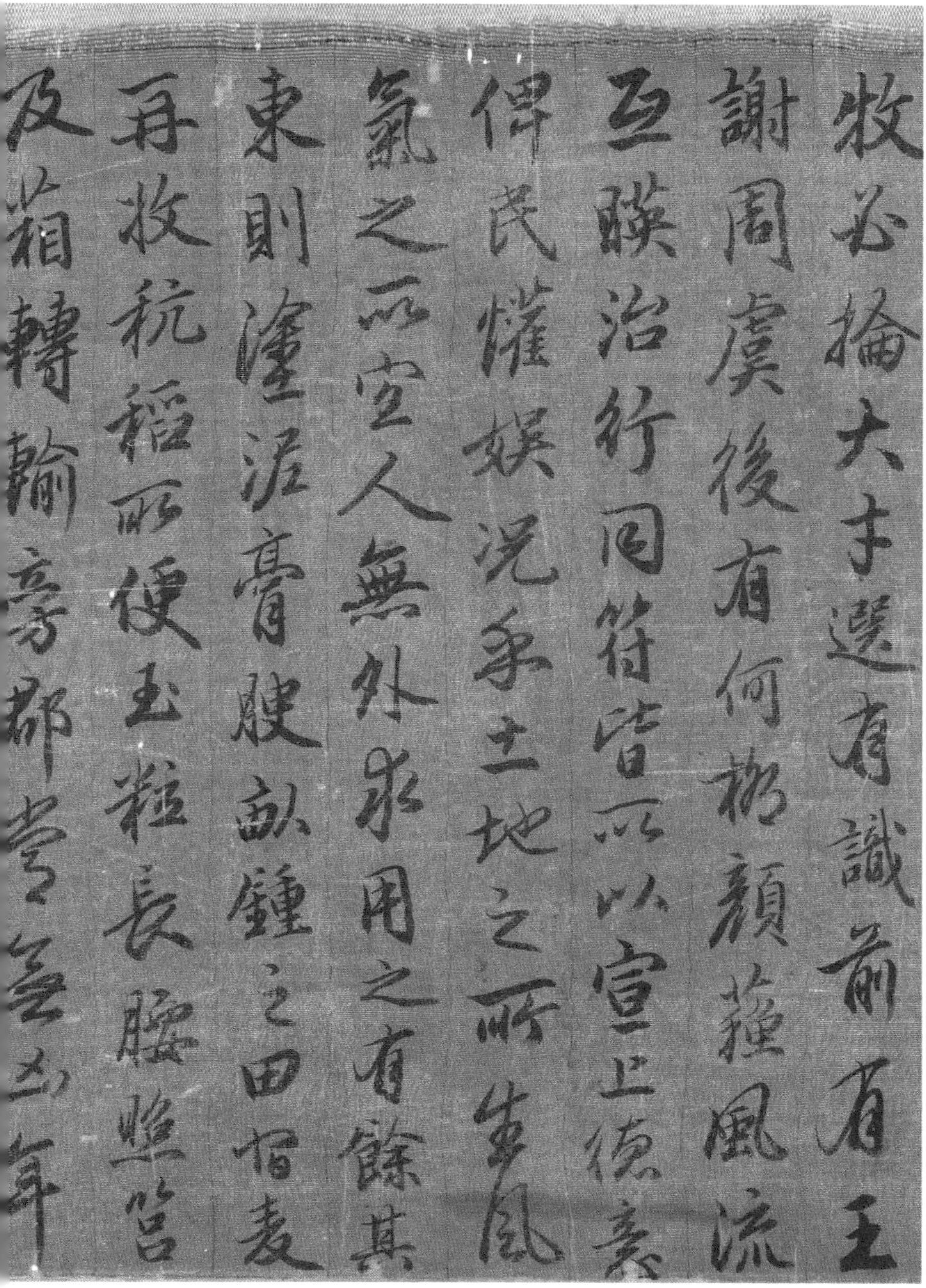

牧必擇大才選有識前有王
謝周虞後有何楨顏薳風流
互暎治行同符皆以宣正德雲
俾民懽娛況乎土地之所生風
氣之所宜人無外求用之有餘其
東則塗泥膏腴獻鍾之田宜麦
再栽秔稻再便玉粒長腰燕营
及箱轉翰旁郡嘗至数年

上，与船低昂，洞庭诸山，苍然可见，是其最清远处耶！[1]

对赵孟頫来说，解决衣食之忧是当务之急。母亲去世以后，赵孟頫必须自己负担起家庭的重担。俗话说长兄如父，他倾尽全力给弟弟说了一门婚事，宁愿把自己的婚姻大事往后拖一拖。他们在吴兴老宅有一处房舍，分到的田地勉强满足衣食所需，还需要在外努力挣钱。

宋亡以后儒士没有了科举出仕的途径，只能另谋生计，比如去做私塾教师、吏员、幕僚、商人、医生、算命先生等。约在至元十七年（1280），在和海商熟悉的姐夫印德传的推荐下，赵孟頫去嘉定州（今上海嘉定区）大场镇（今属上海宝山县）的海运富商沈文辉府上充当私塾教师[2]。吴兴和嘉定有水道相连，乘船两天就可以抵达。

大场镇出产海盐，也临近长江出海口，在这里定居的沈文辉家族常年经营海外贸易，颇为富有。当私塾教师不外是教授沈家子弟背诵"四书""五经"、理解经文的意义、学习写诗作文的基本方法之类。授课之余，赵孟頫参照老师敖君善的做法，用心搜集前代学者对《尚书》的注释和观点，计划编撰一部《书今古文集注》，从这一年开始断断续续撰写初稿。

赵孟頫羞于外传当塾师的消息，在故乡湖州仍然维持着隐居闲适文人的形象。在沈家，他听说了不少海商的故事，比如崇明岛人朱清、嘉定县八都（今上海浦东）人张瑄在宋末结伙贩私盐、商品，成了出没崇明等沿海地区的海盗，党羽有数千人，海船500艘，经常在渤海、东海沿岸活动，熟悉南北海道和沿岸岛屿、礁石分布。后来南宋朝廷招安他们为驻扎沿海的水军，至元十二年他们在元军东路军将领董士选劝说下投降元军，继续担任水军头目。至元十三年元军进入临安后，需要运送南宋皇宫、秘书省、翰林院、太常寺的礼器、祭器、郊天仪仗、宝册、图书等到大都，

1.（元）赵孟頫，钱伟强.赵孟頫集：卷第一.杭州：浙江古籍出版社，2012：1-3.
2.（明）董斯张.吴兴备志：卷二十九//文渊阁四库全书本.

考虑到当时淮东区域仍有宋军活动，陆路并不安全，伯颜想到了朱清、张瑄二人，将这些南宋图籍珍玩用海船从崇明州（今上海崇明）载运至渤海湾的直沽（今天津），再由陆道转运大都。

之后他们率水军进攻南宋残军立下功劳，管军总管张瑄升为沿海招讨使、佩虎符，千户罗璧升为管军总管，佩金符，朱清升为武略将军。据说朱清生性残忍，对谁不满意，就命令手下把该人投入海中淹死，所以他的手下都惧怕他。

赵孟頫又听说，现在从浏河口经通州（今南通）海门县沿海北上可以到大都附近的近海可以通航，有些商船就南下北上贩运货物。

至元十七年（1280）初，朝廷诏令江淮的州县征收民间拥有的铜料、铜钱、铜器等，这是害怕有人铸造兵器作乱，湖州的官吏自然也是一番忙乱应付差事。年底的时候皇帝下诏处死贪腐的江淮行省平章政事阿里布、右丞雅克特穆尔、左丞崔斌，在江南又是引起一番议论。

至元十八年（1281）赵孟頫已经二十七岁，对宋元时代的江南官宦、富户来说，男女一般是十七岁到二十岁成婚[1]，赵孟頫到二十七岁了还没有结婚，显得非常奇怪。他属于落魄王孙，家境也仅仅算是小康而已，或许大户人家看不上他，而他又不愿意接纳条件一般的女方，所以就耽搁了下来。

有个亲友给他介绍了一门亲事，德清县千秋乡东衡村有一家颇有田产的地主管伸在招赘女婿。管伸和他妻子周氏没有生下儿子，只有两个女儿管道呆、管道昇，对她们非常宠爱，延请儒士教她们识字作诗。长女管道呆嫁给了南浔富户姚氏，管伸一直想给二十岁的小女儿招赘个好女婿，到家中继承自己的产业。当时赘婚有养老女婿、年限女婿等不同形式：养老女婿需要给岳父岳母养老送终，生下儿女姓岳父的姓氏，世代传承岳父的姓氏；年限女婿指在约定的几年时间内女婿和岳父岳母一起生活，在此期

---

1. 赵华. 赵孟頫管道昇婚年考辨. 书法，2015（10）：50.

间生养的儿女姓岳父的姓，到约定年限以后女婿一家可以独立出去，以后生的儿女姓女婿本来的姓氏。

管家面对的也是类似赵孟頫的两难问题：大户人家的儿子不愿意作入赘女婿，而小门小户的男子管家又看不上，眼看着女儿的年纪一天天大了，如果超过二十岁再想找到合意的配偶就会更加困难。

对管家和赵孟頫来说，这桩婚姻正好合适。对管家来说，赵孟頫的家世、声望良好，学问和才华也在郡县有了一定名声，未来有当官吏的可能，未尝没有大好前程——最差，只要他能打理好管家的产业，也可以当个悠闲的乡绅地主；而对赵孟頫来说，他的家业早已经败落，靠当私塾老师获得的收入也不多，经济上捉襟见肘，入赘未尝不是一种选择，这样就解决了自己的生存难题，可以抽出更多精力进修学问和社交，加上听说管道昇知书达理，日后也有共同话题，算是合适的婚配对象。

于是双方就定下了这门亲事，约定当年限女婿，二十七岁的赵孟頫与二十岁的管道昇结婚[1]。这桩入赘婚姻对赵孟頫来说略显尴尬，可能怕遭

---

1. 关于赵孟頫、管道昇结婚的时间，学术界有三种观点。一种观点是他们成婚于至元二十六年（1289），因为赵孟頫曾在给岳父岳母修建的道观碑刻《管公楼孝思道院记》中提到"至元二十六年（管道昇）归于我"，问题是此时赵孟頫三十五岁，管道昇二十八岁，如此晚婚在当时十分罕见。第二种观点如任道斌在《赵孟頫系年》中认为赵、管成婚时间在至元二十三年赵孟頫北上之前，因为赵孟頫给妻子写的墓志铭《魏国夫人管氏墓志铭》中"予与公（岳父）同里闬闻，公又奇予，以为必贵，故夫人归于我。至元廿四，世祖圣德神功文武皇帝召孟頫赴阙，自布衣擢奉训大夫、兵部郎中"，此文暗示两人在至元二十三年底赵孟頫北上前已经结婚，至元二十六年只是回家乡接夫人去大都。另外赵孟頫至元二十四年、二十五年在大都写的诗文中有"别妇""寄书妻孥"的语句，证明他不仅早就结婚而且有子女，因此有人认为赵孟頫和管道昇早在至元十六年（1279）就结婚了。第三种观点如翁同文《王蒙为赵孟頫外孙考》认为赵孟頫和管道昇在至元二十六年结婚，但是他在之前娶过不知名的前妻或者侍妾，并且为他生了子女，后来这个无名妻子或妾早逝了，然后他又娶了管道昇。本书采纳第二种观点，认为赵孟頫可能在至元十八年左右娶了管道昇。他之所以对自己与管道昇的结婚时间模糊表述，他的长子、年长的几个女儿的出生信息也很模糊，很可能是因为这桩婚姻有无法言说的隐衷。学者陈景超、赵华等提出赵孟頫可能是入赘女婿的观点，颇有道理。我认为赵孟頫最有可能在至元十八年到至元二十年之间结婚，因为这时候赵孟頫已经二十七至二十九岁，催婚的外部压力和内心压力应该都很大，而管道昇在至元十八年已经二十岁，面临同样的社会压力，这很容易促成双方的结合。所以本书把两人的结婚时间暂定为至元十八年。

到湖州赵氏族人的非议，他没有大力操办结婚仪式，避免别人看穿这是一桩"赘婚"。他和管家商量了一个变通的方案：他名义上把管道昇娶到了"德清别业"，实际上这很可能本就是管家的一处田产，距离东横村茅山的管家祖宅很近，在这里修建房舍居住，便于管道昇就近照顾双亲。他和管道昇最初几年大多可能都是住在管家祖宅，偶尔招待自己的朋友时他才回到这处"别业"暂住。

德清是湖州路下辖的一个县，相比州城，德清县是个小县城而已，只管辖小小的城区和六个乡，有条流经德清县城东南部的小河"余不溪"。传说晋朝名士孔愉在余不溪看到渔民钓到一只白龟，他买下放生，后来人们就把经过县城的这段河溪称作"龟溪"。赵孟頫岳父管家所在的千秋乡东横村距离德清县城大约十五里，距离湖州府城约八十里，快点划船的话一天就能到。

按照赘婚的习俗，他们在一定期限内生下的子女应该姓管，日后奉管伸为祖父，以便延续管家的姓氏、供奉管家的灵位。因此，他们婚后头几年生下的长子和长女不是按照赵氏家族确定的排行起名"赵由某"，而是叫"管某"[1]。

赵孟頫在这里还有一些亲友，如父亲赵与訔的正妻、李氏的母族就住在德清县城，县城外计筹山（今德清县下渚湖街道）下的升元报德观的住持杜道坚则是他父亲的朋友。

计筹山在湖州州城东南三十五里处，传说战国时越国大夫计然曾在这

1. 只不过，至正二十四年（1287）赵孟頫进京成为了五品官员，这很大程度上因为他是赵氏子孙才受到忽必烈如此重视。成为官员以后要频繁社交，儿子以后也可以靠荫补当官。为了自己的前程、面子和家庭的最大利益，赵孟頫只能和岳父、妻子协商改变当初"入赘"时的约定，把长子、长女的姓名从"管某"改成"赵由亮"或"赵亮"，恢复了赵氏家族的排行。自然，入赘年限的约定就成了一纸空文。对管家来说这一改变影响巨大，意味着管家要"绝后"，之前的赘婚约定完全失去功能。可是大家都知道赵孟頫已经是五品官员，再让他坚持原来的约定肯定不现实，于是岳父岳母无可奈何，只能接受这个事实。因此，赵孟頫也觉得愧对管家。他一生都对管夫人非常尊重，没有像其他达官贵人那样收拢侍妾，这应该是决定性的因素。

座山上谋划筹算，因此得名。又因为这里是湖州归安县与杭州余杭县的分界，俗称界头山。传说这里是三国时的道士葛玄炼丹的地方，本有一所小道观常清观，绍兴二十六年（1156）南宋武将杨存中请求皇帝把这座道观赏赐给自己家作为功德观。他们扩建观宇，购置田产供道观运行。孝宗乾道二年（1166）太上皇赵构曾受邀至观中，亲书"升元报德"观额并赐道书，从那时起它就成了湖州有名的大道观。

杜道坚在至元十三年（1276）伯颜率军打到湖州时曾去军营拜谒伯颜，次年又随伯颜一起北上入觐皇帝，南返时受命提点杭州路道教、主领杭州宗阳宫、兼管湖州升元报德观，是在杭州、湖州颇有名气的道士。他还创立了一所新道观通元观，其中修建了一座览古楼藏书。他文化修养较高，有《道德玄经原旨》《玄经原旨发挥》《关尹阐玄》《文子缵义》等著作，经常和官宦交往，赵孟頫和他一直有联系。

与管氏联姻的最大好处是让赵孟頫有了一定的钱财、有了安定的家庭支持，所以至元十九年（1282）初他就辞去了在沈府的塾师职位[1]。他和管道昇居住的德清别业位于东衡村，是岳父管家的产业，这处田庄中栽种了上百株梅树，是一处有经济功能的田产。赵孟頫把这里的房舍起名"阳林堂"，休假的时候常常在这里读书。结婚以后他主要住在德清别业和岳父岳母家，方便妻子照顾老人。

虽然现在不必为衣食着忙，有了许多时间研习经史、书画，可是这时候他却没有外表那样悠闲。毕竟，年近三十的他已经成家但尚未立业，或许并不甘心在德清做个悠闲过日子的小地主，所以他开始有意加强和名流、官员的社交，希望能谋求举荐出任官职的可能。

至元十九年后赵孟頫经常从德清、湖州（乌程）出发到扬州、苏州等

---

1. 赵孟頫和沈家一直有关联。延祐二年（1315）因为朝廷开科举，沈文辉捐出钱财和田地设立义学，聘请教师教育乡人子弟，赵孟頫题写了"义塾"两字为牌匾，至治二年（1322）他的朋友邓文原应沈家之邀写了《东阳义塾记》。

地游览、访友，尤其是与杭州的许多知名文人、地方官员开始社交往还。他也常听闻到京城传来的消息，比如文天祥至元十六年被押解去大都，江西文人王炎午作了一篇《生祭文丞相文》的奇文鼓励文丞相为了忠孝快点自杀殉节。这篇文章在江南各地流传颇广，还有人把文章抄写在纸上，贴在文天祥一行途经的驿站、旅店的墙壁上，希望文天祥能够读到。可是听说大元皇帝忽必烈很看重文丞相，把他软禁三年，一直想要劝他投降，好几拨元朝权贵去劝降都被他轰出去，还大骂在元朝做尚书的留梦炎等人。忽必烈还派出瀛国公赵㬎去劝说，文天祥一见到他就北向跪拜，大声恳求"请圣驾回宫"，赵㬎只是个七岁的儿童，也不知道如何应对，只能出去。

至元十九年福建僧人妙曦（号琴堂）觐见忽必烈时说十一月会有"土星犯帝座"的天象，预示天下有变故。不久，中山有一狂人自称"宋主"，要带领上千士兵营救文天祥，大都也有人散发匿名信，号召某日起义，火烧保护大都城墙的芦苇。当时正巧发生了王著、高和尚击杀左丞相阿合马一事。忽必烈觉得政局不稳，于是命令撤除城墙边的芦苇，把在京城的瀛国公赵㬎等赵宋宗室立即押送到上都开平居住。同一天忽必烈亲自出马劝说文天祥，文天祥到了殿中长揖不拜，忽必烈也不怪罪，说只要他投降就可以到中书省担任宰执，而文天祥说自己受宋朝三帝厚恩，位居宰相，不愿作贰臣，愿一死足矣，于是就被赐死了。[1]

这个标志性人物的死讯传到了江南，士人心中大概有许多涟漪，有人写下了郑重悼念的祭文，有人偷偷写了影射的诗词。大概就是在这则新闻的刺激下，赵孟頫写出了《岳鄂王墓》一诗，感叹岳飞、文天祥这样的英雄之死：

---

1. （元）脱脱，等.宋史：卷四百一十八.北京：中华书局，1985：12539-12540.

鄂王坟上草离离，秋日荒凉石兽危。

南渡君臣轻社稷，中原父老望旌旗。

英雄已死嗟何及，天下中分遂不支。

莫向西湖歌此曲，水光山色不胜悲。

也有人在文天祥死后觉得已经无力回天，接受了元朝统治这件事，开始积极寻找出仕的机会。

虽然小时候跟着父亲到过杭州，可是现在他才真正认识了杭州这座城市。在隋唐之前，杭州远远不如苏州、绍兴有名、繁华。隋炀帝疏浚凿通的运河的南部终点就是杭州，从此杭州的经济迅速发展起来，成为江南有名的城镇。五代十国时，杭州是吴越国的国都，国王钱镠大力疏浚西湖、扩筑城墙、修建捍海塘，这里的商业、农业、经济都得到大发展，成为东南一处可以和苏州并称的繁华城市。

之后，杭州又作为南宋的临时首都，成为政治中心。与中原长安、洛阳、汴梁的都城中宫城、皇城位于城市北部不同的是，杭州的皇宫位于城市南部。南宋皇帝在凤凰山东麓到馒头山东麓依山势修建了行宫，建有殿、堂、楼阁130余座，从这里可以俯瞰北部的居民区。连接皇城和武林门的御街是临安最有名的大道，周围商铺林立，是杭州城最繁华热闹的地方。各个街坊内有宽窄不同的街道、巷道，而大宗货物一般都是通过运河船运。

朝廷在浙西、浙东、江东、福建四道之上设立江浙等处行中书省（简称"行省"）[1]，辖境北起长江，南包福建，东始大海，西至鄱阳湖，是原南宋统治最核心的区域，入元后也是十一个行省中人口最多、

1.先后称江淮行省、江浙行省，管理浙江、福建两地和江苏南部、江西部分地区，元朝前后期的具体辖区有部分变化，此处统一称江浙行省。

经济文化最为发达的行省，缴纳的税粮也最多，在经济上的地位极其重要[1]。江浙行省的人口有580多万户，2800多万人，缴纳的税粮占全国税粮总额的三分之一还多。

而杭州就是这个行省的经济枢纽，江南的庆元港、澉浦港乃至华南的泉州港的货物，大多都是从水路运输到杭州，然后集散各地，或者从这里沿着运河北上。杭州城有近百万人口[2]，是大元人口最多、最繁荣的城市，汇集了来自西域、波斯、埃及、巴勒斯坦、阿拉伯、土耳其、印度、高丽、南洋等异域商人。

杭州南有凤凰山、秦望山和滔滔钱塘江（浙江），西南有灵隐山，西有西湖，北有通向长江、淮河的运河，山水之间有众多名胜之处，西湖周边更是有众多楼台亭阁，佛寺道观，从唐末以来就享有盛名。

杭州可谓东南的文化中心，有许多文人诗社之类的同仁雅聚团体。赵孟頫主要是同爱好书画收藏的雅士如周密、仇远、王芝、白珽交往，时常研讨艺文，陶冶书画。他到杭州的时候，可以借住在亲友家中，也可以投宿寺观的客堂、书院的客房或者街巷中的客栈，这里的客栈一般都内设十来间房间，每间至少有3个铺位。

赵孟頫最敬重的朋友是浙江奉化县文人戴表元。至元二十一年（1284）夏日，三十岁的赵孟頫乘船去杭州，正好与四十岁的戴表元的船只相向而行。之前两人在众人聚会场合见过面，没有机会深谈。这次既然顺路，他就跳到对方船上一路畅谈，这一路和到杭州后的几日，他们时常辩论诗文经史，不管天气燥热，还是大雨滂沱，他们都经常相聚讨论，从

---

1. 文宗至顺元年（1330）统计，户部登记在册的钱粮户数为13400699，江浙省6162492户，占46％；天下岁入粮数，总计12104708石，江浙省4494783石，占37.1％；江南三省天历元年（1328）夏税钞数，总计中统钞149273.5锭，江浙省57830.5锭，占38.7％。
2. 至元二十七年统计杭州路有36万户、183万人，当时杭州路下辖钱塘、仁和、余杭、临安、新城、宿阳（富阳）、於潜、昌化、海宁共八县一州的总人口数。杭州城指钱塘、仁和两县的县城和近郊地区以及余杭县部分地区，估算城区和近郊人口数量约20万户，100万人左右。林明华.论蒙元统治对杭州城市发展的积极影响.厦门大学学位论文：16－17.

此成了莫逆之交。

戴表元是南宋咸淳七年（1271）进士，可仅仅当了不到一年建康府（南京）府学教授，元军就占领了建康。戴表元携家带口逃回家乡奉化隐居，元兵到来之际他扶老携幼仓惶躲避到天台山中，经历了几个月的颠沛流离[1]，途中写下《行妇怨次李编校韵》记述元军烧杀抢掠的暴行：

> 赤城岩邑今穷边，路傍死者相枕眠。
> 惟余妇女收不杀，马上娉婷多少年。
> 蓬头垢面谁氏子，放声独哭哀闻天。
> 传闻门阀甚辉赫，谁家避匿山南巅。
> 苍黄失身遭恶辱，鸟畜羊豕驱入燕。
> ……

之后戴表元在奉化、宣城、杭州等地的私塾教书。他长期旅居杭州，是有名的遗民文人，诗文都有自己的独特风格。

戴表元考中进士之前，曾在首都临安的府学中跟随京学教授刘辰翁问学，受其影响也对南宋末年的江湖诗派文学风尚不满，把华子山、敖器之、刘潜夫视为"诗祸"，在诗歌上主张"升阶而趋唐，入室而语古"[2]，即跨过两宋，直接学唐诗而追踪高古之风。戴表元喜欢如魏晋人那样写五言古诗，这对当时的赵孟頫诗歌创作产生了巨大影响，这些尚古、崇唐的诗文观念后来也被赵孟頫用于论述书画。可以说，戴表元的文化观念对赵孟頫一生都有深远的影响。

戴表元曾经写有《招子昂饮歌》，请赵孟頫来自己住的地方一起饮酒聚会，其中描述了两人的相知之深：

1.（元）戴表元. 王丞公避地编序//钦定四库全书本.
2.（元）戴表元. 洪潜甫诗序//钦定四库全书本.

与君相逢难草草，与君相逢苦不早。

人生何处小泥涂，此日飘零武林道。

武林城中马如云，闭屋狂歌人不闻。

狂歌自笑君亦笑，依然狂绝不如君。

君歌岂是真狂者，青衫少日春潇洒。

至今俊笔五花纹，最惜青眸十步下。

虚名何用等灰尘，不如世上蓬蒿人。

黄金偏趋不贫室，白发难老无愁身。

风雨无情亦如此，凄凄但聒穷人耳。

不见朱楼高到天，凤箫龙管连朝起。

连朝笙管可奈何，我歌且止须君歌。

青天白雪望不极，坐见绿水生层波。

我生胡为被狂恼，江头鱼肥新酒好。

从今作乐拚醉倒，与君相逢难草草。

戴表元曾经到湖州看望赵孟頫，还留下一首写湖州的佳作[1]：

山从天目成群出，水傍太湖分港流。
行遍江南清丽地，人生只合住湖州。

戴表元欣赏赵孟頫的才华，彼此要好，一次远游归来曾赠送一个珊瑚架阁给赵孟頫，赵写了两首《奉酬戴帅初架阁见赠二首》记载两人相识、相知之情，其中一首说：

吾爱戴安道，隐居绝埃尘。弹琴聊自娱，书画又绝伦。

1.（元）戴表元.七言绝句.湖州//钦定四库全书本.

岂无召我者，已矣非所欣。昔我道剑中，山川自清新。

是时夜雪霁，怀哉见其人。常欲以暇日，慷慨为写真。

之子有祖风，千里响然臻。我从苏李后，敢言笔墨神。

坐之盘石上，俗物不得亲。微君动高兴，此意当谁陈。

戴表元在至元年间曾被举荐出仕，可他一再拒绝，可能和他目睹过元兵进攻南宋时的血腥场景有关。

在杭州，赵孟頫结识了连接吴兴和杭州文人圈、收藏圈的关键人物周密。周密字公谨，号草窗，出身湖州世家望族，从小兼擅诗词、书画、音律，宋亡前曾任临安府幕僚、义乌令等职。

周密家族三代积累了4万余卷藏书，1500余种金石拓本。周密的父亲收藏有张先的《十咏图》以及众多古器物，周密自己先后藏有崔白《鹅》、董源（一作董元）《山居图》、宋迪《秋山对月图》、钟繇《贺捷表》、宋徽宗《于王国城书所写御书》、贾似道所造祭器、薛尚功钟鼎款识册等。可是宋末湖州为元兵所破，周家毁于兵火，许多收藏都散落毁坏。周密携家眷迁至杭州，借住在表兄弟杨承之在癸辛街的豪宅中。杨承之的祖父是南宋初年名将杨沂中，朝廷追封为和王。周密在宋亡后无心仕宦，以撰写《齐东野语》《武林旧事》等杂著为乐。他和家乡湖州的士人保持紧密联系，比如他的著作《齐东野语》就请牟巘写了序。

周密比赵孟頫大二十二岁，是同乡长辈，但是他性格开放，喜好交游，不仅和江南士人关系密切，还和从北方南下的刘汉卿（虎都铁木禄）、廉希贡、鲜于枢、张谦等官吏时常来往。从周密那里，赵孟頫也听说了许多赵氏宗室子弟的收藏故事。

周密经常在朋友家参观他们新得的藏品，也乐于和朋友分享自己的见闻，如至元二十三年（1286）春三月五日，周密仿兰亭故事，邀请当时的一众名流，如戴表元、徐天佑、王巧孙、仇远、屠约、毕良史等共14人，到自己借住的杨氏宅邸中雅聚。当天早晨雷雨大作，路上积水难行，可是友人大多还是赶来相聚。周密把自己收藏的古器物展示给大家欣赏，众人或者弹琴，或者投壶嬉戏，或者饮酒谈笑，喝醉以后唱歌吟诵，是当时文人圈中盛传的雅事。赵孟頫当时不在杭州，没有出席这次聚会。

赵孟頫还认识了杭州收藏圈颇有名气的王芝（字子庆）。王芝精于书画鉴藏和裱褙，收藏了《定武兰亭五字不损本》等名迹。他既收藏，也充当书画藏品买卖的中介商人。比如鲜于枢在郝清臣（字清甫）家见到萧子云的《出师颂》，想用古玩交换，但是王芝可能背后说了什么话，结果郝清臣没有和鲜于枢交换，而是卖给了赵与懃（号兰坡）。

王芝比赵孟頫年岁略大，与周密、李衎（kàn）、鲜于枢皆有交谊。王芝多次请周密鉴赏他新近搜罗的藏品，周密的《志雅堂杂抄》《云烟过眼录》记载王氏先后收藏李公麟的《孝经图》《山阴图》《归去来辞》《天马图》《于阗供狮子图》，易元吉的山水画《清江九华图》、动物画《群獐》和两幅《猿》，黄筌《雕扑狐》、扬补之的两幅《梅》等以及宋代皇帝的御笔书迹等。鲜于枢记载王芝收藏了阎立本《西域图》、李公麟《五马图》、关仝《早行图》、李成《看碑图》等。至元年间，赵孟頫刚刚进入这个圈子时曾应邀题跋王芝一件不太重要的藏品，即赵大年的《墨雁》（《水墨芦雁图》）。

他也结识了另一位雅士仇远（字仁近，一字仁父），他是钱塘县（今浙江杭州）人，咸淳年间就有是能诗之名，与戴表元、方凤、黄洪、方回、吾丘衍、鲜于枢等唱和。他比赵孟頫大七岁，有浓厚的遗民心态，诗中不时流露出对国家兴亡、人事变迁的感慨，写有《挽陆右丞秀夫》《凤凰山故宫》等诗。对于巨变后儒士地位的下降深有感触，他的《书与士瞻上人》诗中写道：

> 末俗由来不贵儒，小夫小妇恣揶揄。
> 束书合向山林隐，绝迹莫登名利途。
> 膝上有孙贫亦乐，门前无债醉如泥。

咸平处士真堪羡，死守梅花住里湖。

当然，对赵孟𫖯的岳父管丈人来说，至元二十一年（1284）是个不错的年份，这年夏天皇帝下诏免去江南当年田赋的十分之二及至元十八年以前所积欠税课，让江南地主、农民大大舒了一口气。赵孟𫖯的名声也逐渐响亮起来。这方面的一个证据是，这年正月湖州长兴县大雄寺的僧人请三十岁的赵孟𫖯撰写《大雄寺佛歌记》，这是他撰写的第一篇碑刻文章。这至少说明，在湖州他已经是小有名气的年轻文人了。

至元二十二年（1285），二十八岁的四明（今宁波）才子袁桷在杭州特地拜会赵孟𫖯。袁桷之父袁洪曾任南宋建康府通判，至元十三年元军进入四明时，袁洪为保护百姓不受骚扰，求见元军统帅张弘范，使得元军没有滥杀无辜。至元十五年，袁洪曾被举荐进京觐见世祖皇帝，授朝列大夫、邵武路同知、改温州，但他一直称疾在家闲居，没有去上任。袁桷的外祖父是赵氏宗室子弟，论亲缘算是赵孟𫖯的从表弟，所以他们相识之后来往较多。袁桷早就从老师戴表元那里听说了赵孟𫖯的才华，提前写了一篇《导游赋》表达对赵孟𫖯的倾慕，赵孟𫖯则拿出自己最近完成的《脱靴图》（高力士为李太白脱靴）、《黄鲁直返棹图》两幅画请他欣赏，还撰写《求友赋·答袁养直》酬答。

赵孟𫖯展示的李白、黄庭坚两图和牟巘的父亲牟子才当年的旧事有关。牟子才是宋理宗年间的官员，当时理宗宠幸阎贵妃和宦官马天骥、董宋臣、丁大全之徒，士大夫对此极为担忧，曾有人在朝门之上大书"阎马丁当，国势将亡"。宝祐四年（1256），牟子才在太平州（今安徽芜湖一带）担任知州时修建李白祠时，有感于当时董宋臣给宋理宗引介美貌歌女进入后宫的事情，他让人在石碑上刻《脱靴图》《黄鲁直返棹图》陈列在里面并题写赞文，以当年唐玄宗宠信的高力士为例谴责"天宝之嬖幸"，感叹"君子之疏直"。董宋臣得到拓本后拿去向宋理宗一边哭泣一边告状，说他污蔑自己是无良太监，皇帝是荒淫皇帝。于是宋理宗让大臣寻找其他理由弹劾牟氏，将他解职调查[1]，这是当时南宋政坛流传甚广的故事。

赵孟頫临摹这两件石刻的拓本，或许有反思南宋何以落得灭亡的命运之意，或许是向牟巘表达亲善、尊敬之意。之前在大德元年（1297），赵孟頫还曾书写牟巘诗卷供友人摹刊。

同一时期，赵孟頫还绘制了一幅《击磬图》，这是取材《礼记·乐记》中"君子听磬声，则思死封疆之臣"的历史绘画，也是反思南宋灭亡的绘画，而且他当时正在研究声律和《乐》，对这一主题格外关切。当然，赵孟頫也依旧用心在书法方面。袁桷注意到赵孟頫当时手不释卷，研读南宋著名文人姜夔用小楷书写的《续书谱》，姜夔的笔法宗钟繇的《宣示表》，赵孟頫正对这路书法感兴趣。姜夔和赵孟坚（字子固）是南宋末追求钟繇书风的代表人物，赵孟頫对书法的一些观点也受到《续书谱》相关内容的影响[2]。

这时的杭州是江浙行省的省会，集中了众多朝廷派出的机构和地方官署，如这里有江南行御史台[3]、行枢密院、行宣政院等朝廷派出机构，有杭州路总管府、两浙都转运盐使、浙西江南道体刑按察司、浙西宣慰使司、管军万户府、市舶都转运司（后并入杭州税务司）等衙门，所以这座城市有众多北方派来的各级官吏，其中爱好诗文、书画、收藏之人大多与本地的同好有交往。

至元十九年（1283）开始，赵孟頫频繁接触在杭州的官吏。一些北方来的官吏擅长诗文，爱好书画，也乐于与南方士人交游，如鲜于枢、

1.（宋）周密，张茂鹏.齐东野语：卷十.北京：中华书局，1983：176.

2.（元）袁桷，杨亮.袁桷集校注：卷第五十.北京：中华书局，2012：2214.

3. 主管江南监察事宜的行御史台于至元十四年在扬州设立，后于至元二十三年迁到建康，至元二十六年迁回扬州。主管江南民政的江淮行中书省于至元十五年在建康设立，至元二十一年春迁到杭州并改名江浙行省，至元二十三年秋迁回扬州并恢复旧名江淮行省，至元二十九年改江淮行省为江浙等处行中书省，治所杭州，原江淮行省之江北地区改属河南行省。主管江南军事的江淮行枢密院于至元十九年在扬州设立，至元二十二年迁到建康，至元二十六年似乎一度迁到扬州，至元二十八年迁建康。

夹谷之奇、张孔孙、郭天锡、乔篑成、李衍、杨居宽、张斯立、雷膺、魏初等人就是如此。

赵孟頫和汉化的女真族官员夹谷之奇打过几次交道。夹谷之奇在山东东平府学接受儒学教育，至元十三年（1276）来到江南为官，先后出任江淮行省左右司都事、浙西江南道提刑按察司佥事、江北淮东道提刑按察司佥事等官职。他爱好诗文，经常与浙江淳安县的南宋遗民何梦桂、方逢辰诗歌唱和。夹谷之奇还喜欢邀请同好一起到山林中打猎，赵孟頫也曾参与过。这时候的江南遗民大多还在观望新朝，但是为了谋前程，赵孟頫已经开始着意和官员结交。至元十九年（1282）夹谷之奇赴京担任吏部郎中，赵孟頫很用心地写了两首《赠别夹谷公》，称颂这位官员"王事有埤益，宴安非所求"。或许他曾有意举荐赵孟頫，但是赵孟頫拒绝了。有传言说次年，在京担任吏部侍郎的夹谷之奇想举荐三十多岁的赵孟頫到翰林国史院担任编修，赵孟頫不愿意出仕，以诗婉拒，"青青蕙兰花，含英在中林。春风不披拂，胡能见幽心"。和他父亲认识的杭州著名道士杜道坚也曾推荐他出仕，他也拒绝了。

东北隆安（今吉林农安）人张孔孙和夹谷之奇背景类似，也曾在东平府学求学，后入朝为官，以户部员外郎身份担任浙西提刑按察副使。他擅长诗文、弹琴，工画山水竹石，和赵孟頫也有交往，约至元二十年他调任回京时赵孟頫写了《送张梦符郎中还朝》一诗赠别。张氏回朝后历任侍御史、行御史台事、礼部侍郎、礼部尚书等职。

郭天锡（1227—1302），字右之，又字祐之，号北山，山西大同或金城（今应县）人，曾任御史，至元二十三年（1286）到至元二十九年担任镇江路判官，至元二十九年后侨寓杭州终老，住在杭州的甘泉坊。他喜欢收藏，得到王羲之的《快雪时晴帖》后自署斋号为"快雪斋"。他先后收藏晋人小楷名迹《曹娥碑》（现藏辽宁博物馆）、神龙本《兰亭序》、欧阳询《梦奠帖》、米芾《复官帖》等重量级的藏品。他家有斋堂叫"此静轩"。赵孟頫写有《寄题右之此静轩》一诗，两人经常交流书画藏品的信息。郭氏收藏法书名画甚多，曾从南宋驸马、时任江西行省左丞的杨镇那里购藏了欧阳询的《仲尼梦奠帖》《法术帖》等名迹。

乔篑成，字达之，号仲山，他擅长丹青，喜好收藏，最初在京城担任秘书监秘书郎，后来担任杭州通判、都漕运副使（府衙在杭州）、江浙行省员外郎。这时候经常和周密等杭州收藏家交往，收藏了卫贤《高士图》、陆探微《降灵文殊》、吴道子《火星像》、智永《真草千字文》、王维《维摩像》、王羲之《曹娥碑》、唐摹《王献之干呕帖》、颜真卿《朱巨川告》《唐人金神羽猎图》（西岳降灵图）、李思训《江山渔乐图》、李唐《晋文公复国图》等名迹。后来以翰林直学士出知东平、饶州等地，最后出任吏部郎中[1]。赵与懃所藏陆探微《降灵文殊》被后人卖给了乔，之后流入游和尚、张氏（可能是张斯立）等人之手，最后进入元朝秘府。

李衎（1245—1320），字仲宾，大都宛平县人，因为通晓天文历法和礼仪，至元初年进入太常礼仪院担任低级官吏，那时候就喜欢上了画竹，经常向画师请教，喜欢临摹王万庆（一作王曼庆）的竹画。约至元十二年，他在喜好收藏的乔篑成那里见到王万庆之父王庭筠的数件作品，从此更加用心揣摩此道。约至元十五年，李衎到扬州担任从七品的淮东道宣慰使司都事，至元十九年（1282）他三十七岁时出任江浙行省左右司员外郎，至元二十二年（1285）因为行省官署从扬州迁移到杭州，他也从此移居到杭州。在几个收藏家那里见到十多本署名文同的竹画，他觉得都挺一般，甚至因此怀疑苏轼、黄庭坚对他的推崇是因为私人交谊，言过其实。后来和鉴藏家王芝交流见闻时，王氏认为他之前所见的文同之作都是赝品，第二天就给他借来一个官吏家藏的文同真迹。画中五根竹子浓淡相

---

1. 李成晴. 元人乔篑成生平交游及题跋佚文考//彭勇. 民族史研究：第十三辑. 北京：中央民族大学出版社，2017：218-230.

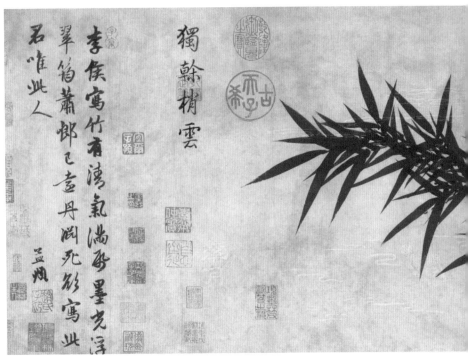

竹　（元）李衎

依、枝叶交错，折旋向背各具姿态，各有生意，让李氏体会到了画竹的妙处，这才知道王庭筠也是取法文同，从此师法文同，艺事大进。还在鲜于枢的建议下尝试着色的竹画，也参照黄筌、黄居寀（cǎi）父子双钩设色之法。他和赵孟頫相识，至元二十三年（1286）十一月，赵孟頫在李衎处给王羲之的《眠食帖》（实际是《豹奴帖》残片）后题跋。

赵孟頫最亲密的北方朋友是鲜于枢。至元十六年两人就在扬州相识，开始了交往。至元二十一年（1284），三十八岁的鲜于枢到杭州担浙东都省史掾，两人有了更多往来，不但"奇文既同赏，疑义或共析"，而且得到"晋唐书帖""玉钩"等藏品都会一起"握手传玩余，欢喜见颜色"。当时赵孟頫比较欣赏南宋高宗等人的书法，而鲜于枢因为爱好草书，对王羲之、智永等比较重视。他们彼此交流，或许让赵孟頫更加重视临摹二王

和收藏晋唐法帖，书法得以大进。在赵孟頫上京前夕，鲜于枢还曾向在京为官的朋友田衍大力宣扬赵孟頫的书法、风度。

赵孟頫也经常和爱好收藏的熟人季渊交流藏品。季渊，字宗源，是常熟大族季氏的后人，他们家族和湖州赵家三代结亲，所以赵孟頫和他有亲戚关系。季渊喜好收藏，他曾从郭天锡那里得到米芾《珊瑚帖》《临谢太傅八月五日帖》，至元二十六年把《珊瑚帖》卖给了另一收藏家施光远。

这一时期南宋权贵、官僚手中的藏品纷纷流散、转手，比如南宋驸马、此时就任江西行省左丞的杨镇的藏品周方鼎、《薛彭祖、米芾书兰亭》《神龙兰亭》等就转手他人。谢太后的族人谢堂、谢奕修的藏品虞世南《头眩帖》等也转手他人。

这一阶段，赵孟頫的书法在杭州朋友间有了一定名气，他主要学习宋高宗赵构的结体、笔势，大概常常临摹赵构的《徽宗文集序》以及《理宗书谱》等。当时的赵孟頫一度有心研究经学、倡导新文风。和戴表元等文人一样，他经常反思南宋败亡的政治和士人习气、文风，在给朋友写的序言《第一山人文集序》中感叹"宋之末年，文体大坏。治经者不以背于经者为非，而以立说奇险为工。作赋者不以破碎纤靡为异，而以缀缉新巧为得"[1]。指责那种为了应对科举考试，迎合流俗风尚而写的文字。

赵孟頫当时的诗文创作中主要涉及以下三个方面：

第一是表现彷徨、矛盾的隐逸心态和隐居生活；

第二是呈现文人日常闲适生活和趣味的，这是宋代诗人经常书写的题材；

第三是带有经史研究性质的文字，如《诗经》《尚书》《礼》《乐》《春秋》并称"五经"，其中《乐》在秦代之后失传，他写了《乐原》《琴原》两篇文章追溯乐、琴的起源、历史，然后和经史大道联系起来，这是韩愈、欧阳修就传下来的文章作法。《琴原》很可能是针对当时最著名的《紫霞洞谱》所写的文章，《紫霞洞谱》是南宋末年外戚杨缵和其门客徐天民、毛敏仲所编琴谱，共十三卷，收曲468首，这本书以仲吕为宫的弦法定调弹琴，和古代以黄钟为宫的方法不同，赵孟頫的文章则是主张回到古法。

这时他用心搜集资料，研究写作《书今古文集注》书稿，"书"指《尚书》，他这是参考老师敖君善的写作方式，把今文尚书、古文尚书分别整理，集合各家注疏，然后给予分析，顺便带出自己的观点。他也把别人收集的印谱进行简单考证，写了《印史》，既表现文人雅趣，又关涉经

---

1. （元）赵孟頫，钱伟强. 赵孟頫集：卷第六. 杭州：浙江古籍出版社，2012：172.

史掌故，也可以归入此类写作。

至元十九年（1282）后，他也曾到附近的一些城市游览，留下了歌咏镇江多景楼，金华八咏楼、金陵雨花台的诗歌。八咏楼的老道士还知道在兰溪的赵孟頫叔伯的故事，赵孟頫在那里听到不少掌故。

当然，他最频繁去的是杭州，要去那里社交、搜购书画文玩。那里曾是南宋的临时首都，赵孟頫在游览西湖山水时常产生兴亡之感，如参观岳飞墓后，他写下了《钱唐怀古》：

> 东南都会帝王州，三月烟花非旧游。
> 故国金人泣辞汉，当年玉马去朝周。
> 湖山靡靡今犹在，江水悠悠只自流。
> 千古兴亡尽如此，春风麦秀使人愁。

这一时期赵孟頫的经济来源主要有三个：一是自己继承了一份微薄的田产和房产；二是岳父岳母给了一定资金支持；三是他通过买卖收藏品可以获得一定收入，但是变动比较大，不太稳定。

南宋末期，很多宫内收藏流散在外面，落入了私人藏家手中。赵孟頫也收藏了几件。如至元二十一年（1284）五月，三十岁的他在吴兴书铺中买到《淳化阁帖》祖本卷二、五、八。次年五月，他又购得《淳化阁帖》祖本卷一、三、四、六、七、八、十共七卷，唯缺第九卷，六月他听说钱塘藏家康自修那里有第九卷，于是就把自己多出的第八卷加上柳公权帖一卷，和康自修交换得到第九卷，由此凑成《淳化阁帖》十卷。

《淳化阁帖》最早是北宋淳化三年（992）宋太宗赵光义令出内府所藏历代墨迹，命翰林侍书王著精选编次，然后刻成石碑。宋太宗常把拓印成册的《淳化阁帖》（《淳化秘阁法帖》）赏赐给臣子，被当时和后世的大臣、书法家所珍视，两宋期间许多人都翻刻这些"阁帖"。获得精良的

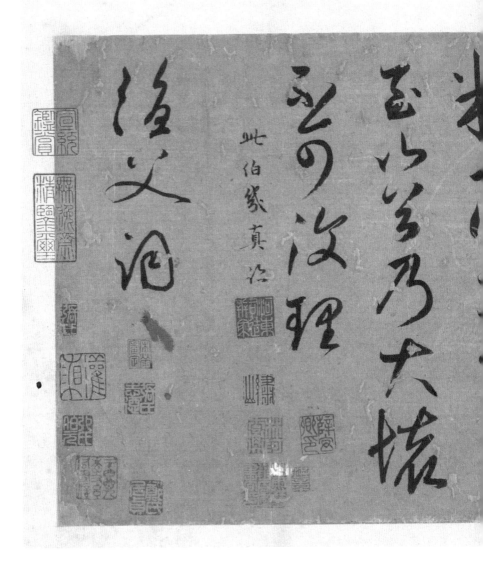

论草书帖　（元）鲜于枢　纸本草书　26.9cm×53.6cm（台北"故宫博物院"藏）

　　帖中指张旭的书法有时脱离了法度，而怀素遵循古法，因而其作品多含有古意。高闲草书仅属一般，而黄庭坚的草书就"大坏"。

　　释文：张长史、怀素、高闲皆名善草书。长史颠逸，时出法度之外；怀素守法特多古意；高闲用笔粗，十得六七耳；至山谷乃大坏，不可复理。

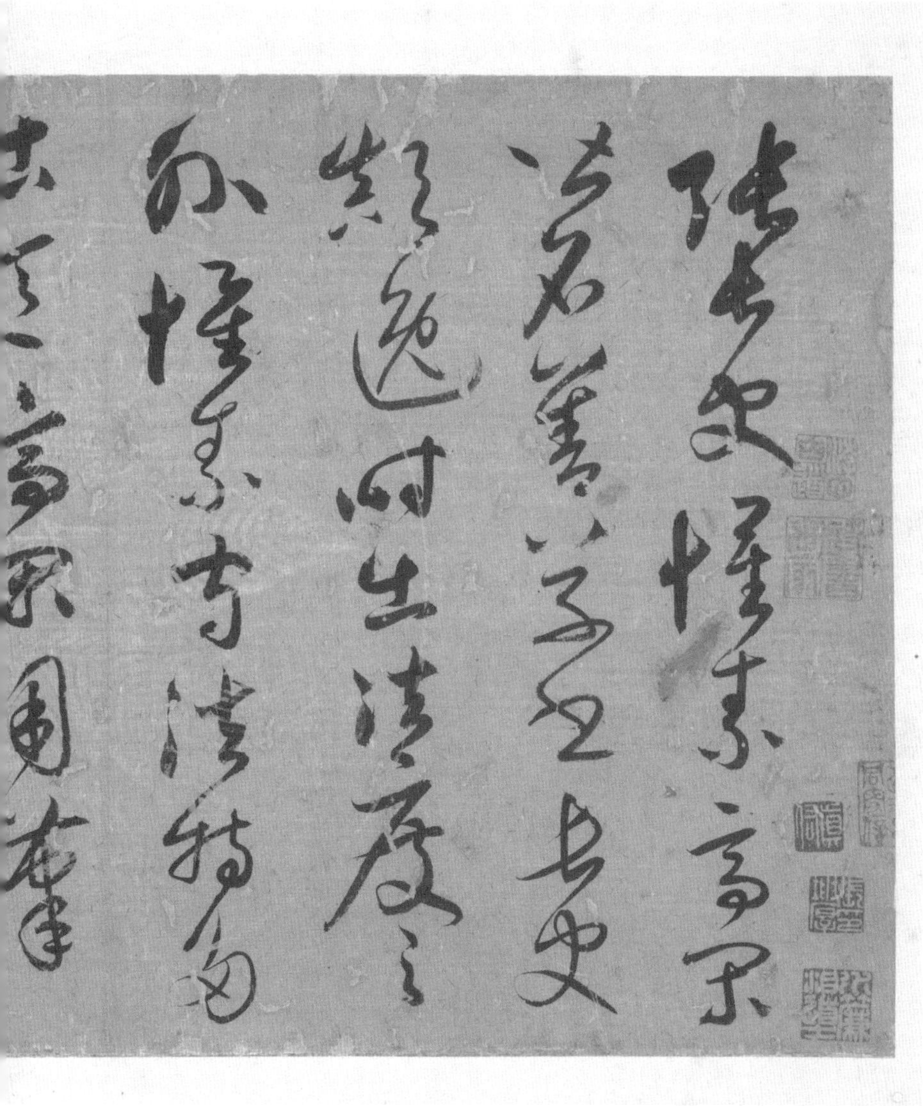

隐见怪其末不言不

若不审何至长史

数逸何由出清庆之

不憚录不守清静句

去其言而照困本

《淳化阁帖》全卷，让赵孟頫可以依据比较精良的刻本认识和学习晋唐书法。此后他日夜把玩，反复临摹，书法开始向"二王"风格转变[1]，更加重视用笔的劲道和变化。赵孟頫对王羲之尤其推崇，认为王羲之"总百家之功，极众体之妙，传子献之，超轶特甚。故历代称善书者，必以王氏父子为称首"。[2]

当然，生活不全是谈诗论文这样悠闲风雅，家里有妻儿老小一摊事，时不时地还会听闻一些人出仕的消息。

至元二十二年（1285）年初，浙江台州路临海县的文人陈孚把自己写的《大一统赋》献给江淮行省的长官。这篇称颂皇帝统一南北的赋得到朝廷的嘉奖，于是他被授予上蔡书院山长的职位。这个消息传播到江南许多地方，许多文人看不起这种主动向新朝示好的行为，也有的人心有所动。

接着又发生了一件让赵孟頫这样的赵氏宗族感到寝食难安的事：杨琏真迦在钱塘、绍兴疯狂挖掘南宋皇帝、宗室诸王的陵墓，让整个江南议论纷纷。可是赵孟頫从不敢在诗文中记录此事，就好像这件事从没有发生一样。

生在河西的党项族藏传佛教萨迦派僧人杨琏真迦是帝师八思巴的弟子，很受忽必烈和主管佛教事务的总制院使桑哥的信任，至元十四年（1277）初，杨琏真迦和其他两个蕃僧共同担任江淮诸路释教都总摄所（后改成总统所）的总摄，管理东南的佛教事宜。杨琏真迦到杭州后驻扎在灵隐寺西部石笋山下的永福寺，他大肆宣传佛教，恢复佛教寺庙，还在西湖边的飞来峰雕凿了西域风格的佛像，在上永福寺修建了祭祀帝师八思巴的帝师殿。飞来峰山脚自唐以后，五代、宋、元造像众多，至元十六年伯颜就曾捐资在此凿刻十尊佛像和普陀大士像。杨琏真迦招募工匠刻了多闻天王等密宗

---

1. 顾复在《平生壮观》卷四说："赵文敏初学李北海书，伯几诃之，令其从右军入手，遂临摹《淳化阁帖》，自此大进步。"
2. （元）赵孟頫，钱伟强. 赵孟頫集：卷第十. 杭州：浙江古籍出版社，2012：267.

风格的佛像，在旁边刻有祝皇帝、真妃、太子等"万岁""千秋"的题字。

杨琏真迦提出一个宏伟的计划，要把历史上有记载但已经废弃的江南佛寺都一一复建，如果以前是佛寺但后来成了道观的地方也要重新改造成佛寺，这都需要许多金银花费，靠朝廷的拨款、信徒的捐赠远远不够。可能是在杭州径山僧人云峰（妙高）的授意下[1]，山阴天衣寺的福建僧人福闻（号西山）说自己寺庙的田地中埋有赵宋魏宪靖王的陵墓，可以挖墓寻找金银珠宝作为复建佛寺的费用，杭州演福寺的住持允泽（号云梦）也积极从旁出谋划策。至元二十一年，他们挖开魏宪靖王陵墓，果然获取了不少金银玉器，于是决定再接再厉，向桑哥提出了挖掘更多赵宋帝王陵的计划。

桑哥为了实现这个计划，也为得到忽必烈的支持，至正二十二年正月，他奏请皇上，把绍兴的宁宗墓地、钱塘南郊的宋朝祭天台拆毁建为寺院，新修寺庙的僧人可以为忽必烈和东宫太子的长寿安康祈祷。正好此时泰宁寺和尚宗允、宗恺盗砍南宋帝陵周围树木时与守陵人发生争执，杨琏真迦以侵占寺庙田产的理由，于这年八月带着数百工匠役夫赶到绍兴挖掘南宋帝陵，挖出的宋理宗尸身外观完好，杨琏真迦就以理宗头盖骨制作成骷髅碗当作饮器。

十一月，杨琏真迦又挖掘了宋徽宗、宋钦宗、宋高宗、宋孝宗、宋光宗的皇陵和四个皇后的陵墓[2]。杨琏真迦把南宋帝后的遗骨和牛、马、羊、犬的骨骸混合埋到凤凰山（今上城区馒头山）的皇宫遗址上，在上面修建"镇南塔"表示镇压之意。

杨琏真迦接连盗掘了钱塘、绍兴两地101座南宋诸帝、皇后、公侯卿相坟墓，甚至波及了普通人，如北宋隐士林和靖在西湖孤山的墓地也遭挖掘。杨琏真迦一共取得1700两金子，6800两银子，9条玉带，111件大小玉

---

1. 温海清. 文天祥之死与元对故宋问题处置之相关史事释证. 文史, 2015（1）：73-102.
2.（宋）周密，吴企明. 癸辛杂识：别集上. 北京：中华书局，1988：263-265.

梅尧臣之"依韵和资政侍郎雪后登看山亭"诗　宋理宗赵昀　绢本行书团扇　25.1cm×25.1cm
1250—1260　（纽约大都会艺术博物馆藏）

　　诗云"湖上晴烟冻未收，湖中佳景可迟留。更临亭上看群岫，雪色岚光向酒浮"，这是梅
尧臣和担任南京留守、侍郎的王姓官员的唱和诗。北宋的"南京"指今河南商丘古城，所以此诗
写的应是商丘的一处湖景，在杭州的宋理宗题写此诗当是借此形容西湖美景。梅尧臣曾任德兴县
令、监湖州税，也熟悉湖州这座城市。

　　器，其他珠宝152件，大珍珠50对。这些金钱大多用来复建寺庙，从至元
二十二年春到至元二十四年两年多时间里，杨琏真迦修建了30多所佛寺[1]。
赵孟頫自然也清楚杨琏真迦的举动。他的家乡湖州有一座靖应道观，本是
南宋权臣和外戚韩侂胄家族的一处房舍，韩侂胄被杀后家产被查抄，南宋
朝廷把这里设为道观。不料杨琏真迦却强行把这所道观改造成一座尼姑修
行的广福尼寺，在湖州自然也是议论纷纷。

　　显然，杨琏真迦盗掘宋陵、修建含有镇压寓意的寺塔的行为得到了
忽必烈的支持，这是对前朝敌人的"厌胜"方法，意味着不仅在现实世界

1.（元）张伯淳. 大元至元辨伪录随函序//大正藏：卷49：710.

击败和控制敌人，也在神鬼的世界粉碎他们潜在的威胁。在推广密宗的同时，杨琏真迦还贯彻了忽必烈扶植佛教其他宗派制衡禅宗的策略，这是忽必烈最喜欢用的分而治之、彼此制衡的权术手段[1]。

南宋帝陵被挖开后，许多骸骨散落在荒野中，周密的表弟、曾任南宋将作监簿的王英孙与郑朴翁、谢翱、唐钰、林景熙等策划，让后两人假扮成乞丐，每晚带着箩筐去偷偷捡拾那些弃骨，与南宋太监罗铣一起把收集的骨骸埋在附近的山上。唐钰在埋骨头的地点栽种了冬青树作为标志，寒食节的时候还秘密去那里祭祀。后来消息走漏，唐、林两人被遗民慕为"义士"。谢翱曾经写《冬青引》记述此事。王沂孙、李彭老、张炎等南宋遗民把影射此事的词编辑成《乐府补题》，以龙涎香、莼、蟹影射宋朝皇帝的骨骸，以白莲、蝉影射后妃遗骨，以这样的方式记载这一事件[2]。

赵氏宗室的成员听到祖先、帝后的陵墓遭毁的消息只能私下暗暗流泪，可是没有人敢于公开声张，在新朝他们只能小心翼翼生活，最好不要卷入有争议的事件中，免得引起蒙古皇帝和官员的猜忌，被诬陷谋反之类的罪名，那会让整个家族遭遇灭顶之灾。整个江南地区的民众也都只能偷偷议论这件事，只有杭州北岸宝石山玛瑙寺的僧人温日观敢于发声，他喝醉了酒以后在杭州街市上痛骂杨琏真迦是"掘坟贼"[3]，遭到殴打也不停口。温日观原名温玉山，字仲言，法名子温，号日观，松江华亭县人，在杭州出家当僧人，以善画泼墨葡萄闻名。赵氏家族诸人听闻他的事迹，自然暗地感激。赵孟頫虽然仅仅和他见过两面，也尊称其为"老师"[4]。

---

1. 孙少飞. 试论忽必烈、杨琏真加与江南佛教. 浙江理工大学学报（社会科学版），2015，34（5）.400-405.

2. 夏承焘. 唐宋词人年谱. 上海：上海古籍出版社，1979：376-382.

3.（元）陶宗仪. 南村辍耕录：卷之五. 北京：中华书局，1959：66.

4. 之后赵孟頫到大都为官，那里的大护国仁王寺、大圣寿万安寺都是吐蕃风格的寺庙，规模宏大，建筑壮观，他的诗歌中却从不提及。他似乎从没有去这几个大寺庙中游览，除了奉皇帝敕命写的大普庆寺碑铭之外也没有写过有关这些寺庙的文章。对于西番的喇嘛，他仅仅在几篇文章中提及了对汉地佛教徒比较友好的国师胆巴，此外都避免提及喇嘛，这应该都是至元二十二年掘坟事件的后遗症。

从赵孟頫二十二岁见证南宋灭亡的慌乱，到三十二岁决定应召北上，十年间许多人和事在影响他、塑造他，尽管心中有矛盾，有不安，也怕受到亲友的议论，可是最终他还是决定要在新朝谋取个出身。

在程钜夫到来之前，赵孟頫已经和江南的官员有了密切来往，如至元二十三年（1286）春天，江南行台御史马煦（字德昌）、侍御史行御史台事魏初等从扬州到杭州巡视，邀集杭州本地的"诸贤"一起出钱塘门，或乘舟或骑马，到陈氏山庄的此君亭雅聚。这个亭子在一大片竹丛中，众人边喝酒边吃东西，谈论诗文掌故，赋诗场合。第二天，与会诸人都写了关于此次聚会的散曲，又让魏初写序、让擅长作画的赵孟頫绘制《山庄雅集图》纪念此事。此时的赵孟頫不时参加这类官僚和文人的雅集，这些官员想必也会把他的名字推荐给几个月后来杭州的程钜夫。

这一年秋天，赵孟頫答应程钜夫应召时，在写给友人郭天锡的信札中说自己是"应酬失宜"才不得不北上，这仅仅是不痛不痒的辩解说法，实际上他想必经历了许多内心的挣扎，思来想去才决定北上大都。所以见到程钜夫时他仅仅按照当时的社交习惯口头推辞说自己不配贤能之名，等等，客套了一番，在程钜夫又说了些勉励的话之后，就顺势答应了这件事。

同一封信中还透露了当时他的经济来源之一，是让郭天锡帮忙出售自己的藏品或作品。可能因为要准备北上，他让郭把自己委托出售的东西还回来。之前他曾从郭手中购买或者交换获得王维的画、兰亭碑帖两件文物，有人在背后议论这桩交易，大约是赵孟頫占便宜、郭天锡吃亏这类话。赵孟頫为了表示自己的清白，把这两件东西退给郭天锡。这封信说明买卖收藏品可能是他这时的一大收入来源。可是这种有一搭没一搭的收入无法让人安心生活，出仕能够获得俸禄，无疑可以大大改善他的经济状况。

这一年冬天，赵孟頫出发去大都时，留下妻子管道昇和年幼的儿女在家中陪岳父岳母，而他独自一人去找寻自己的前程。

如果赵孟頫没有北上，或许他会成为钱选那样在地方出名的书画家，靠出卖画作维生。当时文人失去了靠科举出仕的渠道，就转行医药、词曲、小说、书画行业，极大改变了这些行业的面貌，如善于诗词文章的文人画家的出现，极大压缩了原来的民间画师的空间[1]。他们可以用文字宣扬自己的主张，也可以与爱好书画诗词的官员结交，无疑更容易树立名望。这时候赵孟頫在杭州、湖州有了一点小名气，比如杜道坚在至元二十二年底就请赵孟頫创作老子和道教十字像，并撰写这十一位道教名人的列传，说要保存在山中流传后世[2]。这可能和当时道教面临的不利局面有关——至元十八年，忽必烈因僧人金灯之请，下令地方官府焚毁《太上混元上德皇帝明威化胡成佛经》等三十九种"伪道经"，各地官府还立碑传播这道圣旨，对地方道教徒颇有影响，杜道坚或许是因此才有了想要在山中保存道教先贤像和传记的想法。

就在程钜夫南下征召南士北上的同时，朝廷鉴于灭宋以后许多北方汉民南下江南谋生，一些北方官员到江南任满以后，宁愿定居江南而不返回北方，便特别派出官员下令要这些滞留南方之人全部回到北方，还命令长江、黄河、淮河各处渡口都要严格查证公文，不许除了公务出差、商人以外的北方汉民过淮河、长江去南方谋生[3]。当然，这种禁令常常不了了之。江南是经济繁荣之地，自然会吸引许多人想尽办法前去谋生，诸如关汉卿这样的杂剧作家也在这前后到江南游览和演出，带来了新的演出风尚。

---

1. 高居翰把这种业余文人画家的崛起称为"绘画革命"，他们在很大程度上取代了职业画家。高居翰. 隔江山色：元代绘画，1279—1368. 宋伟航，等，译. 北京：生活·读书·新知三联书店，2009：2-4.
2. 赵孟頫在次年元日题跋记述此事。（清）卞永誉. 赵集贤南谷先生帖//文渊阁四库全书本.
3. （明）宋濂，等. 元史：卷十四. 北京：中华书局，1976：289.

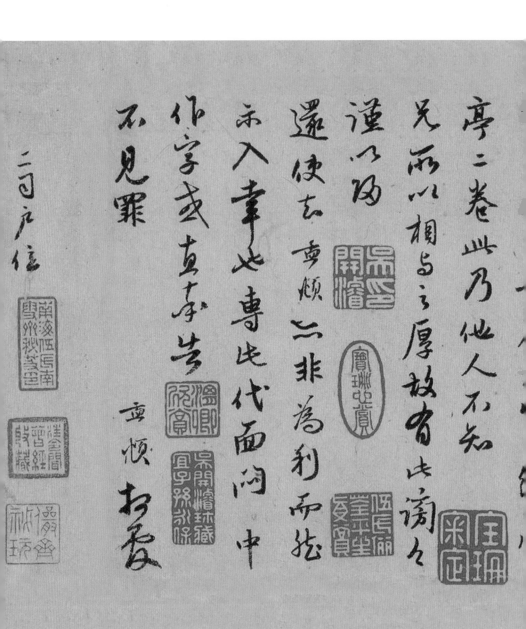

（致郭佑之）应酬失宜帖　　（元）赵孟頫　纸本行书　16.1cm×38.8cm

在这份给朋友的信中，他除了谈及交易几件书画之事，还以"应酬失宜"解释自己为何随程
矩夫北上。

画顺 祥爱

右之二兄坐前 画顺早间承

伯正传道

尊意自知叠数千

渎为罪

掷还三物已领但此番应酬失宜

遂有远役之忧已难见尔辞之

当未尔得免否若必此行将何

释文：孟頫拜覆，右之二兄坐前：孟頫早间承伯正传道尊意，自知叠数千渎为罪。掷还三物已领。但此番应酬失宜，遂有远役之忧。即虽见尔辞之，尚未知得免否？若必远行，将何以处之？忧烦不可言。奈何，奈何！外见伯正言及前此王维、兰亭二卷，此乃他人不知兄所以相与之厚。故有此谤。今谨以归还，使知孟頫亦非为利而然。示入幸也。专此代面。闷中作字，或直率告。不见罪。孟頫拜覆，二司户位。

三　初涉官场：

时倚阑干望日华

至元二十四年（1287）年初，赵孟頫抵达大都时，朝中政局即将发生一次大变动。赵孟頫因为经常侍从忽必烈左右以备顾问，得以见证和参与一系列事件，对京城、对官场有了更多认识。

在大都生活着约1600名朝廷官员，加上各衙门的吏员和大都路的官吏，一共约有1万官吏领取俸禄[1]。其中最重要的衙门是主管行政的中书省、主掌军事的枢密院、负责监察官员的御史台，它们三足鼎立、互相制衡。中书省设有左、右丞相总领省事，下设平章政事4人，左丞、右丞各1人，参政2人，参议中书省事4人。中书省的左右司分管9房48科处理各项文牍工作，省内下辖吏、户、礼、兵、刑、工六部以及有关的寺、监、卫、府事务，中书省可以任命绝大多数文官，权力最大。御史台是全国最高监察机关，设大夫、中丞、侍御史、治书侍御史各2人，直属机构有殿中司、台院和察院，设有殿中侍御史和监察御史，负责检查朝廷和地方官员，另外还设有直属的江南行御史台和诸道提刑按察司。枢密院、御史台以及管理佛教和吐蕃事务的总制院（宣政院）的官员有独立的内部升迁系统。

和上述"外朝"衙门同样重要的是，皇帝还有1万名护卫军"怯薛"，他们中很多人都是成吉思汗时期的千夫长、百夫长和近侍的后代。"怯薛"是世袭的身份和职业，他们被分成四组，由四个皇室亲信的元勋世臣家族世代统管，每3天一次轮候服务皇帝，一方面负责护卫皇帝和宫廷的安全；一方面也分成许多部门操办皇室的吃、穿、住、行和娱乐等"家事"，打理皇家的私人财产。他们拥有很大的势力，比如因为皇帝喜欢用猎鹰打猎，因此设置了鹰坊总管府负责驯养猎鹰，总管的品级和六部尚书一样是三品。

---

1. （明）宋濂，等. 元史：卷十八. 北京：中华书局，1976：383. 另外《元典章》卷七"内外诸官员数"条记载元代职官员数总共有26690名。其中入流品职官22490名，内随朝官2089人、京官506人、外任官19895人；有品级但不入流杂职官4208人，包括儒、医、蒙古学、阴阳诸学教授，以及其他的杂职官员（如仓官、税务官、匠官等）。

元代皇帝经常让身边的"怯薛"帮助处理政务、传达消息，所以他们对朝政的影响很大。皇帝还从这些近臣中直接提拔人才到朝中各大衙门和行省担任主要官员，如在宫中掌管文书的"必阇赤"、书写圣旨的"扎里赤"、翻译的"怯里马赤"中出了不少高官。这些出自"怯薛"的官员身兼二任，如果轮到自己进宫的时段就入宫陪侍皇帝，其他时间则在官署照常办公。因为经常和皇帝见面，关系亲近，所以这些身兼皇室奴仆和官员双重身份的近臣最受信任，也容易升职。人们都称他们是"跟脚"，就是和皇室关系紧密、有背景的人，那些在蒙古建国、四处征伐中立下大功的勋贵就是"大跟脚"。事实上怯薛出仕、荫袭世职才是元朝选任中高级官员的主要途径，低级官员则多由吏员升职，像赵孟頫这样靠举荐得以担任五品以上官职的文士数量极少。

大都还有许多蒙古诸王、公主、驸马、贵族勋臣的府邸，他们在北方草原或者华北拥有各自的封地"投下"，可以自行任命封地上的主要官员达鲁花赤（监临官）和司法官员扎鲁忽赤（断事官）。封地内的民众需要给领主交税，尤其是服务太后、皇后、太子的徽政院、中政院、储政院都有很大的势力，有自己的领地和丁口，也常常放贷给商人做生意。大元皇帝实际上拥有两套统治系统，一套是在中原和江南实行的官僚体制；另一套是在北方、西部保留的草原游牧社会的统治系统，即大汗的家族和数以千计的大批近臣、勋贵，直接派人对各自的领地进行世袭统治。

商人也是这座城市醒目的存在，繁华集市上有来自西域各地的商人，一些商人还和皇室、诸王关系密切。他们从权贵那里借贷本金从事高利贷或者长途贸易，通过进献奇珍异宝取悦皇帝和权贵。皇帝本人也会把自己的钱财交给他们放贷。皇帝近臣管理的泉府司负责管理皇帝、皇太子、皇太后、诸王的银钱借贷事务以及各个外贸港口的贸易事宜，对朝廷的财政政策有很大的影响力。

僧人、道士也是不容忽视的人群，他们的身影常出现在大都两座特殊的衙门中，在街头常能看到穿着红色衣服的吐蕃僧人、穿着黄色僧服的中原僧人和穿着黑色袍子的道士。至元二十三年（1286），朝廷规定汉地的寺庙住持、讲主才可以穿红袈裟，长老可以穿黄色的袈裟、僧服，一般僧人穿茶褐色的袈裟、僧服。集贤院管理道教事务，而总制院（后改名宣政院）负责主管全国的佛教事务和吐蕃地区政务，以帝师领院事，下设院使二员，一为朝廷大臣，一为帝师推荐的僧人，下设同知、副使等12名官员，他们拥有选任自己官属的权力，在诸路、府、州、县设有僧录司、僧正司、都纲司管理各地佛寺和僧徒，对全国的佛教事务有决定性的影响。当时全国有42318所寺庙，有21万僧、尼。寺庙住持继承方式分成甲乙住持制和十方住持制，甲乙制的寺院是师徒传继，占大多数，十方制则是从四方贤能中遴选，一般是本寺僧众、地方僧官、地方官员推荐后由官府任命。许多大寺庙都拥有大片田产、果园乃至煤矿，十分富有。

皇帝尊崇修行之人，免除僧人、道士以及基督教教士"也里可温"[1]、伊斯兰教教士"答失蛮"的差役、赋税，皇帝乐于扮演所有主要宗教的保护者的角色[2]。至元二十六年设置了崇福司专管十字寺（基督教堂）也里可温礼拜等事，由秘书监卿爱薛·怯里马赤（Nagai-Sie）兼崇福司使，大都、杭州等地都修建了挂着十字架的教堂。漠北的克烈、汪古、乃蛮等草原部落颇为崇信基督教，已故的皇太后唆鲁禾帖尼就是基督教徒。爱薛·怯里马赤本是叙利亚的基督教徒，年轻时就应召入宫侍从太后，之

---

1. 《元史语解》中"也里可温"是蒙古语，意思是"有福缘的人"。张星烺认为"也里可温"是唐朝景教使用的"阿罗诃"的转音，而"阿罗诃"的意思是"上帝"，所以"也里可温"的意思是"信奉上帝的人"。

2. 因为统治生产方式不同的、信仰多种宗教的、多民族杂居的帝国，蒙古统治者在不同地区都吸收当地的文化、宗教、治理制度的因素进行统治。德国学者傅海波（Herbert Franke）称蒙古大汗以"普遍性君主"的方式统治帝国。这也是因为蒙古人信仰的"长生天"没有具体形象，是一种抽象的信仰。他们把不同宗教的神灵都看作"长生天"在不同文化中的体现，因此对各种宗教更具有包容性。From Tribal Chieftain to Universal Emperor and God:The Legtimation of the Yuan Dynasty. Bayerischen Akademie der Wissenschaften，Philosophisch-Historische Klasse，Sitzungsberichte 2. Munich，1978. pp.3-85.

后忽必烈起用他担任近侍，主管西域星象历法、医药事宜，还曾任命他使伊利汗国。

当时，有名的僧侣、道士经常与皇族、高官交往，对朝政也有影响。最有权势的是帝师，号称"皇天之下，一人之上"，在宫廷中有特殊的地位。首任帝师是西藏佛教萨迦派高僧八思巴。当年忽必烈率军西征大理时，八思巴在六盘山给忽必烈和其妻察必灌顶，成为他们的佛教师父，同年他陪同忽必烈前往上都即位。忽必烈登基后任命八思巴管理天下僧人，至元七年（1270）封他为"帝师、大宝法王"，赐玉印，规定以后的大汗登基前必须受帝师灌顶授诚，令其统领天下佛教与吐蕃地区军政诸务，还把乌思藏（今西藏）13万户人口指给帝师作为供养地。至元八年，八思巴离开大都回西藏后，忽必烈先后以八思巴的异母弟弟仁钦坚赞（亦怜真）、八思巴的侄子达玛巴拉（答儿麻八剌剌吉塔）为帝师。目前的帝师是八思巴的弟子意希仁钦（亦摄思连真），帝师统领总制院，也是吐蕃地区的最高首领。宫中设有喇嘛堂，帝师时常入宫为皇族讲经说法，其时帝师在上座，比皇帝还要高出一头。每年元日朝会时，帝师也可以坐在皇帝边上，而不必如朝臣那样在下面站立拜见。关于吐蕃的政事，皇帝一般都要和帝师商量再做决定，皇帝常常布施、赏赐帝师金银等财物。

除了皇室、诸王、驸马、侍从、朝廷官员以及他们的家庭，大都和紧邻的燕京旧城（南城）还生活着八九万户普通人家，尤其是燕京旧城人烟更是密集。他们或者做买卖、当工匠，或者是权贵富豪家中的管事、仆从，或者在商队、店铺打杂，婚丧嫁娶都遵循着惯常的习俗，重要日子会去寺观中礼拜祈祷，有闲时爱到勾栏瓦舍看白仁甫、关汉卿、王实甫、赵子祥写的杂剧，在鼓笛喧闹的地方看看杂技演员表演爬竿、相扑、丢棒之类，也能在街头欣赏流浪艺人演唱的琵琶词、货郎的唱词以及傀儡戏（木偶戏）。

所有这些人的存在，让大都成为一座热闹的城市。每个街道的宅邸在晚上似乎都会散发酒香，因为蒙古人、色目人都喜欢饮酒，大都的集市、酒馆常能听见醉鬼的喧闹声。酒馆的门口一般都画着春申君、孟尝君、平原君、信陵君战国四君子画像，是大都最热闹的地方。因为至元十四年（1277）开始，皇帝禁止民间在大都酿酒（成宗在大德七年才解除大都的酒禁），只有官方设立的机构可以酿"官酒"。诸王、官员可以到光禄寺下属的大都尚饮局、大都尚酝局领取官酒，平民可以从官府设立的"槽房"买酒，还有许多人偷偷去燕京旧城买价格便宜的私酒喝。当时民间盛行饮酒之风，各种大小节庆吃吃喝喝中都少不了酒，富足之家在花朝、社日、清明、初夏、端午、三伏、七夕、秋社、中秋、冬至皆要聚饮。

赵孟頫并不好酒，加上时不时就要应召入宫，所以他很少喝酒。大元皇帝不像宋朝皇帝那样每天在固定时间上朝听取朝中各部大臣奏事，而是让中书省、枢密院、御史台等衙门的主要官员有要事才来御前奏闻。皇帝的亲近"怯薛"在边上侍从并提供咨询意见，这样皇帝就可以根据多方面的信息做出决策[1]。在御前充当翻译的怯薛近臣"怯里马赤"如果在这种场合表现出色，就会被委任更重要的官职，如畏兀儿人阿剌浑撒里、康里人不忽木、汉人董文忠都是这样提拔起来的高官。

至元二十四年（1287）闰二月初，忽必烈带着侍从、大臣到大都东南一百里外的"柳林"（今北京大兴区南部）"飞放"，实际上就是小规模的春猎，算是在去上都进行大规模狩猎之前的演习。

赵孟頫也跟从皇帝随行。他们骑马从大都出来，队伍最前面的几只双峰骆驼上分别驮着黑色旗帜、驼鼓，后面有人牵着马，马背上驮着另一种皮鼓。有人边走边敲驼鼓和马上的皮鼓，警告路上的行人尽快让开道路。这些作先导的骆驼、马也可以试验桥梁是否完好，能否正常通行。后面则

---

1. 李治安. 元代"常朝"与御前奏闻考辨. 历史研究, 2002（5）：42-52.

有番官骑着一头大象作为前导，接下来就是坐在四头大象抬着的大型木制"象辇"中的皇帝。象辇上方插着遮阳的伞盖，铺设着金丝坐垫，外侧包着狮子皮，四头大象身上各有一名驾驭者掌控大象。

随后就是侍卫人员、皇后、诸王和朝廷官员。他们或者乘马车、牛车，或者骑马，后面有许多昔宝赤（养鹰驯鹰的近侍）、贵赤（养猎犬的近侍）带着成百上千的猎鹰、猎犬一起前行[1]。傍晚，他们就睡在临时搭建的帐篷中，皇帝则住在中间的大帐篷中，然后隔开一定距离，一圈一圈依次布设侍从和近臣的帐篷。成百上千顶帐篷分布在原野上，十分壮观。

两天以后，这几千人到了柳林，这是一处水泊众多、草木繁茂的地方，有许多飞禽野兽藏身其间，尤其从南方返回的成千上万的天鹅喜欢在水泊中聚集，从金代开始这里就成了皇帝狩猎的禁地。清早，忽必烈穿着貂鼠红袍，踩着金色的四角小榻"金杌子"上马，带着一队骑着骏马的侍从到草地上的开阔处放飞猎鹰。侍卫驱赶着湖边的天鹅飞起来时，负责驯鹰的"昔宝赤"放出白嘴、白爪的御用猎隼"海东青"飞上空中，它发现目标后就极速飞到高空，自下而上攫住天鹅的脖子，然后带着天鹅下坠到地面。侍卫放出嗅觉灵敏的猎犬，带着随从去草丛中寻找掉落在地上的天鹅。皇帝捕获了第一只天鹅以后，宣告这次春猎正式开始，诸王、大臣、将领可以在自己的区域内放出鹰、犬狩猎。

同行之人告诉赵孟頫，每年去上都进行的围猎规模更大，上万名士兵围成十几里的大圈子驱赶野兽。圈子越来越小，许多野猪、鹿、狼、狐狸、兔子都被围在中间，等到圈子缩小到野兽们几乎无法动弹的时候，皇帝带着几名近侍骑马冲入里面。皇帝先射杀许多野兽，他累了退出来后，诸王再进入里面射猎，然后是怯薛中的官员、将领等进入里面射猎，这样

1. 李治安. 元朝诸帝"飞放"围猎与昔宝赤、贵赤新论. 历史研究，2018（6）：22-40.

元世祖出猎图 （元）刘贯道

围猎一次就能杀死成百上千只动物。然后众人点燃篝火，举行烧烤宴会庆祝这天的收获。

皇帝喜欢在这样的野外放松，晚上经常举办宴会招待诸王和近臣。每天贵族、近臣都穿着单色缎子的"质孙服"，佩戴和衣服同色的帽子、腰带。赵孟頫也雇了仆从带着衣服，每次宴会前都要更换不同颜色的衣服。皇帝和蒙古、西域显贵举办的宴会上都盛行歌舞表演，经常叫来教坊中的美貌艺伎边跳舞边演唱，闹哄哄的声响中人们举着金银制成的高脚大酒杯喝下许多马奶酒、葡萄酒、烧酒。宗王、贵戚、宿卫近臣和朝中重臣可以在皇帝两侧饮酒赏乐，其他人按照品级坐在一处处火堆前欢谈畅饮，别有一番趣味。除了羊肉，在这里也可以尝到众人打猎所得的野味，诸如烧雁、盘兔、狐肉汤、野鸡羹等。

当然，皇帝也经常召集臣僚到大帐商议政事。今年他最关注两件大事，一是征召军队打算前去征讨交趾（今越南），一是想要解决财政问题。有一天，忽必烈在大帐中召集中书省平章政事麦术丁、铁木儿，参知政事杨居宽，集贤大学士阿刺浑撒里，侍御史程钜夫，以及还没有官职的叶李、赵孟頫讨论改革钞法。就在这次会上，麦术丁建议设立尚书省专门总理财政。于是皇帝下诏设立尚书省，命时任总制院使桑哥和蒙古人铁木儿担任尚书省平章政事，色目近臣阿刺浑撒里担任右丞，叶李任左丞，马绍任参知政事。皇帝让赵孟頫撰写设立尚书省的诏书，在看到赵的草稿以后十分满意，称赞赵孟頫写出了自己心中想说的话。

桑哥出生在青海、甘肃、四川边境的汉藏交界地区，可能是藏族噶玛洛部落之人。他因为家族经商的原因从小通晓蒙古、汉、畏兀儿、藏等多种语言，帝师八思巴任命他担任自己的侍从和翻译，多次派他去忽必烈面前奏事。忽必烈欣赏桑哥的聪敏干练，约在至元六年（1269）任命他担任总制院的官员。忽必烈极为欣赏桑哥显露出的理财专长，至元二十三年频繁就朝政问题咨询桑哥的意见，七月曾命桑哥拟定一份中书省宰执官员的名单，显然已有了让他主持政务的打算。

忽必烈这时候对江南儒臣格外垂青，想重用叶李、程钜夫、赵孟𫖯等人。忽必烈最初想让叶李担任正二品的御史中丞兼商议中书省事，叶李一再推辞，于是任命他为尚书省的左丞，这也是正二品官职。忽必烈看到叶李有脚病，行走困难，赐给他一辆大马车和一辆小马车，特许他乘坐小马车入宫议事。按照制度，每天早上尚书省开会时由平章政事、右丞、左丞、参知政事等数位高级官员一起议政。叶李是目前为止唯一在中书省、尚书省这样掌握行政实权的最高权力部门担任左右丞高位的南人。

忽必烈期望南方儒臣辅助桑哥解决财政难题，所以对他们的建议十分重视。叶李是最早提议改革钞法的人之一，不仅对财政问题建言献策，在其他方面也很活跃。之前朝廷为了节省财政经费，一度撤销了管理江南各地的儒学提举司。叶李上书说："朝廷在创业之时，军务繁重的情形下还招纳儒士。如今陛下统一天下，息武重文，正是需要培养人才、弘扬治道之时。各道的儒学提举及各郡教授肩负教化民众的重任，应该恢复提举司，专设提调学官教育各地的诸生，为太学供应人才，以备朝廷录用。凡儒户的徭役也应完全豁免。"这获得了允准，于是在江南各道恢复了儒学提举司，设提举儒学二人，统管诸路、府、州、县学校的祭祀、钱粮之事，在各路设儒学提举司，每个县设置教谕二人，保证了州县学校的运作，也让许多江南儒士有了领取俸禄、传授学问的官方场所。当时儒士的一条主要为官路径是出任学官，如儒学提举、儒学教授等[1]。

当时有高官建议，把南宋宗室和大姓宗族迁移到京城和北方，皇帝同意了。州郡已经收到公文要执行了，在地方引起议论，叶李劝谏皇帝说宋朝已经灭亡，江南民众都安居地方，如今无故强迫他们迁移，怕是要引起

---

1. 元文宗时统计全国有儒学教授876员，蒙古教授921员，医学教授232员，阴阳教授73员，可以推测元世祖时期儒学教授的数量应该还不如876员这么多。见《元典章》卷七吏部一官制一，续修四库全书本。

人们疑惧，万一有奸人乘机起事，不利于国家。忽必烈觉得他说得有理，下令停止这样做，免去了一场折腾。

程钜夫建议在大都设立国子监（国子学），也得到忽必烈允准。国子监隶属集贤院管理，设祭酒一员，司业二员，监丞一员，学官博士二员，助教四员，招收七品以上朝官的子孙120名，蒙古人、汉人各一半，官府给生员提供纸札、饮食。当时大都没有合适地点，学校就暂时设在大都南侧燕京旧城的一座建筑中。

忽必烈还想任命程钜夫为尚书省参知政事，他坚决辞谢。忽必烈又打算让他担任正二品的御史中丞。有御史上书反对，说程钜夫是南人而且太年轻，不宜提拔到御史台担任要职。忽必烈大怒："你没有用过南人，怎么知道南人不可用！自今以后中书省、六部、御史台、翰林国史院都必须参用南人。"[1]考虑到朝中势力的平衡，忽必烈终究没有强行任命程钜夫担任御史中丞，但还是让程钜夫以集贤院直学士、侍御史身份到扬州担任江南行御史台的御史。

忽必烈有意锻炼赵孟頫，丰富他的从政经验，一次派遣他去旁听刑部商讨制定和纸钞有关的刑法条款的会议。大多数官员认为刑法应规定贪赃超过纸钞200贯者判死罪，而赵孟頫认为这样处罚太重，因为纸钞创立以后已经大幅度贬值，不应用贬值的纸钞数额决定人的生死。刑部郎中杨某见他年少，又来自南方，指责他反对以纸钞来定罪是想阻碍纸钞的流行。赵孟頫反驳说："刑法关系到人的生死，必须分别轻重。我奉诏参与商议，不敢不言。你不讲道理，企图以势压人，这是不行的！"那人被说得哑口无言，会后只能讪讪来道歉。

在京郊狩猎了二十天后，忽必烈一行回到京城休整。这时候中书省右丞相安童表示反对任命桑哥主政尚书省。忽必烈不仅不听他的意见，还

1.（明）宋濂，等.元史：卷一百七十二.北京：中华书局，1976：4016.

把中书省下属的六部划归尚书省掌管，各行的"行中书省"也改为"行尚书省"，由尚书省管理，规定任命行省高官必须中书省、尚书省商议，其他所有事务都由尚书省自行上奏。实际上等于剥夺了中书省的绝大部分权力，把权力集中到尚书省和桑哥手中，方便他推进革新。

定下了这件大事，至元二十四年（1287）三月初忽必烈就带着上万人的庞大队伍前往上都狩猎、避暑，跟随前去的一般是蒙古权贵、色目近臣、近卫军及其亲属，还有几百只骆驼装着金银绸缎和珠宝，那是要带去赏赐草原诸王、头人的礼物。忽必烈每年二三月就出发北上大都巡视和避暑，到九月才回来。当时大都到上都约八百里路，有"西路"（又名"孛老路"）、"驿路"（又名"望云路"，以经由望云县而名）、"东路"三条主要道路相通，东路的一段又分为经由"黑谷"和经由古北口出塞的两条支路。忽必烈和他的子孙一般都是"东出西还"，从经过黑谷的东路北上大都，然后秋天沿着西路回来，一路上会在适合扎营的地方停留休息，来回程各需20多天。经古北口出塞的那条路是传递紧急军情的道路，由御史负责监察，不允许民众通行，绝大多数民众、商人去上都是从驿路走。

皇帝出发去上都时，后妃、诸王和绝大多数高级官员都要随行，一般只留下平章政事、右丞、枢密院副使等数名高官留守大都。汉人官僚很少得到授权前往上都，不过叶李却奉命随行，显然忽必烈对他格外重视。赵孟𫖯还是没有官职的"白身人才"，也没有叶李那样受重视，只能留在京城待命。或许忽必烈和他的近臣对赵孟𫖯的赵氏子孙身份也隐隐有所担心，所以并没有让他北上侍从[1]。

留在大都的赵孟𫖯趁着空闲一一拜访了之前认识的夹谷之奇、张孔孙等人，在他们的引介下开始和张九思、宋渤、周砥、阎复、徐琰等官员有了交往。

1.赵孟𫖯在大都为官的五年，从未能跟随忽必烈前往过上都，可见他并不是忽必烈最宠信和看中的人才。

皇帝走了以后，大都顿时冷清下来，集市两边商店、饭馆、妓院的买卖都差了很多。对赵孟頫来说这倒不是麻烦，因为官员本来就被禁止进入茶坊、酒肆、妓院这类地方，要是被监察御史发现了就会弹劾。官员们举行酒宴、茶会要么在自家宅邸、花园，要么就借寺观的场所进行。这时候京城传扬的新奇消息是，遥远地方有个马八儿国给皇帝进献了一头形似骡子而毛发黑白相间的"奇兽"，据说叫"阿答必"（今人称之为斑马）。

赵孟頫抽空去城内各处游览了几次。他喜欢皇城西北部的那一大片湖泊"海子"，海子南岸有一处给皇帝养大象的"象房"，每逢负责驯象的番人赶大象出来给它们洗澡的时候都会引来民众的围观。湖岸周围的柳树让赵孟頫想到了江南的水岸风情，周围稀稀疏疏有些住户，据说一些歌妓就住在这里。

因为蒙古人、色目人喜欢欣赏歌舞表演，大都的官方和私人宴会上常有歌舞演出。当时管理宫廷舞乐的机构是仪凤司，管理着许多回回乐人、河西乐人等异域歌舞演员；管理俗乐的礼部教坊司是正四品机构，管理艺伎和杂耍艺人，也经常组织宫廷所需的各种戏曲、杂技演出。大都的"乐籍"人口有几千家，大多居住在旧城，很多都是从南方被迫迁移来的，如至元二十二年（1285）曾一次迁移800户江南乐工到大都。宫廷、朝廷组织的官方宴会有需求时会召这些乐人前来进行义务演出，艺人在其他时间可以到官员、商人的宅邸表演并收取报酬，或者和勾栏瓦舍合作，进行商业收费演出。

如今大都最著名的艺伎张怡云就住在海子边。她能诗词，善谈笑，京师文人雅士都以能和她交际为乐。据说几年前在京的翰林学士承旨阎复、翰林直学士姚燧喜欢下班以后换一身便服、不带随从到她家中小酌。有一天他们两人赶往张家时，在钟楼街偶遇穿便服的御史中丞史彬。按理说御史是监督百官的，官员频繁去茶馆酒肆、倡优之家要给予"断罪罢职"的处分，可是史彬自己也爱好写词赏曲，他下马笑问："两位先生要往哪里去，能让我同行吗？"姚燧说："中丞上马，跟我们一起走。"史彬就让随从去置办酒馔，他们三人一起到了张怡云家。姚、阎招呼说："怡云，今日有佳客，此乃御史中丞史公子，我们两人今天代作主人招待他。"张怡云便取酒，一边敬史彬，一边歌唱《水调歌》"云间贵公子，玉骨秀横秋"一阙，史彬十分高兴，与他们饮酒谈笑。随从带来酒馔后，史彬取了2锭银子赏给张怡云。宴席完毕离开时，史彬的随从要撤走自己带来的金玉酒器，史彬说："不用拿走，留下给两位先生来此使用吧。"[1]实际上是赏给了张怡云。

赵孟頫还留意到城中有好几座宏伟的寺庙、道观。阜财坊顺承门内街西紧邻着金水河有一座刚建成不久的大兴教寺，这里有大片可供集会做法事的空地，礼部经常用这里教授百官学习朝贺礼仪。听说皇帝召集了全国29位高僧在这座寺庙对《大藏经》进行全面校勘，要编制《至元法宝勘同总录》（《大藏经》总目录）。在城南蓬莱坊有著名道士张留孙主持的玄教道观"崇贞万寿宫"，经常举办斋醮法事。张留孙在至元二十五年任预议集贤院事，是皇帝最重视的道教领袖之一。

此时大都最引人注目的寺庙是刚完工的大圣寿万安寺[2]。它位于大都西墙平则门内，那里原有一处辽代寺庙的废墟，只剩下一座"释迦舍利塔"依旧矗立。至元八年（1271），民众盛传塔内的舍利放出了"神光"，于是很多人前去烧香朝拜。忽必烈听说后命人把这座辽塔打开，发现里面有许多灿如金粟的舍利，其中还有一枚铜钱，上铸"至元通宝"四字，正好他的年号是"至元"。他认为这是天意，下令在那里构筑一座规模宏大的藏式佛塔，并以塔为中心向四方各射一箭，以箭落之地作为寺的界址修建"大圣寿万安寺"，即俗称的"白塔寺"。至元二十二年建成后，忽必烈任命南城华严宗宝集寺的住持知拣担任这座大寺的住持，赏

1. （元）夏庭芝，孙崇涛，徐宏图. 青楼集笺注. 北京：中国戏剧出版社，1990：64-65.但是这一传说真伪待考，因为史彬约在至元十三年到至元十九年担任御史中丞，在此期间姚燧并不在京城为官。
2. 今阜成门内大街白塔寺。

赐了京畿良田一万五千亩。

这是担任诸色人匠总管府的总管、尼泊尔人阿尼哥主持修建的佛寺。寺中央的佛殿最高，四隅各设一座佛殿，这五座佛殿分别供奉五方佛，四隅建有四座八角楼。这种建筑布局采用了藏传佛教寺院曼荼罗（梵语Mandala）空间图式，藏传佛教以"曼荼罗"指修炼、作法的场所，在这个空间中聚集一切诸佛、一切菩萨、一切金刚及其各种法器，以屏除修炼过程中的各种魔障的干扰[1]。此外还设有九曜殿、天王殿、五部陀罗尼殿等建筑。其中九曜殿中供奉了九尊"星官"，是汉、藏佛寺中没有的神灵，实际上这是蒙古人祭拜的天神。这座寺里还供奉着大黑天"摩诃葛剌"（马哈哥剌佛）的塑像，元朝皇帝把它视为战神，每次有重要战事前后都会让僧人隆重祭祀。忽必烈曾经多次到这座寺庙中施舍，命帝师和吐蕃僧人在此作佛事。

寺中的大白塔是如今大都最高的建筑，十分引人注目，只有燕京旧城大万安寺（今宁寺）中的那座八角塔比它高点。可是赵孟頫从没有提过这座白塔，也没有任何游览密宗寺庙的记录。之前吐蕃僧人杨琏真迦挖掘宋帝陵墓事件对他有很大影响，他避免踏入这类寺庙中，也不愿意和吐蕃僧人交往。当然，不独赵孟頫如此，严守程朱理学的儒臣大多对佛教不感兴趣乃至心有排斥，尤其是对西域传入的密宗教派更是如此。

大都西城墙之外，至元七年（1270）察必皇后下令在高梁河畔修建了大护国仁王寺、镇国寺、昭应宫[2]，都是吐蕃密宗风格的佛寺，皇后有时候会乘船到那里礼佛。大护国仁王寺门口有两根高耸入云的幡杆，上面悬挂着驱邪镇魔的嘛呢幡。这所寺庙拥有皇帝赏赐、贵族和官员施舍的巨额财富，光在大都附近就拥有赏赐、施舍所得的田地超过6万顷，在其他地方

---

1. 中村淳，宝力格. 元大都敕建寺院概述. 蒙古学信息，2003（1）：26-36. 姜东成. 元大都大承华普庆寺复原研究. 建筑师，2007（2）：162-166.
2. 仁王寺位于今海淀区白石桥以五塔寺为中心的地方，在高梁河北部；昭应宫在今紫竹院东南一带，镇国寺在今紫竹院西南的白石桥、广源闸一带，两者都位于高梁河之南。

还有4万顷田地、几十处山林、湖泊、煤矿等，在江淮地区拥有的酒馆多达140家[1]。酿酒、卖酒是许多大佛寺的重要收入来源。

大都有些与江南不同的节日习俗让赵孟頫觉得有趣，比如三月三日上巳节，江南人一般会外出采荠菜花，或者吃，或者插在头发上、铺在灶上，据说可以禳除飞蛾蚊虫，招来丰年；而大都人把三月三日叫"去贫穷节"，许多民众用黍秸做成圆圈在头、脚上套一下，然后扔到河中，表示脱去贫穷的晦气。四月八日浴佛节也和江南不同：江南各个寺庙仅仅是煮香药糖水洗佛像而已；而京城大圣寿万安寺等几个喇嘛寺庙会把佛堂内的丝绢佛像拿出来晾晒、举办法会，寺庙周围熙熙攘攘，都是参拜的民众。

在皇帝的大力支持下，三月开始桑哥和尚书省就雷厉风行地推出三项措施解决财政问题：

一是发行新钞，颁行"至元宝钞"，简称"至元钞"，规定至元宝钞和中统交钞以1∶5的兑换比例交易，新旧钞都可通行。2贯至元钞合银1两，20贯至元钞合金1两。次年初下令毁掉中统钞的印版，以便加快至元钞的流通。

二是"钩考"中书省和全国各地钱谷，即清查和追征中央和地方官府仓库侵盗、亏欠的钱粮，查出中书省亏欠钞4770锭，字迹漫漶、不堪使用的"昏钞"1345锭。桑哥让人鞭打主管钱谷、铨选的中书省参知政事杨居宽、郭佑以示惩罚，他的嚣张引起其他汉人官僚怨恨。五月时御史台吏王良弼与人议论说尚书省如此清查中书省，将来我们找到尚书省的罪证，也能诛杀他们。桑哥听到后就把王良弼抓入监狱，以诽谤尚书省政事之罪将之诛杀和抄家。几个月后杨、郭二人也被忽必烈下旨处死。桑哥在这场权力斗争中获胜，北方儒臣受到冷落和打击，再没有官员敢于公开反对桑哥。

1.（元）程钜夫. 大护国仁王寺恒产之碑//钦定四库全书本.

三是加强盐、酒、铁等专卖事宜，派出精干的官员加强征税，以严刑峻法惩治犯罪之人。这常常意味着加重民间的负担，引发反抗事件，也是很多儒臣反对的。桑哥还设立行泉府司专门管理海运，下辖15000艘海船，其所属4万户中的军职人等兼点军旅，负责防御海道、督饷京师乃至衔命运粮协助征伐日本、交趾（今越南）。

至元二十四年（1297）六月，赵孟頫被任命为奉训大夫、兵部郎中。这是从五品官职，穿的公服是紫罗服、乌犀角带，和六七品官员穿的绯罗服、八九品官员的绿罗服明显不同。从此，赵孟頫开始了"清晨骑马到官舍，长日苦饥食还并"[1]的官场生活。

对官场中人来说，从五品是个重要的门槛。官员品级分为九品，每品又分正、从二等，其中由九品上至正六品以敕牒委任，由宰相押字，称作"敕授"；从五品至一品则以皇帝亲赐命诰委任，称作"宣授"。就任官的决定权而言，从九品到从七品的官员考核后由吏部建议官职、中书省高官审核，正七品到三品的官员由中书省建议官职，奏请皇帝批准，二品及以上官员则由皇帝特旨委任。可以说，在皇帝的直接干预下，赵孟頫一步就跨过了从平民到吏部管辖的低级官员这一关，成为中书省管理范围的中级官员，而且是朝中的官员，可以比地方官员更快升迁，比与自己同时被举荐的其他所有人都要幸运。

当时的官员一般是上午日出到中午在官署办公，下午可以回家休息，有紧急公务则要根据需要延长上班时间。每月初一、初八、十五、二十三和乙亥日这五天是休息日[2]，另外元正（元旦）、寒食各放假三天，皇帝生日"天寿节"、冬至各放假两天，中元节（七月十五日）、寒衣节（十月

1.（元）赵孟頫，钱伟强.赵孟頫集：卷第三.杭州：浙江古籍出版社，2012：57.
2.因为蒙古贵族崇信藏传佛教，所以把佛教的四斋日（每月初一、初八、十五、二十三）定为假日。乙亥日则是忽必烈出生所属六十甲子干支纪年对应的干支日，道教认为这是人的"本命日"，要举办法事祈禳避灾得福。布庆荣.略论元代假宁制度的特色.北方文物，2014（4）：64-67.

一日）、立春、端午、立秋、重九各放假一天。

作为从五品郎中，赵孟頫每月领的俸禄是中统钞一锭又20两（当时中统钞一锭等于50两，折合实物银两约20两[1]），禄米三石。这应该足以维持一个官员一家人的生活。不过大都通货膨胀厉害，物价较高，这个俸禄可以保证他们过小康生活，可也说不上富裕。

兵部当时是在五云坊东的尚书省内一处院落办公，这里距离皇城很近，方便桑哥随时觐见。尚书省则占了五云坊东部好大一片地方，有三座高大的牌楼（仪门）。进入仪门内就是尚书省高官办公和议事的大正厅，两边是东西耳房，大正厅后面有廊道，通向后面的五间正堂，两侧也是耳房，是各个部门的官员、幕僚的办公室和存放文档的库房。衙门中吏员都穿着檀褐罗窄衫、系着黑角束带。

赵孟頫从租住的房子到尚书省需要骑马，平时穿质孙服，外面穿一种半袖袍服"披肩"，骑马奔走时可以给上半身保暖挡风。因为夏天太阳耀眼，他就学习其他官员也在头上戴了一顶"钹笠冠"遮挡光线，据说这是已经过世的察必皇后发明的，因形如圆钹而得名。

这时的兵部是六部中权力较小的部，因为主管军事的是枢密院，兵部仅仅主管军屯人口、调拨军事所需牲畜、管理驿站人事和监督驿站供应。兵部的主要官员每天早上集中在一处议事，由兵部尚书排定需要商议的事项，召集主要官员逐项讨论，再把处理决定写成公文上报尚书省左右司。左右司复议以后，把自己的意见另附一张纸贴在兵部公文上，报送尚书省宰执商议核准。尚书省的宰执们每天早上都会集体开会，逐项讨论应该决策的事项，然后每人在决定上署名画押，如果事关重大或者宰执们意见不

---

1. 元史对此时官员俸禄有两种记载，另一说从五品官员的俸禄是一锭20两（中统钞一锭约50两银子，共约70两），在大都可以买到约五石官方销售的平价米。一石等于十斗，当时成年人每月约食粮食三斗。70两中统钞可以买官府出售的平价稻米五石左右。理论说可供16个人吃，但是大都其他物价通货膨胀严重，这些薪金不算宽裕，估计只能维持五六个人过小康生活，所以大德三年、至大三年元朝都曾调整薪俸。

一，则将争议观点一并禀报皇帝决策。皇帝同意中书省宰执的决定或者有什么其他意见，也会另纸书写并粘贴在送来的公文上，然后让侍从在公文上盖章，由尚书省施行。

忽必烈没有设立常规的朝会处理政务，大概每隔三天接见一次中书省、尚书省宰执议事。有重要事项时，负责相关事务的主要大臣可以到御前奏闻。忽必烈有时还会召集枢密院、御史台官员集体商议，还允许不同意见的官员在皇帝面前辩论。这种场合一般都有朝廷高官、宿卫近臣旁听参与商议，在场的还会有负责纠察朝仪的殿中侍御史和负责记录奏闻事项的"侍仪奉御"（给事中）[1]。因为宰执大臣有蒙古人、色目人、汉人，语言各不相同，所以宰执朝见皇帝时要各带一名"译史"负责翻译成蒙古语。各个衙门中主要官员也常常并用蒙古人、色目人、汉人，所以绝大多数部门都设有口译、笔译负责本部门会议、公文的翻译。

到兵部工作了一段时间，赵孟頫才发现这个机构的运作多么不可思议。之前户部拨付给全国驿站的饮食之费仅仅是中统钞2000锭，遵照的竟然还是至元十三年（1276）定下的标准！距离那时已经过了十一年，货币贬值了好几轮，物价增长了几倍，加以往来官员与使者的数量也大大增加，2000锭完全不够用。管理驿站的官吏无力供给，只能想尽办法压榨给驿站服役的"站户"，引发许多矛盾。赵孟頫了解到这一情况后，向尚书省申请增拨钞币，这样既能保证驿站的正常供应，也略减"站户"之苦。

至元宝钞颁布以后，许多地方不愿意使用。为了加快新钞流通，至元二十四年六月末桑哥派遣兵部尚书刘宣、赵孟頫奔赴江南，调查江淮行省（江浙行省）为什么在推行宝钞方面缓慢不力，如果行省左右司官、诸路官员有问题就可以当场鞭打。这时赵孟頫刚做官，颇有一番雄心壮志，他和刘宣一路加紧赶路，约七月中下旬到了杭州，督促各地官员推行新钞。

---

1. 蒙古大汗身边素来由怯薛近臣"必阇赤"负责记录大汗言行事项，元朝历代皇帝任命的左右侍仪奉御也都是蒙古、色目近臣，可能两者的人员有时候是重合的，有时候则是分开的。

赵孟頫在杭州和附近几个城市待了两个多月，公事之余回到家乡湖州探望亲友，还与湖州的老友牟应龙在东阳八咏楼一起赋诗抒怀。有人羡慕他衣锦还乡，有师友对他的出仕颇有非议，当然，也有亲朋同情他的处境，比如曾提携他的文坛前辈牟巘在赠别诗《别赵子昂》中，把他看作南北朝时在北朝为官的习凿齿、庾信，为他辩护说这样做也有不得已的苦衷，心中其实有像西晋张翰那样退隐回家的愿望：

> 粉省星郎蹋晓班，暂随使传走日间。
> 荆州利得习凿齿，江左今称庾子山。
> 君意颇为莼菜喜，人情争羡锦衣还。
> 但怜老病匆匆别，白发如何更可删。

此时的赵孟頫正春风得意，说要退隐只是敷衍的说法而已。他对公务颇为尽心，在各地巡查的时候督促官员加快推行宝钞，但是并没有鞭打官吏。他的性情和为官风格都比较温和，而当场鞭打犯错者是蒙古官吏的习惯，在当时是普遍现象。

赵孟頫也见了杭州、湖州的旧交，比如给郭天锡收藏的《曹娥碑》题跋称这是"正书第一"。鲜于枢因父亲在多年前过世，曾在几年前请太常卿兼国子监祭酒周砥撰文《鲜于府君墓志铭》，这次请赵孟頫书写这篇文章，即"书丹"。这是赵孟頫留存后世的第一件墓碑书法作品。他把碑文写在纸上，鲜于枢再去找工匠用透明纸压在原作上以墨摹勒，之后用朱砂按字勾勒纸背，再压在石碑上拓印上石，依朱砂痕迹刻石。为了表示感谢，鲜于枢赠送赵孟頫一张古琴"震余琴"，说是许旌阳手植桐所斫，赵孟頫曾作诗答谢。鲜于枢喜欢弹琴，还曾为了解斫琴所用之赤乌木，特地前往建德的乌龙山实地考察。

鲜于枢去年得到一本《保母志帖》拓品，请赵孟頫顺便在上面题了跋。南宋宁宗嘉泰二年（1202），有个叫王畿的文人声称从会稽县樵夫手中买到一块出土的墓砖，从上面的文字推测是东晋书法名家王献之为自己保姆题写的。姜夔为这块墓砖拓片题写了两千多字的长篇跋文，对其真伪没有下定论。从此就有了所谓的《保母志帖》，可是当时也有学者认为这是王畿等人伪造的赝品而已。八月赵孟頫在杭州也得到一本《保母志帖》拓片。

后来赵孟頫在周密那里又看到一本《保母志帖》，这是本年春天才转入周密手中的，上面已经有鲜于枢、仇远、白珽、邓文原、王易简、王英孙、王沂孙等人的题跋或者题诗。周密自己的题跋是"却怪玉匣书，反累昭陵土"，王英孙的题跋是"断砖一出人间后，叹息无人掩夜台"，很容易就可以看出这些南宋遗民，由前人为自己保姆立碑的历史联想到宋朝帝陵的命运，题跋文字影射了五年前沸沸扬扬的杨琏真迦挖掘南宋帝陵事件。

如今杨琏真迦正在凤凰山上的南宋皇宫残址上修造佛寺、佛塔，杭州人都知道这件事。据说要修五座寺庙，分别叫大报国寺、仙林寺、兴元寺、般若寺和万寿尊胜寺，分属禅宗、慈恩宗、天台宗、白云宗和吐蕃密宗五个佛教宗派。最引人瞩目的是万寿尊胜寺中那座高二十丈的吐蕃式样的瓶式大塔"镇南塔"（高40多米），俗称"白塔"，塔中供奉着藏传佛教的神像，塔基周边的堞城是用南宋皇宫的雕花石块、南宋进士题名碑块等残碑乱石垒砌而成[1]。

在周密家中看到这件《保母志帖》时，后面已经有王英孙几人的题跋，赵孟頫肯定明白这几人文字的指向，他应该也早就从周密那里了解到王英孙策划捡拾南宋帝后遗骨的幕后故事。但是，赵孟頫在周密这件藏品上的题跋显得非常奇怪，仅仅是非常冷静地叙述自己所见所闻的几件《保

---

1. 此塔在次年初全部修完，在元文宗至顺二年（1331）遭雷火损毁，至正十九年（1359）张士诚政权的官员张士信拆毁了这里的塔、寺。（元）郭畀，顾宏义，李文. 云山日记. 上海：上海书店出版社，2013：186-187.

母志帖》分别属于谁，而没有题诗或者进行言外之意的发挥。显然，他谨小慎微，担心如果写诗或者流露伤感愤怒之意，或许会带来不测。

赵孟頫在暮秋时节回到大都，桑哥听说赵孟頫此行没有鞭打处罚官员，严厉批评赵孟頫此行太过宽容，但是也没有进一步怪罪他。毕竟，赵孟頫也是可以在忽必烈面前说得上话的人，而且这时候桑哥也和叶李等南士合作得比较愉快。

就在这时候，吴澄决定离开大都。吴澄比赵孟頫大九岁，出生在农村的乡野文人家庭，从小刻苦读书、信奉程朱理学，以继承朱熹的道统自任，因此对出仕新朝在心理层面受到的道德束缚更多一些。他北上之初就拒绝出仕，到大都待了几个月，也明白了当朝皇帝更感兴趣的是能解决财政难题的桑哥、叶李这样的行政人才，自己擅长的经学在朝中没有得到多少实际的响应。自己为人朴拙，也难以推行自己的主张，所以就收拾行李打算南归。

在至元二十四年（1287）进京的一行人中，吴澄和赵孟頫曾经彼此欣赏，可是他们走了两条不同的道路。

临别前，吴澄手书陶渊明诗一首、朱熹诗二首送给赵孟頫留念，赵孟頫则写了一篇《送吴幼清南还序》对自己的"出处之计"做了表白：他觉得士人之所以学习的初心是"出而用之于国，使圣贤之泽沛然及于天下"，认为士人要考虑自己的学问对国家来说是有用还是无用，对时代环境来说是可行还是不可行，暗示自己留在大都出仕，是要尝试一下自己的学问是否有用，可否在朝代更替后的新环境下产生有益的效果。无疑，这是一种更加"实用主义"的观念，注重所学于国于民的用处，而不像吴澄那样强调道统、学问本身的一贯性、系统性，或者说，赵孟頫本来就对宏大的道学理念不感兴趣，或者只是半信半疑。

听说吴澄归途想顺便去杭州、湖州一游，赵孟頫在《送吴幼清南还序》中介绍了几位师友，希望吴澄能和他们认识，包括在吴兴的老师敖君善以及朋友钱选、萧和（字子中）、张复亨（字刚父）、陈恧（字仲信）、姚式（字子敬）、陈康祖（字无逸）等，以及在杭州的朋友戴表元（字帅初）、邓文原（字善夫）。赵孟𫖯还书写了朱熹与老师刘子翚唱和的三首诗相赠，因他知道吴澄喜欢朱熹的这三首诗，也以发扬理学为己任。吴澄也作了一篇《别赵子昂序并诗》，盛赞赵孟𫖯"丰度类李太白，资质类张敬夫"，觉得他的风度犹如李白，聪颖通达如同南宋初年的理学家张栻，对他研究《尚书》《乐》印象深刻，也对他的书画技能十分推崇，形容他的书法是"科斗史籀来，篆隶楷行草。字体成一家，落笔如一扫"。[1]

吴澄和赵孟𫖯等人告别以后就南下了，他并没有去杭州、湖州这两个地方。此后吴澄和赵孟𫖯还有几次诗文往还，可是他们的来往并不密切，或许这时他们已经意识到彼此是两种不同志向、兴趣的人，不可能成为真正亲密的朋友。

这时忽必烈远征乃颜之后从辽东返回大都，在京的上千名文武官员分三批迎接：大都留守的部分官员要去怀来行宫那里布置瓜果、美酒等迎驾；然后大队人马一起夜晚通过居庸关，到龙虎台行宫停留一晚，部分在大都的官员也提前在这里迎驾；然后翰林院、集贤院的官员、僧道等教士和大都的耆老代表等大批人马去大都北门二十里外的"大口"（土名"三疙疸"，今北京市海淀区清河镇小营）迎接。

众人要在这里住宿一晚，赵孟𫖯从随同皇帝出征的人那里听说了皇帝亲征的一些故事。原来那个反叛的乃颜是成吉思汗最小的弟弟铁木哥斡赤斤的玄孙，封地在蒙古高原最东边以哈刺哈河（今哈尔哈河）流域为中心的地方，领有一万户牧民。他不断向东南部扩张势力，极为不满忽必烈加强控制辽东地区的举措，本年四月联合几个同样心怀不满的宗王反叛。在上都的忽必烈闻讯后，派玉昔帖木尔率蒙古军主力从北路进攻，自己带领

1.（元）吴澄.别赵子昂序并诗//文渊阁四库全书本.

蒙汉联军从南路亲征。六月，忽必烈率军抵达撒儿都鲁之地（今呼伦湖东南）时与人数占优势的数万敌军对峙。忽必烈贸然乘坐象舆到阵前视察，遭到叛军强弓射击。忽必烈被迫下舆乘马回营，指挥元军固营自守，让叛军搞不清楚自己的意图，等到了晚上让汉军将领李庭率军持火把突袭敌阵，叛军惊恐之下奔溃。忽必烈进入辽东南北两军会合，在决战中打败叛军，生擒了乃颜。忽必烈按照传统方式处死了乃颜，即让人把他捆绑后裹进毡毯，然后让马拉着这个毡毯反复拖曳、抛甩，使之受簸震而死，然后把尸体扔到了河水中。叶李在路上参与出谋划策，从此更是受到忽必烈的重视，接见朝臣以后忽必烈常常另外召叶李商议政事。

皇帝回程中还发生了一件险事，有一天皇帝打猎之后乘坐象舆回营地，伶人们蒙着彩色的皮毛跳狮子舞迎接皇帝回营。不料大象受到惊吓，狂奔逃跑，坐在大象背上的驯象人也无法控制。幸亏近侍贺胜勇敢地带人挺身站在大象前阻拦，其他人乘机割断皮革放下皇帝乘坐的舆轿，皇帝这才脱身。而贺胜被大象踩踏、身负重伤，皇帝亲自去探视他的病况，任命他为集贤学士、领太史院事，赐一品服。贺胜是忽必烈极为信任的上都留守贺仁杰的儿子，跟随许衡学过经学，按照惯例十六岁就入宫担任宿卫，很受忽必烈信任。

赵孟頫等大队人马在帐篷中住了一夜，第二天清早就往大都走。皇帝、皇后从宫城北部的厚载门（今北京景山公园少年宫前）入宫，然后其他人才依次进入大都城门，好几万人的队伍要整整一天才能全部入城。入宫的侍从、宫女人数众多，有些人要等到晚上才能在大红灯笼的引导下进入宫城。对此最为兴奋的是做买卖的商人——各路权贵、官员和随从回来，意味着京城的饭馆、珠宝店、杂货店的生意都要热闹起来了。

回京后，一次忽必烈和大臣讨论司农卿王虎臣揭发平江路（苏州）总管赵全违法一事，忽必烈当即命王虎臣去苏州查处此事。叶李奏请说不可派王虎臣去，忽必烈没有同意。边上的赵孟頫也熟悉赵全这个人，因为他以前当过湖州路总管，就进言说："赵全如果违法确实应该问罪，但王虎臣以前在平江强买民田，纵容幕僚营利，赵全曾多次与他争斗，王虎臣对赵全肯定有怨恨之心。如今派王虎臣去，纵然查出赵全不法事实，人们也会怀疑这是王虎臣陷害赵全所致。"忽必烈这才醒悟关节，改派他人去查处赵全。王虎臣是温州人，曾任南宋常州通判，降元后历任平江路总管、司农卿等官职。

桑哥为人严厉，每天清早钟楼的钟声第一次响的时候就到尚书省办公。他也要求尚书省和各部官员都要在这个点准时到官署，如果迟到的话就要官署门口遭受鞭打的处罚。

赵孟頫小心谨慎，一直严格遵守要求提早到官署，可是有一天不慎迟到了一会儿，桑哥派在大门口监督官员的侍从拉着他要去鞭打。赵孟頫不服气，挣脱侍从走入尚书省高级官员办公的"都堂"向叶李申诉自己不该遭到这种处罚。叶李十分生气，责备桑哥说："自古以来刑不上大夫，这是让士大夫有尊严和节气。如今这样侮辱士大夫，等于是侮辱朝廷。"桑哥或许觉得叶李的话有道理，或许是想要拉拢叶李、赵孟頫，就安慰了赵孟頫几句，规定以后有品级的官员迟到不必受鞭刑。

可以说，这段时间赵孟頫在朝中的主要庇护者就是左丞叶李。赵孟頫也不时写诗与叶李唱和，在《次韵左辖相公》一诗中把叶氏称作"知己"，说叶大人位居高位，自己就不必悲叹南方来的人不受重视了。

桑哥对赵孟頫也相当关照，当时的尚书省在皇城南门外，紧靠着宫城的红色御墙。一次赵孟頫骑马经过东御墙边的窄路来上班，因道路狭窄而他骑马又不是特别娴熟，他的马差点掉入护城河中。桑哥听说后奏闻忽必烈，把东御墙向西移筑了约两丈，方便官吏骑马到尚书省。

桑哥对叶李、赵孟頫较为尊重，或者说试图拉拢他们为自己所用。十月时桑哥上疏请求赏赐表现突出的尚书省官员，叶李是桑哥在尚书省最看中的助手，获得150锭，其他如不忽木、马绍、高翥各获得100锭。忽必烈听说赵孟頫条件不宽裕，也赏赐给他50锭钞。

叶李也推许桑哥的行政才能，建议忽必烈让桑哥担任右丞相。到了年底，忽必烈升桑哥为尚书省右丞相，仍兼统制院使（次年改名宣政院）、领功德使司事，开始独揽朝廷大权。右丞阿剌浑撒里升平章政事，叶李升右丞，参知政事马绍升左丞。

这时已经到了年底，这是赵孟頫第一次经历大都的腊月，天寒地冻。他让仆人多买些煤、干柴、苇草，把土炕烧得热一些，好感觉舒服点。临近元旦，官员们也都变得松散起来，他们的家人开始准备过年过节的礼物，赵孟頫也准备了腊鸡、鱼鲞、海鳗等带有南方特色的食品。有同僚提醒他早早准备好白色的衣服，因为蒙古人崇尚白色，参加元正受朝仪式时所有人都要穿白衣，皇帝也是如此。

至元二十五年（1288）元旦清晨，赵孟頫早早穿好白衣服，前往崇天门，那里已经有许多文武百官聚在一起排队，等待皇帝升殿。皇帝和皇后分别在大明殿的七宝云龙御榻、皇后御榻上就座。皇帝身穿黄色的冕服，身下坐着金丝编织的垫子，背后的白伞上有已故帝师八思巴亲笔写的梵文密咒，皇后南必则穿着大红织金云龙袍服，头戴高耸的红色绒面罟罟冠。冬天气候寒冷，所以大殿用黄鼬皮做壁障保暖，皇帝、皇后座位底下放着黑貂褥子。

司辰郎宣布元正朝会开始，首先是殿前侍卫人员从大明殿左右的日精门和月华门进殿向皇帝叩拜，大呼万岁，分立在两旁站立，然后后妃、诸王、驸马依次祝贺献礼，这才轮到文武官员分左、右两队从日精门、月华门进殿，向皇帝叩拜和大呼万岁。中书省丞相向皇帝三进酒，宣读中央及地方官府的贺表和礼物单，之后高僧、道长及外国蕃客代表入殿朝贺，大殿中站满了各色人等。各重要部门、地方官府送来的礼物都包着白布摆放在长案上，还有草原部落进献白马作为贺礼。

朝拜、贺礼结束之后，皇帝举办盛大的"诈马宴"庆祝新年，官员、近侍、宫人都穿着一样颜色的质孙服，皇帝在大明殿中招待诸王、宗亲、驸马和四品以上官员，赵孟頫这样的中低级官员则被引导到日精、月华两门外面临时设置的帐篷中吃饭喝酒，也有艺伎表演歌舞，宫廷内一片热闹。这时候皇帝都会按照惯例给宗室诸王、公主、驸马、勋臣赏赐金钱等财物。

初一到十五大都的街道要比往日热闹许多，人们都纷纷出来拜年，本地普通人家常用黄米糍糕馈送亲戚。赵孟頫这样的官员当然要讲究一点，早就去店铺中找了几样江南风味的糕点、腊味，带着去同僚家中祝贺。每家宅邸客厅的案子上都摆着糕点、酒水，往往说不了几句就要饮酒，这都是蒙古贵族带动的好酒之风。街道上的茶坊、酒肆中都是三五一群，纷纷扰扰。从初一到十五朝廷特许不必宵禁，所以很多商人把芦苇编织成块或者席，在街市上搭建成临时的草屋，在里面出售糖糕、黄米枣糕、辣汤、小米团等小吃。草屋的三面都挂着山水画、花鸟画作装饰，草屋外则悬挂着琉璃葡萄灯、绘有各色人物乃至场景的纸灯，晚上点亮以后灯火通明，吸引了众多民众流连和品尝，一直到清早报时的鼓声响起，街市才会安静下来。

丽正门外有一棵大树被皇帝封为"独树将军"，下面是热闹的集市，每年元正、上元时商人在树身上悬挂诸色花灯，高低照耀，远望似一条火龙，是大都的一景。丽正门正中的大门只有皇帝出巡时才打开，东西两侧各有一个小门，西侧的门平时也关着，只有东侧小门容许民众往来。这里是大都和燕京旧城交界的地方，因此南北两城民众都来游览，格外热闹。大树下面的集市有许多出售甜食、烤饼、枣面糕、酒肉茶汤的草屋、店铺。赵孟頫作为官员不好出入饭馆酒肆，只能在街道上游逛一会儿就回去。

过完元宵节，在尚书省办公时赵孟頫听说宫中发生了一件新闻。忽必烈让江南释教总摄杨琏真迦，召集江南教、禅、律三宗高僧到大都，正月十九日在皇帝面前辩论。主要是代表禅宗的径山云峰妙高禅师和代表教门的天台宗僧人上竺、唯识宗僧人仙林等就佛法疑难问题来回辩论，在教外别传、直指人心等禅法的辩论上很难分出明确的高下。不料皇帝自己出口插话，对云峰妙高禅师说："我也知道你说的是上乘禅法，但得法之人应该是入水不溺、入火不烧，那把你放在热油锅中静坐一会儿，你敢么？"
妙高回答说："此是神通三昧，我的禅法中没有这样的事。"仙林乘机攻
击云峰妙高："你说不敢，便是输了。"[1]于是皇帝就判定禅宗输了，以后
江南佛教界举办法事时要让教门排在禅宗之上。这是打压禅宗、抬高教门
的策略而已。

这时的赵孟頫对佛法没有兴趣，但是从传闻也可以明白忽必烈是故
伎重施。三十年前忽必烈还是藩王时就操纵佛、道辩论，当年他也是在辩
论无法分出高下时使出杀手锏，提出要检验道士的神通法力。道士当然不
敢，当即就被判定输了。忽必烈抬举教门，一则他自己信奉的藏传佛教
重视佛教经典的研究阐发，和汉地佛教的教门有相似之处，因此看不起
禅宗；二则禅宗是江南最有影响的教派，忽必烈有意要分而治之，所以
就打压禅宗，抬高教、律两宗的地位，造成他们三派不和，彼此争衡，方
便朝廷管控。

赵孟頫每天去兵部办公，处理各种事务。其他时间一个人无聊，就常
去市场上搜购古旧图籍、书画，也在大都认识了几个谈得来的朋友。刚入
京的赵孟頫受到耶律中丞、参议高明、刑部郎中杨某等北方"汉人"官僚
的排斥，可是也有一些北方官员愿意和他交往，大多是官职、年龄、爱好
接近的同辈人。也有些道士和他有来往，比如一个刘姓道士就请他绘制了
一幅《仁智山水图》。

一天，赵孟頫正在街上走，有个三四十岁的男子主动过来屈腿行礼，
问他："君非子昂乎？"

赵孟頫因为不认识他，就问："你是谁？"

"我是田衍，字师孟。"

"您怎么知道我的名字？"

1.（元）释念常.佛祖历代通载：卷二十二//文渊阁四库全书本.

田衍说他是鲜于枢的朋友，早年曾跟画竹名家王万庆学画墨竹，也爱好收藏，鲜于枢写信告诉他赵孟頫来京城的消息，说赵"神情简远，若神仙中人"[1]，想引介他们认识。田衍对这句话印象深刻，一直想要与他结识，于是在街头看到这般模样的人就过来打招呼。

　　担任礼部主事的田衍是彰德人，祖父在金朝曾任镇南军节度副使兼户部侍郎，父亲在元朝任郓德路转运经历官。田衍从小博学多识，擅长文书，以吏员出仕，最初在中书省当吏员，后逐步升为刑部令史、中书省掾、礼部主事。田衍爱好收藏法书、名画、器物，精于鉴定，与赵孟頫有共同的爱好，两人成了时常来往的朋友。后来他对赵孟頫有很大帮助，赵把他视为自己在京师最亲密的朋友。当时的吏员大约要经历五次考核、花费十二年半的时间才能成为最低级的官员。田衍和鲜于枢都从吏员进入官场，可是田衍的个性、才能比鲜于枢更适应官场的游戏规则，而且他长期在京城的重要部门担任吏员，如果得到高官的赏识可以更快升职。所以他如今已经是礼部主事，比鲜于枢走运多了。

　　在大都为官，让赵孟頫见识了许多京城特有的节庆。二月八日，平则门的西镇国寺、大护国仁王寺把寺中供奉的帝座金牌、大佛安置在车中在城外巡游。僧人一路念经、敲法器，吸引了许多民众围观。寺庙两廊的商铺也都开张做买卖，南北二城的戏班、村社中的杂戏班都汇集到道路边演出，诸王、近侍、大臣也会在城外高处设立帐篷。观看各种演出，举办大小宴饮，是京城的一大盛事。

　　二月十五日有个更大的热闹节日"游皇城"，是大都全城最隆重的庆典。至元七年（1270）时，帝师八思巴建议大明殿御座上设置白伞盖，素缎做的伞盖上有他用泥金书写的梵文，号称可以镇伏邪魔、护佑国家，这是因为在藏传佛教中大白伞有"光明普照"之意，八思巴把忽必烈看

1.（元）赵孟頫，钱伟强.赵孟頫集：卷第八.杭州：浙江古籍出版社，2012：216.

作佛教传说中的转轮圣王，他在佛法的护佑下统治蒙古、汉地、西藏。以后每年二月十五日，大都都要举行奉白伞周游皇城内外的大型佛事，据说可以祓除不祥，带来福祉。这是大都重要的节庆，每年正月朝中各衙门、权贵宅邸就开始操办之后要在官署、宅邸门口举办什么活动，或者展示珍奇珠宝、珍禽异兽，或者请戏班排演新剧，大都各处戏班子也会精心准备拿手好戏。

到二月十四日，先由现任帝师亦摄思连真率五百名僧人在大明殿内做佛事，十五日清晨僧人把白伞从御座上取下，安置在一辆马车上。此时数千人的庞大仪仗队、乐队已经在崇天门外准备就绪，宣政院管辖的360所寺庙的几百僧人抬着佛像、幢幡、宝盖等360座，敲着钹鼓，还有教坊司云和署派来的400人乐队带着大乐鼓、板杖鼓、笙箫、龙笛、琵琶、筝等乐器，兴和署的150名艺伎装扮成神话人物，仪凤司派来324名汉人、回回、河西组成三组乐队，还有500人抬着关羽神轿等器物，最后是500名骑兵压阵。这三四千人都穿着整齐鲜明的服装，先到顺承门内的庆寿寺吃素食，然后就开始热闹的游皇城活动。

游行队伍自庆寿寺出发，首尾前后排列长达三十余里，边走边表演歌舞、杂技、音乐，装饰精美的车辆、马匹连绵不绝，喧闹的锣鼓声要在大都响彻大半天，引来许多民众沿途围观。这支巡游队伍从西宫门外垣海子南岸进入宫城北门厚载门，先到太子宫绕旋一圈，然后经眺桥穿过太液池到仪天门，那里已经搭建了一排排装饰精美的帐篷，皇帝和内侍、宰相、诸王、驸马坐在各个帐殿中欣赏音乐、杂技表演。之后仪仗队送伞盖回到大明殿，安置在御座上，帝师和僧人要在那里做整整一天的佛事，外人无法知道内情。游行的队伍穿过大明殿外的广场，在东华门或者厚载门解散。

到三月天气变暖、柳树变绿，大都人喜欢呼朋唤友一起到南城的郊野踏青。赵孟頫独自一人，似乎也不好和其他有家庭的人相约，反倒感到了一丝寂寞。赵孟頫也曾抽空到大都南墙之外的旧城去游览，那里户口密集，道路狭窄，与大都的气氛不同，更有一种热闹鲜活的民间世俗气息。金朝宫殿已经被烧、被拆，如皇家宫苑广乐园中的神龙位、翔鸾位、太液池中的十洲三岛、龙和宫中的桂窟殿，都成了长满野草的废墟。当然，南城也有几处名胜，如佛寺大悲阁中供奉着千手千眼大悲观音菩萨一尊，该阁榜额为唐初著名书法家虞世南的手笔，另一处寺庙圣安寺的殿宇高耸如阁，寺中的神御殿供奉着大元诸帝神主牌位。全真教首领居住的长春宫（白云观属于长春宫的一部分）也在旧城，那里是许多善男信女去礼拜道教神灵的热闹去处。

赵孟頫时常和家人通信，这年春末，湖州、秀州、苏州、杭州暴雨之后发了一场大洪水，正是青黄不接的时候。眼看着今年的收成有大受影响，接着又出现了饥荒，听说有人卖掉妻子、女儿换粮食。四月时尚书省官员上奏此事，请求免去四州的税粮中的二十万石，让官员用于赈济灾民，皇帝同意了这个建议。

八月二十三日是忽必烈的生辰，京城百姓都要庆祝"天寿节"为皇帝祝寿。节日之前一个月，内廷侍卫各部、外朝各个衙门都要各自到京城的寺观施舍设置祝延圣寿万安的道场，让僧人、道士做一个月的法事。天寿节当天朝臣要如元旦朝会一样入宫称贺，集市上则搭建各种戏棚，商人出资演出各种吉祥意味的曲艺节目祝寿，僧人、道士、基督教等各个宗教寺观堂所都会举办仪式祈求皇帝万寿无疆，国泰民安。

最初一段时间的兴奋过后，赵孟頫就陷入了官员日常的生活节奏，每天早上去官署上班，常常还有加班，下午回到家中又只有一个人，他时常感到孤寂。对他来说，南北的气候不同，食物也有很多差别，比如大都能吃的鱼肉很少。这里的人讲究吃团鱼、鲤鱼，没有江南那么多河鱼、海鱼，各种糕点也没有杭州、湖州那么丰富。到别人家中做客，常吃西域风格的饭菜，比如蒙古人、色目人中十分流行用羊肉、回回豆子、萝卜和调料煮的"西天茶饭"，据说是天竺人传来的做法；还有一种用山药、胡萝卜和蘑菇煮的"畏吾儿茶饭"也很常见。

秋天北京连续下了好几场雨，赵孟頫写有《苦雨》一诗描述自己的苦闷。在家乡他有房子，有田地，有妻儿，可是在京城处处都要花钱，无论是租房子还是吃饭，支出多而收入少，下雨的时候屋子漏了睡不着觉。早上去官署则要经过土路，来往的马匹常常行走在弥漫的尘沙中，赶上下雨更是泥泞不堪，到处是大大小小的坑洼，让行人十分狼狈。他也只能写诗感叹自己的生活：

> 京城连月雨，沈潦绝街衢。咫尺不得住，亲故亦相疏。
> 破屋处处漏，中夜难安居。破屋薪无烟，空庖釜生鱼。
> 茄黄不着荐，菜甲未成蔬。嗟我是朝士，凄凉人不如。
> 又况闾檐下，晨炊向谁须。昔我在乡里，虽贫乐有余。
> 荣华何足道，旦暮成朽株。一动诚有悔，何时归故庐。

赵孟頫从入仕的第二年开始就经常写这类表达后悔、想要回家隐居的诗歌，这不仅仅是向亲友表达一种姿态，也确实反映出他内心的犹豫和苦闷。他之前经历的国家覆灭、家族变故、婚姻隐衷，对他的性格有重大影响。他不是那种对某一种理念坚持到底并愿为之献身的勇者，也不是四处钻营的投机者。他出仕时就怀着犹豫之心，稍微遭遇到生活上的苦难、官场上的磨难就生出退却回家的想法，这是他写诗的一大主题。当然，等稍微平顺一些，他又会把这些忧郁抛在一边。

写字、绘画、收藏能帮助他从官场的烦恼中暂时摆脱出来，他在京城也认识了几个爱好书画、收藏的朋友。在朋友田衍的介绍下，赵孟頫认识了比自己早一年靠举荐担任秘书监校书郎的周驰（字景远），他是山东聊城东昌府人，比赵孟頫小十多岁，非常喜欢书法，和赵孟頫、田衍很谈得来。元朝秘书监掌管保存历代图书、阴阳禁书、书画藏品以及纸墨笔砚等。秘书监的藏品主要来自灭金、灭宋所得，原来南宋秘书监、史馆、礼部、太常寺等收藏的图书、书画就是在至元十三年（1276）十二月运到大都的秘书监的，之后还曾四方购纳。据至元十四年统计，这里藏有1009幅画轴，赵孟頫或许曾通过这一关系看到过内府收藏的画作。

独自在京的赵孟頫除了猫在家中，也时不时约朋友饮酒闲谈。有几天因为天太冷没有见面，赵孟頫特别写了一首《赠周景远、田师孟》记述三人饮酒谈论书画的生活，透露出他这时因为寂寞常常"痛饮"的生活：

> 与子同客帝王州，一日不见如三秋。
> 风高气肃雁声急，天青日暖蛛丝游。
> 篱下黄花为谁好，水边红树令人愁。
> 世间万事可拨遣，日日痛饮醉即休。

至元二十五年十月，赵孟頫听说皇帝命十八岁的瀛国公赵㬎削发为僧，去吐蕃的萨迦寺修习佛法，其母全太后入大都正智寺为尼。这显然是把赵㬎流亡到边荒，让江南那些还心怀宋室的人彻底死心。赵㬎写了一首诗表达对家乡杭州的想念[1]：

> 寄语林和靖，梅花几度开。黄金台下客，应是不归来。

没有多少人在乎赵㬎的离开和忧愁，大都官员关注的是桑哥和尚书省的动向。为了完成财政增收的目标，桑哥层层加码政策，十月奏请派尚书参政忻都、户部尚书王巨济等省、院、台官12人前去"钩考"江淮、江西、福建、四川、甘肃、安西（陕西）六省亏欠的钱谷，除云南、吐蕃外，全国各地均进行清查和追征亏欠的钱粮。

1.（宋）汪元量，孔凡礼.增订湖山类稿：卷三.北京：中华书局，1984：109.

这些朝中来的"钩考"官员贪多务得,行省官员也闻风而动,严厉督责下属查税、征税和清查各个仓库,一方面撤职亏欠、盗取钱粮的官吏,一方面逮捕、拷打欠税的民众。如果欠税之人已经病亡或者逃跑,官吏就会逮捕他们的亲属,如果亲属也不在,就逮捕邻居,导致扬州、杭州等地监狱中满是百姓,被逼自杀的达五百余人。江南许多百姓逃入山林成为"盗贼",官府只能耗费金钱派兵追剿。

桑哥派到江浙"钩考"钱谷档案文书的官员之一就是尚书省右司都事高克恭,他是喜欢书画的博雅文人。在江南的这几个月,他一边检查各地的档案账簿,一边也和鲜于枢、邓文原等人交往。他和鲜于枢共同的朋友李仲方在两浙运司经历职位上病故,家里比较贫困而且子女还未成人,高克恭便出钱在西溪买了一块墓地,撰写了墓志铭,和郭天锡、李衎、鲜于枢、王芝等一起埋葬吊祭了这位故友,鲜于枢还把自己的女儿嫁给了李仲方的长子。

通过"钩考",桑哥追补了数百万钱谷,但是实际上还有数千万的数额没有办法追究。因为欠税之民众或死或逃,无法追查,如果再大动干戈,肯定会引发更大的社会动乱,更会被各级官僚怨恨。于是桑哥决定靠增加赋税、节省支出的办法保证财政运营,主要包括以下三项措施:

一是增加民间赋税:把盐课每引由中统钞30贯增为50贯;茶课每引由5贯增为10贯;酒醋税课江南增额至10万锭,腹里(朝廷直接管辖的山西、河北、山东地区)20万锭;大增商税,江南为25万锭,腹里20万锭等。这些措施虽然让税赋增加了,可是却引起通货膨胀,粮食盐酒价格都在上涨,为此他又不得不大量增加从江南运到京畿的粮食数量,奏请将海运粮数由过去每年三五十万石增加为百万石。

二是向皇帝的近卫军"怯薛"征税:长期以来这一万"怯薛"近臣、军人占有大量土地而不纳地税,是特权人群。桑哥奏请皇帝后规定,每户"怯薛"4顷以内的土地不必缴纳地税,但是超过4顷的多余部分都要缴纳地税。这一措施让"怯薛"这一和皇帝亲近的近臣、卫士群体利益受损,自然会引起他们怨恨。

三是劝说皇帝谨慎赏赐诸王贵戚：皇帝让桑哥参与决策赏赐之事，如果觉得不应给谁赏赐钱粮可以上书制止，还按照桑哥的建议取消了已经分封的秦王的王位和印章。这又让蒙古贵族对桑哥有了不满。

这时忽必烈对桑哥言听计从，十一月大都人史吉等奏请为桑哥立"德政碑"，皇帝让翰林学士阎复撰《王公辅政之碑》（次年闰十月立碑），又派100名秃鲁花（怯薛散班）及侍卫士兵充当桑哥的仪仗，足见对他的欣赏，即使对其不满的贵族、官员也不敢议论桑哥。这时的桑哥掌握了铨调中央和地方官员的人事权，许多人都去巴结他获得官爵或者免予处罚。

时间匆匆，到了至元二十六年（1289）年初。赵孟頫经常去集市上闲逛，中书省衙门前的街道上有文籍市、纸札市，一些旧书摊、纸张店之类的地方也出售古书画。大都还有几个大市场，即海子北岸的斜街市场，鼓楼（齐政楼）市场，西城顺承门内的羊角市和枢密院角头市[1]。大都集市上汇集了南北各地、异域八方的货物，如波斯、阿拉伯、印度、高丽乃至欧洲商人带来了珠宝、人参、皮帽、毛织品、香料、铜器、象牙、香水、珠子等，他们也从这里购买布料、绸缎、茶叶、糖、瓷器、皮货、中草药、纸、墨、铁制品等。羊角市则有羊市、马市、牛市、骆驼市、驴骡市等好几个卖牲畜的市场。这些市场都设有收税的提领或大使，商人要缴纳售价三十分之一的税给他们。大都每年的商税收入仅次于江浙、河南两个行省，是整个华北的商贸中心。除了大集市，还有许多小贩常年背着各种杂货走街串巷叫卖，人们听到声响才从院子中走出来问价购买。

这时发生了一件让京城善男信女痴狂的事情。皇帝下令把宫内供奉多年的佛祖旃檀瑞像佛移到新落成的大圣寿万安寺后殿，皇帝亲临佛像安置仪式，帝师、西域僧人大做佛事，之后京城的善男信女纷纷都去参拜号称大都最灵异的这尊佛像。

---

1. 这四个市场分别位于今北京鼓楼西大街、后海鼓楼、西四丁字街、王府井大街至美术馆一带。

四月，赵孟頫听说了一件新闻，江南名士谢枋得在南城的悯忠寺（今北京法源寺）中绝食而死。

自从程钜夫完成寻访江南士人的任务、得到忽必烈的夸奖后，看到皇帝如此鼓励举荐人才尤其是南人，之后几年大臣中荐举之风颇盛，荐举名目有隐逸、贤能、忠孝，等等，被荐举的南方儒士绝大多数被任命为各级学官[1]，如在县学中担任教谕、书院山长，在路、州、府担任教授（正九品）、学正（负责督导学员，从九品）、学录（负责执行学规）。这些举荐活动也并不都是温文尔雅、你情我愿，有好几个人因此或死或入狱。江南名士谢枋得就比较倒霉，他是江西弋阳县人，和文天祥同年考中进士，曾参与抗元战争，家人大多也死于战火。至元二十三年（1286）他以母亲过世、需要守丧为由拒绝程钜夫的征召。之后两年他先后拒绝了三次征召推荐，可是福建行省参政魏天祐却强人所难，至元二十五年（1288）派人强行带他北上。谢枋得以"宋室孤臣，只欠一死"[2]自诩，路上只吃水果、蔬菜，身体极为虚弱。这年春天到了大都后，他宁死不愿去拜见忽必烈，只愿意向着南宋谢太后的墓地和宋恭帝去的西域方向痛哭跪拜。留梦炎下令把他安排在大都悯忠寺（今北京法源寺）中软禁，他不吃不喝，绝食5天而死，享年六十四岁。另外一位南宋进士宗必经在留梦炎举荐后也不愿北上，被地方官员强迫押送到大都。他不愿意出仕，被关押起来。

赵孟頫和他们并不认识，自然没有去拜会过，可是他必定听说过谢枋得的名字。这位死亡的义士对他的心理产生了影响，让他对出仕奔波的意义有所怀疑。尽管南宋已经灭亡了十多年，可是这类消息总是提醒着赵孟頫，这仍然是充满了危险、死亡的时代。或许就是在这种境况下，赵孟頫

---

1. 萧启庆依据《庙学典礼》和《元史·选举志》记载统计，元朝全国的地方学校及书院的学官名额总计4592人，其中教授合计278人，学正合计484人，学录合计185人，山长合计407人，教谕合计1127人，直学合计2111人。学官中只有教授才有资品为正九品或者从八品，学正、学录、山长、教谕都没有品级的学官。
2. （宋）谢枋得. 上程雪楼御史书//四部丛刊（影印明刻本）.

给在杭州的老友周密写了一首诗《部中暮归寄周公谨》，形容自己为官还不如周密在杭州闲居：

> 三年谩仕尚书郎，梦寐无时不故乡。
>
> 输与钱唐周老子，浩然斋里坐焚香。

当然，这仅仅是他一时感慨。能当官还是有许多好处，他并没有真要辞官回家的打算。

这时候桑哥理财的一些负面影响开始扩大，江南行台御史程钜夫见到桑哥的举措给江南官员、民众带来恐慌，造成了许多混乱，入朝时上疏劝谏忽必烈"清尚书之政，损行省之权，罢言利之政，行恤民之典"，实际上是否定桑哥的理财办法，希望能罢免桑哥。他面见皇帝时直言："臣听说天子之职，最重大的事就是选择宰相。宰相之职，最重要的事是进贤任能。如果不以进贤为急务，只是强调增殖财货，这就不是为上为德、为下为民之意。如今权奸用事，所任命的官员，大多是贪财邀利之人，导致江南一带盗贼不断。臣认为应该罢免贪利之官，推行恤民的政策，这对国家是大有好处的。"桑哥闻知后大怒，把程钜夫羁留在京师近一年，并罗织御史台都事王约与程同时上书是彼此呼应攻击朝政的罪名，六次奏请皇帝诛杀此二人，忽必烈没有同意。

赵孟頫对此有所耳闻，可是也没有特别在意。因为他正忙着搬家，租了一处稍大点的房子。

是年秋天，乘有公事到杭州时，他决定顺便去一趟湖州，带夫人管道昇一起回京城。

他南下时看到山东境内的道路上经常有服徭役的农民，都是去开凿运河的。这是桑哥建议实施的工程，从东平路须城县（今山东东平）安山西南起修一条全长二百六十五里的运河连接临清县御河，这样江南的漕粮就可以从杭州直接运到通州。据说征发了各县丁夫3万人开挖河道、修筑河堤。为了调控渠道流量还修建了31道节制闸蓄水防洪[1]。七月完工时皇帝赐名"会通河"，以后旅客往来也可以从这里通行，比陆路能节省不少时间。

在杭州，他自然听说皇帝设立了一处叫江淮等处财赋总管府的衙门，负责掌管原宋朝谢太后等人，"献给"大元皇帝、皇后的房屋、田产等资产。九月四日，赵孟頫把两年前获得的《保母志帖》（今藏北京故宫博物院）转让给了郭天锡，九月二十六日还题跋了钱选的《八花图卷》（P148）。

到了湖州后，因为自己成了五品官员，以后要在官场社交，儿子还有荫补当官之类的利益，他肯定不能再当"年限赘婿"，就和岳父岳母、妻子商量解除了从前的约定，让孩子都改姓赵。为了安慰岳父岳母，赵孟頫把大儿子、大女儿留在湖州陪伴老人。冬天，他带着妻子管道昇一起到了大都，妻子的到来让赵孟頫总算有了家的温暖感觉。

赵孟頫这时对京城的书风有了一定观察，当时大都和北方流行颜体，很多官员都让自家子弟从小临摹颜体，这让赵孟頫感到痛心。九月七日他给杭州的友人王芝写信，提到南北书法现状的差别：江南士大夫都精通书法，可以胜任指导子弟学书；而大都儿童的老师本身都是书法技能欠佳之辈，为了省事就让儿童学习颜体，导致许多人从小就形成了"臃肿多肉之疾"[2]。在他看来，应该让儿童从小学习二王的楷书如《黄庭》《画赞》《洛神赋》《保母志帖》等帖，这才是正确的方法。大都流行颜体已有近百年历史，从金代起燕京就流行颜体，到了元初，宰相耶律楚材等人依旧尊崇颜体，至元年间从许衡、王恽、刘赓等翰林名流到民间都盛行颜体，大都文人称之为"京体"。赵孟頫虽然对这种书风不以为然，可是这时候他刚到京城三年，官职不高，人微言轻，大概只是和朋友私下吐槽议论，并没有公开传播自己的观点，自然也说不上有什么影响。

1.（元）杨文郁.大元新开会通河记.山东省梁山县前码头村出土，2001年。

2. 赵孟頫.与王子庆札//宋元名人诗笺册，吉林博物馆藏.

赵孟頫在兵部已经干了两年多。按照规则，朝中官员每任职三十个月就要接受吏部的考核，吏部按照"户口增、田野辟、词讼简、盗贼息、赋役平"这"五事"的标准进行考核，然后决定他们是否升职、迁调或降职。这五条标准主要是针对主政一方是地方官员的，对赵孟頫这样的兵部官员来说，他们与"五事"关系不大，另有一套标准，更重要的是，要看上司的态度以及其他部门有没有合适的空位。

这年年底赵孟頫面临吏部的考核和迁调，因此从下半年起，赵孟頫特别注意和其他官员社交，努力开拓人际关系。这时候他在朝中认识的高级官员不算多，比较熟悉的程钜夫在江南担任御史，夹谷之奇一年前在吏部尚书任上逝世，与其他人如礼部尚书张孔孙等人仅仅是泛泛之交。同辈人里面，他和刑部员外郎田衍、秘书监校书郎周驰要好，都是爱好诗画、收藏之人，可是这几个朋友都是中低级官员，对他调动官职这类事情无能为力。

这时赵孟頫最熟悉的高级官员是尚书省右丞叶李。正好有一天叶李作了首关于梦的诗，为了能够升职或者调到清闲的部门，赵孟頫写了《次韵叶公右丞纪梦》一诗，借诗歌唱和的方式陈述自己在兵部当官的艰难处境，说自己整天忙于处理文牍，"白日勾稽困文簿"，可是经常有其他官僚明枪暗箭，"往往笑谈来讪侮"，流露出想要辞官回家的念头。当然，说辞职是虚，更多是期望叶李能伸出援手，把自己调到收入较好或者比较清闲的衙门。

听说刑部尚书不忽木喜欢吟咏自己的诗句，赵孟頫主动写了《投赠刑部尚书不忽木公》，称自己离别妻子来京已经四年，工作繁冗而收入不高，因此"骥病思丰草"，希望这位忽必烈信任的近臣能够替自己说话，帮忙把自己调到收入高一点的部门。[1]

1.（元）赵孟頫，钱伟强.赵孟頫集：卷第四.杭州：浙江古籍出版社，2012：92.

不忽木是忽必烈极为信任的近侍，少年时曾侍从真金太子并跟随大儒王恂、许衡学习，是蒙古人中懂得汉文、亲近儒士的大臣，政治观点也和儒臣有许多交集，比如他也反对卢世荣、桑哥的聚敛政策。不忽木平时沉默寡言，到皇帝面前讨论事情时吐辞洪畅，引义正大，忽必烈曾拍腿叹息说："遗憾你生得晚，不能早点到我身边让我听到这些话，但是我的子孙会因为可以任用你而感到幸运。"[1]

可是不忽木和桑哥不和，在尚书省也没有什么话语权。至元二十七年（1290）年初，忽必烈任命不忽木担任翰林学士承旨、知制诰兼修国史的清闲职位。对赵孟頫来说，翰林院是个挺好的去处，也可以发挥自己的文学特长。可是当时翰林院没有空闲的位置，而且大多数翰林院的官员都是山东东平出来的北方汉人儒臣，未必欢迎赵孟頫这位南方士人。

另一位老资格的翰林学士承旨阎复是山东高唐县人，他开始是一个吏员，至元八年在老资格的北人儒臣王磐举荐下到翰林院担任应奉，历任翰林修撰、翰林直学士、翰林侍讲学士、集贤侍讲学士，如今刚刚获得任命担任翰林学士承旨。阎复以自己的诗文才华自傲，而且不喜欢奖掖后进，很可能他和自己的老师王磐一样对南士有看法。当时北方文人推重的文章大家是李谦、阎复、徐琰，文风别致者则是姚燧、卢挚[2]，赵孟頫这样的南方文人到了大都，一时半会儿不会引起特别的重视。

阎复的老师王磐对南人比较排斥，这可能和至元十六年（1279）的一件旧事有关。当时江南来的礼部尚书谢昌元上书请求设立门下省，建立"封驳"制度，就是门下省负责审核圣旨的官员觉得皇帝旨意不当时可以退回，请皇帝再思考后再做决策。忽必烈觉得这一建议挺好，召见廷臣商议时曾经恼怒地指责时任翰林学士承旨的王磐："这样有益的建议，你之前为什么不提出来，反而是谢昌元这样的南方'后至之臣'说出

1.（明）宋濂，等. 元史：卷一百三十. 北京：中华书局，1976：3173.
2.（清）顾嗣立. 元诗选：三集//文渊阁四库全书本.

来，你的学问有什么用啊！"[1]这件事估计让王磐和许多北方儒臣记忆深刻，也反映出南北儒臣的确会产生竞争的态势。

当时朝中官职少而等待当官的候补人数多，得到一个好职位十分不容易。也是在至元二十七年（1290）年初时，赵孟頫考核合格可以升职，可是没有合适的位置，只能等待空缺。他苦闷了几个月，到夏天事情才有了转机。

可能是在不忽木的介绍下，他认识了集贤大学士阿剌浑萨理，那里正好有位置。阿剌浑萨理是忽必烈的宿卫近臣中负责文书的"必阇赤"，通晓多国语言，曾经建议设立集贤院、国子监等。至元二十二年，因为道士张留孙的上奏，忽必烈决定把集贤院和翰林院分开，让集贤院掌管提调学校、征求隐逸、召集贤良、玄门道教、阴阳祭祀、占卜祭遁和国子监之事，设置集贤院使一员，正二品；大学士二员，从二品；学士三员，从二品；侍读学士一员，从三品；侍讲学士一员，从三品；直学士二员，从四品；司直一员，从五品；待制一员，正五品[2]。此时的集贤院使是翰林学士承旨、司徒撒里蛮兼任，阿剌浑萨理和波斯人札马鲁丁是大学士。阿剌浑萨理这时在集贤院有很大的发言权，可能是在他的建议下，五月时赵孟頫升任从四品的集贤直学士，散官官衔是奉议大夫（正五品）。集贤直学士是文学侍从职位，没有具体的政务事宜，主要是提供顾问意见、撰写谕旨文告等，相对比较清闲，适合赵孟頫的性情。

接替赵孟頫兵部郎中职位的，是尚书省右司都事高克恭，他比赵孟頫大六岁，是生于燕京（今北京）房山的色目人，长着引人瞩目的紫色胡

1.（明）宋濂，等. 元史. 卷一百四十八. 北京：中华书局，1976：3504.

2. 这是至元二十四年的设置，大德十一年集贤院使升为从一品，置院使六员。皇庆二年取消院使，设置大学士五员，从一品。（明）宋濂，等. 元史. 卷八十七. 北京：中华书局，1976：3504.

须。他的曾祖父可能是成吉思汗当年西征时带回草原的西域人，之后他的祖父随着蒙古南征落脚大同，娶了汉人女子为妻。而他的父亲熟读儒家经典和宋儒著作，娶了元初著名的世侯史秉直的女儿为妻，因此迁居到燕京房山居住，曾经得到忽必烈的召见。高克恭自己则娶了成吉思汗的近侍刘仲禄的孙女为妻，所以高家在宫廷和朝中都有相当的背景。

高克恭二十七岁成为工部吏员，至元十四年（1277）去江南行御史台担任吏员。两年后他随从江南诸道行台御史大夫相威到大都觐见世祖忽必烈时，世祖还记得他父亲高嘉甫的相貌，问是不是他的儿子，并赏赐给他中统钞2500缗。此后高克恭逐步升迁，历任御史台吏员、山东西道按察司经历、中书省掾属、户部主事、河南道提刑按察司判官、山东西道提刑按察司判官。至元二十四年调回京担任从五品的监察御史、尚书省右司都事等官职，也颇受桑哥赏识。高克恭虽然擅长绘制墨竹，可这时候还不以书画著名，他与赵孟頫两人因为这次交接公务才认识，并没有深交。

赵孟頫在集贤院官署中经常要和道士打交道。当时北方有全真教、真大道、太一道等教派，南方主要是正一道、玄教，各个教派的道士常出入于大都。集贤院设有"同知集贤院道教事"职位，主要由朝廷选取道教主流教派的领袖担任，为集贤院管理道教事务提供建议，参与朝廷对整个道教的管理工作。如今皇帝最宠信的道士、玄教宗师张留孙是"同集贤院商议道教事"，他和徒弟吴全节时常出现在院中。这里也有江南来的官员，如饶州德兴人傅立（字权甫）在至元十六年就以阴阳风水、《皇极》数学之类的技能得到推荐，在集贤院中担任官员。

皇帝对道教各流派也是分而治之。之前成吉思汗让全真教丘处机"管理天下出家善人"，全真教在蒙元政权的支持下发展成了北方实力最大的教派，全真教的掌教同时管理蒙元统治地区的道教事务。但是至元十三年灭宋后，皇帝没有让全真道掌教管理南方道教，而是召道教正一派第三十六代天师张宗演到大都，次年封张宗演为道灵应冲和真人，管理江南

春山晴雨图 （元）大德三年 高克恭 绢本浅设色 125.1cm×99.7cm（台北"故宫博物院"藏）

此画描绘春山雨过之后的景象，左上角有李衎题识："彦敬侍御，曾为余画此幅，乃作诗云：'春山半晴雨，色现行云底，佛髻欲争妍，政公勤梳洗。'大德己亥夏四月。息斋道人书。"

诸路道教。张宗演在京城待了几个月以后坚持要回江西龙虎山，让自己的弟子张留孙在大都给皇室做法事和发展信徒。

张留孙（1248—1321）自幼在龙虎山上清宫学道，精通法事、心思聪敏。一次，皇帝在宫中大帐祈祷时突然刮风下雨，感到惊惧，急忙召见张留孙做法事。之后风雨停止，从此忽必烈颇为信任他，吩咐他可以每年随自己去上都。就像当年扶植八思巴一样，忽必烈开始培养张留孙的势力，至元十五年命他管理江北、淮东、淮西、荆襄等路道教事宜，封张留孙为"玄教宗师"。忽必烈还派张留孙祭祀各地的名山大川，访问各地的遗逸道士、人才，受张留孙举荐而获得官职、尊号的道士、士人有几十人乃至上百人[1]。

这时大元疆域内有三个主要的道教流派，各有其管理范围：全真道掌教主管淮河以北的诸路道教事，玄教大宗师管领江北、淮东、淮西、荆襄道教事，张天师主管江南道教事宜。这三大道派的掌教由朝廷授予印绶，掌管本教内部事务和区域内其他教派的事宜，权力包括管理各地的道教所或道录司，任命道官和宫观的住持，申请朝廷授道士尊号，赐给紫衣、宫观名额，发放符箓、授予度牒等。皇帝会授予大道派的掌教以"大真人""大宗师"称号，授予资深道士或其他小教派掌教以"真人""宗师"封号，认定这些领袖的权威性。

在集贤院赵孟頫也认识了一些同僚，如三十三岁的长沙文人冯子振（号海粟）得到举荐，年初刚出任正五品的集贤院待制一职，并且获准随皇帝去上都。冯子振才思敏捷，下笔动辄千言，是颇受关注的才子。当年第一个献赋得到官职的南士陈孚任满五年，这年也得到举荐来京城担任翰林国史院编修，听说他常与冯子振一次谈诗论文。

1.元世祖末年道教受到冷落，道教领袖和佛教领袖被召集起来进行了三次辩论，道士在辩论中受挫，在大都颜面受损。至元十八年忽必烈一度下令禁道书，对道教造成沉重打击。张留孙通过太子真金向忽必烈进谏才缓和了事态。成宗时道教再次得到重视。

集贤院的工作比较清闲，所以赵孟頫有了比较多的社交活动。他常和集贤学士宋渤（字齐彦）、集贤侍读学士李倜等同僚研讨书画，也和其他高级官员如尚书省左丞马绍、礼部尚书张孔孙、户部侍郎张之翰两度在中秋节聚会饮酒，诗歌唱和。听说之前宋渤去湖南时，在湘阴和山长刘充之、皇甫提举、侯教授四人夜晚乘着月色泛舟东湖饮酒赋诗，四人写了三十多韵。赵孟頫当作风雅之事，绘制了一幅《清江载月图》相赠，许多人都在后面题跋赞美宋学士诸人的行为犹如苏东坡夜游赤壁一样风雅。

赵孟頫也参加了一些大都士大夫的诗文雅聚活动。大都城南天庆寺的住持雪堂上人喜欢和文人雅士交往，常常邀文臣到寺中游览雅聚。雪堂上人俗姓张，字仲山，号雪堂，许昌（今属河南）人。他是临济宗禅师，早年得到驸马阔里吉思赏识，至元九年（1272）奉召进入大都，在燕京城（大都人称之为"旧城"或"南城"）的永泰寺旧址修建了一座寺庙并担任住持。至元二十二年（1285）皇孙甘麻剌把这里扩建成规模更大的"天庆寺"[1]。约在至元二十年或者至元二十一年，雪堂邀请王磐、商挺、徐世隆、李谦等十九名擅长诗文的文官到禅房雅集，赋诗唱和，参与者以出自山东东平的翰林、国子监官员为主[2]。雪堂上人把参加这次雅集之人的诗、像刻成《雪堂雅集图》碑。此后二十多年雪堂常与京城文官交往，文人雅士赠给他的诗文多达数百篇。

赵孟頫可能在宋渤、张孔孙、张之翰引介下去找过雪堂上人一两次，也曾赋诗赠给他，可是对赵孟頫来说，去那里的主要是山东东平籍的翰林院、国子监官员，他这样的南士恐怕不便去凑热闹。这些山东文臣多是师

1.（元）王恽，杨亮，钟彦飞.王恽全集汇校：卷第五十七.北京：中华书局，2013：2546.
2.至大三年（1310）他把其中28人的50篇诗文结集为《雪堂雅集》，其中包括集贤直学士赵孟頫、中书省右丞燕公楠、左丞杨镇（南宋驸马）等几位南方来的文臣的作品，他们并非同时来雪堂，而是多次在天庆寺小规模雅集而已。叶爱欣."雪堂雅集"与元初馆阁诗人文学活动考.平顶山学院学报，2006（12）：31-34.

生、同学、亲戚，他们之间的关系非常密切，王磐、商挺、阎复、杨从周、李谦等北方儒臣也经常去陈辅之（陈甫）在咸宜坊的宅邸德星堂雅集[1]。

当然，他和浙江的朋友仍然经常书信联系。听说鲜于枢在西溪修了新房子，以"虎林吏隐"自居，以收藏、写字为乐，赵孟頫创作了一幅《西溪图》寄给他，还写了《寄鲜于伯几》一诗：

> 儒术久无用，诗情难重陈。起余怀有子，辅世岂无人。
>
> 廊庙不乏才，江湖多隐沦。之子称吏隐，高才非众邻。
>
> 脱身轩冕场，筑室西湖滨。开轩弄玉琴，临池书练裙。
>
> 雷文粲周鼎，鹿鸣娱嘉宾。图书左右列，花竹自清新。
>
> 赋诗凌鲍谢，往往绝埃尘。我生寡所谐，一见凤昔亲。
>
> 误落尘网中，四度京华春。泽雉叹畜樊，白鸥谁能驯。

家中也有喜事，管道昇在京城生下二儿子赵雍，因为至元二十七年（1290）这一年是虎年，他们就给儿子起了个乳名"阿彪"，"彪"是小老虎的意思。

此时赵孟頫的文章、书法渐渐有了些名气，太原人李倜（字士弘）擅长书画，和赵孟頫交往比较密切。后卫亲军都指挥司大营在白雁口（今河北信安北）新修建了一座楼宇。在大都丽正门内的衙司签事刘宝找到赵孟頫，请他帮忙给这座楼命名，赵孟頫以古人"兵政贵明，军令贵肃"之意起名"明肃楼"，并请同僚、集贤学士宋渤书写了大字作匾，自己撰写了《明肃楼记》用于刻碑，这是他在北方留下的第一块碑刻。

赵孟頫对大都流行的画风也有所了解。一次，杨司农邀请爱好书画的官员去自己家中欣赏新落成的壁画，这是在朝中担任秘书郎的蓟丘

1.（元）虞集.道园学古录：卷三十八//文渊阁四库全书本.

明肃楼记（局部）　（元）赵孟頫　纸本行书　32.7cm×252.5cm（台北"故宫博物院"藏）

（今属北京市）人刘融（字伯熙）所作，近似北宋画家郭熙的风格，赵孟頫写了《题杨司农宅刘伯熙画山水图》为贺：

> 移得山川胜，坐来烟雾空。窗中列远岫，堂上见青枫。
>
> 岩树参差绿，林花掩冉红。鸟飞天路迥，人去野桥通。
>
> 村晚留迟日，楼高纳快风。琴尊会仙侣，几杖从儿童。
>
> 疑听孙登啸，将无顾恺同。微茫看不足，潇洒兴难穷。
>
> 碧瓦开莲宇，丹楼耸竹宫。乱泉鸣石上，孤屿出江中。
>
> 藉甚丹青誉，益知书画功。烦渠添钓艇，着我一渔翁。

这时的皇室、贵族、寺观住持喜欢招募画家为大型建筑物作壁画，住宅的壁画一般是山水画，因此能创作大尺幅山水的画家很受重视。李成、郭熙那种用笔严谨、气势雄放的山水画适合作壁画，刘融就以这种风格著称。这很大程度上和传承关系有关，金代时北方的李山、杨邦基、王庭筠及画界画的武元直都继承了李、郭二人的画法，他们的弟子自然也是类似的风格。

此外大都还流行刻画工细、着色艳丽的工笔画和传神写真的肖像画、界画，如擅画人物的何澄、刘贯道都因给皇族绘制的画像十分逼真而获得官职。大都的宫廷、外朝都有一些部门与绘画事宜有关，如秘书监（秩从三品）负责管理历代图籍、阴阳禁书、书画珍品，设有卿、太监、少监、监丞等官，南宋内府所藏的图籍、书画都运到了秘书监收藏。秘书监的一些官吏擅长绘画，如刘融就是其中著名的人物，其他如何澄、擅长书法的李溥光可能也是秘书监的散官，供奉内廷。至元二十五年（1288）秘书监设立正八品书画辨验直长负责装裱、修复书画藏品之事，这一职务或许多由懂得绘画、鉴定之人充任[1]。

服务皇室的将作院下属画局负责管理画师，抽调画师描绘织物、建筑的影像等，仅仅是个从八品的机构。蒙古权贵更重视织物，如将作院管理的大都等路民匠总管府下设的御衣局是从五品的机构，画家刘贯道、韩绍晔先后担任御衣局使。外朝的工部下属的诸色人匠总管府的总管阿尼哥及其弟子刘元都擅长塑像，他们管理的梵像提举司的主要工作是绘制佛像，应该聘有善画的匠师。大都留守司因为有修缮宫室、园林的职责，也设有画局，主要是召集画匠涂绘建筑壁画、装饰梁栋等，上述两个机构的画家都是画师画匠，应该大都是根据师徒传授的图样创作。

刘融、何澄、刘贯道、韩绍晔等人都以画家技能获得上述衙门的官职，他们的公务也和绘画直接有关。此外大都还有几个公务和绘画没有关系，纯粹是自己爱好绘画的士大夫官员，如赵孟頫便是如此，这时他的画

---

1. 大德四年（1301）担任书画辨验直长的唐文质曾奉命绘制诸国职贡使臣图像、功臣官爵姓名图画。另一画家任贤才于泰定二年（1325）担任书画辨验直长。

名还不为京城人所知。喜好画墨竹树石的高克恭、李衎也都官职不高，还经常外派到地方，在京城并没有什么声势。

赵孟頫在大都的这几年颇为留心古书画，得以见识一些唐代、北宋的名迹，从而对湖州、杭州常见的南宋绘画风气有了反思。如他至元二十六年（1289）在钱选的《八花图卷》（现藏故宫博物院）上题跋时说此画"虽风格似近体，而傅色姿媚，殊不可得"，表露出对南宋宫廷花鸟画这种"近体"的不满。这主要说的还不是绘画的技法，而是对这种题材本身似乎有看法。南宋以来江南流行用笔工细的青绿山水、花鸟画等，赵孟頫早年的花鸟画如《葵花图页》也是类似的画风，这可能与当时文人、商人喜好这类雅俗共赏作品的社会需求有关。在大都开阔了眼界之后，赵孟頫就远离了这类题材，除了曾仿宋徽宗笔意绘了一幅《幽篁戴胜图》外，之后很少创作花鸟画，而是以山水画、竹石和马为主。

元代花鸟装饰餐具（银器镀金）　直径11.1cm至19cm　（纽约大都会艺术博物馆藏）

这是元代富贵人家使用的镀金银餐具，类似的图案也见于瓷器、漆器。

右吳興錢選舜舉所畫八花真跡雖風
格似近體而傅色姿媚殊不可得尔來此
公日酣于酒手指顫掉難復作此而鄉
里後生多傲効之有東家捧心之弊則此
卷誠可珍也至元廿六年九月望同鄉趙孟頫

八花图卷（全卷局部） （元）钱选 29cm×333.9cm

148

幽篁戴胜图 （元）赵孟頫 绢本淡设色 25.4cm×36.2cm（北京故宫博物院藏）

降来傳月
今如筆詠
風詩何事
姿復侶翻
於修一枝剝
觀乃神除
逆捉揆毫
時碟裂陳
經地恆新
墨野毛
乾隆甲戌御題

151

四　旋涡边缘：凄凉朝士有何意

至元二十七年（1290）年初，又一则征召的消息让江南士人心中有了一番骚动。

忽必烈和皇后笃信藏传佛教，每年年底都让帝师、吐蕃僧人在宫廷各个殿宇做法事，后来还下诏全部佛寺每年年底都要召集僧人一起念诵《藏经》，由官府发给经费做这件事。为此，皇帝、皇后决定捐赠金粉，找擅长书法的人书写《藏经》，然后由皇帝、皇后施舍给各个寺庙。至元二十七年初，皇帝下诏要求各个行省推荐和征召擅长书法的文人到大都缮写佛经。

按照惯例，参与写经的人如果已经有官职可以升一级，如果是平民可以授予官职，这无疑是出仕的良机，因此一些江浙文人听说此事后纷纷寻找门路应征。杭州文人张炎（字叔夏）是南宋开国名将张俊后裔，善书画，与戴表元、林景熙、周密、赵孟頫、李衎等人都有唱和。他这时已四十三岁，与同乡沈钦（字尧道）、华亭文人曾遇（字心传）一起受江浙行省推荐进京写经[1]。九月临行前曾遇去杭州灵隐寺中辞别友人，偶遇素不相识的僧人温日观。温日观听说他要去大都写经，特别创作了两幅葡萄图，一幅赠给曾遇，一幅托他带给有过一面之缘的赵孟頫[2]。

张炎、曾遇等人约在十一月初抵达大都。曾遇拜会赵孟頫时，转交了温日观的赠画。虽然只和温日观见过一面，赵孟頫却尊称他为"师"，大概是感激他在盗掘帝陵事件中敢于发声。另外赵孟頫还在曾遇自己保留的那幅墨葡萄画上题了跋。可能在赵孟頫的介绍下，还有几名集贤院、翰林院的官员在曾遇保留的这幅画上题了跋。

几十位写经之人都由朝廷负责住宿、日常伙食、笔墨纸张等。皇家捐出3244两金粉，书写时有专人用手指蘸胶，将细小的金箔一一蘸入碟内，

---

1. 杨海明. 张炎词研究. 济南：齐鲁书社，1989：33-40.
2.（元）赵孟頫，钱伟强. 赵孟頫集. 杭州：浙江古籍出版社，2012：386.

用二指团团磨开，然后照着经文书写。约在至元二十八年三月寒食前后，他们完成了全部《藏经》。可是张炎、曾遇这些写经人的运气太差，这时朝中变故丛生，权臣桑哥竟然倒台身死，宫廷中没有人再关注这些写经文人的命运。他们都没有如愿获得一官半职，只能失意离开。

桑哥的倒台源于一次严重的地震。至元二十七年夏天、秋天，皇帝像往常一样在上都避暑、狩猎，八月癸巳晚上他突然感觉到强烈的地震。上都十几万人也都惶然不知所措，一些建筑也摇倒了。几天之后陆续得到报告，以武平（今内蒙古昭乌达盟宁城县西旧大名城）为中心的数百公里地区发生了大地震[1]，武平死了7220人，还有黑水涌出来。周围各地也有不少人死伤，就连大都也摇摇晃晃、有明显的震感，此后一个多月余震不断，一直持续到九月。从上都到大都人们都议论纷纷，觉得这是上天的惩戒。

对神怪一直感兴趣的皇帝心中十分忐忑，认为这是上天示警，他回京的路上在昌平的龙虎台行宫（今北京市昌平区辛店村）暂住，派精通天象、数术的尚书省平章阿剌浑萨理去百里之外的大都，召集贤、翰林两院官员询问此次地震发生的原因及消灾的办法。龙虎台是一块地势高而平的地方，适合扎帐篷和警备，所以忽必烈巡幸上都回来时喜欢在这里驻跸。

大都官员只是泛泛引用《经》《传》及五行灾异的套话，劝说皇帝勤政爱民、大赦天下之类，不太敢触及时政。阿剌浑萨理的胆子比较大，他认为桑哥设立徵理司到处搜刮钱粮，让监狱都住满了因此被抓的官吏、民众，天下人都怨恨这个机构，这才导致上天震怒，于是皇帝立即撤销了徵理司。忽必烈或许还想起了之前淮西江北道提刑按察使千奴曾向自己详细奏陈桑哥的罪状，有了惩治桑哥的心思。

---

1. 按公元纪年为1290年10月4日，现代地震学家认为震中烈度是9度，震级约7级。胡廷荣，赵海燕，梁伟群，等. 内蒙古宁城西公元1290年地震考察. 地震学报，2010（5）：378.

赵孟頫对阿剌浑撒里比较友好，乘机劝他奏请忽必烈大赦天下，免除民众亏欠的钱粮，这样就可消弭上天之怒。阿剌浑撒里按照赵孟頫的意见向皇帝奏禀，并得到皇帝的允许。皇帝命赵孟頫带着诏书到尚书省高级官员办公的"都堂"宣读，然后由阿剌浑撒里翻译。听到免除民众亏欠的钱粮时，桑哥大怒，摆手说这样可不行，这必定不是皇帝的意思。其他大臣都屏息不敢说话，赵孟頫劝说桑哥："亏欠的钱粮都是没有意义的虚数，若是有所亏欠的百姓大多已经死亡，将来去哪里征收这些钱粮呢？若不乘皇帝下诏及时免除，以后若有朝臣指责尚书省一直没有把数千万亏欠钱粮征收上来，丞相你如何解释呢？岂不是要连累自己？"桑哥一想确实如此，对赵孟頫说："我之前没想到你还有这层考虑。"[1]于是他不再说什么，诏书得到顺利执行。

　　这时候皇帝对桑哥的信任已经动摇。一方面，他觉得大地震是上天对自己的警告，命令吐蕃僧人、玄教道士在京城大做法事，心中已经有了改弦更张的想法；另一方面，他也知道许多蒙古贵戚、近臣和汉人儒臣都对桑哥不满，有意要惩治桑哥以平衡朝政。这是忽必烈惯用的权术手段，他每次任用一个善于理财的大臣聚敛财物时会容忍他们弄权贪污，等到财政出了大问题后或者反对的声音太大，再以惩治理财大臣的方式安抚众官和民间舆论。之前的阿合马、卢世荣都遭遇了这样的命运。

　　忽必烈已经打算抛出桑哥这个替罪羊了，可是他之前对桑哥极为信重，他的近侍、朝中大臣还都以为他仍然像以前那样信任桑哥，没有人敢于公然指责桑哥。于是忽必烈不得不找机会暗示自己的真实态度。

　　一天皇帝召见赵孟頫，在闲谈时似乎随口问赵孟頫："你认为叶李与留梦炎相比各有什么优劣？"

　　赵孟頫回答说："留梦炎是我父亲的挚友，为人庄重厚道，自信、多

1.（元）杨载. 大元故翰林学士承旨荣禄大夫知制诰兼修国史赵公行状//李修生. 全元文：卷八一二. 南京：江苏古籍出版社，1998：582.

谋、能断,有大臣之才。叶李所读的书我都读过,他所知所能的事,我也知道,也能办理。"这显然有贬低叶李而抬高留梦炎的意思。

皇帝对此却有不同看法:"你是认为留梦炎比叶李要贤能吗?留梦炎是宋朝的状元,位至丞相,可他在贾似道欺上误国之时却对贾似道阿谀顺从。叶李当时是个平民却敢于上书斥责贾似道,显然叶李贤于留梦炎。你因为留梦炎是你父亲的朋友,不敢非议他,今天你就写首诗讽谏下他吧。"

赵孟𫖯当然不敢反驳皇帝,只能奉命赋诗一首《讥留梦炎诗》[1]:

> 状元曾受宋家恩,国困臣强不尽言。
> 往事已非那可说,且将忠直报皇元。

皇帝对这首诗大加赞赏,这诗传开后留梦炎自然觉得没有面子,心中对赵孟𫖯十分怨恨。

可让赵孟𫖯纳闷的是:皇帝为什么要和自己进行这番闲谈,还故意把这次对话和诗传扬开来,这到底是什么意思?难道仅仅是讽刺和侮辱一下古稀之年的翰林学士承旨留梦炎吗?有什么必要这样侮辱一个没有什么实权的老年南方儒臣?

深思之后,赵孟𫖯隐隐约约参悟到了忽必烈的帝王心术,明白了皇帝和自己说这番话的重点并非比较两个江南儒臣的优劣,而是以叶李上书指责贾似道为例,鼓励臣子要敢于出头指控行为不端的宰相,为处置桑哥制造舆论。

过了几天,在宫中议完事出来时赵孟𫖯对和担任"奉御"一职的皇帝侍从彻里说:"前几天陛下在谈论贾似道误国时,责备留梦炎不敢指责贾

1.(元)杨载. 大元故翰林学士承旨荣禄大夫知制诰兼修国史赵公行状//李修生. 全元文:卷八一二. 南京:江苏古籍出版社,1998:582-583.

似道。如今，桑哥的罪恶比贾似道还严重，而我等不加指责，将来如何推卸责任？但我毕竟不是陛下亲信之臣，说什么话陛下必不听从。在众多侍臣中，你读书知理、慷慨有气节，很受陛下信任，就应该勇于进谏皇帝、指出桑哥的罪行，为百姓除害，行仁者之事！"他把自己的前后分析说给彻里听，彻里联想一下自然也就有了主意。

至元二十八年（1291年）正月，有一只老虎闯入南城，引起京师百姓的议论。翰林侍讲赵与票上书说去年京师大雾蔓延，今年又有老虎进入南城，这是权臣专制导致的异常现象，隐隐把矛头指向了桑哥。为了避免桑哥陷害，赵与票上书后就辞职在京城家中闲居。

皇帝不只对赵孟頫作了这样的暗示，其他近臣也在揣摩皇帝的心思。经过一个多月的动员和准备，皇帝就带着近臣去大都东南的柳林（漷州北）狩猎，随从的怯薛近臣也里审班（不忽木的弟弟）、彻里（利用监卿）、也先帖木儿（御史中丞）先后控告桑哥奸贪、误国、害民诸罪。彻里告发时神情尤为激烈，惹得忽必烈大怒，说他丑化大臣，言语很不得体，命卫士扇他的脸。彻里的口鼻都有血涌出来，倒在地上时仍申辩不止，申明自己与桑哥无仇，只是为国家着想。皇帝又召翰林学士承旨不忽木询问有关情况，不忽木也揭露桑哥蒙蔽皇帝，紊乱政事，诬杀言者等罪。怯薛长（宣徽院使）月赤察儿、尚书省平章政事怯薛也速答儿也奏劾桑哥。

上述指控桑哥的臣僚都是皇帝最信任的近臣，他们应该都是揣摩到了皇帝的意向才敢纷纷出头发言。既然有这么多近臣、重臣指控桑哥，皇帝便做出顺应人心的样子，二十三日正式下令撤掉桑哥的官职，派人审查他的问题。大臣纷纷揭发桑哥的罪行，主要是两条：一是结党营私，贪赃受贿，比如自己和妻子家族的多人担任行省平章、宣慰使等；二是压制御史、官员的监督，如他上台不久就以诽谤尚书省和非议时政罪诛杀御史台吏王良弼和前江宁达鲁花赤吴德，还诬陷上书弹劾桑哥姻亲要束木的治书侍御史陈天祥，把他关在监狱中长达400天。

二月二十五日，彻里率怯薛三百余人抄桑哥的家，发现房屋中堆满了金银珠宝，几乎有半个皇宫那么多。皇帝让人把从桑哥家查抄来的两大箱珍珠和贵重物品堆放在朝堂上，质问桑哥为什么有这么多珠宝。桑哥羞愧地说这些都是自己出使大食时各地的地方长官送给他的。皇帝对此极为恼怒，说当时你回到京城只献给我一些毛毯，自己却把珍珠、金银等贵重物品藏到家中。证实了桑哥的贪赃罪后，皇帝立即让人把他拘捕入狱，三月毁掉了夸赞桑哥的《王公辅政碑》，他的亲旧党羽也先后遭到惩办。

桑哥倒台后尚书省几乎就停摆了，与他友好的官员都受到御史弹劾，如尚书省左丞叶李受到弹劾攻击后就闭门闲居。集贤直学士赵孟頫最初并没有受影响，因为他是闲官，无事可做，以致他在书信中自称是"集贤滥直"[1]。三月一刮风就起沙尘的日子，被举荐为当涂儒学教授的朱野翁带着他抄录的姜夔《兰亭考》文稿请求赵孟頫书写，赵孟頫虽然心情不好，还是应邀写了这篇文章。朱野翁是当时东南颇有名气的文人，得到程钜夫、姚燧等人的举荐和重视[2]。姜夔的《续书谱》等文章对赵孟頫也有挺大影响，他应该也读过《兰亭考》这篇文章。

因为空闲时间多，赵孟頫经常在集市的旧书摊出现，看看有没有什么发现，也从其他收藏家那里寻找可以交换、购买的藏品。他在好友田衍那里看到韩滉的《五牛图》（现藏北京故宫博物院），就想购藏这件珍稀画作，得知这是收藏家赵仁举（字伯昂）的藏品，于是托刘彦方为中介询问转让的可能，于七月得到了这件古画。赵仁举是惠州滦阳（今河北省唐山市迁西县）人，他的祖父赵弘是归投蒙元的军事将领，父亲赵炳曾任忽必烈的侍从，后来调到外朝为官，曾任安西王相兼陕西五路西蜀四川课程屯田事。赵伯昂自己爱好诗文、园林和收藏，曾注释唐代人樊宗师所著《绛守居园池记》。

1.（元）赵孟頫. 跋小楷书贾谊过秦论//李修生. 全元文：卷五九四. 南京：江苏古籍出版社，1998：110.
2. 赵华.赵孟頫《禊帖源流考小楷卷》书写时间及受赠人"野翁"小考，"故宫文物月刊"（390）.

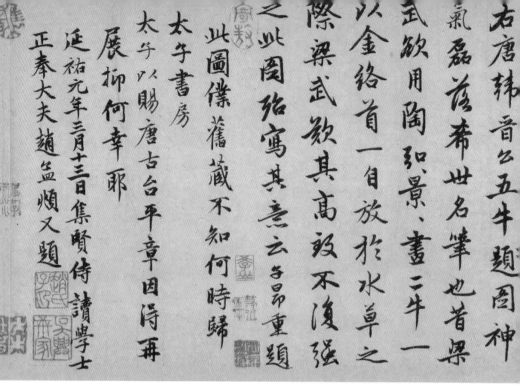

《五牛图》题跋　（元）赵孟頫　麻纸行书　20.8cm×139.8cm（全图）（北京故宫博物院藏）

　　赵孟頫在京城藏家手中看到了谢稚《三牛图》、韩幹《明皇试马》、张萱《日本女骑》、董源《着色大青大绿》《屈原渔父》《江乡渔父》、李公麟《天神鬼马》《驴鸣马惊图》等画作，颜真卿《太子少师告》《朝回马病帖》《乞米帖》、怀素《客舍》等书帖。

　　四月他写信给爱好收藏的鲜于枢通报自己的见闻：

　　……陆沉于尘土中。不得致书。悬仰之怀。何可云喻。即日伏惟动静胜常。昨见教化公。言有铜器见赠。留足下处。望附良便。发与湖州舍下为感。都下绝不见古器物。书画却时得见之。多绝品。（夹注：有晋人谢稚三牛图。妙入神。非牛非麟。古可言。）至有不可名状者。近见双幅董源著色大青大绿。真神品也。（韩幹明皇试马。张萱日本女骑。皆真迹。）若以人拟之。是一个无拘管放泼底李思训也。上际山。下际幅。皆细描浪纹。中作小江船。何可当也。又两轴屈原渔父。又一轴江乡渔父。

皆董源绝品。并双幅。不得不报耳。（鲁公自书太子少师告。朝回马病帖。乞米帖。怀素客舍等帖。伯时天神鬼马。妙。又驴鸣马惊图。）因赵彦伯侍郎南去，辄附片纸。近有新收。不惜报示也。正远惟善护兴息。不宣。四月廿四日。孟頫再拜。伯几想安胜。便中冀为道意。

赵孟頫购买或者换得了信中提及的《三牛图》和《乞米帖》。浏览大都官僚的这些收藏品让赵孟頫眼界大开，留在北方的这些唐代、北宋的前代绘画精品与江南地区从南宋开始流行的绘画风格大不相同。尤其让赵孟頫感兴趣的是董源等人的山水画和曹霸、韩幹、韩滉、李公麟绘制的马图、牛图。这种结合线描和渲染技法的作品让他十分感兴趣，自己也开始尝试创作这方面的作品，从此很少创作江南从南宋时代就开始流行的花鸟一类小巧风格的绘画。

五月，皇帝废除了尚书省，尚书省的中高级官员都被罢职等待重新任命。或许有御史攻击赵孟頫在尚书省兵部郎中任上有附和桑哥、叶李之类的罪责，他也被停职了，从此处于"除授未定"的状态。他整日待在家中，烦闷无聊。为了节省开支，六月二十六日他写信给岳父岳母，打算让妻子管道昇带着小儿子阿彪回德清家中，等自己得到去外地当官的任命再去接他们。这时他才想起要和在湖州路总管府担任判簿的官吏郑月窗（字希魏）拉拉关系。两年前他回德清接管道昇时，曾经得到希魏的热情接待和赠画，之后他回到大都却没有再和对方联系。因此他在托人寄信给岳父岳母的同日写了一封信托郑月窗帮忙照顾自己的家人，还答应妻子回家时带一幅自己的画赠给对方[1]。

两年前接替赵孟頫担任兵部郎中的高克恭应该也受到了这一事件的影响，可是他是北人，在朝中的关系要比赵孟頫深厚得多，不久就获得任命

1.赵孟頫.致希魏判簿郑月窗俗尔两岁帖，至元二十八年六月二十六日，台北"故宫博物院"藏。

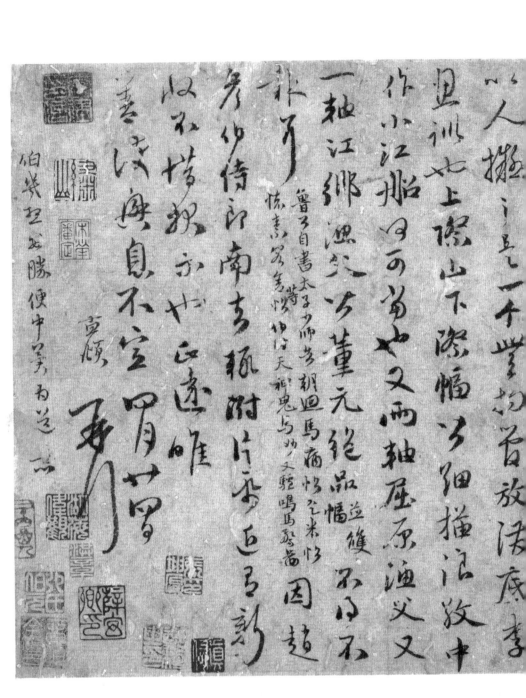

《赵孟頫鲜于枢墨迹合册》之一"与鲜于枢尺牍"（元）赵孟頫　纸本行草　38.4cm×60.6cm
（台北"故宫博物院"藏）

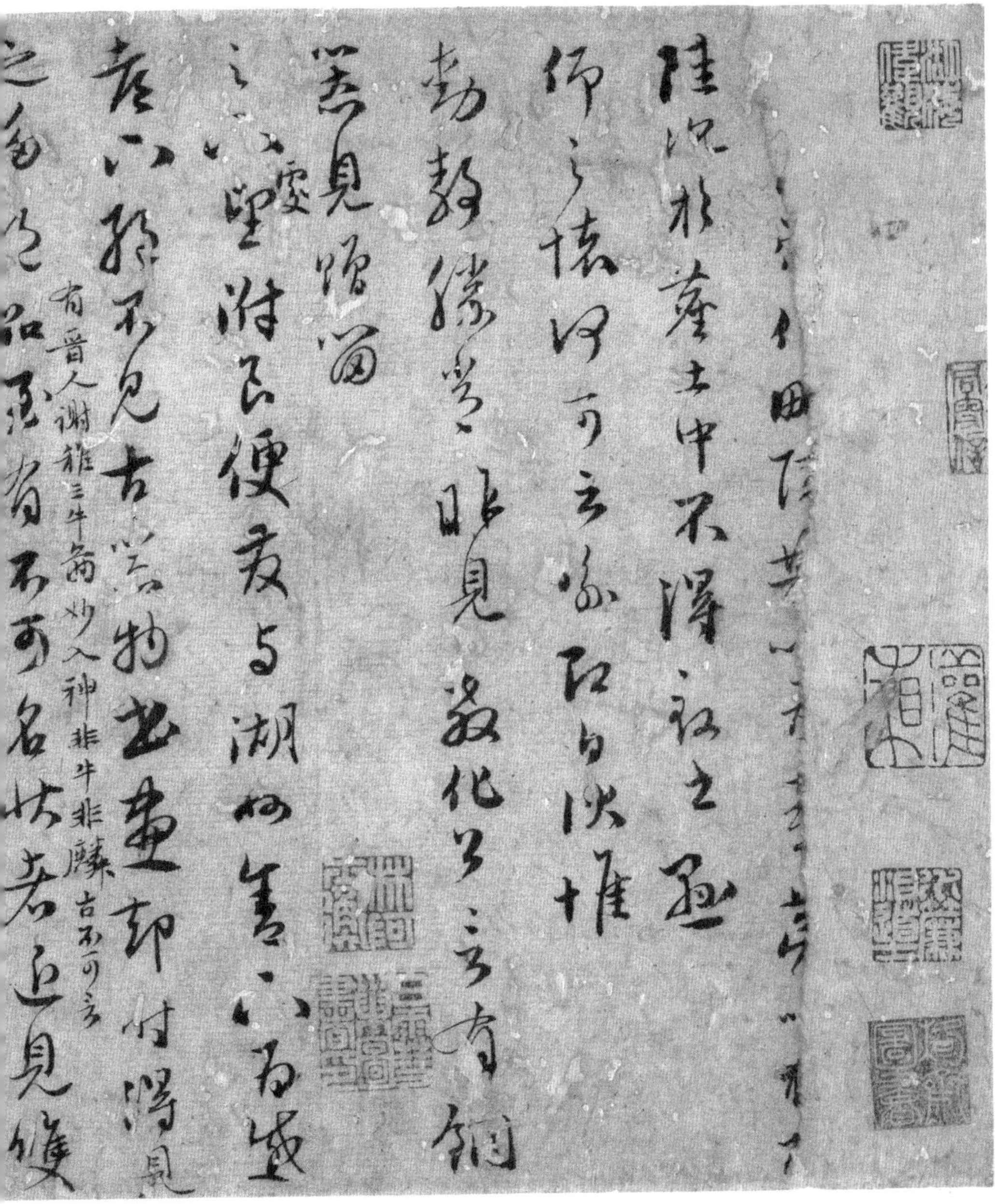

陸況於塵土中不得觀之卹士盈

師之惋何可言不以卩自快惟

勤勤懇懇耶昨見敦化及三有餉

若見眷顧

之意望付民便爰与湖州隻小召竪

意小孩不見古此物出畫卻付浮見

之竟烏知此有不可名姑若止見矮

有晉人謝雅三牛畜妙入神非牛非麟古不可三

外出担任江淮行省（江浙行省）左右司郎中。喜欢画竹子的李衎同一年从杭州调回大都担任六品的都功德使司经历，他这时也留意绘制竹木题材的绘画，但是并没有什么影响。

七月皇帝下令处死桑哥，并将尚书省右丞阿刺浑撒里抄家（后又发还）。在地方任职的行省、宣政院系统中，桑哥的亲属、亲信也遭到弹劾和惩治，比如湖广行省的平章政事要束木，桑哥的妻弟、燕南宣慰使八吉由等都被公开处死，桑哥的弟弟答麻刺答思则在巩昌宣慰司使任上自杀而死。

在中书省平章政事麦术丁、中书右丞崔彧的建议下，皇帝罢免了所谓冗官37名，指责他们是桑哥的亲旧或者行贿桑哥。在杭州的江淮释教总摄杨琏真迦因为是桑哥的亲信，也受到牵连，十月份时遭到撤职抄家。他用宋理宗头骨做成的骷髅碗则送到了宣政院，被赏赐给帝师亦摄思连真[1]。但是过了几个月，皇帝又把杨琏真迦的人口、田地还给了他，让他官复原职。显然，在皇帝心目中杨琏真迦仍然是有功劳的人，两年后还把他的儿子杨暗普任命为宣政院使，主管全国佛教和吐蕃事务。

杀了桑哥之后，皇帝向大臣咨询谁适合担任宰相。皇帝想起用不忽木为中书省右丞，他坚决推辞，说朝廷的元勋旧臣还有很多，轮不到自己担任这么重要的职位。不忽木推荐太子詹事完泽，说如今陛下年事已高，应该任命出自太子府的大臣担任宰相，这样大臣也就知道皇帝想要帝位传给谁，有助于安定臣子的意志。皇帝自然明白，这是为皇孙顺利继位作准备，的确是老成之见。正好江淮行省参知政事燕公楠来京参拜，忽必烈对这位南方儒臣比较欣赏，就咨询他谁可以担任执政大臣，燕公楠说伯颜、不忽木、阁里、阔里吉思、史弼、徐琰、赵琪、陈天祥等10人都适合。皇帝又问谁可为首相，燕公楠说天下最有声望的是安童。皇帝可能觉得安童

1.洪武初，朱元璋下旨让把这件"饮器"送到南京天章寺供奉，之后送回重修的绍兴宋陵安葬。

年纪太老、行政也不符合自己的心意，就问除了他还有什么人选，燕公楠就说完泽也能胜任。皇帝经多方征求意见，又请玄教道士张留孙占卜，最终任命完泽为右丞相，提升翰林学士不忽木为平章政事，集贤大学士何荣祖为尚书右丞，集贤学士贺胜为参知政事。

可以说，桑哥之死让朝中势力经历了一次大换血，新的宰执名单是以完泽为中书右丞相，麦术丁、不忽木为中书平章政事，何荣祖为中书右丞，马绍为中书左丞，贺胜、高翥为中书参知政事。从这个名单可以看出，忽必烈强化了蒙古勋贵近臣的话语权，北方汉人臣僚的权力也有所恢复，色目官员受到暂时打压。这可能是他考虑到自己年老，觉得这样的组合更有力于身后的帝位传承。

在这场权力重组中，之前曾得到忽必烈任用的三名南士叶李、程钜夫、赵孟頫都成了局外人，遭到撤职或排挤，无法立足朝堂。唯有之前上书影射桑哥为虎的赵与票获皇帝赏赐钞13000贯，他官复原职，后来还升任翰林学士。

叶李曾建议桑哥担任尚书省右丞相，担任尚书左丞、右丞时也是协助桑哥处理政务的主要辅佐官员，所以桑哥被捕之后他大受影响，不仅失去了职位，也受到御史台的上书弹劾。他在大都待了几个月，年底托病离开了大都。此时扬州儒学正李淦上书主张追究叶李举荐桑哥之罪，应斩叶李以谢天下。皇帝自己当然清楚叶李不应为此负责，于是派遣使者去途中召回叶李，打算任命他担任中书省平章政事，辅助丞相完泽管理中书省。叶李上表力辞，不久就因病去世，终年五十一岁。

程钜夫曾在两年前上书指责桑哥的为政，可是在御史台的权力更迭中却也遭到排挤。桑哥倒台后，皇帝指责御史台没有履行监察职责。御史中丞崔彧、中书平章政事麦术丁上奏追查桑哥一党，调查行贿受贿的官员，于至元二十八年（1291）二月把提刑按察司改为肃政廉访司，全面调整监察官员。这些机构中本来就没有多少南人，如今更是把多数江南出身的官员解职，让北方汉人官僚取代了他们的位置，如翰林学士阎复就被外派担任浙西道肃政廉访使。至元二十八年九月改组江南行御史台，程钜夫被解职归家。自此以后，形成了中书省、御史台要职不得任用南人的惯例。

桑哥倒台也标志着南士在元代政坛最活跃的阶段宣告终结，至元二十四年（1287）年初程钜夫带南士入朝、叶李出任尚书省左丞开启了这个潮流，到如今仅仅持续了四年就消散了[1]。表面上看这是一场地震偶然引发的政局变动，实质上是皇帝考虑到帝位传承，希望能稳定自己的核心支持力量，不愿意再任用新人搅动。从此以后一直到元朝灭亡，南士只能活跃在翰林国史院、集贤院这样的文学侍从部门和文教部门"讨论古义，典司述作"[2]，在中书省只能出任六部尚书这一层次的官位，无法在中书省、御史台这两个主要部门出任可以参议朝政的高级官职。

在桑哥倒台之后几个月，遭到罢职的赵孟頫只能闲待在家里读书、练字，找机会托人把自己调派到外地为官。七月他送妻儿南下，自己带着一个小厮在京中为官位奔忙。七品以上官员的升调由中书省决定，当时"员多缺少"是普遍现象[3]，想要到外地担任官员需要等现任官员任满调任或者退休，而且自己最好有过硬的背景或者有能力运作。而他是南士，而且之前得到桑哥重用，在如今的形势下中书省的官员对他恐怕也没有什么好脸色。

秋天北京经常下雨，至元二十八年七月底的时候连绵几天的雨水浸透了包围大都城墙的苇编，把城墙泡倒了一段，朝廷派了两万士兵重修。赵孟頫心中一片愁苦，他不知道能否得到外派当官的机会。他心中十分孤寂，写了《罪出》一诗记录自己这时候的情绪，有点后悔

1.陈爽. 忽必烈时期南方士大夫政治地位的浮沉：元代"南人"地位的局部考察. 北京大学历史系硕士论文，2002：25-30.

2.元仁宗院。（元）杨载. 大元故翰林学士承旨荣禄大夫知制诰兼修国史赵公行状//李修生. 全元文：卷八一二. 南京：江苏古籍出版社，1998：582.

3.（明）宋濂，等.元史：卷八十三.北京：中华书局，1976：2066.

自己来大都出仕：

> 在山为远志，出山为小草。古语已云然，见事苦不早。
>
> 平生独往愿，丘壑寄怀抱。图书时自娱，野性期自保。
>
> 谁令堕尘网，宛转受缠绕。昔为海上鸥，今如笼中鸟。
>
> 哀鸣谁复顾，毛羽日摧槁。向非亲友赠，蔬食常不饱。
>
> 病妻抱弱子，远去万里道。骨肉生别离，丘垄缺拜扫。
>
> 愁深无一语，目断南云杳。恸哭悲风来，如何诉穹昊。

这时候他听说湖州的前辈陈存（本斋先生）生病以后绝食14天而死。他临终呼唤着孟頫的名字，托人给赵孟頫带话叮嘱他一些事情。赵孟頫感念他的关心，在他过世后写了两首《挽诗》。

偶尔有几个朋友或来京办事的江南人士来访，都让他觉得格外亲切。这期间他认识了喜好作诗的茅山道士梁中砥。梁氏在燕京旧城买到了苏轼《和李太白感秋诗》墨迹和署名文同的一幅画《墨竹》，还请赵孟頫用小楷写了老子《道德经》收藏。一次聊天时，梁氏提及自己以前在茅山送别诗僧道存时写的七绝"一声两声松子落，一片两片枫叶飞。夕阳在山新月上，道人相伴一僧归"。这种清寂的景象引起赵孟頫的兴趣，于是画了一幅《茅山送客图》赠给梁中砥。

因为有大把空闲时间，这一阶段他创作了不少诗文，有几首诗与他一贯云淡风轻的文雅风格不同，有的直抒胸臆，有的议论时政，比如在赠别程间泪（字子充）时，他在《送程子充运副之杭州》一诗中指责桑哥改革盐务专卖制度造成民生问题，期待"朝家更政化"以后能有所改善：

> 盐为生民食，日用犹水火。虽非饥所急，一日无不可。
>
> 但令商贾便，那复愁国课。数年人坏法，贪欲肆偏颇。

利多归私室，民始受盐祸。尔来又计口，强致及包裹。

榷酤穷滴沥，征商剧遮逻。东南民力竭，此事非细琐。

朝家更政化，选择堪负荷。君为尚书郎，精白色瑳瑳。

明当戒行李，往理吴越柁。祝君无别语，编户要安妥。

湖山多胜处，亦可供宴坐。谈笑尊俎间，佳声满江左。

这时三十二岁的石岩前来拜访赵孟頫。他是京口（今江苏镇江）人，字民瞻，擅长诗词书画，之前在地方担任官吏，这次是来大都等候吏部选官，顺便在朋友的介绍下来拜访赵孟頫。石岩的亲家高复礼（字仁卿）时任兵部侍郎，可能也因为桑哥倒台一事处于停职状态。他认识了赵孟頫以后，一度搬入赵孟頫租住的房子"裹茗抱被来同眠"，经常一起研讨诗文书画。

八月有一天刮风下雨，石岩带着四幅黄素纸前来求赵孟頫给自己写小楷。赵孟頫的桌子上正放着贾谊的《过秦论》，于是赵孟頫就书写了这篇文字。而石岩获得彭泽县尹的委任后南下，高复礼也随他一起到南方游览。赵孟頫画了一幅马图赠给石岩，还赋诗给高复礼，这首《送高仁卿还湖州》似乎主要不是送别，而是向南方的朋友汇报自己在大都的遭遇，他说自己"寄书妻孥无一钱"，十分后悔到大都出仕，"捉来官府竟何补，还望故乡心惘然"。

在诗中他对比南北气候的差别，说"江南冬暖花乱发，朔方苦寒气又偏。木皮三寸冰六尺，面颊欲裂冻折弦"，又说"凄凉朝士有何意，瘦童羸骑鸡鸣前"，对自己在寒斋中独自枯坐等待任命的凄凉生活感到气馁，觉得南方的朋友听说以后都要笑话自己。也发了一点牢骚，说"尔来方士颇向用，读书不若烧丹铅"，觉得儒士还不如道士受皇帝重视。

年底石岩到杭州见到鲜于枢、郭天锡后，也带去了赵孟頫问候友人的口信。或许是为了安慰在北京的赵孟頫，朋友们都对他写的《过秦论》称赞不已，鲜于枢在题跋更是称："子昂篆、隶、正、行、草、颠草，俱为当代第一，小楷又为子昂诸书第一。"

这段时间赵孟頫还认识了熟悉漕粮海运内幕的苏州文人宋无。宋无在至元十八年（1281）代替生病的父亲担任征东万户案牍，乘坐范文虎率领的江南水军船只渡海北上高丽，参与征讨日本之战，经历暴风、疾病等，九死一生，侥幸还乡。尽管两次东征日本到遭遇失败，可皇帝念念不忘此事，还有东征的心思，就以海运漕粮的方式训练水军，还多次向辽东、高丽运送粮食作为战争储备。宋无在征东行省相关的江南帅府或设在苏州的海道都漕运万户府担任吏员[1]，至元二十八年，他乘坐江南漕船北上大都，见证了数百艘漕船运输百万石粮谷的盛况。他把自己在海上写的几十首诗编为《鲸背吟集》，其中提及他在直沽宴会上遇见来自扬州的艺伎一事：

直沽风月可消愁，标格燕山第一州。

细问名花何处出，扬州十里小红楼。

赵孟頫从宋无口中听到不少海上的经历，不免回想起以前曾在嘉定海运富商沈文辉的家中当过私塾教师，熟悉海运官员和豪族发家致富的故事。听说如今嘉定跟着张瑄、朱清的家族都越发富有了。

元军占领江南后，每年都从江淮地区调运大量粮食北上大都，最初是通过运河输送，但运河漕运不畅。尤其是中滦（今河南封丘西南黄河北岸）到淇门（今河南浚县西南）之间一百八十余里需要靠陆路运输，途中须装卸三次，道路也常常泥水横流，十分艰难。至元十九年中书左丞相伯

---

1. 张世宏. 中国第一部航海诗集《鲸背吟集》考论. 厦门大学学报（哲学社会科学版），2016（5）：67-76.

169

颜想起当年朱清、张瑄海运南宋内府器物的往事，建议从海路运粮，于是忽必烈下诏命上海总管罗璧和朱清、张瑄造60艘平底大船运粮，试验性地装载粮谷四万六千零五十石从平江府所属的刘家港（今江苏苏州昆山区东北36公里处）发运北上。因为风信失时，船只在蓬莱刘家岛停留了很久，次年才抵达直沽（今津海津镇）的码头，运到粮谷四万二千一百七十二石。朝廷觉得海运漕粮可行，之后就提升罗璧为管军万户兼管海漕运粮，以朱清为万户、张瑄为千户负责组织漕运。此后朱清、张瑄分别以江东道宣慰使、淮东道宣慰使兼领漕运万户府事，长期包办海运漕粮事宜，他们可以自行任命相关的千户、百户官职。

朱清、张瑄每次运输漕粮需要组织上千条船只，还管理着几处码头，除了春夏两季运输漕粮到直沽和辽阳，他们其他时间就大力参与海洋贸易赚钱。随着漕运的发达，至元二十年（1283）以后主要的漕运码头如太仓刘家港（今江苏省太仓市东浏河镇）、岑江港（今浙江舟山市西部海岑港）的商贸活动相当繁荣。二人和手下的亲信都靠贸易积累了巨大的财富。如张瑄的同乡沈雷奋、沈文辉、沈珏、瞿名三等都参与海道运粮，担任千户等官职，还积极参与海外贸易，也成为一方富豪[1]。

至元二十四年，负责海运的管军万户朱清为了运输漕粮，组织劳役疏浚太仓西部至出海口的娄江（浏河）河道，从此大船也能自如进出刘家港，经常有琉球、日本、高丽等外国商船到刘家港贸易。短短几年，太仓就从一个几百人的小镇变成了人口上万户的繁华城镇，漕船、商船来往不绝，朱清、张瑄家族也移居这里。岑江港也吸引了高丽、琉球、日本等处外商，有"六国港口"之称[2]，朱、张两家因此大发横财，成为富甲东南、亦官亦商的豪族。

1. （元）陶宗仪. 南村辍耕录：卷之二十七. 北京：中华书局，1959：342.
2. （元）冯福京，等. 昌国州图志：卷四（清咸丰四年刊本）.

擅长经商的回回官员、海商也觊觎漕运、海洋贸易的利益，经常背后攻击朱、张两人，如至元二十四年桑哥的亲信沙不丁就建议把海运万户府一分为四，就是为了制衡朱、张并从中分一杯羹。这年桑哥倒台后，朱清、张瑄请求把四个万户府合并成两个海道都漕运万户府，由朱清与张瑄主掌。

如今东南沿海、沿江地区不少和海外贸易有关的官员、商人都发财了。至元十四年（1277）朝廷开设泉州、庆元（宁波）、上海、澉浦（海盐）四处通商港口，立市舶司管理和收税。凡是和这几个地方有关的官员、商人都能得到不少利益，从苏州一直到崇明的沿江、沿海城镇中的崇明殷氏、上海费氏、杭州澉浦杨氏、常熟福山曹氏等大大小小几十个官商家族或者民间私商，都因为漕运、贸易而富甲一方。

比如澉浦人杨发长期担任福建安抚使、浙东西市舶总司事，监督庆元、上海、澉浦三个市舶司，他的儿子杨梓一边从事对高丽、日本、南洋的贸易，一边还先后担任安抚总司、杭州路总管。杨家靠经营海洋贸易成为巨富，财力可以和朱清、张瑄相比，家中的仆从多达数百人。杨梓喜好音乐，招揽各地艺伎歌女教习家中乐伎，经常举办宴会招待商人、官员。他们家的歌女的唱腔融合南北歌调，优美动听，号称"海盐腔"。据说主管更南方的泉州市舶司的蒲寿庚家族更是富有，宅中的僮仆多达数千人。

这时候赵孟頫因为没有官职所以非常悠闲，就和宋无一起游览京城的风景名胜。没有人来访的日子里，赵孟頫常常待在屋中闷坐听雨，写有《九月八日雨中闷坐和答仇仁父张季野》描述自己灰暗的心境：

客居破屋苦秋雨，黑潦侵阶灶欲沉。
青蕊明朝不堪摘，谁能载酒慰幽心。

赵孟頫带着小厮在京城为新职位奔忙，他因为忧虑憔悴而"面皮褶皱，筋骨衰败"[1]，这时他才对官场争斗的残酷性有了认识，落魄之时大概见识了不少无情的客套和冷脸，心中不免悲凉，写了《拟古》一诗描述四面受敌、无人依靠的境况：

> 长夜何漫漫，寒鸡胡不鸣。我行在中野，霜露上沾缨。
> 虎豹夹路啼，熊罴复纵横。我前鬼长啸，我后啼鼯鼪。
> 四顾寂无人，北斗高且明。天道诚幽远，吾心空屏营。

在冬天寒冷而孤寂的日子，赵孟頫格外怀念德清的家人和住所，可是眼看快到年底了，赵孟頫还没有获得新任命。他心中焦急，听说担任平章政事的不忽木冬至左右过生日。两人之前还算比较熟悉，他急忙写了《寿不忽木平章相公》前去祝贺。或许是这首诗发挥了作用，不忽木可能在某个场合巧妙地提及了赵孟頫，让皇帝又想起了自己曾经欣赏的这位南方儒士、赵氏子孙，又几次召他到宫中闲谈，有时候甚至谈到深夜钟声响的时候。一次闲谈中皇帝问赵孟頫："你是赵宋太祖的后裔还是太宗的后裔？"赵孟頫回答说："臣是太祖十一世孙。"忽必烈说："你的祖先的行为事迹，你清楚吗？"赵孟頫为了避嫌当然只能说自己不太清楚，皇帝就说："宋太祖行事有许多可取之处，我都知道。"

皇帝一度想在中书省给赵孟頫找个官职，或者让他作为近臣侍从左右，有大臣进宫奏事时参与旁听。皇帝说："我年纪大了，不像以前那样灵敏，大臣奏事的时候你可以一起进来听听，如果大臣的建议不合适，或者有欺罔之处，希望你能进言指出。"赵孟頫知道皇帝最信任的是从小就在身边的亲近"怯薛"，自己这样成年后入朝之人恐怕得不到信任，再加上自己赵宋宗室的出身特别容易招来议论，就坚决辞谢在中

1.赵孟頫.致郭天锡奉别帖，至元二十八年十二月二十九日，台北"故宫博物院"藏。

书省当官和在宫廷任职，以自己在君主身边容易受人嫉妒为理由，极力请求到外地任职。

到至元二十九年（1292）正月，他终于等来了新职位，集贤直学士同知济南路总管府事，实际官职是从五品，但散官荣衔从正五品的奉议大夫升到了从四品的朝列大夫。听说消息后，好友田衍等都写了送别诗，监察御史商琦也答应写一首赠别诗。

就在赵孟頫离开大都后不久，他的姐夫张伯淳再次受到举荐入京。忽必烈召见张伯淳时让不忽木做翻译，显然十分重视他。张伯淳先后提出淘汰冗官等数十条建议，忽必烈令中书平章政事麦术丁、右丞何荣祖、左丞马绍以及江浙行省参知政事燕公楠与张伯淳一起讨论章程。其中减少冗官的建议可能涉及蒙古近臣，他们认为"这个南人是什么东西，竟然想要夺走我们的官职"，指使身强力壮之徒在他出宫的路上咒骂他[1]。张伯淳被授翰林院直学士，同修国史，负责撰写典章。

经过桑哥死后那一轮人事大调整，皇帝不想再对朝政做大变动，他已经年近八十，开始考虑自己的后事，在用人、行政上趋向保守，任用的都是自己熟悉的旧日近臣。他也开始享受自己的老年生活，至元二十八年让侍卫军在大明殿西侧修建了一座紫檀殿，经常在那里接见臣僚，又在宫中建了个葡萄酒室，大量酿制葡萄酒供自己饮用。

1.（元）虞集.张师道文稿序//文渊阁四库全书本.

五

济南波折：

奔走尘埃竟何补

至元二十九年（1292）元日，百官敬拜皇帝的典礼上演唱了翰林国史院编修陈孚撰写的《金阶万岁声》，陈孚是如今比较得意的南方文臣。二月时朝中发生了一场小争端。集贤待制冯子振或许常受到北方汉人儒臣的讽刺和排挤，心有不满，和同僚刘道元一起上书指控翰林学士承旨阎复等人阿附桑哥、撰写夸赞桑哥的"王公辅政之碑"之类的罪名，请求追究他们的责任。不料五月时同为南士的陈孚上书揭发冯子振自己也写过称赞桑哥的诗。陈孚以前常与冯子振谈诗论文，如今却为此反目，也算是官场一景。于是中书省高官上奏指责冯子振为"妄人"，建议把他罢官遣还老家。皇帝倒是不愿以诗赋怪罪人，他说："假如说称誉桑哥就是罪名的话，那朝中诸臣哪个没有称赞过他？！我也曾经称赞过桑哥！"[1]冯子振虽然还留在集贤院，但是他已经公开得罪了翰林院的北方儒臣，在大都官场声誉很差，一直受到或明或暗的排斥，此后几年一直没有得到升职。而陈孚因为帮助了翰林院的汉人官员，不久后就擢升为奉训大夫、礼部郎中，以五品副使身份随梁肃出使安南（今越南）。

三十八岁的赵孟頫庆幸自己能离开大都官场。得到了去济南的新任命后，他就踏上了回湖州的路途。他计划先回家乡安排女儿的婚事，然后带着妻子、孩子一起到济南上任。离开大都时他心情畅快，在《出都》一诗中希望自己能像鹤那样插翅飞回家乡：

都邑何雄丽，车马日夕喧。鸡鸣趋兰省，日夕不遑眠。

兹晨奉明诏，驰驱东西奔。雪积原野白，路修烟尘昏。

马鸣朔风起，吏士惨无言。还顾望帝乡，更觉劳心魂。

我今无家客，断蓬离本根。愿为双飞鹤，奋飞入青云。

赵孟頫还是沿着自己当初来大都的路线返回，能看到路边还有许多积

---

1. （明）宋濂，等. 元史：卷十七. 北京：中华书局，1976：362.

雪。他去年就听说太史令兼领都水监事郭守敬说服皇帝开挖、疏通从大都西北高梁河到通州的运河[1]，打算引昌平白浮村神山泉先向西流再南折，过双塔、榆河后汇合一亩泉、玉泉诸水，从大都西水门入城，汇集于海子（今积水潭和什刹海），然后自东而南，出文明门处的南水门（位于今崇文门）到通州高丽庄入白河，全长一百六十里，这样以后南北大运河就直接以海子码头（今积水潭岸边）为终点了。忽必烈已经下令征发两万多军人、工匠、水手、囚徒，这年春天就要开工，等一年半后运河竣工了，人们就可以直接从大都的海子边乘船到杭州了。

回到湖州后赵孟頫心情舒畅，他先安排了大女儿与强文实的婚事，和一些故旧相见。经历了京城官场的冷热折腾，赵孟頫并不着急去济南上任，加上六月时正好湖州、常州、平江、镇江、扬州等路连降暴雨，形成了大洪水，道路不畅，运河难以行船，他就磨磨蹭蹭在家乡待了半年。他写有《至元庚辰由集贤出知济南暂还吴兴赋诗书怀》两首诗，表示自己安于在地方当官：

> 五年京国误蒙恩，乍到江南似梦魂。
> 云影时移半山黑，水痕新涨一溪浑。
> 宦途久有曼容志，婚娶终寻尚子言。
> 政为疏慵无补报，非干高尚慕丘园。
>
> 多病相如已倦游，思归张翰况逢秋。

---

1. 至元三十年秋天这条运河竣工后，江南的粮船浩浩荡荡驶到海子边的码头（今积水潭东北岸）停靠。忽必烈从上京和林返回大都，在万宁桥（桥下就是通惠河的澄清闸，即今地安门桥）上看到水面全是船只后十分高兴，亲自命名这段运河为"通惠河"。因为从万宁桥到金闸河的一段在都城内并流经元代的皇城北侧，故人们也把这段称作"玉河""御河"，而把从东便门至通州的一段称为"通惠河"。因为海子东北岸是大运河的终点，这里和附近的钟鼓楼一带也就成为人烟稠密、货物集散的繁华地段，出现了许多集市、店铺。（元）齐履谦. 知太史院事郭公行状//李修生. 全元文：卷六七九，南京：江苏古籍出版社，1998：758-759.

鲈鱼莼菜俱无恙，鸿雁稻粱非所求。

空有丹心依魏阙，又携十口过齐州。

闲身却羡沙头鹭，飞去飞来百自由。

其中化用谢灵运《初去郡》诗中"毕娶类尚子，薄游似邴生"一句，说自己羡慕汉朝名士邴曼容的清廉守志，不肯做俸禄超过六百石的官职，如果被授予俸禄超过此数的官职就宁愿辞去不做。也希望像西汉末年的隐士向长那样，给儿女办完娶嫁之事后便与家庭断绝关系，让他们当自己死了一样，然后就出门与好友去游览五岳。赵孟頫当然没有这样潇洒，他谦称自己比不上这些古代高尚之士，因笨拙懒惰无法在政事上大有作为，只能去济南当个地方官。

其间他还应湖州空相寺僧人的请托，写了南宋进士家之巽撰文的《空相寺碑》并篆额，这是赵孟頫在家乡的第一件碑刻书法作品。在赵孟頫出仕之后，他们家族几位没有在南宋担任官职的兄弟也都谋求获得举荐为官，长兄赵孟顺后来出任了长沙县儒学教授，八弟赵孟籲在赵孟頫的帮衬下，后来更是做到了延平路（今福建南平）同知。

八月，赵孟頫带着妻小、奴婢一行10人出发，把大儿子赵亮留在德清家乡陪岳父岳母生活。运河中的船只明显比前几年要多，如今运河可以从杭州抵达通州，从通州到大都城内海子的通惠河也马上就要修好了，南来北往的商人、官员比以前更多了。

他们在路上走得很慢，秋冬时北方河流水浅，一路走走停停，十分艰难，走了两个多月才于十一月七日抵达济南。年底他写信给在常熟的亲戚季渊（字宗元），抱怨说"济南山水甲于山东，但官事烦冗，不得暇，至今未能一游"[1]。季渊的祖父、父亲两代都与湖州赵家有姻戚关系，季渊当时担任蕲州路总管。他也喜欢诗文，精于鉴赏和收藏器物书画，与赵孟

---

1. 赵孟頫《致宗源总管札》，约至元二十九年底或次年春，嘉德拍卖。

頫有共同爱好，在青年时代就有了往来，赵孟頫之前在大都时多次给他去信详细通报自己见到的唐宋名迹。后来赵孟頫应他之请撰写过《海虞季氏宗支序》。因为出嫁女儿和搬家到济南，赵孟頫从季渊那里临时借过一些钱，所以他在信中称自己是"贫家"。

他这个级别的地方官员的俸禄包括每月40贯铜钱（合40两银子）和出租8顷"职田"所得的收入，养家不成问题。可是因为朝廷滥印纸钞，物价不断变化，官员的俸钞收入常常比较紧凑。

赵孟頫的官职是同知济南路总管府事，仅仅位居达鲁花赤、总管两人之下，是辅助总管处理本路政事的副手。但是此时济南路总管府总管空缺，故赵孟頫到任后实际上是独署府事。他需要每天上午到官署上班，召集五品的治中、六品的判官以及两名主管刑狱的推官商议财赋、刑狱、治安、农桑等公事，商量之后把决定写成公文共同署名施行。他这样的五品以上官员进表章需要让翻译用蒙古字书写，以楷书汉字为副本，规定每张纸上只能写六行或七行，最后一张纸上只能写三行或五行字。

路这一级官府最大的责任是征收赋税，需要催促各州县按时完成任务，因此他既要处理上级行省各部门交派的工作，还要监督济南路下辖历城、章丘、邹平、济阳四县和棣、滨二州的公文、政事，公务繁忙，最初几个月忙得不可开交[1]。他在《初到济南》中描述自己这段时间的心绪：

> 自笑平生少宦情，龙钟四十二专城。
>
> 青山历历空怀古，流水泠泠尽著名。
>
> 官府簿书何日了，田园归计有时成。
>
> 道逢黄发惊相问，只恐斯人是伏生。

---

1. 至元三十年统计元朝的官员数量仅仅是16425人，后来元文宗时增加到26690人，相比之下，南宋宁宗庆元二年的官员数量达42000多人，由此可见元朝地方主政官员或者主要部门的官员应该是比较繁忙的。王锡鉴. 宋朝官员人数及其他. 四川师院学报（社会科学版），1984（3）：21-21.

他和京城的朋友不时书信联系，在写给时任中书省吏房员外郎的好友田衍的信札中提到自己近来写了一首诗"山妻对饮唱渔歌，唱罢渔歌道气多。风定云收中夜静，满天明月浸寒波"，还问朋友写得如何，显然是为能闲下来享受举案齐眉的日子感到愉悦。赵孟頫和田衍两家关系密切，管道昇和田衍的妻子也有交往，常互送礼物，比如这次管道昇就随信寄去了一件杭州销金裙襕。赵孟頫还曾给集贤院学士宋渤和田衍寄去一首《偶成绝句二首奉怀宋齐彦学士田师孟省郎》，感叹他们在京城的"仙府"（朝中）当官，而自己如今却堕入"尘埃"了。

到至元二十九年元旦他才稍微轻松了些，清晨赵孟頫身穿公服参加庆典。官署中已对着大都皇城的方向设置了香案，达鲁花赤起头，率领赵孟頫等僚属、儒生、耆老、僧道、军官等按次序站立，一起向着大都的皇宫方向跪拜。然后达鲁花赤到香案前跪下上香，念诵几句贺年的吉祥话，之后走回众人身前，领着大家再次跪下磕头，三呼万岁。吏员更是纷纷高呼万岁壮大声势，众人再集体跪下拜两次，呼喊万岁以后就结束了典礼。大家一起在厅堂中参加酒宴，到中午就散了。

赵孟頫趁着这几天的空闲去游览了趵突泉、华不注等济南名胜，写了《趵突泉》一诗。

华不注是济南北郊的名胜，《左传》记载齐国和晋国军队曾在这座山下打过仗，李白、杜甫当年游览历下亭就欣赏过这座山的英姿，北宋时在这里当官的曾巩、晁补之在城北修建了北渚亭，供人眺望这座名山。赵孟頫自然熟悉这些典故和诗作。

因为开始几个月济南路总管空缺，赵孟頫可以独自主政。他简政轻刑，判案时尤其审慎持重，宽大为怀。比如有个叫元掀儿的人在盐场服役，不堪忍受劳苦便偷偷逃跑到邻县躲起来。其父担心儿子的安危，怀疑与儿子一同服劳役的某人杀了他，恰好在附近还找到了一具残缺的尸体，就以此为证据把那人告上衙门。那人被抓后遭到衙役刑讯逼供，承认自己杀了人。赵孟頫复核案件时怀疑其中有冤情，便当作疑案没有立即判决。

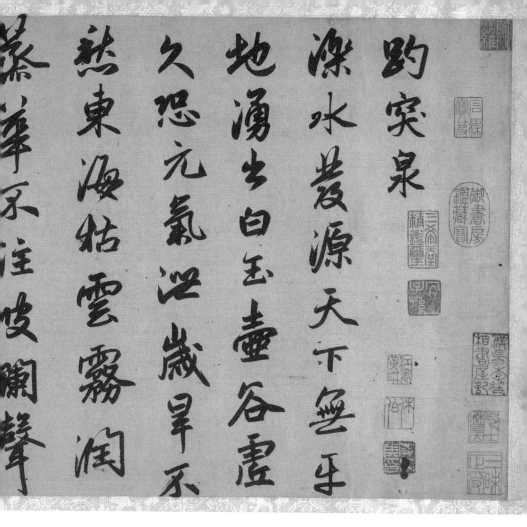

《趵突泉》诗（局部） （元）赵孟頫 纸本行书 33.1cm×83.3cm（台北"故宫博物院"藏）

全诗释文：趵突泉。泺水发源天下无，平地涌出白玉壶。谷虚久恐元气泄，岁旱不愁东海枯。云雾润蒸华不注，波澜声震大名湖。时来泉上濯尘土，冰雪满怀清兴孤。右二题皆济南近郭佳处，公瑾家故齐也，遂为书此。孟頫。

一个月后元掠儿自己回到盐场，这才真相大白，官府上下都十分敬佩赵孟頫料事如神。

还有一次处理几个人合伙偷米的案件，其中有一人自首。在官署商议案件时赵孟頫认为，这个人偷米是因为不得已，或为饥寒所迫，或为别人所骗才误入歧途，如果简单地绳之以法，就把这个有心悔改的人毁了，所以建议不要判他有罪。自首者免罪后感激得哭了起来，回家到处称颂赵孟頫。

到三月，山东行省枢密院佥事史炜来担任济南路总管，史炜（字飞卿，蒙古名为"脱欢"）是元初重臣、世侯史天泽的侄孙，在朝中和山东都势力交情深厚。他到来后赵孟頫的公务就减少了，才算有了点空闲，于是匆匆游览了附近的一些地方，写了几首诗，在《春日漫兴》中陈述自己因为埋头公务，错过了这年的春光：

> 春事匆匆转眼过，满城流水绿阴多。
>
> 西园总有红千叶，尘土埋头奈尔何。

他也曾登上趵突泉西侧的胜概楼欣赏喷涌的泉水、瞭望远处的山岭。有时候其他官员来济南视察或者路过，他会在大明湖畔的鱼乐楼等处宴请客人，曾写有《鱼乐楼》描述所见的流水、杨柳和歌舞：

> 楼下南来水，清泠百尺深。菰蒲终夜响，杨柳半溪阴。
>
> 日月驱人世，江湖动客心。向来歌舞宴，达晓看横参。

他也和路过的、退休的、闲居的一些官员唱和，比如曾任燕南肃政廉访副使的刘敏中这时候闲居在济南的绣江别墅，赵孟頫和他时有诗歌往来。刘敏中比赵孟頫大十一岁，生于济南府下属的章丘县一个官宦世家，祖父曾任济南府推官，金亡时率军投诚元军，曾任广威将军、左右司郎中等官职，父亲曾任济南府、山东转运司的经历。他少年时刻苦攻读，熟悉经史，擅长诗文，至元八年被举荐作为"儒贡"入京担任中书省掾吏，之后历任兵部主事、监察御史，曾在至元二十五年（1288）弹劾桑哥是"奸佞"，皇帝没有理会。他辞职回家闲居了几个月，至元二十六年又任御史台都事，至元二十七年担任燕南肃政廉访副使，后以生病为由回到济南绣江别墅闲居。

刘敏中认识鲜于枢并有诗歌唱和，赵孟頫在闲谈中得知以后也写了一首《次韵端父和鲜于伯几所寄诗》。此后两人数次诗歌酬唱，赵孟頫曾让人带数枝梅花赠给刘敏中，刘氏作诗答谢，另外还作了一首诗《又和子昂三绝句》称赞赵孟頫的诗有唐人气息而书法有晋人风度：

> 新诗遗我慰穷居，老眼晴窗卷又舒。
> 五十年来今始见，唐人句法晋人书。

作为儒士，赵孟頫尤其鼓励重教兴学，夜晚微服出巡时听到街边有房间传来读书声，便让人在门口的柱子上做记号，第二天派人送去酒以资鼓励。如有青年文士诗文写得好，他就加以褒扬，鼓励他们上进。当时济南城东有八顷肥沃的田地，有两家人都说是自己家的，已经在官府诉讼数十年也没办法判决。赵孟頫发现他们都没有过硬的证据可以证明那块地属于自己，干脆就把这块地判决当作学校的"赡学田"，用来保证学校师生的口粮。他还应下级所请书写了《淄川县学记》《般阳路重修先圣庙记》（至元三十年）、《济阳县重修庙学记》（杨文郁撰文，至元三十一年）等碑志。

他和济南本地的官员、文人多有交往，创作了一些应酬文字以及碑文墓铭，如应时任山东廉访使田润之的请托创作《夷斋说》，"夷斋"是田润之所居之室；应福寿禅院住持福聚之请，作《济南福寿禅院记》。他还给已故燕南河北道提刑按察使姜彧、莒密盐史司判官王深、富户赵受益等人撰写了墓碣文，写这类文字都可以得到一定报酬，帮助他改善家计。

本朝地方官员的数量要比宋朝少，主要行政官员的工作相对比较忙碌，赵孟頫经常要"见星而出，载星而归"处理各种公文账簿[1]，感到自己又像回到了初入兵部时候的局面，整天要处理各种公务、公文，他自己也不喜欢这种高强度的工作。为了处理各类琐碎事务，他让季渊的三儿子季克兆（字端士）来作自己的幕僚，帮助自己处理这些事务。

---

1. 赵孟頫《行书致宗源札》，至元三十一年二月廿二日，故宫博物院藏。

可是他很快就发现地方政治生态远比自己想象的复杂。至元三十年（1293）夏秋之际，山东东西道肃政廉访司的官员到济南府巡查时发现了他处理公务的问题，把他停职、进行调查[1]。

各道的肃政廉访司设有正三品的廉访使、正四品的副使各2人，正五品的佥事4人，其中副使、佥事每年分别巡查辖区各路、州、府、县的官吏处理民事、钱谷等事宜是否有弊端，是否贪污受贿和枉法，文件档案是否合规，上报的地方事宜是否真实等。他们巡查时，各处的巡尉司会派弓兵打着旗帜、敲着锣鼓迎送，各路、州、府、县官吏都得小心应对。他们调查到官吏有不法行为可以当即监禁该官吏，行文给御史台把该官吏停职后进行调查和询问。估计这次是某位副使或佥事带着两三名吏员到济南府巡查时，发现赵孟頫经手的某件档案、账簿或案件判罚有问题，就行文给御史台把他停职，正在详细调查他的有关行为。

赵孟頫在府中等待调查，看幕僚季克兆无事可做，于是给了他一点钱让他回海虞（常熟）家里去。赵孟頫又一次体会到官场"谈笑而戈矛生，谋虑而机阱作，不饮而醉，不鸩而毒"[2]的险恶。他积极联系京城友人，希望他们能帮助自己脱困。为此他还派出属下吏员冯氏去京城核对档案、账目之类。七月入秋这天他给京城的官员朋友田衍写的信中，拜托他帮助自己派去的冯氏办理公务，请托有关官员给予方便：

孟頫顿首：师孟省郎仁弟足下，每有人自都下至者，必蒙流问，甚感不忘。即日新秋，想都下已凉，动静殊胜，济南暑毒不减，江左老火方可畏也。今有路家冯令史去，专为作此，盖此人自春间赴都打算，今又重去，恐局中或有怪责，则不肖提调必相累及。如到，望吾弟扣其所以，转加一言于朱检校之前，得免罪戾至幸。或部中有语，亦望转为恳君章左司假一

---

1. 赵华. 赵孟頫闲居考. 成都：四川人民出版社，2020：24.
2.（元）赵孟頫，钱伟强. 赵孟頫集：卷第六. 杭州：浙江古籍出版社，2012：164.

言于宋彦礼尚书及当监局主事为祷。《六书故》一面抄写，《豫游图》不审可得否，并希报。韩进道去时曾有书，想已达，不宣。孟頫再拜。

因为没有公务，倒也让他有了许多时间与当地收藏家有了来往，见到了张萱《横笛士女》、李昭道《摘瓜图》、董源《江村春日》等画作。因为处于停职状态，所以这年八月他书写《利津县庙学记》（李师圣撰文）的署名是"前集贤学士朝列大夫同知济南路总管府事"，以示不是现任官员。

肃政廉访司的调查让他寝食难安，他知道如今官府的账簿公文常常有各种问题，真要一一核实的话，不难找出官员的差错，关键看肃政廉访司官员和上级御史台官员怎么处理。赵孟頫尽量调动自己在京城的关系，想要化解这次危机。

有许多个夜晚他难以入睡，写有《独夜》反思自己处理官场事宜的"拙"，听到大雁的叫声，他觉得那就像自己的哀告一样：

> 生事怜吾拙，怀人阻道修。角声悲静夜，灯影伴幽忧。
> 水落红衣老，天寒翠袖愁。云中有过雁，哀叫亦何求。

到了至元三十一年（1294），一个意外事件让赵孟頫得以解脱。这年的正月二十二日，皇帝在大都病逝，享年七十九岁，皇太孙铁穆耳于四月在上都的大安阁即皇帝位，大赦天下。赵孟頫或许因大赦得以复职，也有可能是在京城官场朋友的疏通下，山东东西道肃政廉访司的官员核查以后觉得赵孟頫没有什么问题，就让他恢复了职位。

总之，夏初时赵孟頫不仅官复原职，还在即将离任济南路总管的史炜的推荐下"兼管本路诸军奥鲁"[1]。"奥鲁"是蒙古语，指军人的家属，当

---

1. 赵华.赵孟頫元贞丙申自画与自喻：《人骑图》与《人马图》，2016-02-09。

时的军户是世袭的身份，分为蒙古军户（蒙古漠北本土军人家庭）、探马赤军户（早期归附蒙古的草原部落军人家庭）、汉人军户（原金国地区归附的军人家庭）、新附军军户（原南宋地区照附的军人）四类，军属可以享受减免赋税、领取钱粮补贴和奖赏的优待。

史炜离开济南前往宣城就任江东建康道廉访史[1]，赵孟頫画了自己骑乘着"玉鼻骍"马的画像赠送给他。画中的赵孟頫穿着唐画中流行的朱红袍服，头戴乌纱帽，神情娴雅地骑着头鼻部分发白的骏马[2]。对赵孟頫来说，这幅画展示了自己对唐人绘画的追慕和高度的笔墨技巧，是件自己极为重视和满意的作品。

除了赠画，赵孟頫还在赠别诗《送史总管廉访江东》中表达了赞誉和愿意追随南下的意思：

> 历下方夸汉吏循，江东又见绣衣新。
>
> 可能召父专前代，更有萧规俾后人。
>
> 佐理非才常自愧，别离作恶向谁陈。
>
> 何当揽辔从公去，归泛清溪采白蘋。

赵孟頫兼管奥鲁的钱粮事务后，发现有关钱粮账簿中有短少或者错误，于是重新设立账簿进行整理。

---

1. 赵华. 赵孟頫同知济南考. 东方艺术，2013（12）：22.

2. 赵孟頫好友戴表元在杭州见到史氏时欣赏了这幅画并写有《史廉访自济南来江东，时赵子昂同知府事，画其所乘玉鼻骍以为赠》二首称赞此画，按诗题此时赵孟頫还在济南任上，则此"济南本《人骑图》"应该是至元三十一年（1294）初创作的。许多艺术史家认为赵孟頫所赠画作即现藏故宫博物院的《人骑图》，但是有个重要的疑点是，赵氏自题说此画是元贞丙申即元贞二年（1296）作，这时候赵孟頫已经罢官在湖州闲居，而不是济南任上。因此目前故宫所藏《人骑图》要么是明代人的伪作，要么是赵孟頫在元贞二年的另外一幅创作或临摹济南本所得，要么就是史炜并不在乎这幅画，转赠或者卖给了其他人。新的收藏者在元贞二年初请赵孟頫给这张旧题跋，赵孟頫或者买或者用新作换下了这幅画，让人重新装裱，去掉了赠送史氏的旧题跋，改成了目前的题跋。他在新题跋中发牢骚说画家能画好是难事，碰见能"识画"的藏家更难，自认为这幅画不比唐代高手的作品差，显然是抱怨史氏有眼无珠。我认为第三种情况最有可能，后文即采取此说叙述。

按照制度，各级官府除重要军事情报以外的文书案卷都需要定期接受御史台、行御史台、肃政廉访司监察官员的审查，一一核对日期、签名、印章、计算数目等，称为"刷磨诸司案牍"。重点是监察官府文书有无稽迟（未按朝廷规定的期限办完公事）、错误、遗漏、涂改、账目虚假等问题。

秋冬之交，以严苛著称的山东东西道肃政廉访司佥事韦哈刺哈孙在例行审查济南路文书时可能发现了什么问题，怀疑赵孟頫有做假账的嫌疑，于是赵孟頫再次停职接受调查。

赵孟頫不得不再次依靠在京城的关系脱身，为此只能四处托人奔走，在最紧张的十二月中下旬十多天内一连写了三封信给在京城的好友田衍，托他找中书省左司郎中吴元珪（字君章）、礼部尚书宋渤等找御史台官员给自己说情。其中一封信拜托田氏找监察御史商琥等帮忙，还提到帮过自己的山东廉访副使石仲璋正转任侍御史，信中云：

孟頫顿首师孟省郎仁弟足下：近专遣急足赍文书去，计程当已达。二十一日张舍人还省，又寄一书，此驿程当到速也。不肖自史总管南去，权管钱粮，中间凡有短少，皆为整办，文簿一新，区区用心，自谓尽矣。而不知者听谗贼之言，反有疑于不肖，实是难堪，唯当避之而已。避之之道，又当以南去浙西江东为上。今幸得仲璋见辟，全望吾弟力为用心恳博陵及商公获遂所愿，没齿不忘盛德。临纸不胜虔祷之至。鹿肉一脚奉纳，愧不能多，拙妇附致婶子夫人问礼不宣。孟頫顿首，十二月廿二日。

赵孟頫希望京城的朋友帮忙把自己调任到有熟人的浙西路、江东路去当官[1]，为此还托人带去自己的书画作品《豫游图》等，可能是用于感谢田衍或送给其他可以帮助自己的官僚。

1.赵孟頫《致田师孟专遣急足帖》，至元三十一年十二月廿二日，三希堂法帖。

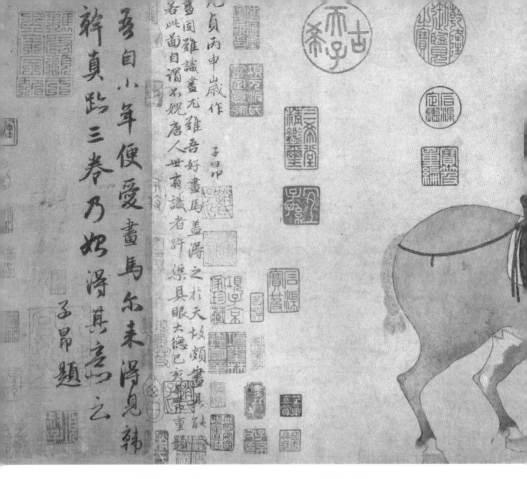

人骑图 （元）赵孟頫 纸本设色 30cm×52cm（北京故宫博物院藏）

　　这似乎是赵孟頫的自画像，绘一戴官帽、腰系玉带的红袍青年男子骑于马背之上，男子微有髭须，左手牵缰，右手持鞭，神态优雅。马匹孔健有力，左前蹄微起，呈行进之势。赵孟頫弟赵孟籲在作于大德三年（1299）的题跋中说"每一展卷，不能去手"，此卷似曾经其收藏。

　　可能御史台派侍御史石仲璋顺便调查此事，他暗中帮了赵孟頫的忙。赵孟頫在赠别诗《送石仲璋》中感叹自己因为财务、账簿之类的事情被人构陷，连与官员、同僚饯别的场合都不敢前去的窘境：

　　　　霜风何凄厉，兰萧同枯萎。念此鼻为酸，恻怆中心悲。
　　　　由来无丑好，众女嫉蛾眉。数罟困巨鱼，盐车厄天骐。
　　　　况复值怨仇，贝锦成祸机。俯首无所诉，菹醢听所为。
　　　　向非知己者，虽死谁明之。君子有行役，后会在何时。

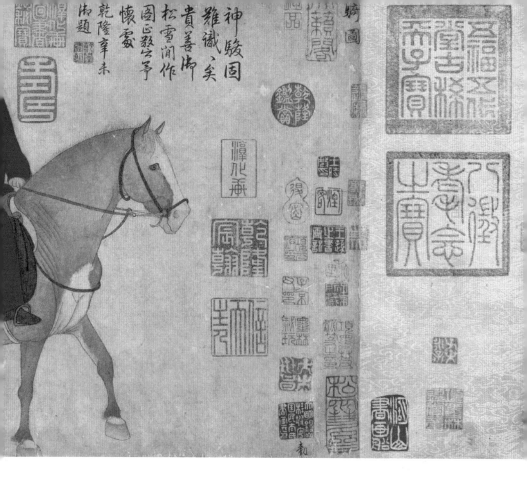

欲别不敢往，瞻望涕涟洏。援笔抚我心，为公吐此词。

对他帮助最大的是阿剌浑萨理。阿剌浑萨理奉太后阔阔真之命，以集贤院大学士身份率领翰林、集贤及礼官负责新皇帝登基大典事宜，是受重视的大臣之一。赵孟頫可能通过朋友找到阿剌浑萨理这位熟人帮忙，至元三十一年（1294）年底，朝廷以要修《世祖实录》为理由，把赵孟頫召回京城，他就带着夫人管道昇、二儿子赵雍等家人从济南去京城。

《御制三希堂石渠宝笈法帖》第十九册（局部）　（清）乾隆年间皇室御制　纸本拓印
28cm×35.6cm（台北"故宫博物院"藏）

御刻三希堂石渠寶笈法帖　第十九冊

元趙孟頫書

六　京城受辱：
朔方苦寒气又偏

至元三十一年（1294）年底，赵孟頫到大都时，政治气氛依旧不利于南士。铁穆耳（元成宗）四月登基后，先后任命了13位中书省宰执，其中右丞相完泽为蒙古贵族，5名平章政事均为色目人，以下左右丞、参政共7人，其中有5名北方的汉人，没有一位南方士人。除了中书省，御史台、地方行省也都排斥南人，只有极少数有名的南士还在江南的行省、行御史台担任高级官职，如燕公楠先后任河南、江浙、湖广等行省右丞，臧梦解历任广西、江西、浙东三道的肃政廉访副使和广东肃政廉访使。之前程钜夫被排斥在家中闲居了一段时间，前年他与9位北方儒臣一起受监察御史商琥的推荐，至元二十九年冬到上都等待召见。次年二月四日忽必烈在柳林打猎时接见了雷膺、王恽、程钜夫、陈天祥、赵居信5人，之后任命程钜夫出任正三品的福建闽海道肃政廉访使。这是一个远离首都的职位，等于把他外放到了远离朝廷中枢的地方，最近刚转任江南湖北道肃政廉访使。

　　之后这成了元代帝王的一项用人规则：南方儒士在朝中只能担任文翰典章相关的职位，在翰林院、集贤院、太常寺等机构获得高位，发挥点缀

元成宗皇帝像（元）佚名　绢本设色　59.4cm×47cm（台北"故宫博物院"藏）

文治的角色，没有机会担任中书省高官，更无法参与朝政决策[1]。

元朝的翰林国史院可谓汉族文臣最集中的朝廷衙门，职责是撰写诏书典章、修撰史书、顾问咨询。在忽必烈统治早期，他经常咨询翰林学士对国家政事的意见，交给翰林学士书写的诏书也很多。皇帝直接说的蒙古口语命令叫圣旨，臣僚代写的书面命令叫诏书。可是至元十二年（1275）忽必烈成立蒙古翰林院，这个新衙门负责撰写蒙文圣旨并翻译成其他文字的副本，从那以后翰林国史院起草诏旨的任务就大大减少了，仅仅负责撰写汉文诏书（须交蒙古翰林院翻译成蒙古文字、畏吾儿字等）以及祝文、贺表、谥文、碑文、祭祀青词等，变成了比较清闲的衙门，主要起粉饰太平、点缀文治的作用。当今的皇帝认为集贤院、翰林院是"养老之地"[2]，充当皇帝的顾问、写写文章即可。

翰林国史院、集贤院、国子监中的北方汉人儒臣大多来自山东东平路（今东平市）。这是有历史渊源的，金末元初统治山东东平的世侯严实尊师重教，招纳流落各地的元好问、宋子贞、李昶、徐世隆、商挺、王磐等文士大力兴办东平府学，培养本地学子。世祖忽必烈统治初期上述人才先后在朝中任职，其间不断引介自己的师友、弟子，如宋子贞、李昶、王磐、徐世隆先后入朝担任翰林学士、翰林侍讲学士，他们又不断引荐同乡和同学，使翰林国史院、国子监中"东平之士十居六七"的盛况一直延续到元代中期[3]。

新皇帝即位前后，老资格的翰林学士王恽、集贤学士阎复、翰林侍讲学士王构都是东平人，他们把自己的弟子、亲友不断引介到翰林院、国子

---

1. 到元末统治摇摇欲坠之时，最后一位元朝皇帝顺帝才改变了这一政策，任命了几个南士担任中书省、御史台的高官。
2. 元史成宗本纪大德四年五月。（明）宋濂，等. 元史：卷二十. 北京：中华书局，1976：431.
3. （元）袁桷，杨亮. 袁桷集校注：卷第二十四. 北京：中华书局，2012：1210.

监等处，如翰林直学士李谦、编修李之绍也都是东平人。当然，他们也笼络了一些其他地方的北方儒臣，如曾在济南和赵孟頫唱和的刘敏中，这时也被起用，担任了国子司业。

虽然翰林学士承旨董文用牵头修撰《世祖实录》，但是实际负责的是王恽、阎复等人。此时翰林院中只有三位江南士人：一位是快要退休的翰林学士承旨留梦炎；一位是翰林学士赵与𥔻，赵孟頫的族叔；一位是担任翰林直学士的张伯淳，赵孟頫的五姐夫。

这时的集贤院使是亦黑迷失，高昌畏吾尔人，幼年时就在世祖忽必烈身边担任近身侍从，参与打理皇室的生意，与西域的"斡脱"商人交往密切，他的家族也因参与贸易而积累了很多财产。他曾多次奉命出使南洋诸国，管理皇室在泉州的远航贸易事宜，颇得忽必烈信任。可是至元二十九年（1292），他和史弼、高兴率军远征爪哇失败，从此不再受重用，就担任了比较清闲的集贤院使兼会同馆事。

除了亦黑迷失，资格很老的集贤学士阎复在院中也有比较大的权力。皇帝也比较重视他，曾经赏赐玉环、白金给他，在朝政大事上也会咨询他的意见。阎复或者集贤院中的其他高级官员似乎有意排挤赵孟頫，没有让他参加《世祖实录》的修撰，还有意让赵孟頫难堪，特别明显的一件事是命赵孟頫撰写灭宋的蒙古勋臣伯颜的颂词。伯颜（1236—1295）是忽必烈赏识的蒙古重臣，生在西域的伊儿汗国，奉命到大都奏事时得到忽必烈的赏识，留在朝中为官。至元十一年忽必烈命他统帅大军南下伐南宋，灭宋后也是他押送宋恭帝等人北还，后长期在北方边地与叛王海都作战。年初忽必烈驾崩后，伯颜受顾命拥戴铁穆耳即位，拜太傅、录军国重事，十二月他就病逝了，享年五十九岁。

伯颜是灭宋的最大功臣，而作为宋朝宗室后裔，赵孟頫奉命写的这首《述太傅丞相伯颜功德》显然不算上好的歌颂文章，有些左支右绌的感觉：

兴废本天运，辅成见人庸。舆地久以裂，车书会当同。

先帝昔在御，如日行虚空。六合仰照耀，一方顾颙蒙。

授钺得人杰，止戈代天工。铁马浮度江，坐收破竹功。

草木纷震动，山川变鸿濛。地利不复险，金城何足攻。

市靡易肆忧，兵无血刃红。孰能年岁间，伐国究始终。

老稚感再生，遗黎忘困穷。归来一不取，匹马走北风。

九域自此一，益见圣世崇。大哉先帝仁，允矣丞相忠。

嗟我始弱冠，弗获拜此公。作颂歌元勋，因之写吾衷。

　　赵孟𫖯按照这类文章的常规称颂主仁臣忠，赞美元世祖忽必烈一统天下的功德，以及伯颜围困临安"兵不血刃"的光辉胜利，最后还提及自己"作颂歌元勋，因之写吾衷"的心情。他当然知道，元军南下的路上也有烧杀淫虐，青年时代他写的《赵村道中》就记录了荒村边白骨累累的惨象。

　　赵孟𫖯如此委曲求全，只能收获一些讥笑而已。直到元贞元年（1295）春情况才有了变化，皇帝免去了亦黑迷失的集贤院使职位，任命自己信任的阿剌浑萨理为守司徒、集贤院使并主持太史院事。他是赵孟𫖯的老上级，熟门熟路，赵孟𫖯在院中的情况应该有了些改善。

　　这时候在集贤院出现的道士也多起来了，皇帝改变了祖父忽必烈晚年压制道教的政策，正月下诏道教可以恢复举行"金箓""科范"仪式，还让道士到宫廷中举办法事，因此许多道士都来京城活动。

　　翰林学士承旨留梦炎在元贞元年（1295）二月退休，朝中官员都前往遂初亭送别。因为之前赵孟𫖯曾奉忽必烈之命写过讽刺他的诗，两人关系并不亲密，赵孟𫖯没有好意思前去送行和写赠别诗。

　　这时候与赵孟𫖯第一次到大都时最大的不同是，随着大运河的贯通，海子（今积水潭）那里的码头货运繁忙，附近住的人、开的店铺越来越多，从海子边通向鼓楼的西斜街成为热闹的商业中心，出现了许多歌台酒馆。钟楼后面还出现了一处"穷汉市"，许多穷人聚集在那里等人来雇佣打短工，比如修墙、盖房等。

担任杭州儒学录的杭州友人张槑（字仲实）寄来一首诗，赵孟頫回了一首《都中次张仲实见寄观梅韵》，感叹自己离开江南已经十年[1]：

> 花老蛮烟隔瘴尘，几惊清梦唤真真。
> 夜窥幽树惟山鬼，暖入孤根有谷神。
> 岁晚妆残金屋冷，月明歌散玉楼春。
> 十年不醉西湖路，辜负先生垫角巾。

清明时集贤学士宋渤邀请一些官员到自己的后园雅集，正好梨花盛开，于是赵孟頫写了《清明日宴集贤宋学士园，时梨花盛开，诸老属仆同赋》：

> 琪树吹香荡夕晖，华簪人对雪霏霏。
> 汉宫新火初传烛，楚女行云乍湿衣。
> 一片花疑蝴蝶化，满枝春想玉钗肥。
> 娥眉不用梨园曲，唱彻瑶台醉未归。

四月，皇帝以祖父忽必烈有遗旨为由，下令在五台山修建一座佛寺为皇太后祈福，让将作院、工部负责此事，大都、保定、真定、平阳、太原、大同、河间、大名、顺德、广平十路都征发民众参与工程。闰四月，中书右丞张九思带人去五台山举行开工典礼，看到天空中的云气之间犹如

1.赵孟頫《清明日宴集贤学士园，时梨花盛开，诸老属仆同赋》二首。（清）吴升. 大观录：卷九（清刻本）. 据此文考证，下一首诗也为赵孟頫所作。

亿万菩萨形状的五彩祥云。张九思回来后讲述了这件事，让赵孟頫撰写了一篇《五台山文殊菩萨显应记》。

赵孟頫因为比较空闲，先后写了好几篇墓志铭：应集贤侍读学士李倜之请为他的亡父作了《故成都路防城军民总管李公墓志铭》，七月一日应当年的兵部同僚程天锡之托写了《程氏先茔之碑》，同一时期还受耶律楚材之孙、时任奉训大夫耶律希光的引介，为大兴县的富户杜氏家族写了《杜氏先茔之碑》。他还书写了松江府知府张之翰撰文的《松江普照寺藏殿记》，张之翰以前在朝中担任户部侍郎、翰林侍读学士，和赵孟頫有交往。

赵孟頫时常留心京城人士的书画藏品，如在来京的常州总管府张治中手中看到一幅字帖《枕卧帖》，张并不清楚这是谁的作品，赵孟頫四次借回家临摹观赏，认出这是虞世南的作品。张一再问这是谁的作品，赵孟頫也不好欺骗他，就告诉了他这是虞世南之作，张这才当成宝贝不再轻易出借。后来赵孟頫出了高价才买下这件作品。他还在叔亮内翰处观赏到《唐摹神龙本兰亭序》（现藏北京故宫博物院），题跋道："定武旧拓在人间者，如晨星矣，此又落落若启明者耶。"

元贞元年（1295）六月，董文进等进呈了《世祖实录》，参与的臣僚可以得到赏赐和升职。可是赵孟頫不仅没有得到奖励，反倒失去了官职，很可能是之前在济南钱粮账目的事情，被山东东西道肃政廉访司佥事韦哈剌哈孙找到切实的差错。于是他遭到免职的处分，散官荣衔也由从四品的朝列大夫降为正五品的奉议大夫[1]。

他这样的四、五品官员的进退由中书省决定，此时中书宰执中没有赵孟頫熟悉的人，与他有交往的平章政事不忽木此时因为与宰相完泽意见不

1. 赵孟頫对此有"罢职""辞职"两种说法。赵华. 赵孟頫闲居考. 成都：四川人民出版社，2020：37.

同，称病在家，无法给予赵孟頫支持[1]。中书右丞张九思和赵孟頫只是泛泛之交而已，估计也不会为他申辩。而且这时候北方儒臣和南方儒臣还有过一次小小的交锋，一位南方儒臣上书请求朝廷核查田产以便增加税收，宰相有意采纳这个建议，中书平章何荣祖、参议中书省事的翰林侍讲学士王构却力劝宰相放弃了这个想法，可以想象这件事也对朝中南方儒臣的处境有所影响。

赵孟頫失去了官位，只能在六月怏怏离开大都。他在运河上缓慢南行时，七月皇帝下诏江南各地的"天庆观"都要改名为"元妙观"，毁掉各地天庆观中供奉的"赵玄朗"神像和宋太祖神主位。当年宋真宗宣称天帝让赵氏的始祖"赵玄朗"授予自己"天书"，认为这是上天降下的祥瑞，于是下令在各地设立"天庆观"供奉赵玄朗，追尊赵玄朗为"上灵高道九天司命保生天尊大帝"，庙号"圣祖"。显然，朝中的有心人还在关注天庆观等道观供奉赵玄朗这件事。至元三十年（1293）夏天，忽必烈就曾下旨让江南各地道观拆毁供奉赵玄朗的圣祖天尊祠，如今的皇帝再次下令让天庆观改名、毁去宋太祖神主位，意在彻底消灭宋朝皇族在江南宗教信仰中的影响。

这虽然并不是针对赵孟頫个人的，可是也可以看出大元皇室对于宋朝赵氏宗族的防范心理。作为赵氏子孙本身就意味着一定的危险性，如果不谨言慎行的话，很容易被人罗织罪名，陷入险境。

---

1. 不忽木很有个性。文天祥死后，嗣子文升听说文天祥之妻欧阳氏还在世，大德二年（1298）来北方寻找。不忽木在大都偶然遇到文升以后就请他到府中做客，当众称赞文天祥说"宋养士三百余：死国之昭昭者，文丞相一人"。他想要推荐文升为官，文升推辞说找到母亲后要回到奉养老母，没有答应留在大都当官。文天祥之妻欧阳氏和两个女儿柳小娘、环小娘早在至元十四年就被元军擒获，带到大都以后居住在东宫。她们出家后穿道士服装，日诵道经，后随公主下嫁驸马高唐王，欧阳氏居大同路丰州栖真观，女儿作为陪嫁侍女随月烈公主去往高唐王阔里吉思的封地，在今河北张家口沽源县境内。大德七年文升从凤州迎接欧阳氏归江西老家奉养，大德九年病逝。李修生. 全元文：卷七六一. 南京：江苏古籍出版社，1998：373-374.

出猎图 （元）佚名　绢本设色　49.9cm X 49.9cm（华盛顿弗里尔美术馆藏）

　　这幅画描绘的是北方草原部族人士和他们的马匹、猎犬，赵孟頫在大都郊区经常能看到类似的场景。

七 闲居三年：
已无新梦到清都

元贞元年（1295）夏末，四十一岁的赵孟頫被罢免了官职，失意地离开大都。这次他可以乘船从皇宫北侧的海子沿着运河行驶到湖州，路途虽慢，却比以前轻松了不少。路过苏州时在京城见过的宋无招待了他，八月十五中秋之日赵孟頫给宋无的诗集文稿《翠寒集》作了序。

赵孟頫回到德清县家中和妻儿团聚，住了一段时间，听说湖州路官府正在寿昌坊洪禧寺东侧修建一座三皇庙，因为皇帝在这年初命令全国郡县都要祭祀三皇太皞伏羲氏、炎帝神农氏、轩辕黄帝氏以及传说中他们的臣僚风后、句芒、祝融等，还特别命令三皇庙的两侧殿堂要供奉十大名医。每个三皇庙的大门悬挂牌匾"开天之门"，大殿叫"三皇之殿"，郡县官员要像祭祀孔子一样祭祀三皇，而医学官则要每年三月三日、九月九日祭祀十大名医。

赵孟頫和老朋友周密多有交游，经常往来唱和。至元二十九年（1292）杭州癸辛街起火，把周密的家和大多数藏品都烧毁了，让他时常感叹自己运气太差。他也只好迁居到西湖边的一处房舍居住。在《次韵周公谨见赠》中赵孟頫向这位知己陈述了自己"十年从世故，尘土满衣袖"的黯然心境。

赵孟頫似乎已经完全放弃了出仕从政的抱负，安于当一个闲散文人、书画家和鉴藏家。这一次回来，他带来的最大收获是在大都、济南收藏的唐宋书画珍迹，向周密出示了法帖4件，古画25幅，古玩若干。

法帖为虞世南《枕卧帖》、李邕《葛粉帖》、颜真卿《乞米帖》（原属天台县收藏家谢弈修，或为米芾临本，元内府藏有另一本《乞米帖》）、米芾《宝章待访录》；

古画为王维《山水》（小本）、李思训《摘瓜图》、韩幹《五陵游侠图》、周昉《春宵秘戏图》、吴生《观音》、谢稚《三牛图》、魏元君《受经像》、韩滉《五牛图》、李成《看碑图》（原属张谦）、黄筌《唐诗故实》《脱鞲新篁》《剪金雏雀》《双鹌鹑》、孙知微《十一曜图》、董源《河伯娶妇》《水石吟龙》、王诜《连山绝壑》、赵希远《蟠松双兔》、朱熙《牛》、崔白《兔》二幅、宋徽宗赵佶《古木寒雅嫩竹》、王齐翰《岩居僧》、李公麟《慈孝故实图》、易元吉《竹石獐猿图》、徐熙《戴胜梨花》。

古玩器物为雕玉盘、白玉方顶簪、白玉双荔枝女环、方铜炉、圆铜鼎等。

周密还在赵孟頫一个临水的斋室"水槛"中看到了其他藏品，可能是赵孟頫之前的一些收藏。他在大都、济南得到的藏品中有好几件有宋徽宗、宋高宗的鉴赏印或者题跋，显然都是宋朝内府所藏，让身为赵氏子孙的他十分得意。

赵孟頫在北方长期逗留，得以欣赏、收藏和研究唐代、五代和北宋的"古画"，让他从南宋比较小巧精致的残山片水、花花鸟鸟的画风中解放出来，开始注重更大视野、尺幅的山水、人物、牛马的创作，从而形成了融合南北的典雅风格和"复古"的艺术观念。比如他在济南见到的董源画作《江村春日》手卷"幽深平旷，兴趣无穷"[1]，启发他以新的形式呈现江南的风景，开始追求滋润的笔墨、幽淡的意境，构图则比南宋马远等人的画作更开阔和复杂，显然受到北宋画家的影响[2]。

在书法方面，他开始寻访以"二王"为代表的晋唐名家遗墨和刻帖，先后临摹过王羲之的《眠食帖》《大道帖》及传说王献之所作《保母志帖》，对晋代书法有了更多的体会，经过不断的揣摩学习，脱去了宋高宗赵构那种略显松垮的字体，着力探索自己的个人风格。

赵孟頫主要住在德清的别业，也经常去杭州小住。他写有《德清闲居》一诗描绘自己这时的生活状态：

---

1. 赵孟頫《行书致季宗元行书二札帖》，北京故宫博物院藏。

2. 这一点李铸晋、高居翰、王连起等先生都有相关论述，李铸晋观点：李铸晋. 赵孟頫的《鹊华秋色图》. 新美术，1989（1）：30-41. 高居翰观点：高居翰. 隔江山色：元代绘画，1279—1368. 宋伟航，等，译. 北京：生活·读书·新知三联书店，2009：35. 王连起观点：王连起. 赵孟頫书画艺术概论. 书画世界，2017（11）：4-11.

已无新梦到清都，空有高情学隐居。

贫尚典衣贪购画，病思弃研厌求书。

围人焚积夜防虎，溪女叩扉朝卖鱼。

困即枕书饥即饭，谋生自笑一何疏。

　　他这时候有心写著作，也喜欢在自己收藏的善本图书上题跋。他十分爱惜自己收藏的宋版书《汉书》《六臣注文选》等书籍，还在一本书上题跋说："聚书藏书，良非易事。善观书者，澄神端虑，净几焚香，勿捲脑，勿折角，勿以爪侵字，勿以唾揭幅，勿以作枕，勿以夹刺，随损随修，随开随掩。后之得吾书者，并奉赠此法。"[1]

　　十二月周密来德清拜访他。谈话中周密提到自己祖籍济南，先人在北宋灭亡时随宋高宗赵构南渡才落籍吴兴。他一生未回过济南，但对祖籍之地充满深情，就以济南的一座山自号"华不注山人"。赵孟頫在济南待了两年，去游览过济南的名山"华不注"和东侧的小山鹊山。看到周密对这些山水极为神往，赵孟頫就凭记忆描绘济南那两座山以及周围的平川洲渚、红树芦荻，其间还有渔舟出没，房舍隐现，命名为《鹊华秋色》（现藏台北"故宫博物院"）[2]，以慰藉好友周密的乡土之思。

　　这幅作品受到他在北方购藏的董源《河伯娶妇》和李成《看碑图》

1.（清）吴翌凤，吴格.逊志堂杂钞·庚集.北京：中华书局，2006：96。
2.《鹊华秋色》自明末董其昌题跋以来多被当作赵孟頫代表作，但是1990年时学者丁羲元认为此画是明代人的伪作（丁羲元.赵孟頫鹊华秋色图卷新考//赵孟頫研究论文集.上海：上海书画出版社，1995：378-395）。近有研究者认为这幅画是元末俞和的伪作（张明.赵孟頫书法研究发微.吉林大学硕士学位论文，2007：68）。伪造赵孟頫书画作品在元末、明代都颇为流行，安岐、徐邦达、王连起等人研究认为现存题款为赵孟頫的《六体千文》《九歌书画册》《临定武兰亭序》《急就章》（二种）、《望江南净土词》《汲黯传》等都是俞和伪作，另一研究者赵华认为北京故宫博物院藏《道德经》《与山巨源绝交书》《浴马图》，上海博物馆藏《洞庭东山图》、台北"故宫博物院"藏《鹊华秋色图》《跋易元吉猫猴图》《临王羲之书册》以及散藏各地的《妙法莲华经》等也是俞和作伪的赵孟頫款作品。明代弘治年间的詹僖则制作了许多署名赵孟頫的书法伪作，徐邦达、王连起、赵华等都有论及。

的重要影响，董源在建康（南京）长期任职，善于描画江南的山水湖溪。赵孟頫把董源画作中一些水岸、树木局部进行简化、强化，主要用书法的笔触线头勾形而不是晕染塑造形象，只是略微结合青绿山水画法渲染了山体。李成以描绘平原景观和寒林著称，或许他的《看碑图》的平远构图也对赵孟頫有很大影响。《鹊华秋色图》的构图巧妙之处在于，前景的树木足以让人细细品味，两侧的留白和后景又给人如同江波、宇宙的浩渺无尽之意，就像赵孟頫称赞李成的作品意蕴是"山峙川流宇宙间"[1]。

赵孟頫因为是罢职回家，有点不好意思频繁抛头露面，加上不再当官，也就少了许多为了现实利益结交之人，所以最初几个月相当寂寞。另一方面，因为他出仕元朝，那些不出仕新朝的遗民对他有看法，有点排斥他。年底他给同乡前辈秦钦赠送历日，对方答谢的诗暗含着一些讽刺[2]：

> 野人无历也知春，多谢王孙岁月真。
> 六十余年藏甲子，今朝愁见旧时新。

赵孟頫的好意遭到如此对待，心中也有一些委屈，可是他性情温和，并没有报复心理，一直努力和湖州、杭州的遗民文人友好相处。但也有一些遗民不搭理赵孟頫这样的出仕者，比如和温日观有来往的湖州宗室画家赵孟奎、曾任南宋嘉兴府知府的文及翁、南宋淳熙十一年进士林昉以及隐士顾逢、林石田、善琴文士徐宇（字雪江）、释文珦等遗民就不和他往来。赵孟奎家在湖州，十九岁时考中南宋宝祐四年进士，曾任秘阁修撰、

1. 班宗华（Richarde Barnhart）、李铸晋都认为赵孟頫此作受到董源《河伯娶妇图》（现名《现名潇湘图》，北京故宫博物院藏）影响。李铸晋.赵孟頫的《鹊华秋色图》（下篇）.新美术，1989（3）：29-39.石守谦认为可能也受到李成作品影响，并强调此画对书法行用笔的使用。石守谦.山鸣谷应：中国山水画和观众的历史.上海：上海书画出版社，2019：92-94.
2. （清）冯桂芬，等.同治《苏州府志》：卷七十八，光绪八年江苏书局刻本.

鹊华秋色图　（元）元贞元年（1295）　赵孟頫　纸本设色　28.4cm×90.2cm（台北"故宫博物院"藏）

此画描绘的是眺望济南东北华不注山和鹊山秋景的场面，画境清旷恬淡。大多数研究者认为是赵孟頫探索平远构图的山水画新图式的开创之作，但是也有比较强有力的证据显示它可能是后人伪作。

观文殿学士，南宋灭亡后常在湖州、杭州两地活动，是有名的遗民画家，以善画竹石著称，却从不和赵孟頫交往。

　　这段时间赵孟頫经常要处理家中的大小事务，常给田庄的管家孙行可写信，催促处理各处田产的栽种、收获、交税、买地各种事务。他从小熟知农事，也细心，知道种田需要上粪提高肥力，特地在一封信中说"有粪在此，令人来载"[1]。他家以前的老管家沈山主可能年纪大了，现在主要是孙行可管田庄，但是赵孟頫常常让人送一些腌鱼、醋瓜之类给沈山主，十分感念这位帮助赵家管理田庄多年的老人。

　　当然，也常有人来求字。如果有朋友来拜访，赵孟頫就格外高兴。

1.（元）赵孟頫，钱伟强.赵孟頫集：补遗.杭州：浙江古籍出版社，2012：348.

大德元年（1297）九月，担任江浙行省检校的济南人张谦（字受益，号古斋）到湖州来公干，顺便拜访了赵孟頫。他借住在湖州一座叫"观堂"的佛寺，赵孟頫去回访时两人一起在房舍中饮酒和鉴赏书画器物。赵孟頫喝了几杯酒后，顺手写了一幅《太湖石赞》和一幅《归去来辞并序》（现藏上海博物馆）送给张谦。由于长期高强度临写和练习书法，不管是否饮酒，他的每幅书法作品基本都能保持很高的水准，每个字都骨肉均匀、体势圆熟，每一笔都提按劲健、轻重得宜，笔划转折之处迅疾而骨力劲健，而整体仍然给人温润流丽之感。观堂的住持云岩乘机也请赵孟頫撰写了《重修观堂记》，追溯了他主持重修这座寺庙的历史。

这年秋冬，湖州等地的民众十分忙碌，因为江浙行省平章政事彻尔上奏说江浙税粮甲天下，平江、嘉兴、湖州3郡占江浙税粮的七成，可是这些地区地势低洼，经常水涝成灾，加之一些地方豪强封土为田，加剧了洪涝灾情，于是他奏请征发数万民工疏浚各条河道，历时四个月才竣工。

或许实在无聊，听说以前在北京认识的石岩（字民瞻）在彭泽县尹任满以后回镇江闲居，多次来湖州却没有来拜会自己。赵孟頫就写信询问石岩为何不来见自己，还提到之前石岩答应送自己一件茶具或酒具"碧盏"，可一直没有如约送来。石岩此人交际似乎颇为重视实利，他接到信以后托人带来别人画的《梅》《观音像》两幅画请赵孟頫题跋，之后却又不再联系。

于是，赵孟頫又写信给石岩，询问为什么还没有送"碧盏"给自己，这可能是双方的心理预期不同。赵孟頫之前已经给石氏赠送书法作品、题跋藏品，获得"碧盏"是他心中认可的等值回报，而石岩似乎觉得并不值得如此。类似地，他还曾写信给高复礼（字仁卿）请对方把答应送自己的翡翠石送来。至元二十八年（1291）赵孟頫曾赠送书法作品给对方，对方或许口头许诺送他一块翡翠石，但是却一直没有履行诺言。

后来石岩带着厚礼前来拜会赵孟頫，正好赵孟頫外出，两人没能见面，这些礼物让赵孟頫感觉好些了。之后石岩又来信托赵孟頫写文章，并送来了他念念不忘的"碧盏"等礼物。奇怪的是，赵孟頫却把这只"碧盏"退还给了石岩，或许他觉得石岩送到自己家的厚礼已经和自己送他的书法等值，又或许这件"碧盏"品相一般，他就还了回去，以示自己并不是占便宜之人。

两人继续保持信札来往，形成了等价交换的社交默契[1]。石岩曾托人送沉香给赵孟頫，同时带来一幅《墨竹图》请赵孟頫在上面题跋，赵孟頫自然不会拒绝。到了冬天，石岩派人带信和一些鹿肉给赵孟頫，请赵孟頫在绢上写字作为回报，于是赵孟頫书写了《兰亭序》。在回信中他说家人觉

1.赵孟頫《行书十札卷》纸本，上海博物馆藏。

得鹿肉太少不够吃，请石岩多寄一些来，石岩就让人寄来一些，可是赵孟頫又写了一封信让石岩再多寄一些鹿肉。可能赵孟頫认为，自己写的那篇《兰亭序》值得用更多的鹿肉交换，而石岩显然有点小气，每次仅仅寄来很少一些。

这种以礼物交换书画作品、题跋的方式是当时社交的常规。元贞元年（1295）到大德二年（1298）他在德清闲居，没有俸禄收入，因此要靠卖自己的书画作品赚些钱，有时还出手字画古玩换钱，比如，回家不久他就把董源的《河伯娶妇》卖给了收藏家庄肃。当时在杭州等江南大城镇活跃着许多画家，比如遗民文人画家龚开、郑思肖、钱选、罗稚川、王迪简等，僧道画家温日观、马臻、颜辉等，还有南宋画院画家及其传人宋汝志、王景异、孙君泽、刘耀、吴皇、张远、沈月溪等。他们的主要买主应该都是富有资财的江浙官僚、文士或者有一定文化修养的商人。

赵孟頫也靠书画谋取一部分收入。他在苏州、杭州各有一两个交好的朋友作为出售碑文书画的中介。在苏州他主要通过段德辅、段德俊兄弟出售作品。他们经常送礼物或者银两来请赵孟頫按照客户的要求创作书画作品。赵孟頫写给段德辅教授的《奉答帖》催这位经纪人尽快把自己送到他那里的物品（自己的作品或者收藏的藏品）卖掉，把所得钱钞寄来供家中急用。大德三年（1299），他重新任官之后依然和段氏兄弟如此合作，比如他在《致德辅近来吴门帖》中提醒对方，之前已经按请托的要求画了《观音》并托人带给了段氏，请段氏尽快把润笔送来[1]。

有一次，段德俊托人带来玛瑙界尺、纸卷作为礼物，请赵孟頫写一篇关于道教金丹的400字短文，赵孟頫当天就抽空写好并托人带给段氏。可是几天后，段德俊来信说并没有收到那篇短文，赵孟頫回信说自己当天就托人寄回去了，可是他忘了自己托的人是谁。他在信中抱怨因为自己的书

---

1. 赵孟頫《近来吴门帖》纸本，北京故宫博物院藏。

法颇好，常发生带信人把信札私吞的事情，说自己努力回忆下托谁带去了该文，如果想不起那人的名字，就重写一份给段氏。段德俊曾请赵孟頫书写《老子》，赵孟頫写完后正好要去苏州，就直接把这幅字带到苏州，写信给段德俊的哥哥段德辅教谕，请他通知弟弟赶快来拿。

赵孟頫习惯了拿到馈送的钱、米以后才撰文写字的交换方式，请托之人也都知道他爱钱。有一天两个白莲派的道士登门拜访，看守赵家大门的门子报告赵孟頫说有两位居士在门前求见。赵孟頫怒声说："甚么居士？香山居士？东坡居士？吃素食、戴头巾的人就都是居士吗？！"管夫人听了，就劝说丈夫不要这样没来由地焦躁，家里还有钱买得起东西吃喝，就见见吧。赵孟頫闷闷不乐地接见了两个道士，连茶水也没有上，道士寒暄之后，从袖筒中拿出十锭钞作为润笔，请他书写一篇以前请某文人撰著的庵记，赵孟頫急忙大呼侍童上茶给居士喝，欢谈而散[1]。

他习惯以接受金钱或者礼物这两种方式换取自己的文章、书法、绘画。当时有一个彼此公认的价格，如果他觉得对方给的润笔不足，他会要求对方再付一些钱或者礼物。而如果对方付给自己的礼物过多，他会回赠礼物或者多送一两件作品答谢。

元贞二年（1296）正月，有个收藏家拿着一幅马图来找赵孟頫题跋，赵孟頫看到这是三年前自己在济南送给史炜的那幅绘画《人骑图》。这是自己特别满意的一幅画作，可惜史炜似乎并不欣赏，转赠或者卖给了他人，这也情有可原，因为这幅画描绘的是赵孟頫骑在自己的马上，如果画史氏和他的马的画估计就不会有这样的遭遇了。于是赵孟頫和这位藏家商量购买或者用一幅新作换下了这幅画。他让人重新装裱，去掉了赠送史氏时题写的旧文字，重新写了题跋，感叹"画固难，识画尤难"，觉得史氏无法理解这幅画的妙处，只有那些有眼力的人才能看出这幅画可以和唐人名作并驾齐驱。

1.（元）孔奇，庄敏，顾新.至正直记：卷之一.上海：上海古籍出版社，1987：17.

赵孟頫还在十日这天画了一幅《人马图》（后被人装裱为《吴兴赵氏三世人马图》，今藏纽约大都会艺术博物馆），托人送给担任江东道廉访使的史炜（字飞卿），这幅画中没有描绘自己骑着马，而是一个马夫牵着一匹白马。富有趣味的是，那个长满胡须的马夫就是赵孟頫自己的形象，这次他的用笔更加细腻，用色更加淡雅，或许是以此考验史氏的欣赏能力，或许是想和他开一个小小的玩笑。

　　赵孟頫为什么喜欢画马？

人马图（《赵氏三世人马图卷》局部）（元）赵孟頫　纸本设色　30.2cm×178.1cm（纽约大都会艺术博物馆）

　　赵孟頫在元贞二年（1296）绘制了多幅马题材的作品，可能都是为了送礼。这件送给廉访使的作品，后被主人转赠或者卖给了他人，赵孟頫见到以后题跋感叹对方不珍重对待自己的精心之作。

一者，这本就是唐宋代流行的绘画题材之一。马在唐代文化中就是人才的象征，藏家可以自命如马纵横、如马奔腾、马到成功，有吉祥的寓意，奔波仕途的官宦、命运不顺的才子，四方行走的商人都乐于接受。

二者，蒙古皇帝、高官长期在草原地区生活，马是他们主要的交通工具和军事装备，平时也非常喜欢纵马狩猎。他们对马有细致的分类，比如白马是大汗才能骑乘的御马，根据全身和面部的毛色又把马分成黑玉面马、五明马、桃花马、黑马、赤花、赤玉面、栗色玉面马等，忽必烈还曾接受教皇使者赠送的马。因此蒙古贵族非常欣赏以马为主题的绘画，这是元代北方画家热衷这一题材的一大原因。

三者，马可以象征自己的宗室身份。友人在《人马图》的题跋中提及古代传说出产神马的"渥洼"，唐人杜甫有"渥洼汗血种，天上麒麟儿"之句。赵孟頫是宋太祖的第十一世孙，或许暗示画中的马和赵孟頫都是龙种，但是这恐怕未必是赵孟頫的本意，他对此应该是避忌的态度而不是热衷传播这样的暗示。

当然，赵孟頫画的马和当时流行的狩猎图中的马匹不同，他经常描绘马安静、悠闲的状态，设色上追唐代画家曹霸、韩干，笔法简洁洗练，表达闲适的意趣和简古的色彩。他对自己画的马十分自信，觉得可以和北宋名画家李公麟并驾齐驱，在一幅自己画的马图上题跋："吾自幼好画马，自谓颇尽物之性。友人郭佑之尝赠余诗云：'世人但解比龙眠，那知已出曹韩上。'曹、韩固是过许，使龙眠无恙，当与之并驱耳。"[1]在他看来，曹霸、韩干这样的前辈名家画作的最大特点是"命意高古，不求形似"[2]，这是他们高出画匠的地方，依旧是强调士大夫画家的追求和职业画师追求不同。比如他和李公麟一样，在马图中十分注重骑马、牵马之人的神情姿态，让马与人形成互动和对照，富有意趣。这件

1.（元）陶宗仪.南村辍耕录：卷之七.北京：中华书局，1959：81.

2.（元）汤垕.画鉴//文渊阁四库全书本.

《历朝名绘册页》之一"调良图"（元）赵孟頫　纸本水墨　49cm×75.1cm（台北"故宫博物院"藏）

《人马图》就是受到李公麟《五马图》启发创作的，他的另一幅画作《调良图》中描绘疾风刮来时马鬃飘扬、牵马人也扬袖挡风的场景，可能也受到李公麟作品和韩幹《照夜白图》的某些元素的影响[1]。

元贞二年正月十八日，湖州人田良卿在骆驼桥买到一幅赵孟頫所书的《千字文》，他拿来求题跋时，赵孟頫回忆起自己从二十岁以后常写千字文练字的事情，眼前这件就是他数年前写的一幅。当时他正用心学习褚遂良的《孟法师碑》，所以这件千字文的字体和褚遂良的字体近似[2]。看到自己早年的作品也受到重视，能够卖几绢钱，他虽然题跋中谦虚说"可笑"，心中应该相当得意。

1. 李铸晋. 鹊华秋色：赵孟頫的生平与画艺. 上海：上海人民出版社，2008：204-206.
2. （元）陶宗仪. 南村辍耕录：卷之七. 北京：中华书局，1959：81.

年底朝廷任命赵孟𫖯担任太原路的汾州知州兼管本州诸军奥鲁劝农事。这或许与不忽木春天复出有关，他被皇帝任命为昭文馆大学士、平章军国事，是最有影响力的重臣之一，或许他帮助老相识赵孟𫖯说了话。

在济南当地方官的经历让赵孟𫖯记忆深刻，他对当公务繁忙而又被监察官员严密监督的地方长官心存畏惧，他思来想去，下定决心不再担任这类官职，写了一首诗《岁晚偶成》表达自己不愿为官的心情：

> 致君泽物已无由，梦想田园雪水头。
>
> 老子难同非子传，齐人终困楚人咻。
>
> 濯缨久拚随渔父，束带宁堪见督邮。
>
> 准拟新年弃官去，百无拘系似沙鸥。

大德元年（1297）年初他正式上书，辞谢就任知汾州兼管本州诸军奥鲁的官职。他在德清龙洞山南侧的余英溪边修建了一处别业，以父亲传下的古琴"松雪"命名为"松雪斋"，把花园中赏景的小亭命名为"鸥波亭"，寓意自己犹鸥鸟一样悠游，不愿意再卷入官场中。德清县恰好处于湖州府城和杭州之间，十分方便他去这两个地方社交。

这时候他绘制了《谢幼舆丘壑图》表达自己隐居的心态。谢鲲（字幼舆）是西晋末东晋初以清谈著称的名士，在外地为官的他一次到建康公干，在东宫见到太子司马绍（后来的晋明帝），司马绍问道："时论将你与庾亮相比，对此你有什么看法？"谢鲲答道："以礼制整治朝廷，为百官作榜样，我不如庾亮；至于一丘一壑（寄情山水）的情趣，我能超越他。"后来，顾恺之画谢鲲的像，便把他安置在山崖乱石中，并道："谢幼舆曾说：'一丘一壑，自谓过之。'就应该把他安置在山崖沟壑中。"

赵孟𫖯把自己青年时期一直到目前为止的诗文编辑成几卷《松雪斋集》文稿，视为自己文学创作的总结。他又把自己从至元十六年（1279）开始陆续撰写的《书古今文集注》初稿抄写一遍并写了序言，把它视为自己最重要的著作。对儒士来说，如果对儒家经典有所研究并得到广泛承认，无疑是巨大的荣誉。他还从这部书中发现了可以解释自己出仕的大道理。他用小楷抄写了《尚书·洪范》的内容并描绘了周武王拜访箕子请教的图像，这可以说是军事上的胜利者周武王向商文化的保存者箕子请教，箕子则以这样的方式传承商族文化和治国大道，而他出仕元朝，也可以说是试图以自己的文化理念去影响蒙古贵族治理国家[1]。

可是赵孟頫也并非坚定的、绝对的儒家精神的信奉者，他对佛教也有亲近感。四月八日他薰沐焚香之后书写了《法华经》一部，数万字"前后一律，劲可屈铁"，施舍给金陵奘公塔。他之所以对佛教感兴趣，或许和他生母丘氏的影响有关，也因为他经历了宋元之际的剧烈社会变迁，经历了大都和济南的官场磨难，心中有了幻灭之感。

这期间是他归隐思想最浓厚的阶段，他先后书写陶渊明的《与子俨等疏》《归去来辞》等，此后他多次书写陶渊明的诗文如《归去来辞》等，多次描绘陶渊明像，都和他这种归隐的心态有关。他在一幅《归去来图》上的题画诗《题归去来图》透露了自己对"出"（出仕）和"处"（隐居）的思考：

> 生世各有时，出处非偶然。渊明赋归来，佳处未易言。
> 后人多慕之，效颦惑媸妍。终然不能去，俯仰尘埃间。
> 斯人真有道，名与日月悬。青松卓然操，黄华霜中鲜。
> 弃官亦易耳，忍穷北窗眠。抚卷三叹息，世久无此贤。

他辩白说出仕之人和隐居之人因为时势、个人的因素各有选择，虽然羡慕陶渊明的人很多，可是效法之人却没有多少。或许他这是感叹自己的

---

1. 文徵明已经注意到赵孟頫此书画作品暗含的意蕴。（明）张丑. 清河书画舫，清乾隆二十八年池北草堂刻本.

行为，虽然一时兴起辞官很容易，可是"忍穷"还是很难熬的，这就更加让自己敬佩陶渊明的行为。这一阶段他对"出仕"和"归隐"这个问题想了很多，多次表露在绘画中。一方面他渴望做官、享受；另一方面又希望隐居、自在，内心中的两个方面时常来回转换、博弈。

大德元年（1297）年底，他给自己的父亲立了《先侍郎阡表》，记录了他父亲的墓地曾经遭到盗掘，并于至元十七年（1280）改葬到吴兴城南的车盖山下。在这篇墓表中他有意掩盖他们家族的两个难言之隐，首先没有提及他父亲少小从兰溪那一支系入继湖州这一支系的事实；其次可能和当时的宗法制度有关，他只写了父亲的正妻李氏，没有提到自己的亲生母亲丘氏，这恰好说明丘氏是侧室侍妾，而不是续娶的正妻，所以赵孟𫖯有意遮掩自己是庶子这一点。可见如今赵孟𫖯成为了赵家在新朝官位最高的人，因此由他来撰写父亲的墓志铭，从而可以由自己掌握叙述的尺度。

当然，作为家族中官职最高的人，他也不时要出面帮助家族众人。比如因为长兄在长沙担任教授，他特地写信感谢湖南肃政廉访副使陆垕（字义斋）的关照。

约在这时，他把二女儿嫁给了平江等处运粮万户费拱辰的儿子费雄。费家住在上海县。上海本是华亭县东北部沿海地区相邻的几个村子里较大的一个，也是集市所在地，是渔民、农民活动的地方，北宋熙宁年间在这里设置了"上海务"负责征收酒税。南宋后期由于江阴水路淤塞、税收较重，许多商船都改到华亭县的港口青龙镇贸易。后来因为去青龙镇的水路淤塞，一些较大的商舶转而至上海务停靠，这里的商贸因此快速繁荣起来，人口越来越多。宝祐年间朝廷在这里设置了上海市舶司，镇上陆续修建了市舶司官署、榷场、酒库、军营、儒塾、圣妃宫（祭祀妈祖的天妃庙）和许多商铺，成了一个繁华大镇。至元二十八年（1291）朝廷因为华亭县地大人多，事务繁杂，正式划分华亭县东北部五个乡，设立了上海县。

费拱辰的父亲费棨是湖州长兴县人，在南宋末年他入赘嘉兴刘氏，因为计策受到两淮制置使的赏识，他参军并历任浙西兵马钤辖、权提举上海市舶司事，除了主管航海贸易还兼管镇务、海防，管辖的部署之一就是投降的海盗张瑄率领的船队。至元十二年元军南下时费寀和众官员、水军一起投降，继续保有其官位，担任上海总管府总管、管领海船万户等官职，他也从此定居上海。

费寀把上海的沿海民船录编为"船户籍"，免其徭役，每年组织数千船只、上万水手参与朱清、张瑄组织的漕粮海运，因此升为浙东道宣慰使。他去世后费拱辰继承了他管领海船万户的官职。世祖至元二十四年（1287）桑哥当政时，设立行泉府司专门管理海运，增设了两个万户府，任命费拱辰与张文虎同为平江等处运粮万户，同一年朝廷还让他们两人从海道运粮到华南，跟从大军征伐交趾。费家常年参与组织漕粮北运，也涉及海外贸易，成为上海县最有实力的几家富豪之一[1]。费寀为人宽厚，轻财好施，人称"费佛子"。

费拱辰因为祖籍湖州，也爱好书画，所以和周密、赵孟頫等湖州文人有交往，如今结成儿女亲家，来往就更多了。费拱辰正在培养儿子费雄熟悉军中、海运的种种关节、要点，打算让他早点承袭自己的官职、当运粮万户。

大德元年十二月二十六日赵孟頫返回湖州去拜访亲友，除夕之夜他赶回德清和妻子、岳父岳母一起过年。

---

1. 费雄后来承袭了父亲的运粮万户的官职，费氏家族在整个元代都是松江府、上海县有名的大族，但是明初朱元璋以"从逆"罪籍没了费雄家族的资产，其后裔渐而衰落，但是仍然与海运有密切关系。移居昆山的费信曾在太仓黄渡市舶司服役，永乐七年（1409），曾随郑和出使西洋，著有《星槎胜览》《大心纪行》等书。

八　入朝写经：
古墨轻磨满几香

大德二年（1298）正月第二天，湖州路官员派来的吏员急匆匆拍开德清县赵家的门，说湖州官员着急请赵孟頫回去见面。次日赵孟頫急忙赶到湖州官府，原来是皇太后弘吉刺·伯蓝也怯赤（阔阔真）下诏让他赴京书写金泥《大藏经》，还让他推荐擅长书法之人。推荐赵孟頫主持写经的可能是不忽木。不忽木是皇太后和皇帝都很尊重的重臣，时任昭文馆大学士、行御史中丞事。

当时赵孟頫正打算在溪水边新建一处可以避暑的房子，因此接到诏书后心里十分沮丧。但是赵孟頫一向不是那种决绝之人，他并没有拒绝这件事。因为他知道这是京城朋友促成的好事，而且也是皇太后的差事，恐怕不好推辞，就应承下来。可是答应下来之后，他又心有不甘，写有《述怀》一首表达自己不愿意再到京城的心情：

> 我性真且率，不知恒怒嗔。
>
> 俯仰欲从俗，夏畦同苦辛。
>
> 以此甘弃置，筑屋龟溪滨。
>
> 西与长松友，东将修竹邻。
>
> 桃李粗罗列，梅柳亦清新。
>
> 渐与市朝远，颇觉渔樵亲。
>
> 自谓独往意，白首无缁磷。
>
> 安知承嘉惠，再踏京华尘。
>
> 京华人所慕，宜富不宜贫。
>
> 严郑不可作，兹怀向谁陈。

正月初七"人日"，他照着镜子给自己画了一幅《自画像》，并题了自己去年底写的《岁晚偶成》之诗[1]。这幅画是中国历史上文人画家创作的

1.（清）钱泳，张伟. 履园丛话. 北京：中华书局，1979：278-279.

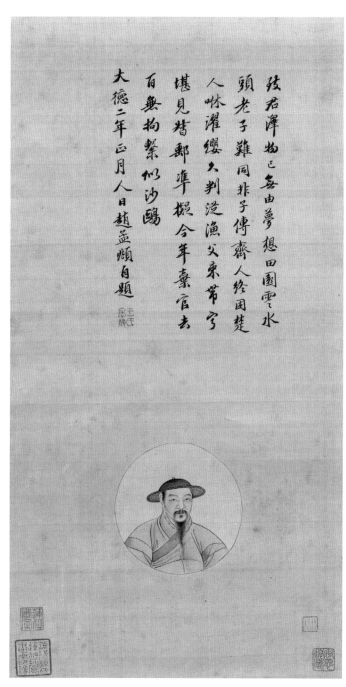

摹趙孟頫肖像　（清）汪恭

第一幅半身镜面自画像，就是把人物上半身放置在一个形如镜子的圆形中呈现，犹如在照镜子一般。这种画像被当时的道教徒称为"内观图"[1]，意思是在修行中通过意识观照身体的结构和运行。

画这样的作品和他在大都的见闻有关。蒙元贵族普遍喜欢这类半身肖像画，或许是因为他们熟悉欧洲的圣像画、肖像画。蒙古国创建之初，就有西方的传教士到他们的首都和林传教。法兰西的工匠威廉把一辆大车拉着的帐篷布置成移动的礼拜堂，帐篷外面画着圣经故事的图画，里面安置着圣母玛丽亚的木头雕像。蒙古人西征时也带回了许多西亚、东欧的织物肖像、铸有帝王头像的钱币等[2]。另外，大元皇帝、皇后的大型画像也受到西藏佛教唐卡画的影响，其尺寸恰好与供奉佛祖画像的佛坛尺幅相同，可能也是放在佛寺、宗庙一类的地方供奉的[3]。

世祖忽必烈的母亲唆鲁禾帖尼太后就是基督教聂思脱里派信徒，或许就是在她的影响下，忽必烈即位后注重让画家、织绣工匠描绘前朝大汗的肖像并供奉在皇宫、佛寺、翰林院等机构中。与皇族的爱好相呼应，佛教、道教和民间也都流行请画家为自己创作写真像，如杭州就有吴寿山、陈鉴如等人擅长画写真像，陈鉴如还曾为赵孟頫画过写真像。赵孟頫也动手稍微改了画上的几处细节，让画像看起来更加准确生动。

因为要推荐擅长书法的人写经，于是赵孟頫就在湖州、杭州逗留了四个月作准备和考察。他把杭州路儒学学正邓文原以及其他人推荐的金寿之、邱子正、班惟志等二十余人的名字都报上去。

---

1. 和赵孟頫有交往的玄教著名道士吴全节有《吴全节十四画像并赞》传世，包括"内观像"和"泥丸像"两幅"镜影像"，内观像似乎是上半身像，泥丸像则是胸部以上以头部为主的画像。赵孟頫曾经在这幅吴全节的"泥丸像"上题写赞词"谁言道家，隐儒其间。众人皆忙，我独闲闲。混迹在朝，何异山。不矫不纤，其馨如兰"。施錡."镜影图"的道教源头与文人趣味渗透：从赵孟頫《自写像》说起.民族艺术，2015（6）：150-151.
2. 牛继飞.元代宫廷绘画机构研究.首都师范大学硕士论文，2006：24.
3. 尚刚.蒙、元御容.故宫博物院院刊（3）：55.

二月，赵孟頫去杭州待了一段时间。除了和官府商量举荐写经之人，此行最重要的一件事是请戴表元给自己整理出的《松雪斋集》文稿作序，这是他过去二十多年诗文创作的总结。他已经有了出版和传播的想法，把它当作自己最重要的作品。戴氏在二月十六日写好了序，回顾了两人相识十五年来的五次会面，称赞他的古赋"凌厉顿迅，在楚、汉之间"，古诗追踪鲍照、谢灵运，近体诗则超过高适、李翱。

二十三日鲜于枢邀爱好收藏的霍熏（字清臣）、周密、郭天锡、张伯淳、廉希贡（字端甫）、马煦（字德昌）、乔簣成（字仲山）、杨肯堂（字子构）、李衎、王芝、赵孟頫、邓文原诸友人到家中的园林雅集。他们在池边的亭子中同观郭天锡收藏的王羲之所书《思想帖》、北宋郭忠恕所画《雪霁江行图》[1]。这些人中，廉希贡（字瑞甫）时任江浙等处行中书省平章政事，官位最高。他爱好书法和收藏，与岳飞六世孙岳浚、赵孟頫等名士都有交往。

也是在杭州，松江华亭文人曹和甫找著名文人方回为自己的书斋撰写《居竹记》。大概在方回的引荐下，曹和甫带着礼物拜见了赵孟頫，请赵孟頫书写这篇文章以便回家刻石立碑。方回得知赵孟頫、邓文原等人要去大都写经，写了赠别诗《送赵子昂提调写金经》《送邓善之提调写金经》，用他一贯夸张的语气预祝赵孟頫"省台要官俱可得"，赞誉赵孟頫是"天下善书今第一"，形容求画之人众多导致"门前踏断铁门限，苦向王孙觅真迹"[2]。当时赵孟頫的确在杭州、湖州的文人圈中以擅长书法著称。但是他的名誉可能还没有跨出江浙地区，更不会得到大都等地的北方官僚文人的普遍认可。可以作为例证的是，

1. 明代郁逢庆在《书画题跋记》续卷一记载了这件《思想帖》有关的题跋。明代鉴赏家詹景凤看到这件有赵孟頫跋文的《思想帖》明显是双钩本而不是真迹，于是怀疑赵孟頫的鉴赏能力。
2. 方回《送赵子昂提调写金经》。杨镰. 全元诗：第六册. 北京：中华书局，2013：439-440.

这之前请他书写碑文的人不超过十人，说明他在江南地区的名声也不是格外突出。

这时候，名僧雪庵大师奉皇帝旨意到杭州主持佛事[1]，或许也涉及组织写经事宜，和赵孟頫、鲜于枢等人相识。雪庵本名李溥光，大同人，信奉"头陀教"。这是金代保定人刘纸衣创立的教派，他们的戒律是穿破布缝制的僧服，只吃中午一顿饭而且尽可能吃乞来的食物，住在远离人家的荒野破屋，在坟墓、树林、空地坐着修行——在外人看来以苦行为特色，也受到一些正统佛教教派的排斥。

雪庵多才多艺，擅诗词书法，而且会自己制阮和弹奏阮。他来到京城后认识了宁端甫、刘叔谦、赵彦伯、王恽等士大夫。后来受到引荐，拜会忽必烈时应对得体，于至元十八年（1281）获封"大禅师"之号，从此就住在了京城。他的书法别具一格，尤其以楷书大字著称，是京城有名的书法家。当今皇帝登基后封他为昭文馆大学士，常承担书写宫廷牌匾、经书的任务。他在富豪姚仲实、高翔等人的赞助下，买下了废弃的金朝御苑琼林苑中的芙蓉亭，正在修建一座新寺庙"大头陀教胜因寺"。姚仲实做过京敖盐局使、仪真三务使，熟悉盐务，辞官后或许是靠经营盐业而成为富豪。

赵孟頫对进京写经没有年轻人那样热情，他这段时间还画了王羲之像、陶渊明像表明自己不愿再次为官的心绪。到了三月底，赵孟頫才带着邓文原等人动身北上。

这或许让他想到了至元二十三年底第一次进京。那次他和一众文士

---

1. 明代沈德符《万历野获编》记载有人说赵孟頫向元成宗或元仁宗推荐了李溥光（雪庵），这是错误的。李溥光至少比赵孟頫大十多岁，在至元十八年就被忽必烈封为掌管诸路头陀教门第十一代宗师并赐号"圆通玄悟大禅师"。之后又得到成宗赏识，不晚于大德二年已经被封为从二品的昭文馆大学士、中奉大夫（见《山右石刻丛编》卷二十八《有元故绛阳军节度使靳公神道碑铭》），比赵孟頫更早受到皇室的重视。王颋. 书显昭文——元代书、画、诗僧溥光生平考述. 史林，2009（1）：149-156.

随着程钜夫一起北上，是为了应征当官，而这次，是自己带着一队文士去写佛经。还有一点不同，就是那次北上的后半程都是走陆路，而如今因为京杭大运河全线贯通，他们只需要一路乘船北行即可，路上轻松了许多。

五月初他们抵达了大都东门的码头，从这里开始就变得繁华热闹起来，从这个码头坐船一直可以行驶到大都城内的海子边。运河中许多船只来来往往，岸边有一些妇女蹲在河边浆洗衣服，海子周边则成了人烟密集的繁华之地。一下船就熙熙攘攘，尽是各地的客商。

赵孟頫、邓文原等人住在紧临大都南城墙、距离皇宫不远的庆寿寺[1]。庆寿寺是金朝第六位皇帝章宗完颜璟奉皇太后之命于大定二十六年（1186）兴建的，为禅宗临济宗传教的重要场所。元初著名的僧人海云印简曾在这里担任住持。他曾受贵由、蒙哥两任大汗之命统管天下僧人，是元初很有影响的高僧，也曾被当时还是藩王的忽必烈请去漠北说法，留下徒孙刘秉忠辅佐忽必烈。元宪宗七年（1257），海云印简圆寂后，弟子可庵为他修建了一座九级灵塔，额题"特赠光天普照佛日圆明海云佑圣国师之塔"。可庵圆寂后，弟子为其修建了一座七级灵塔，额题"佛日圆照大禅师可庵之灵塔"。因为有这两座塔，民间俗称庆寿寺为"双塔寺"。当年大都修建南城墙时，双塔正好在挡在城墙经过的线路上，忽必烈特别下旨让城墙在那里拐了一个小弯，这样就不必拆除双塔。

庆寿寺是大都有名的寺庙，至元十二年（1275）到至元十九年有过一次大修，所以赵孟頫看到的建筑依旧庄严辉煌。寺庙里保存着海云像，旁有其弟子刘秉忠所作赞词，还有一方金时小篆名家觉怀英的八分书"庆寿寺碑"。寺内西堂竖有金末元初著名书画家、燕京编修所次二官王万庆

---

1. 位于今北京西长安街电报大楼的位置。元武宗至大二年（1309）赵孟頫奉敕撰《临济大师之碑》，将印简定为临济宗第十六代宗师。元仁宗皇庆元年（1312）程钜夫撰《大庆寿寺大藏经碑》。明永乐建北京城后，北边的城墙南移五里，南城墙移至宣武门，庆寿寺紧邻东西干道，即今天的长安街。

撰写的《海云大禅师碑记》，这都是赵孟頫在寺中散步时可以看到的。寺内的庭院中有池有桥，种有高大的松树，石桥上刻有金章宗御笔题写的"飞渡桥""飞虹桥"六个字。

赵孟頫独自来到京城，入住的又是佛寺，除了协调指导众人写经，其他时间都比较悠闲，经常在寺中漫步，和同来的江南文人闲聊。他趁着空闲把自己写的《书古今文集注》文稿用小楷抄写了一份保存[1]。还抽空给自己画了一幅《自写小像》（P381）。这幅小小的册页描绘一片山石平坡之上，葱郁竹林之间，有个身披白衣的策杖之人正在凝望着溪水流波，显然自居为隐士。这是赵孟頫这段时间心境的自我写照，他在右上角自书"大德己亥自写小像"，还写了《庆寿僧舍即事》记述这时候的心境：

> 白雨映青松，萧飒洒朱阁。
>
> 稍觉暑气消，微凉度疏箔。
>
> 客居秋寺古，心迹俱寂寞。
>
> 夕虫鸣阶砌，孤萤炯丛薄。
>
> 展转怀故乡，时闻风鸣铎。

这时赵孟頫在京城也有几个熟人，如不忽木是昭文馆大学士、行御史中丞事，阿剌浑萨理是守司徒、集贤院使，宋渤是集贤学士，赵与𤏡是翰林学士。赵孟頫有时会与他们雅聚、诗文唱和。

他曾多次应邀参加宴会，欣赏乐伎的表演，曾在日常闲谈中提及散曲是"八字一拍"，或许说的是敲鼓的节奏[2]。还有一次闲谈中，他把

1.赵雍跋文"三入京师而三易稿，皆谨楷细书，毫发不苟"。（清）卞永誉.式古堂书画汇考：书卷之十六//文渊阁四库全书本.

2.（元）戚辅之.佩楚轩客谈（说郛本）.

杂剧作家分为行家和戾家，说："良家子弟所扮杂剧，谓之'行家生活'；倡优所扮者，谓之'戾家把戏'。良人贵其耻，故扮者寡，今少矣，反以倡优扮者谓之'行家'，失之远也。"友人问他根据什么这样说，他解释说："杂剧出于鸿儒硕士、骚人墨客所作，皆良人也。若非我辈所作，倡优岂能扮乎？"[1]

一天受邀到海子中泛舟饮酒，欣赏歌女献唱，他写了《大都红门外海子上即事》：

> 白水青林引兴多，红裙翠黛奈愁何。
> 底从暮醉兼朝醉，聊复长歌更短歌。
> 轻燕受风迎落絮，老鱼吹浪动新荷。
> 余不溪上扁舟好，何日归休理钓蓑？

这次受邀的还有一位十七岁的大都少年李才（字子构），他是本地文人，著名的青年才子。之前一次聚会时众人约好以"十月桃"为主题写诗，李才当即写下一首，其中有"刘郎再来岁云暮，王母一笑天回春"，其他人都觉得无法超越，只好闭嘴不再谈论作诗之事。这次李才也是当即作诗一首，感叹"少年易动伤心感，唤取蛾眉对酒歌"。赵孟頫随即赋诗一首《海子上即事与李子构同赋》：

> 小姬劝客倒金壶，家近荷花似镜湖。
> 游骑等闲来洗马，舞靴轻妙迅飞凫。
> 油云掭污缠头锦，粉汗生怜络臂珠。
> 只有道人尘境静，一襟凉思咏风雩。

1.（明）朱权. 太和正音谱. 北京：中国戏曲出版社，1959：24.

大德二年（1298），宫廷出了件大新闻，一批商人带来大约价值30万"巴里失"（蒙古货币，1巴里失约折合2两银子）的珠宝饰品想卖给宫廷。当时宫廷中人十分喜欢各类宝石，曾花费中统钞14万锭买下一块重一两三钱的淡红色宝石镶嵌在皇帝的帽子上，因为皇帝喜欢在元旦和自己的生日等重要日子佩戴这顶帽子接受朝臣、使者的跪拜和祝贺。宫廷的高官们收受了珠宝商15万巴里失的贿赂，然后让旧货商人将宝石估价60万巴里失，由国库出钱买下这些珠宝。没能从这件事中得到好处的官员和旧货商人告发了他们，皇帝对这一贪污弄权的事情极为反感，把珠宝商人、负责鉴定的旧货商人抓起来审问。他们招供曾向宫中"怯薛"高官行贿，皇帝极为震怒，把牵连其中的12名官员关押到监狱中，其中包括翰林学士承旨爱薛·怯里马赤。皇帝盛怒之下想把他们全都下令处死，即便自己的母亲阔阔真太后出面说情都无济于事。恰好几天后天空中出现彗星，国师胆巴以天象有变，劝说皇帝释放40名罪囚，于是被投入狱中的高官偿还了30万巴里失后都被释放出狱[1]。

秋天时赵孟頫等人完成了书写金泥《大藏经》的事情，为了等待皇帝、太后从上都回到大都亲自查看书写成果和赏赐，他们仍然留在大都，十分清闲，每日闲谈、鉴赏为乐。秋日的一天赵孟頫看到一幅美人图，他不由想起自己少年时的情思，写了一首诗感怀：

> 美人隔秋水，咫尺若千里。
>
> 可望不可言，相思何时已。
>
> 庭树多落叶，日夕秋风起。
>
> 我今年已衰，素发拥两耳。
>
> 回思少年时，容颜若桃李。

1.[德]傅海波，杨富学.胆巴：蒙古汗廷中的藏族喇嘛.赵天英，译//安多研究（5）.北京：民族出版社，2009：190-196.

美人何当来，一笑怀抱洗。

未见令我思，既见胡不喜。

九月五日是当今皇帝的生日"天寿节"，那天有好几千人马组成的表演队列一早就集于庆寿寺中吃素斋，然后就闹哄哄地离开去街上巡游，跟随他前来的江南士人也算是大开眼界。不久之后大都就下了第一场雪，让第一次到北方的江南文人十分惊讶不已，赵孟頫写了《和邓善之九月雪》描述自己的思乡之情：

季秋惊见燕山雪，远客淹留愁病身。

憔悴自伤黄菊晚，横斜空忆野梅春。

苍松翠柏争擎重，绀殿红楼迥绝尘。

想得江南犹未冷，嫩橙清酒政尝新。

九月十九日他接到亲家费拱辰寄来的药物，于是在回信中托费拱辰帮助自己把所二哥赠送的"黑小厮"带到湖州家中——这时候权贵富豪喜欢用个头矮小的南洋人为奴仆。他还想起自己曾托两浙都转运盐副使、同提举上海市舶的瞿霆发购藏南宋陈振孙经手的定武《兰亭》，于是请亲家帮忙询问一下有无进展。信中说[1]：

孟頫顿首再拜万户相公尊亲家阁下：

孟頫上书瞿总管，至得所惠书，审二哥承荫文书，得早发来为好，动静安胜，亲闱悉佳，慰喜无量。且蒙记会，远赐玉粒，如数拜领，每食必感。不肖留此粗安，但书经犹未愿乎，日夜思归而未有期，极无聊也。所

1.赵孟頫《与万石相公札》《与都运相公琴轩书》。（元）赵孟頫，钱伟强.赵孟頫集.杭州：浙江古籍出版社，2012：371，377.

二哥见许黑小厮，望遣过湖州家下抬票，庶望少长可以相安耳。来侍冀道及小儿想无事，瞿琴轩想礼上多时。时曾托其于受云溪处求《兰亭》（应是陈直斋物），不知如何？或会有千万扣，及示报为感。今因便草草具字，不能道谢万一。不宣。

九月十九日，孟頫顿首再拜

瞿家从南宋嘉定年间开始长期担任下沙盐场的主管官员，是浦东鹤沙的望族。瞿霆发更是管辖着当时浙江沿海及长江以南、江苏沿海的34个盐场，是元代全国盐场中盐产量最高、税收最多的盐产地。他还兼领上海市舶司，可以参与海外贸易，因此亦官亦商，很快成为整个松江府几个最有势力的富豪家族之一。他喜好鼓琴，收藏了古琴百张，把自己的居所命名为"琴轩"。他和赵孟頫时常往还，大概得到这件《兰亭》后送给了赵孟頫。

太后、皇帝回来后对赵孟頫等人写的经书很满意，赵孟頫推荐的20多人都受赐得官，邓文原因此出任崇德州教授。执政官员有意留赵孟頫在翰林院为官，赵孟頫觉得"我今未半百，鬓发早已白"[1]，以身体有病为理由极力请求回南方。

他在九月底离开大都，赶在北方河流上冻之前回家，约十一月回到了德清家中。这次写经让赵孟頫在书法在大都、江南都有了更高的知名度：首先，皇太后召赵孟頫书写佛经，说明皇家对他的书法能力的认可，会在民间形成很大的影响；其次，写经过程中要与知名僧人打交道，这项活动受到许多佛寺的关注，让他的名声于僧人之间广泛传播，此后经常有寺庙乃至道观请他写经或者撰写碑文；第三，他推荐了多位写经人，这些人也都升官或者得到了官职，彼此有了社交关系，这些人会把

1.（元）赵孟頫，钱伟强.赵孟頫集：卷第三.杭州：浙江古籍出版社，2012：48.

他擅书的名声传播到各地。

大德三年（1299）二月十五日，赵孟頫应邀到杭州郊区的石室寺写经，见到僧人收藏了《无量寿佛经》，于是沐浴、熏香之后以泥金书写了《无量寿佛经》一册。之后又应佛寺索请书写了三册，并在每个册页之前绘制了佛教尊者像[1]。

不过，佛寺势力膨胀也引起了朝廷的不安，这年皇帝下诏撤销了江南诸路佛教总统所，核查出归附在佛寺名下的50余万佃户，让他们成为正常的民户缴税，许多佛寺也就没有了从前那样多的收入。

赵孟頫在德清龙洞山南面的龟溪边修筑了三间房，作为夏季避暑休闲的住所。这里环境比较湿润，大德四年四月，他修建的一座亭子边生出了紫色的灵芝，于是赵孟頫命名为"紫芝亭"，并请来这里游览的朋友戴表元写了《紫芝亭记》记述此事。

---

1. 张明. 赵孟頫书法研究发微. 吉林大学硕士学位论文，2007：78.

九

杭州十载：画舸西湖到处游

好笑的是，赵孟頫以前在大都看到僧人、道士受到皇帝、权贵的尊崇，曾在诗中议论儒士不如烧丹铅的道士受重视。如此，他的经历也成为此事的一大佐证——他因为奉命给太后写经再次得到起用。大德三年（1299）八月，朝廷任命四十五岁的赵孟頫就任江浙等处儒学提举这一从五品的官职。行省的儒学提举司统管各路、府、州、县学校、祭祀相关事务、教育相关钱粮和考校呈进著述文字，设提举、副提举。

这是个清闲的职位，而且官署在杭州，距离德清县、乌城县都很近，因此他接受了这一任命。赵孟頫安于这样的待遇，以后的十年他的生活可谓"亦官亦隐"。吏部每五年考核一次地方官员[1]，但是赵孟頫似乎并没有寻找门路积极活动，他一直担任了十年而没有升迁。因为重新出任官职，赵孟頫也就没有刊刻一年前就编纂好的《松雪斋集》，或许他觉得其中的一些诗文不适宜公开传播，害怕引起别人的非议，就搁下了这件事。他活着的时候没有刻印自己的任何诗文集。

在杭州当官时，他住在城西车桥边的一处寓所。车桥是杭州城内西侧的西河流经的14座桥梁之一，当年岳飞就是在这附近遇害的。

大德三年（1299）杭州的一大盛事是，官府在宋代杭州罗城朝天门废墟上修建了一座"拱北楼"，楼上置钟鼓，作为杭州报时的鼓楼。此时的杭州是全国人口最多、商业最发达的城市，不仅汇聚了南北商人，还有许多异域客商留居此地，这里的市西坊、天井坊、荐桥附近都住了不少回回人、畏吾儿、也里可温、犹太商人[2]。至元十八年（1281），市西坊的回回还重修了南宋末年损毁的礼拜寺（今凤凰寺）[3]，它有半圆形的拱顶，与中

---

1. 元代职官迁转制，始于中统三年（1262）。至元元年（1264）九月，中书省颁布《职官新制》，适用范围主要是州县地方官。《元史》世祖记载，至元七年（1270）五月，尚书省作进一步更动，一直实行到元武宗至大四年（1311）变为路、府、州、县官员三年即任满考核。
2. 刘迎胜. 关于马薛里吉思//刘迎胜. 蒙元史论考（上）兰州：兰州大学出版社，2014：227.
3.（明）郑厚. 杭郡重修礼拜寺记//杨晓春元明时期汉文伊斯兰教文献研究. 北京：中华书局，2012：264.

土的建筑不同。赵孟頫的好友周密说在自己住的瞰碧园，可以看到南宋埋葬太监、宫女的坟地聚景园已经成了回回的坟地[1]。

杭州的繁荣举国皆知，从大都到杭州游览的民间文人关汉卿写有《南吕一枝花·杭州景》咏叹这里的风华[2]：

普天下锦绣乡，寰海内风流地。大元朝新附国，亡宋家旧华夷。水秀山奇，一到处堪游戏，这答儿忒富贵。满城中绣幕风帘，一哄地人烟凑集。

[梁州第七]百十里街衢整齐，万余家楼阁参差，并无半答儿闲田地。松轩竹径，药圃花蹊，茶园稻陌，竹坞梅溪。一陀儿一句诗题，一步儿一扇屏帏。西盐场便似一带琼瑶，吴山色千叠翡翠。兀良，望钱塘江万顷玻璃。更有清溪绿水，画船儿来往闲游戏。浙江亭紧相对，相对着险岭高峰长怪石，堪羡堪题。

[尾]家家掩映渠流水，楼阁峥嵘出翠微，遥望西湖暮山势。看了这壁，觑了那壁，纵有丹青下不得笔。

杭州的繁华不仅吸引了商人，也引来许多文人雅士南下。至元十三年元灭南宋不久，关汉卿、白仁甫就南下扬州、杭州。至元三十年南北大运河贯通以后，南下、北上的人流更多，一些北方作家到杭州等地居住、谋生，让杭州的杂剧演出也日益繁盛，吸引了不少商人、妇女观赏。如关汉卿、白仁甫、郑光祖、曾瑞都是为杭州勾栏瓦舍写杂剧散曲的有名文人。可惜当时官吏不得进入茶坊酒肆，更不要说这类闹哄哄的市井场所了。赵孟頫这样品级的官员自然无缘欣赏他们的杂剧，可是子女、仆从会偷偷去看这类男女风情、帝王将相、因果报应的传奇故事，他想必也有所耳闻。

1.（宋）周密，吴企明.《癸辛杂识》续集.北京：中华书局，1997：142-143.
2.（元）关汉卿，蓝立蓂.汇校详注关汉卿集.北京：中华书局，2006：1698-1671.

杭州的青楼勾栏、游船画舫、富贵宅园饮宴时流行请歌伎演唱散曲，官场宴会更是要叫教坊歌女演唱散曲。一些官员写的曲词也得到传唱，如赵孟頫、鲜于枢就写过几首，对他们来说仅仅是偶尔为之的娱乐。五十多岁的江浙行省低级官吏（一说是从五品提举）马致远精于此道，他或许见过赵孟頫、鲜于枢等人，可是毕竟兴趣不同，并没有什么交往。

当时绝大多数官员不敢、不愿和杂剧作家、演员交往，怕招来监察御史的检举，只有极少数人例外，如以文辞著称的官员卢挚就比较喜欢杂剧、散曲。他曾长期担任忽必烈的侍从，在宫中颇有关系，一般监察官员也不愿招惹他。至元十四年（1277），三十五岁的卢挚以太府监令史、翰林国史院属官的身份到江南郡县收集刻印图书的书版，至元十五年和白朴有诗歌往来[1]。那时的卢挚是风流的青年才子，和扬州著名的教坊杂剧演员朱帘秀（珠帘秀）有过一段感情，写过几首流露风情的曲词。

赵孟頫的一些朋友举行酒宴时也喜欢请歌伎陪酒助兴，如鲜于枢有一天在家中招待客人，叫来名歌伎曹娥秀演唱曲词助兴。曹娥秀给客人倒酒时，鲜于枢在后厨安排厨师制作食物。客人看到鲜于枢回到客厅时都喊着说"伯几你还没有饮酒"，想必是要罚酒逗乐，曹娥秀随着众人也喊了几声"伯几未饮"。有客人故意逗曹娥秀说："你为什么也叫他'伯几'，可见你们十分亲密啊！"鲜于枢装作恼怒责怪她："小鬼头，你怎么敢如此无礼！"曹娥秀头脑十分敏捷，当即回答："我叫你伯几固然算失礼，但是你为什么总说王羲之呢？"在座的人都称赞她回答得有趣[2]。

1. 卢挚在至元十九年后担任了七年江东建康道提刑按察副使，这是正四品官职，治所在宣城。成宗继位后卢挚于元贞二年入京担任集贤学士和侍从，大德二年被派祭祀山海之神，大德八年入朝担任翰林学士，大德九年到杭州担任浙西道廉访使，大德十一年到至大二年在宣城任江东道廉访使。彭万隆，张永红.卢挚生平几个疑难问题再考辨.浙江工业大学学报（社会科学版），2015（2）：143-150.
2. （元）杨瑀，余大钧.山居新语.卷二.北京：中华书局，2006：211.

赵孟頫虽然也曾写过几首词曲，可是他既没有卢挚那样的胆色公然和女杂剧演员风流，也不可能像鲜于枢那样请歌伎到家中唱曲。无论是在官场还是家中，他都是一个谨慎小心的人，不愿意招惹麻烦。

以前赵孟頫到杭州清湖桥西有名的大道观开元宫游览时恰好有只鹤飞来，于是他写了"来鹤"两个字命名那里的一座亭子。这次来杭州再次到开元宫一游，写了《来鹤亭》一诗庆幸自己能来到杭州为官：

> 客游真馆日，鹤来玄圃时。援笔二大字，欣然千载期。
>
> 长鸣松月照，屡舞竹风吹。天路何寥廓，吾与尔同之。

开元宫的住持王寿衍是杭州有名的道士、玄宗宗师张留孙的徒孙，觐见过世祖。至元二十五年（1288）奉命提举杭州开元宫，至元二十九年奉诏访求江南遗逸，举荐了永嘉徐侣、孙金华、周世昌三人。元贞元年（1295）以来同时管理杭州的佑圣观和开元宫。他喜欢和官员、文士打交道，以前曾请过赵孟頫的姐夫张伯淳给开元宫的分春堂写记，和赵孟頫也早就在大都的集贤院打过交道，算是熟人。

因为公务稀少，赵孟頫有许多时间挥毫染翰，而且又可以同老朋友相见。在杭州的老相识周密已在大德二年（1298）故去，其他人如戴表元、邓文原、鲜于枢、王芝、郭天锡、乔篑成等仍然在杭州或者附近地区，不时就能见面品评诗文、鉴赏书画。

赵孟頫还新认识了梁曾、张君锡、杜敬等几个懂得鉴藏的北方官员。梁曾（字贡父，1242—1322）是河北人，从当吏员逐步升职为官，大德元年至大德四年担任杭州路总管，不久之后因为长辈去世回家守孝，大德八年又回到杭州任两浙都转运盐使，在任职期间经常和杭州的文人雅士交往。张君锡是汴梁人，可能是北宋末年迁居到杭州，后来曾担任徽州路提控案牍，至大年间改任瑞州路提控案牍。大德八年赵孟頫曾在张君锡收藏的武宗元《朝元仙仗图》（或为摹本）上题跋。杜敬（字行简，

1255—1324）也是汴梁人，曾任江淮行省人匠提举司都目、江阴榷办官，后来辞职闲居杭州。

赵孟𫖯也和一些前辈遗民文人有来往，其中名气最大的是南宋遗民王泰来、胡之纯。王泰来自从至元二十三年从大都回来后就闲居杭州，他时常来找赵孟𫖯清谈，无论寒暑，经常一谈就从白天到晚上。胡之纯是南宋咸淳十年（1274）进士，宋亡后隐居杭州著书讲学，潜心续撰《春秋传》，与兄胡之纲、从弟胡长孺合称"三胡"。

这时赵孟𫖯常带着儒学提举司中的吏员叶修（字森景）外出。一天他们在西湖上游览时得到一块太湖石，石头的两端各有小窍，赵孟𫖯让叶修快找一团线来，他拿着细线引入两窍的石缝后固定，让人把石头扶起来清洗干净，等到有风吹来，石头孔窍中的细线就发出如同弹琴一样的声响，赵孟𫖯把这块石头命名为"风篁"。后来他把这块石头带回德清，换了细丝缕取代线，放置在园中松树下。叶修问他："前人这么玩过，相公您才模仿这样玩吗？"赵孟𫖯说："并不是！是我自己想到这样玩的。"[1]因为公务赵孟𫖯常去江南各地视察学校，顺便游览各地的名胜，最远是去江西的庐山一游，写有观览三峡桥、青玉峡、简寂观、白鹤观、卧龙庵、落星寺、白鹿洞书院等处的诗歌。

至元、大德年间北京、杭州两地收藏家交流颇为紧密。如赵孟𫖯好友田衍是颜真卿书迹的重要收藏家，大德七年之前已收藏颜真卿的《马病帖》《颜昭甫告》《允南母告》，后来几年又入手《送辛晃序》《争座后帖》，这些都是宣和、绍兴御府旧藏，或许大多都来自杭州。

王芝（字子庆）是连接大都和杭州收藏圈的一个关键角色。他和赵孟𫖯的来往较多。有一次王芝到苏州去寻觅书画，朋友姚式（字子敬）等人写了赠别诗，赵孟𫖯也写有《次韵子敬怀王子庆往吴中》为之送别。

1.（元）孔奇，庄敏，顾新. 至正直记：卷之一. 上海：上海古籍出版社，1987：17.

大德五年，朝中官员举荐王芝担任秘书监知书画裱褙人，命他带领匠人陆德祥、冯斌、尤诚、陈德四人到大都重新装裱秘书监所蓄画轴、手卷等646件。之后还派他去浙东搜购书画古籍，这成了杭州文人圈盛传的一大新闻。戴表元写有《送王子庆序》表示祝贺，赵孟頫也写了《送王子庆诏檄浙东收郡县图籍》三首，其三云：

爱古探奇亦可怜，锦囊玉轴不论钱。

拟须跋马江头路，日日望君书画船。

爱好收藏的大都官员经过杭州时常常购买、交换藏品，也能得到官员的馈赠。如元初重臣张文谦的长子张晏（字彦清，邢台沙河人）历任刑部、吏部郎中、大司农丞，在当今皇帝即位后担任集贤侍读学士、集贤学士兼枢密院判、陕西行台御史中丞。他爱好书法，先后收藏了李白《上阳台帖》、王献之《中秋帖》、唐摹本王羲之《平安帖·何如帖·奉橘帖》《蒙诏帖》《远宦帖》、怀素《食鱼帖》《老子清静经》、杜牧《张好好诗》、徐浩《朱巨川告身》、苏轼《黄州寒食帖》等名作。他的一些藏品就来自其他官员的馈赠，如江浙行省郎中张斯立从赵氏宗室藏家赵与勤后人那里购得杨凝式《韭花帖》，回到北京后他把这件藏品赠给了张晏。

张斯立是济南章邱（今山东章丘）人，曾任江南行台监察御史，江浙行省员外郎、郎中。他爱好收藏，至元二十三年二月曾以自己收藏的颜真卿《刘中使帖》从王芝那里换得陆柬之《兰亭诗》、欧阳询《卜商帖》。他常以书画这类藏品作为社交礼物，是至元、大德年间升职较快的官员，很快就位居中书参知政事的高位。

赵孟頫常常应邀在官员的藏品上题跋，比如大德五年（1301）秋日，他应邀到江浙行省平章政事明里不花的宅中做客，看到一幅南宋画家刘松年所绘《便桥见虏图》，描绘的是当年唐太宗李世民在渭水河边斥退突厥吉利可汗的场景。无疑这是南宋皇帝期望以此图画勉励后代发奋图强，能如当年的唐太宗一样让北方异族臣服。赵孟頫少年时随父亲到临安时曾在管理宗室事务的睦宗院官署中见过这幅画，可是三十多年后，它却成了蒙古高官的收藏品。赵孟頫在题跋中只能以"感慨系之"轻轻带过这段家国巨变：[1]

> 突厥控弦百万，鸱张朔野，倾国入寇。当时非天可汗免胄一见，几败唐事。读史者至此，不觉肤粟毛竖。于以见太宗神武戡定之勋，蛮夷率服之义，千古之后，画史图之，凛凛生色。此卷为宋刘松年所作。便桥渭水，六龙千骑，俨然中华帝王之尊。虽胡骑充斥，而俯伏道傍，又俨然詟服听从之态。山川烟树，种种精妙，非松年不能为也。孟頫少时，曾观于临安之睦宗院，兹复得瞻对于普花平章之宅。回首三十余年，感慨系之矣！敬题其后。大德五年秋日，吴兴赵孟頫书。

大德五年（1301）年底赵孟頫任满三十个月，散官阶从正五品的奉议大夫升为从四品的朝列大夫。

大德年间江南士林的风气已经和至元二十三年（1286）赵孟頫出仕时迥然不同。宋元之际，考中南宋科举的士人中约有四分之一在元军到来时以身殉国，约有四分之一投降或出仕元朝，其他一半的人都是隐遁民间[2]，说明在至元后期江南士人整体上是隐居观望的心态。可是到了大德年间，元朝灭宋已经二十年，元朝的统治也已经稳固下来，各地的老一辈"大儒""遗老"或衰老，或过世，如名满江南的大儒王应麟在元贞二年（1296）去世，这导致南宋末期江南主要城镇的士林秩序在新的社会、政

1.（元）赵孟頫，钱伟强.赵孟頫集.杭州：浙江古籍出版社，2012：397.

2.据统计，考中南宋科举的328人在入元以后有71人以身殉国，占21.65%；174人隐遁不仕，占53.05%；83人投降和出仕元朝，占25.3%。陈得芝.论宋元之际江南士人的思想和政治动向.南京大学学报（哲学人文社会科学版），1997（2）：147-159.

治、文化环境冲击下日趋瓦解，中青年的士人各有考虑，许多人都调整了社交方向，开始积极寻找出仕为官的门路。

就连许多南宋末年就出名的遗老也开始心思活跃，如白珽在至元二十三年（1286）以生病为由拒绝了程钜夫的征召，没有北上。但是因为家贫，至元二十八年他还是在李衎的举荐下担任了太平路儒学学正。王沂孙约在至元三十年出任了庆元路学正。浙江宁海县人李洧孙是南宋咸淳十年进士，闲居二十多年后也动了出仕之心，大德二年（1298）被举荐入京后进献《大都赋》，得到馆阁文官的欣赏，得以出任杭州路儒学教授。

湖州的牟巘（yǎn）在元贞、大德年间也软化了姿态，这很可能是经济压力所致。尽管牟巘并没有出仕新朝，可是他和当时的官员时有唱和。他的三个儿子牟应龙、牟应复、牟应奎在大德年间先后出仕担任学官，如牟应龙在至元末年曾拒绝吏部尚书留梦炎的举荐，可是后来家境艰难，大德年间还是被举荐担任了溧阳州儒学教授、上元县主簿等低微官职。牟巘的女婿张楧在至元末年就被举荐为杭州路学录，历任江阴州学正、宜兴州儒学教授、平江府儒学教授、广德县簿、两浙都转运盐使司知事等。

牟巘经常与赵孟頫合作碑铭，那时候许多家族、寺庙、官府请托他撰写碑记，他大多介绍请托者找赵孟頫书写。大德三年赵孟頫担任浙江儒学提举以后，越来越多的人找赵孟頫撰文或书碑，他也介绍牟巘撰文而自己书丹。他们先后合作过苏州《玄妙观重修三门记碑铭》（大德六年）、《玄妙观重修三清殿记》（大德七年）、《嘉兴路重修庙学碑记》（大德十年）、《嘉兴路重修儒学记》（大德十一年）、《松江宝云寺记》（江浙行省右丞廉恂篆额，至大元年，1308）、苏州《忠烈庙记碑》（李果撰额，至大元年）、《昆山淮云院记》《湖州妙严寺碑记》（至大二年）等多件碑铭。

赵孟頫的朋友仇远、戴表元等也在出仕的潮流中摇摆。大德元年，担任江南诸道行御史台治书侍御史的高克恭举荐敖君善、邓文原、陈康祖、姚式、倪渊等五人担任郡县博士，可当时没有合适的空置官职。陈康祖在杭州教私塾，大德三年才被任命为攸州（长沙）博士，先后任攸州、澧州（湖南澧县）、杭州等地儒学教授[1]。另外几个朋友也被其他官员举荐，其中张复亨运气最好，出仕以后最终官至泰州同知。

姚式这个人才华突出，但是性格比较自负，爱和人争论，赵孟頫曾评价这位友人"天资高爽，相见令人怒，不见令人思"。[2]大德五年在京城当刑部侍郎的高克恭听说姚式年近五十还生活穷困，在都堂向当朝宰相举荐他。宰相听说后想要任命姚式为七品官员，可是吏部官员以铨选制度规定阻止此事，姚式最终仅出任了绍兴的儒学教授。

戴表元先是在杭州、宣城的私塾教书，大德二年回到杭州在吴山附近担任私塾先生，在此期间他和赵孟頫、李谦等都有交往。大概因为生计艰难，至元末年他也主动和官员交好，给多位颇有背景的官员撰写了关于他们斋号的记文，如至元二十八年（1291）他给因撰写桑哥德政碑而遭撤职的江南浙西道肃政廉访使阁复撰写了《静轩赋》，大德二年（1298）为离任的江南浙西肃政廉访副使徐琰撰写了《容容斋赋》，后又为同知嘉兴府总管府事的李衎写了《息斋赋》，李衎则赠送自己画的墨竹给他。

大德六年，五十九岁的戴表元接受举荐出任信州路（今江西上饶）儒学教授，后调任婺州儒学教授。他以生病为由在大德十年辞职，回到家乡奉化剡源的山中修建了一处别业"质野堂"隐居，内设充安阁、雪镜、缩轩等亭台楼阁，还请赵孟頫写了一篇《缩轩记》。所谓"缩轩"，表明戴表元不愿在这个时代的仕途发展，想要避开世人，缩到自己的小世界中。

比戴表元、赵孟頫更年轻的文人因为对宋元易代没有深刻体会或者根本没有记忆，自然更是积极寻求出仕。极少数南方文人在大都已经崭露

---

1. 黄丽，杨抱朴.陈绎曾生卒年、籍贯及仕宦考辨.社会科学辑刊，2007（2）：163.
2.（明）董斯张.吴兴备志：卷十二//文渊阁四库全书本.

头角，如赵孟頫认识的四明鄞县人袁桷在元贞元年（1295）得到南台御史王龙泽举荐，出任了婺州（今金华）丽泽书院山长，大德元年被程钜夫、阎复等人荐为翰林国史院检阅官。他因妻子、父亲先后去世回家守丧四年多，大德五年再次得到亲戚、翰林学士赵与票的举荐入京，就任翰林国史院检阅官。大德七年升为应奉翰林文字、同知制诰兼国史院编修。安徽宣城人贡奎（1269－1329）在大德六年被举荐出任太常奉礼郎兼检讨，大德九年任翰林国史院编修。婺州（今浙江金华兰溪）人柳贯于大德四年担任江山县儒学教谕，至大元年升为昌国州学正。

此时南人为当官而北上、北人为利益而南下成了常见的现象。在南方、北方都生活过的回族文人萨都剌以"南人求名赴北都，北人徇利多南趋"形容这种现象[1]，他还不无自嘲地在《京城春暮》中描述当时文人游走权贵之门的现象：

> 三月京城飞柳花，燕姬白马小红车。
> 旌旗日暖将军府，弦管春深宰相家。
> 小海银鱼吹白浪，层楼珠酒出红霞。
> 蹇驴破帽杜陵客，献赋归来日未斜。

有一件事情反映出南方士人对出仕的热衷。大德五年，朝廷再次征召擅长书法之人进京写金字佛经，礼部、经局、翰林院负责征召擅长书法之人，一时间京师汇集了许多人为此奔忙，都希望借此机会当官。许多文人都去请托礼部侍郎高昉（字显卿）、翰林学士张伯淳（字师道）乃至应奉翰林文字邓文原（字善夫）、奏差张士开等人[2]，京城、江浙地区文人中都议论纷纷，连御史都对此有所耳闻。

1.（元）萨都拉，殷孟伦，朱广祁.雁门集：卷一.上海：上海古籍出版社，1982：12.
2.（元）郑介夫.上奏一纲二十目//景印文渊阁四库全书.台北：台湾商务印书馆，1983：870.

邓文原推荐了班惟志等二十人北上写经。为了避嫌，邓文原主动放弃了升职一次的机会。相比至元二十七年、大德二年的两次写经，大德五年这次写经引发了各地文人更为激烈的竞争和奔走，乃至因他们走后门、请托当事官员而被御史弹劾。

元朝初年虽然没有科举取士制度，但是士人出仕为官仍然有一些途径，比如国子监学生、医学生、阴阳学生经过考核可以出仕，高级官员也可以荐举各类人才，皇帝也时常从宿卫侍从中提拔人才。当时的权贵高官也会举荐自己的幕僚、门客或者有一定声望的士人出仕为官。所以如今有许多"游士"到京城寻找为官的门径，其中颇有一些南士。如杭州儒士张观在大都遇到贵人，于大德九年被举荐成为宿卫皇宫的"怯薛"；临江文人范梈在大都寻找门路时经济困难，一度替人占卜维生，后来有了一定名声，于大德十一年（1307）被御史中丞董士选聘为家庭教师，后被推荐出仕，先后担任左卫教授、翰林院编修官。

董士选是深受忽必烈信任的世侯董文炳之子，曾任忽必烈的亲卫军指挥使，是忽必烈和当今皇帝都很信任的汉人近臣。虽然是武将出身，可董士选雅好儒学，以爱才著称，举荐了多名南士出仕。他担任江西行省左丞时认识了吴澄、虞集，就把他们举荐到北京任职。虞集在大德六年（1302）出任大都路儒学教授，不久改任国子助教。虞集和董士选欣赏的另一位才子元明善在江西时常聚会讨论经史诗文，相得甚欢，但是到了京师后关系变差了。董士选看到这种情况，在离京去外地就职与二人告别时劝他们和好，说了一段有趣的话："复初（元明善）与伯生（虞集）将来都会是朝中出名的人物，但是我担心将来有人从中挑拨你们的关系。复初是中原人，当官一定更顺利；伯生是南人，如果你们不合一定会被复初打击摧折。今天你们在我面前饮酒和好，以后千万不要做仇人。"[1]董士选这样的世侯子弟很清楚朝

1.（明）宋濂，等.元史：卷一百八十一.北京：中华书局，1976：4173.

中的局势，知道中原人容易担任要职，而虞集这样的"南人"在仕途上发展面临许多困难，这是当时普遍存在的情况。

到了大德六年，发生了一件对赵孟頫家族有影响的大事，盘踞东南多年的管军万户兼管海道运粮的朱清、沿海招讨使张瑄两家被查处，赵孟頫的官场上司、亲戚朋友都牵连其中。

朱清、张瑄常年负责海运漕粮，还探索出两条新的海运路线，把运输所需时间从几十天缩短为十几天至二十天。从至元二十七年（1290）起，每年海运的漕粮超过一百五十万石，保证了北方的粮食供应和军需。朱清、张瑄一边运粮，一边兼营贸易发了大财，富甲东南。他们还一度上书表示要贡献银子把大都的夯土城墙用砖包起来，可是被朝廷拒绝了。

朱、张两家为了维持权势，经常以钱财珠宝贿赂朝廷要员和江浙行省的主要官员，与许多权贵高官交好，子侄、外甥、女婿都在各地当官。自然也有人眼红他们的生意，或者对他们有一些不满。从世祖忽必烈时期就不断有人控告检举他们，可是世祖觉得他们立下了大功劳，没有理会那些告状的人。

成宗皇帝上台后对海外贸易加强了控制，大德二年（1298）只允许庆元、泉州、广州三处港口设置市舶司。大德三年皇帝派自己的亲信脱脱到杭州担任江浙行省平章政事，朱清、张瑄派遣人送去黄金五十两、珠宝三囊。脱脱大怒，把来人关押起来，派遣使者到大都向皇帝报告此事，皇帝从此对朱、张二人颇为不满。大德六年，江南僧人石祖控告朱清、张瑄有十件不法行为，这时候皇帝经常生病，皇后处理政事，枢密院断事官曹拾得就奏请皇后下令逮捕了朱清、张瑄，把他们及其在江南各地当官的儿子都押到京师受审，家产都被查抄纳入皇宫。是年年底朱清在狱中撞墙自杀，次子也病死在狱中，张瑄、张文虎父子则被当众处死。

皇帝下令把之前设立的三个运粮万户府合并成一个，内设达鲁花赤1人、万户2人、副万户3人，管理下属的千户11人。此后朝廷一般都是任命蒙古人为达鲁花赤，蒙古、色目、汉人官僚为万户，只有个别江南人士偶尔出任万户或者副万户。这一案件背后，还和皇帝、皇后宠信的一些官员、官商想要夺取朱清、张瑄把持的江南海运贸易主导权有关。

大德七年（1303）正月在审问朱清、张瑄妻子的过程中，牵连出中书省、江浙行省的一系列官场要员受贿的事情，让成宗十分恼怒，同一天把中书平章赛典赤·伯颜、梁德珪、段真、阿剌浑撒里、右丞八都马辛、左丞月古不花、参政迷而火者、张斯立等中书省高官撤职。皇帝一度想要重惩他们，幸亏国师胆巴以天象、功德等理由劝告，皇帝才没有深究卷入此事的高级官员[1]。因为受贿的官员众多，皇帝也只能酌情区别处理，如中书右丞相完泽也接受贿赂，御史中丞董士选把自己的钱委托朱清、张瑄营利，可是皇帝并没有把这两人撤职。当时海洋贸易所得颇丰，不少皇亲国戚、中高级官员都喜欢把自家的钱财委托海商经营赚取利息，皇帝也只能睁一只眼闭一只眼，不愿意牵连出太多人。

赵孟頫的姐夫印德传、亲家费拱辰两家都和漕运、海外贸易密切相关，此事也让这两个家族经历了一番恐慌，大半年以后局面才平静下来。赵孟頫也和朱清家族的人打过交道，朱清的三儿子朱旭喜好书画，曾经得到赵孟頫的指点[2]。可能是通过费家，赵孟頫结识了嘉兴大族吴氏家族的吴森。吴森的祖先吴柔胜从安徽宣城移居德清县，吴柔胜和儿子吴潜都是南宋进士，吴潜曾两度担任南宋宰执，吴潜的次子吴寔是南宋水军军官，在元军南下时战死。吴寔的次子吴泽以远房侄子身份入继嘉兴思贤乡堂叔吴穆荣家中，宋亡以后到嘉兴武塘（魏塘）定居，经营水运、贸易。至元

1. 拉施特（Rashīdal-Dīn）. 成吉思汗的继承者（*The Successors of Genghis Khan*）. 波依尔（John Andrew Boyle），译. 伦敦，1971：302-303. [德]傅海波. 胆巴：蒙古汗廷中的藏族喇嘛. 杨富学，赵天英，译//安多研究：第5辑. 北京：民族出版社，2009：190-196.
2. （明）朱珪. 元故希古道人朱公圹志//景印文渊阁四库全书：史部. 台北：台湾商务印书馆，1983：59-60.

十四年（1277）朝廷在澉浦（定海）置市舶司开展海外贸易，吴泽和长子吴禾因为参与漕粮海运、海洋贸易生意成为嘉兴巨富，澉浦镇上的人称呼他们是"大船吴"。吴泽的其他几个儿子吴林、吴森、吴杰、吴朴、吴枋等多多少少也参与家族生意。吴森的长子吴汉英也经常跟随祖父、伯父航海做生意。吴森最初和赵孟頫亲家费氏家族的女子订婚，但是未婚妻还未过门就早夭[1]，之后娶了武塘富豪陈氏家族的女子为妻。吴森曾被征东省右丞范文虎举荐担任管军千户参与东征日本之战，两年后回来，先后在高邮、扬州的军中领军，后来辞职回家闲居。他喜好诗文和书画收藏，也积极参与宗族和家乡公共事务，捐出自己家的二顷腴田设立"义塾"教育乡里子弟。元贞二年（1296），擅长画竹的李衎担任同知嘉兴路总管府事，或许曾经和嗜好书画的吴森有过交往。

赵孟頫去过嘉兴沿海沿江地区，见识过那里商贸繁荣的景象[2]，正如有人形容的"鱼盐市井三吴俗，番岛舟航十丈樯"，魏塘当时的棉纺业、丝织业也相当发达，这里宓家生产的"宓机绢"极匀净厚密，是作画的上品材料。绢是薄而半透明的织物，比宣纸坚韧，画家喜欢在这种绢上涂一层浆后绘画。

大德六年朱清、张瑄事件爆发后，费家、吴家都人心惶惶，赵孟頫自己也有点惶惑，因为江浙行省不少官员也因为受贿遭到调查，其中一些人和他有来往，所以这一年他的社交活动要比往年少一些。或许听闻朱家、张家这样鼎盛的豪门在几个月之间就败亡，也让他心中有了荣华富贵顿成烟云的感慨，从此对佛教有了更深的认同。不久又听说在大都担任翰林学士的赵与票于大德七年元月病卒，享年六十二岁，因为家贫无钱归葬，皇帝赠通议大夫、礼部尚书，谥文简，赐给五千贯钱和舟车归葬黄岩塔山之原。

1.（元）赵孟頫，钱伟强.赵孟頫集：卷第八.杭州：浙江古籍出版社，2012：226.
2.（元）王冕，寿勤泽.王冕集.杭州：浙江古籍出版社，1999：16.

皇帝在朱清、张瑄死后并没有大兴刑狱，所以大德七年（1303）江浙行省官场的局势平静了下来。赵孟頫也恢复了正常的社交，他经常在巡视各地学校的时候于这些地方驻留，每到一个城市都有熟悉的人引介求书求画之人见面，或者在中间转达请托的意向，他完成书画以后也可以获得相应的礼物或者润笔银两。

当时的苏州是仅次于杭州的繁华大城市，书画爱好者较多，因此他经常去苏州逗留。大德六年十一月他去苏州，留下了《水村图》等作品，大德七年二月底他又一次到苏州，先后创作了多幅作品：二十五日为坚拒官员举荐的士人袁易（字通甫）画了《袁安卧雪图》并楷书长跋；次日他写了小楷《阴符经》，他的好朋友姚式在后面题跋，二十七日钱重鼎亦题诗称赞这件《阴符经》深得《黄庭》笔意。大德九年赵孟頫到苏州时，在坊间购得唐贞观年间一位名叫国诠的人书写的《善见律帖》一卷，非常高兴。

有很多人请托赵孟頫撰文、绘画、书碑，大都是通过赵孟頫的熟人、亲友作为中介请托，比如，比赵孟頫小二十五岁的顾信就在大德后期开始充当这样的角色。顾信的祖先是崇明岛上的豪族大户，他的父亲顾德也参与了元初的海外贸易，并跟随崇明岛上的海运领袖朱清家族一起迁移到嘉定州大场镇（今属上海宝山县）居住。作为富家子弟，顾信在大德初期进入仕途，先在江浙行省担任吏员，大德后期担任过八品的行诸路金玉人匠总管府（杭州金玉局）副使、从七品的杭州军器同提举等小官。他非常喜欢书法，曾向担任儒学提举的赵孟頫请教，两人渐渐有了来往，于是一些杭州、昆山的富豪就通过他请托赵孟頫书写碑文、扇面等。也有人通过赵孟頫的侄子赵仲美、外甥张景亮请托赵孟頫撰文、书丹、绘画。

赵孟頫知道海外贸易利润丰厚，也把自己家的余钱委托顾信代为投资海外贸易赚取利息，在信中他提及"湖州杂造局沈升解纳，附余钱物前去，如达，望照觑是幸"。收到顾信寄来的礼物或者利息后，他特地写信表达感谢："外蒙海布之寄，尤切厚意，领次，感愧感愧！"[1]作为回报，赵孟頫也时不时赠送字画给顾氏，他曾经绘制一幅《怡乐堂图》给顾信，可能因为顾家有一处江边别业叫"怡乐堂"。

在杭州，赵孟頫参加的最大一次雅集和民间信仰活动有关。大德八年暮春，他与主要来自婺州（今金华）的黄溍等共44名文人一起到杭州南山拜祭胡侍郎墓。所谓胡侍郎墓，指龙井的胡则墓和供奉他的显应庙。胡则（963—1039）是婺州永康县人，考中北宋端拱二年（989）进士，是婺州地域的首位进士及第者，曾长期在州县任官，后调到朝中担任权三司使、工部侍郎等官职，宝元二年（1039）在杭州家中逝世，葬于杭州钱塘县南山履泰乡龙井源。

胡则是个能干但私德颇有争议的官员，在世时并非著名人物，可是到了北宋末年、南宋初年，却被奉为浙东的地方神灵"胡公""胡公大帝"。这和一则传说有关。五代时期南方割据政权长期向民众征收身丁钱，北宋统一南方后，宋真宗于大中祥符四年（1011）宣布从次年起免征所有地区的身丁钱。但不知为何，两浙路的婺州、秀州两地官府仍然继续征收身丁钱。到明道元年（1032）两浙路转运司上奏此事，朝廷再次发文才明确免了两地的身丁钱。胡则并没有担任过两浙路转运司，对此事是否发挥了作用并没有确切的证据。可不知为何，北宋末期婺州人传说因胡则的上奏，朝廷才下令永远免除当地的身丁钱，一些民众开始祭拜他，附近地区也开始流传胡则给百姓带来各种恩惠的传说。南宋初年永康县僧人、民众修建了胡则祖庙（赫灵庙）祭祀他，朝廷封他为"佑顺侯"并授予"赫灵"庙额，附近州县也纷纷修建祭祀"胡公"的庙宇，他成了婺州、衢州等地民众虔诚信仰的地方神灵[2]。

1. 对信札的全面研究见张明. 赵孟頫致顾信四札考. 中国国家博物馆馆刊，2014（2）：35-36.
2. 朱海滨. 僧侣、士人与胡则信仰. 复旦学报（社会科学版），2007（6）：50-58.

東鬏浮沈鄉校間然無憂俗意見佛
其季也少次厚憂摩雅中獨罕言哎
浮子淡釋庶善可及族果獲三子師
飯水雲施芒屨每顧浮子業儒又能
六詔張氏父友崇安俞氏有善徕居常
靈隱大川禪師諱普濟生四明奉仁
佛心天子所苦尚詎可域之空無我前
善離澆歸真密祕治道多矣故今古
為體以三摩鉢提為用蓮之舍惡遂
宗師證其悟破其迷以禪那奢摩他
篤悟即成聖迷即成邪者也惟明眼
垢取淨則為習氣生死幻蘊所累是
書則端獨探繹忘疲帖恃見曰吾三子
一出家固所願也年十九依香林院文

灵隐大川济禅师塔铭（局部）　（元）赵孟頫　纸本　34.4cm×408.9cm

　　淳禧四年（1244）两浙转运使章大醇在龙井衍庆寺一侧的胡则墓边修建了供奉胡则的祠庙"显应庙"，常有在杭州的婺州士人、民众虔诚祭拜。年轻文人黄溍（字晋卿）祖籍是湖州丁氏，父亲过继给婺州义乌县的黄氏为嗣，从此就定居义乌。黄溍青年时曾在湖州长兴县当吏员，因为所管理的簿书出现问题被上级棰打，让他感到屈辱，于是辞去吏员职位发愤读书，在年轻文人中以博学、能文著称。他被众人推举撰写记述此次祭祀活动的《南山题名》一文，在文中提到在杭州的婺州籍官员、文人每年暮春都会到胡侍郎墓拜谒，然后一起在西湖的游船上饮宴，联络同乡感情。

靈隱大川濟禪師塔銘

住持景德靈隱禪寺法姪道慧大
師祖聞謀

集賢直學士朝列大夫行江浙等處
儒學　提舉趙孟頫書并篆額

佛滅後五百年騰蘭始以經來東土而
濟聞其言又後五百餘年達磨以不立
文字來而濟傳其心傳之三百餘年而
派別五宗又三百餘年東山三佛以濟大
慧應菴角立子孫布滿東南由是臨
際一宗特盛際以真正見解貫攝佛心
理性淨即生死不染去住自由是能盡
空五蘊心識十八界神妙獨立不與物

赵孟頫之所以参加这样的活动，是因为他的父亲来自婺州兰溪县的赵氏宗室，在那里生活了近十年才过继到湖州，或许父亲也从小信奉"胡公"，对他也有影响。

大德年间他在杭州为官，这里佛寺众多，他经常和僧人打交道，也留下一些墨迹，比如给西湖边的净慈寺一处斋堂题名"丛玉"，为灵隐寺、高丽慧因寺撰写碑文。

对他影响最大的不是杭州的僧人，而是在湖州西部的天目山隐居的禅僧中峰明本。

十　艺术之变：
周南大雅当谁从

就是在杭州亦官亦隐期间，尤其是大德三年（1299）到大德六年间，赵孟頫与鲜于枢、高克恭、李衎互相碰撞，得以深化自己的艺术观念，书法、绘画艺术得以成熟，形成了自己独特的风格。

赵孟頫、高克恭、李衎都对竹木之类的绘画感兴趣，来自北方的高克恭、李衎最初取法的主要是金代画家王庭筠、王万庆（号澹游）父子的风格，既有墨色的渲染，也有一些书法性的用笔。辽东人王庭筠是金世宗大定十六年（1176）进士，绘画师法任询，书法学习米芾，后长期隐居河南林州的黄华山，自号"黄华山主"。金章宗明昌三年（1192）入朝担任应奉翰林文字，与秘书郎张汝方鉴定内府书画，集所见珍品与当时士大夫家藏前贤墨迹汇刻成《雪溪堂帖》，以书、画闻名当时，绘画主要取法苏轼、米芾的竹木怪石绘画技法。他把侄儿王万庆收为继子，后者曾在徐州担任金朝行尚书省右司郎中。不久后金朝灭亡，他隐居在燕京旧城，以诗、画闻名。元初耶律楚材曾征召他给窝阔台汗的皇子讲解儒家经典，任命他为燕京编修所的副官，负责编辑刻印经史著作，因此元初许多士大夫都以他的诗画作围屏。赵孟頫大德二年在大都庆寿寺写经时见过王万庆撰写的《海云大禅师碑记》。

赵孟頫的枯木竹石类作品要比王庭筠、王万庆走得更远，大德三年七月二十六日他为杨安甫所作的《秀石疏林图》，实验用干笔皴擦、快速转折飞白的书法性笔触绘制石头、树木[1]。此时的他不乏和北方画家竞争的心态，希望能创作另外一种新的画法和构图形式。

这年赵孟頫、鲜于枢的朋友石岩（字民瞻）从吏部尚书郝继先那里得到一幅王庭筠的代表作《幽竹枯槎图》，这件作品以秃笔和篆籀书法线条笔式入画，让鲜于枢感到兴味尤殊，大德四年鲜于枢在上面题写了长跋：

---

1. 谈晟广. 1300年：赵孟頫的"书画同源"和文人画的新走向. 文艺研究，2012（5）：114-115.

"右黄华先生《幽竹枯槎图》并自题真迹。窃尝谓古之善书者必善画，盖书画同一关捩，未有能此而不能彼者也，然鲜能并行于世者，为其所长掩之耳。如晋之二王、唐之薛稷及近代苏氏父子辈，是以书掩其画者也。郑虔、郭忠恕、李公麟、文同辈，是以画掩其书者也。唯米元章书画皆精，故并传于世，元章之后黄华先生一人而已。详观此卷，画中有书，书中有画，天真烂熳，元气淋漓，对之嗒然，不复知有笔矣。二百年无此作也。古人名画非少至能，荡涤人骨髓，作新人心目，拔污浊之中，置之风尘之表，使之飘然欲仙者，岂可与之同日而语哉？大德四年（1300）上巳后三日，晚进渔阳鲜于枢谨跋。"

之后赵孟頫也有题跋，已有鲜于枢精彩的长跋在前，赵孟頫只是简单写了一句话而已。他对"画中有书，书中有画"的理念是认同的，承认自己与黄华老人的旨趣不约而同[1]。他恐怕并不觉得王庭筠的艺术风格就达到了最高境，因为他自己去年画的《秀石疏林图》更明显地使用了书法性的用笔方式，要比王氏走得更远。

"书画同源"的观念在艺术史上源远流长，在南朝时这是画家为了给绘画艺术寻找正当性才大肆宣扬的观点。唐代的绘画收藏家张彦远在《历代名画记》中强调"书画用笔同法"[2]，北宋的名人苏轼更是将诗画、书画同源的说法广为传播，他们主要是从起源和观念角度谈论此事。赵孟頫不仅仅是认同这一理念，更重要的是从技术角度进行一系列试验，他这时候创作的《秀石疏林图》轴（今藏北京故宫博物院）上尝试用飞白法绘制石块，并在题跋中直接作了相关表述：

> 石如飞白木如籀，写竹还与八法通。
> 若也有人能会此，方知书画本来同。

1.（元）赵孟頫，钱伟强.赵孟頫集：卷第三.杭州：浙江古籍出版社，2012：55.
2.（唐）张彦远，俞剑华.历代名画记：第二卷.上海：上海人民美术出版社，1964：34-35.

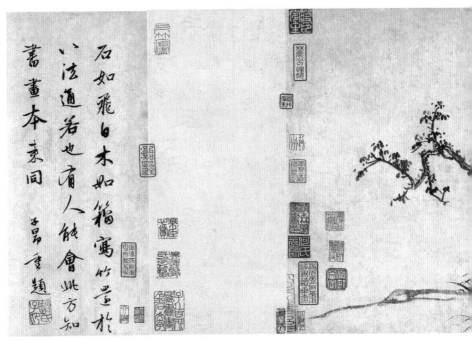

秀石疏林图 （元）赵孟頫 纸本水墨 27.5cm×62.8cm（北京故宫博物院藏）

"飞白"始于蔡邕，他在鸿门从工匠用箒在墙上刷垩粉得到启发，书写时在字的转折处不像通常那样放慢速度、聚锋后缓慢转折，而是快速散笔硬转，散开的笔毛漏出些许如丝线的"飞白"痕迹也无所谓。这幅《秀石疏林图》中的画石法正是如此，塑造石块形体的廓形线条就是用书法的飞白方法，一笔勾划，转折之处有细线、空白等各种痕迹。这以后赵孟頫也创作了其他飞白书画作品，如书法《即事绝句轴》（纽约大都会博物馆藏）、大德六年（1302）所作《兰竹石图》（上海博物馆藏）、大德八年为王冕作《兰蕙图》（旧金山亚洲艺术博物馆藏）、为顾善夫作《竹石幽兰图》（普林斯顿大学美术馆藏）等[1]。

与绘画相对应，大德五年三月十日他在给高克恭所画《秋林平远图》的题跋中强调"作画贵有古意，若无古意，虽工无益。令人但知用笔纤

---

1. 赵华. 赵孟頫《秀石疏林图》解说. 新浪博客"听梧阁的博客"，2014年4月1日。

细，敷色浓艳，便自以为能手，殊不知古意既亏，百病横生，岂可观也。吾所作画似乎简率，然识者知其近古，故以为佳。此可为知者道，不为不知者说也"[1]。他提倡"古意"主要是反对南宋画院那种设色鲜艳、用笔工细、格局小巧的绘画风格，主张从唐人画人物、鞍马、花鸟的构图、用色中吸收营养。所以他在一系列题跋中反复表达对南宋绘画的不满，尤其是认为宋代人物画远不如唐人，所以自己刻意学唐人画作，要洗脱早期的宋人笔墨。当然，这时候他的观点还仅仅在杭州书画圈传播，并没有全国性的影响。

赵孟頫强调的"古意"并不是严格复兴古代的技法、构图、主题，更多指向艺术作品的韵味格调，这种主张与他的收藏经历密切相关。一则他在大都鉴赏、收藏的古画给他很多主题、风格、形式上的启发；二则唐宋

1.（明）朱存理，韩进，朱春峰.铁网珊瑚校证.扬州：广陵书社，2012：273.

时代的画作经过数十年乃至数百年的保存，估计都略微有点古旧暗淡，或许这种古旧的色彩也曾给他某种启示，尽管这些古画刚创作出来的时应该也是颜色鲜明的。

更重要的是，赵孟頫尝试把书法用笔方式大规模用在山水画创作中。大德六年（1302）十一月赵孟頫去苏州时，在某个社交场合认识了颇有名气的私塾先生钱重鼎（字德钧，号"水村居士"），应他之请创作了一幅《别号图》（《水村图》）。钱氏是通州（今江苏南通）人，长期在苏州城中以教书为生，这时候并没有住在水边村落中，仅仅是有这个想法而已。根据钱氏的雅号和大致讲述，赵孟頫快速创作了这幅"一时信手涂抹"的应酬之作。画中一带远山横卧在水云之中，平缓的山水汀渚之间是村居、小桥、渔舟，一片江南平远山水景色，农舍三五处，竹林六七丛，安静闲逸如同世外桃源，显然把钱氏描述成了隐逸之人。

为了加快速度完成画作，他大量采用力度轻重、墨色浓淡有差异的干笔构造水岸、汀渚、树木的形象，用中锋、侧锋从各种角度或横扫，或逆拖，或点擦等"皴法"塑造物体的面貌，勾画十分简单。赵孟頫自己的题跋并没有对这幅画的创作方式表示任何自豪，但是钱重鼎自己很重视这幅作品，很快就请人装裱了这幅画并请赵孟頫题跋，他这种郑重的态度让赵孟頫甚至有点不好意思[1]。当然，在外人看来这幅画显得相当新奇，呈现出墨色清淡、意境旷远的味道。他在线描、晕染之外形成了一种新的描绘山

---

[1]. 画家本人对此画并不看重。从赵孟頫的题跋来看，他对自己的马图十分自信，但是对山水画是否能和古人比肩并没有表态，或许他心中觉得自己所作也仅仅是"戏笔"应酬而已。但是因为元末画家继续追溯这一路径创作了众多作品并很受文人推崇，后世的艺术史家如李铸晋等都认为《水村图》是继《鹊华秋色图》之后赵孟頫山水画的另一标杆，开创了"新江南山水画风"，这是一个有趣的艺术史话题。一介寒士钱重鼎十分注重赵孟頫的这件作品，此后不断请众多文人雅士在后面题诗题跋。十四年后，苏州甫里镇富豪陆行直给在自家担任私塾先生的钱氏在芦墟的分湖边修建了一座房舍。后人常常误会赵孟頫描绘的是分湖，其实那里并没有赵氏画中那样的山岭，只有平坦的湖面和农田。

水的技术手段，适合呈现雅逸疏淡的江南山水，与董源、巨然的大尺寸画作相比更加简单，又比南宋画家马远等人的"边边角角"更开阔更幽深，与他自己之前创作的《青卞图》《鹊华秋色》相比也有很大不同，开创了一种简约风格的山水画新类型。他的画法和构图形式对以后太湖流域的文人画家有巨大影响。

在书法方面，大德三年（1299）、大德四年也是赵孟頫的"赵体"楷书、行书风格成熟的关键时刻，之前一年他观览临摹王羲之的《七月帖》《圣教序》等，结体、运笔也常取法王羲之《兰亭序》，于圆润柔媚中带有劲健之风。大德三年他获得传说是顾恺之所作的《洛神赋图》，在此画后以王羲之的风格书写了曹植的《洛神赋》全文，融楷书勾划于行草格局，汇遒劲和圆熟于一体，运笔、结体、气韵都有了自己的面貌。到大德四年为盛逸民所作的《洛神赋》中，这种书风更加成熟稳定，可以说已经确立了"赵体"的形态。"赵体"是一种在严格训练的基础上形成的书体，法度谨严，运笔劲健，转折分明，提按精准，收笔落笔、线条轻重都一丝不苟。赵孟頫并不擅长提出大的理论观点，他对书法之道的看法相当"技术主义"，认为书法最重要的掌握笔法、字形两大基础，追求笔法的精确，字形的形式感和协调性。

大德初年也是高克恭、李衎、鲜于枢三人艺术风格演变的关键时期，他们三人都是来江南为官的北人，彼此有交往，可是三人的人生路径完全不同，艺术风貌也不同。

高克恭至元二十八年（1291）来到杭州担任江淮行省（后改名江浙行省）左右司郎中。他行事干练、敢于负责，在杭州任官时积极有为，如江浙行省定儒户的问题拖了十几年，因南宋的许多档案模糊、散失，无法确定把哪些户口划为"儒户"，需要核查的话又纠缠不清。高克恭到任后把主张把凡是档案中记载是儒户的直接确认为儒户，不必再核查，大大简化了认定程序，很快解决了这个问题。元灭南宋后朝廷禁止江浙民众晚上点灯用火。至元二十九年时，高克恭认为江南已经平定多年，许多平民都在

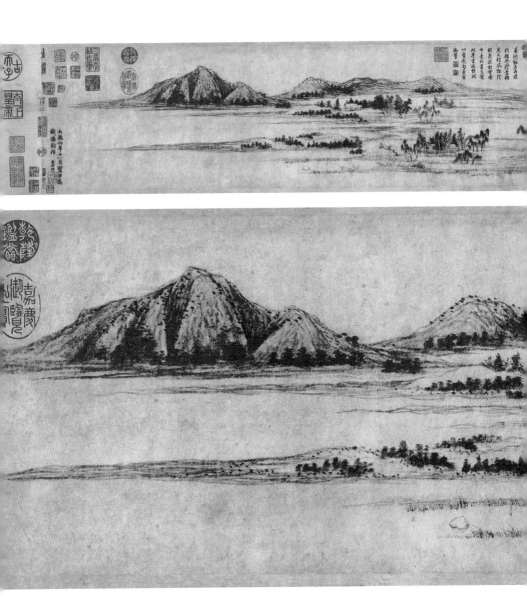

水村图 （元）赵孟頫 纸本水墨 24.9cm×120.5cm（北京故宫博物院藏）

華　清

屈子卜居
漁潭逐
漁父連流
浪鼓枻
悟水自
重！

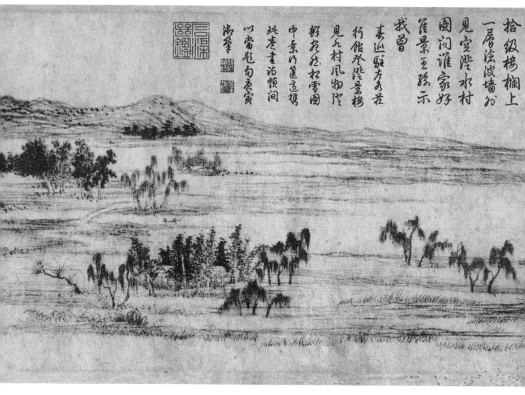

拾級欄楯上
一層流波墻岙
見空灣水村
圍沟誰家好
崖景无路示
我曾
素迤驅彥方莊
行館登陟昌樓
見又村風物陰
辮克枝松雪閣
中衾竹箑道揚
咄老畫洵愼間
以當起句唐寅
御筆

家中做手工维持生计，经常需要用火，如果因为火灾频发等原因严禁民众夜间点火，那么小民只能晚上偷偷用火。为了掩人耳目，他们会在房屋中用布匹等设法遮藏，反倒更容易引发火灾，因此在他的建议下，官府取消了这一条禁令。

可能因为得罪了行省的高官，至元三十一年（1294）高克恭任满之后没有被任命新的官职，于是就在杭州闲居了近两年，以游览山水和研究绘事为乐，常常和文人雅士酬唱。杭州文人张渊甫、吾成季等人还曾以"房山之贤"为主题邀请朋友与他赋诗唱和，形成了《仰高倡酬诗卷》。

这两年高克恭有大量时间发展自己的绘画技艺，也常与文人雅士酬唱交往。他最初擅长画墨竹，自命是"写竹郎中"[1]，对自己的画竹功力颇为自信，觉得要超过赵孟𫖯（字子昂）、李衎（字仲宾）两人，一次他在自己画的竹画上题跋说"子昂写竹，神而不似；仲宾写竹，似而不神；其神而似者，吾之此两君也"[2]。

高克恭在杭州着力研究山水画，最初模仿二米，不久之后就有了大变化，大量使用董源、李成、巨然的笔法、墨法，这可能与他和赵孟𫖯、鲜于枢等人经常交流和鉴赏北宋画家的作品有关。当然，也和他对江南山水的体验紧密相关。他公余经常呼僮携酒流连西湖周边的山水，对江南山水有了深入感知[3]，陆续创作了《秋山暮霭图》《越山春晓图》《吴山夜景图》《吴山晚眺》等描绘江南风光的作品。

至元三十一年，高克恭去担任江浙行省照磨的李公略家中闲聊。李家位于杭州南部的制高点吴山上，从他家的小阁楼中可以看到钱塘江和浙东的许多山峰，高克恭多次在这里观览。李公略告诉他夜晚登上阁楼，在月色下看远山格外心旷神怡，于是高克恭创作了一幅不大的《夜山图》，

1.（清）高士其.《元高尚书墨竹卷》自题//钦定四库全书本.
2.（元）王逢.高尚书墨竹为何生性题（丛书集成本）：259.
3.马明达.元代回回画家高克恭丛考.回族研究，2005（2）：141.

水墨氤晕，妙趣横生，周密、赵孟頫、鲜于枢、牟应龙、张复亨、赵孟籁等江南文人雅士都曾在这幅画上题跋。这幅在主题上、画面构成上都追求"简逸"的画作或许对赵孟頫也有很大启发。高克恭也在探寻一种简约而富有意趣的新型水墨画，他主要跟随米芾父子的思路，更注重墨色晕染的效果。赵孟頫几年之后才开始着力实验如何以简约的书法性用笔描绘江南山水。如何在用笔、构图上与高克恭竞争，或许是赵孟頫努力推陈出新的一大背景。

高克恭对书画、收藏有浓厚的兴趣，曾收藏赵昌《折枝花四段》、周文矩《韩熙载夜宴图》《唐摹兰亭》等。他可能也会弹琴，藏有唐代古琴"金儒鸣玉"和三足琴。

两人的朋友圈也有很大重合，高克恭与赵孟頫的朋友周密、邓文原、仇远、王芝、戴表元、杜道坚等都有交往。他曾把自己收藏的一件鲤鱼形的灵璧石赠送给道士杜道坚，把周文矩《韩熙载夜宴图》转让给王芝。还有一次在周密的书斋浩然斋，高克恭和周密、屠存博、仇远、邓文原五人一起聚会，饮用红酒后，周密拿出一张纸让高克恭给自己留下一幅竹画，高克恭当场创作了一幅《竹石图》赠给周密。

元贞二年（1296）高克恭才被起用，担任正四品的山西河北道廉访副使，他因为自己视为兄长的朋友畅师文（字纯甫）在那里担任佥事，官职在自己之下，便上书表示不愿意位居资历、文学、行为都高出自己的畅纯甫之上，请求朝廷先任用他。于是大德元年（1297），朝廷任命高克恭担任江南行御史台治书侍御史，他才前往建康（今南京）为官。大德元年九月十九日离开杭州之前，高克恭、仇远、曾任南宋漳州佥事的士人张渊甫在栖霞岭上张家的泉月精舍聚会。饮酒到半途，微醉的高克恭当即绘制一幅《山村图》赠给仇远，后来赵孟頫、周密都曾在画后题跋。

高克恭和赵孟頫在杭州多次见面，曾一起游览西湖山水。一次高克恭和友人在西湖边一处厅堂游览，见到一面空白的屏风，于是乘着兴致在上面描绘了奇石古木。几天后赵孟頫路过那里，也技痒，补画了一丛竹子，被友人当作雅谈。另外一次雅集中，两人合作了一幅《兰蕙梅菊画卷》，袁桷在旁边见证了这一合作。

赵孟頫给自己的表弟袁桷赠送了一幅画，高克恭在画上题写了《赵子昂为袁清容画春景仿小李》一诗：

> 春林如染缀溪容，几处幽居倚碧峰。
> 不是两翁情话久，白云深杳未能逢。

更显示高克恭与赵孟頫两人关系特殊的是，大德三年高克恭举荐赵孟頫的老师敖君善以及朋友邓文原、陈康祖、姚式、倪渊等五人出任学官，或许是受赵孟頫的请托或者在赵的引介下高克恭才认识了上述诸人。赵孟頫的另一个朋友张樸（字仲实，号菊存）曾在高克恭哥哥家中担任私塾教师，后来也受到举荐出任了学官。张樸是南宋开国名将张俊的五世孙，娶了湖州名士牟巘的女儿为妻，是牟应龙的妹夫。

大德三年年底高克恭调回大都担任工部侍郎，高、赵两人还有书信往来。大德五年赵孟頫曾经寄赠一幅《秋林平远图》给高克恭，高克恭也写诗表达感谢：

> 奇持江南着此身，一樽谁足张吾军。
> 梅花又结青青子，几度思君不见君。

高克恭回大都先后出任工部侍郎、翰林直学士、吏部侍郎、刑部侍郎，大德九年成为三品的刑部尚书。在大德后期、至大年间他比赵孟頫仕途更顺、官位更高，他的山水、墨竹在这期间享有盛名，在画坛的名气在赵孟頫之上[1]。

---

1. 即便延祐年间赵孟頫的书、画都享有大名，虞集在高、赵两人合作的画作上的题跋仍然盛赞高为第一"国朝名笔"，即画坛第一把手。

相比高克恭，另一位士大夫画家李衍与赵孟頫只能说是泛泛之交。他们见过面，互相在对方的画作上题过跋，但是没有什么亲密的私人关系。李衍于至元二十八年从杭州入京为官，至元三十一年升任从四品的礼部侍郎，奉命出使安南（今越南）而得到当今皇帝的嘉奖。元贞二年（1296）他从大都来江南担任四品的同知嘉兴路总管府事，大德五年（1301）调任婺州路同知，武宗至大三年（1310）升任三品的常州路总管府总管。这些地方距离杭州虽然不远，可是毕竟分隔两地，和高克恭、赵孟頫应该只见过几次面。

李衍在绘画上的兴趣更狭窄一些，专注于画竹和总结画竹的技巧。他在朋友鲜于枢的建议下，开始创作着色的竹画，于是他又四处临摹学习。至元二十五年得到五代南唐画家李颇绘制的《丛竹图》，从中得到着色竹画的启发，技艺更上一层楼。他花费了很多精力编著《竹谱详录》二十卷，约在大德十一年（1307）完成书稿，并请知名文人牟应龙写了序[1]。这时李衍的竹画在江南有一定名气，但是影响力应该仅限于朋友圈子中。

比起赵孟頫、高克恭、李衍三人，鲜于枢虽然诗文、书法才华颇为突出，可是在官场上的命运可谓潦倒。高克恭、李衍也是吏员出身，最后身居高位。赵孟頫在至元二十三年北上后，从一介文人顿然变成从五品官员。而鲜于枢只能辗转扬州、杭州和金华等地，一直担任掾吏之类的七品小官，不能不感叹命运弄人。

鲜于枢出生在汴梁（今河南开封），家境一般，他父亲是办理运粮的小官吏，常年往返于中都、大都、汴梁之间。鲜于枢少年时不断随父迁居，十几岁就开始充当吏员，曾北上燕京、塞北充当吏员或幕僚。后来方回听鲜于枢讲述自己的早年经历后，写有《次韵鲜于伯几秋怀长句》一诗记述这段故事：

1.《竹谱详录》二十卷约雕版刻印于延祐六年或七年。赵天叶. 李衍《竹谱详录》研究. 中国美术学院博士毕业论文，2017：48-49.

逾燕涉漠将十霜，西风满眼榆林黄。

时逢北客话围场，鞍马意气犹扬扬。

骆驼红乳葡萄酒，袒割一醉千百觞。

……

至元十三年（1276）元灭南宋，三十一岁的鲜于枢来到江南繁华之地寻找机会，先是在湖南长沙担任岭北湖南道按察司经历，这是负责出纳文书的从七品小官，次年他又被调任扬州担任江南行御史台的吏员。这时他还年轻，文字出众，意气风发，似乎也有一番大好前程。他擅长诗文、通晓音乐，喜欢弹琴听琴，写有一些散曲，以《八声甘州·江天暮雪》最为有名。担任吏员需要经常书写文书，他少年时代只是粗通书法，青年时代曾临摹河北河南道提刑按察司佥事奥敦周卿（号竹轩）、昭文馆大学士姚枢的书法，后来在湖南长沙见到李北海所书《岳麓寺碑》，深受震动，这才开始重视古碑古帖，到江南以后更是着力研究书艺，在书法上逐渐有了许多新的认知[1]。

但是他性格执拗，不容易和官长处好关系，在江南行御史台吏员的位置蹉跎十年。至元二十一年因为江南行御史台官署从扬州迁移到杭州[2]，他移居杭州，与赵孟頫、仇远、周密等书法家、鉴赏家交往密切。至元二十四年（1287）春，鲜于枢被选调为三司史掾。鲜于枢的性格本就有点执拗，越是受挫，越是心中不满，他经常与上级争是非，自然不讨欢喜。这一时期他写了一件书法袒露自己作为底层官吏的屈辱感受："登公卿之门不见公卿之面，一辱也；见公卿之面不知公卿之心，二辱也；知公卿之心而公卿不知我之心，三辱也。大丈夫宁可万死，不可一辱。"[3]

1.（元）刘致作跋《鲜于枢行草书进学解卷》，首都博物馆藏。
2.江南行御史台官署后于至元二十三年又迁移到了建康（南京），至元二十六年又迁回扬州。
3.（元）孔奇，庄敏，顾新.至正直记：卷之三.上海：上海古籍出版社，1987：118.

鲜于枢在官场有了深深的挫败感，觉得自己"浪走天下半"却没能出人头地，不如就以诗酒书画自娱。至元二十六年（1289）他在西湖边修建了"困学斋"闲居，自嘲是"虎林隐吏"，写有《湖上新居》一诗形容自己的住所：

> 吾爱吾庐好，临池构小亭。无人致青李，有客觅黄庭。
>
> 树古虫书叶，莎平鸟篆汀。吾衰岂名世，讵肯苦劳形。

至元二十七年（1290）前后，他在杭州的两浙都转运司当"运幕"，即处理文案的幕僚。他业余的时候把主要精力倾注在创作、鉴藏上，经常在困学斋中会友。

鲜于枢有《观寂照蒲萄》描述温日观的作品，点出他以书法的笔法入画的技巧：

> 阿师已把书为画，俗客那知色是空。
>
> 却忆西湖酒醒处，一棚凉影卧秋风。

或许因为经常和江南温润文人交流，这段时间他的行书、草书在雄劲中又有圆融沉潜之处，与一味猛厉的狂草书风颇有不同。至元三十年（1293）三月二十八日，周密前来困学斋拜会，看到鲜于枢拥有玉炉、张旭《秋深帖》、唐摹《兰亭集序》等藏品。鲜于枢还告诉周密，南朝书法家萧子云写的《出师颂》真迹绝佳，自己曾想用别的古物去交换这件书法，可惜交易被王芝从中作梗而没有能达成。鲜于枢和李衎、高克恭都有交往，后者曾绘制一幅《巢云图》赠给他。

至元三十一年，江南行御史台有官员举荐鲜于枢担任负有地方监察之责的浙西道肃政廉访司的从五品官职，朋友饯别时已经预祝他能"豺狼扫贪暴，蛇豕除奸宄"。可是这件事临时有了变化，元贞元年（1295）冬天他仅仅被委任为从七品的"浙东道宣慰司都事"。这让他十分失落，他借下雨发洪水的理由在杭州多逗留了一些时间。元贞二年正月才去金华上任，可是在那里又和上司不和，大德二年（1298）就辞职或者遭解职，只好怏怏回家闲住。

鲜于枢回到杭州后经常和赵孟頫来往。大德三年杭州官府在宋代朝天门的遗址上重修了一座高大壮丽的城楼，因为飞楼的檐木向北，故名"拱北"，寓意杭州官民心向皇帝和首都。大德二年春曾任集贤学士的赵汉臣要去金陵游览，经过杭州时赵孟頫、鲜于枢等陪同参观拱北楼。之后赵、鲜于两人都了诗赠给赵汉臣，赵孟頫在《上拱北楼》诗后写的是"呈汉臣学士老兄发一大笑"，他们曾在京城有交往，关系更平等一些；而鲜于枢卖力写了一首《水龙吟拱北楼》（呈汉臣学士），是因为官职低微，口气更疏远客气一些[1]。

大德三年八月，鲜于枢在"困学斋"之右修建了一个小亭，取《庄子·内篇·人间世》中的"直寄"两字命名为"直寄未暇亭"，在亭边栽种了一棵从附近废园中移植来的怪松，鲜于枢唤它作"支离叟"。《庄子》中说有一位形体怪异残缺的"支离疏"因为残疾却得以终其天年，发挥了"无用之用"，鲜于枢取这样的名字无意间透露出形影相吊的自喻之意。他的朋友戴表元、俞德邻都曾写《困学斋记》记述他这时候的隐居状态。鲜于枢还以"直寄道人"作为别号，透露出退隐的心态。

擅长写草书、画墨葡萄的温日观和鲜于枢交好，每次到鲜于枢家还要洗澡，鲜于枢会亲自给他送澡豆。饮酒之后温日观喜欢抱着鲜于枢家院子里的那棵松树"支离叟"，或者唱歌，或者哭泣。鲜于枢还效法林和靖养了一只鹤，可是不久后这只鹤就死了，杭州路总管梁曾写了《悼鲜于伯几鹤二首》纪念此事，其一云：

1.陶宗仪《辍耕录》记载是大德戊戌（大德二年）二月之事，此事或许发生在大德三年拱北楼修建成后，但也有可能发生在大德二年，赵汉臣曾多次到杭州。（元）陶宗仪. 南村辍耕录：卷之二十二. 北京：中华书局，1959：272.

翠柏屏前竹阑曲，几见氆氇雪衣舞。

平生风云万里心，零落湖山一丘土。

在书法、收藏方面，赵孟頫和鲜于枢时常聚会研讨。一次赵孟頫提前托人告诉鲜于枢，说他第二天要来鲜于枢家看书画。鲜于枢特别写信给退休闲居的仇锷（字彦中）[1]，请他来共同焚香、听琴、坐谈。仇锷擅长弹琴，和鲜于枢关系极好。

大德三年（1300），萧山县学重建大成殿之后，请闲居在家的张伯淳撰文《萧山县学重建大成殿记》，赵孟頫书写，贾仁撰额，可能是在赵孟頫的介绍下，请鲜于枢写了背面的《萧山县新文庙碑阴记》。这一时期赵孟頫的碑刻书法渐渐形成了自己的风格，参考李邕、苏灵芝的楷书，用笔严整劲健，可结字还略显松散。大约到大德末年，他的碑文楷书才更好地融入了王羲之的行书结字，变得更加劲挺圆熟。

鲜于枢对仕途并没有完全死心，大德四年年底他去了一趟大都，可能是为了寻找机会再次为官。当时高克恭正在大都担任翰林直学士，鲜于枢曾去拜访这位老友，在高克恭创作的一幅画上题诗《题纸上竹》，说这些竹子让自己想起了江南的家，"京华客梦醒，一片江南雨"。

鲜于枢虽然是北方人，可是多年来已经习惯江南的温润气候，冬天他写了一首诗比较大都和江南的风光：

燕山十月寒堕指，雪尽长途风走沙。

争信江南此时节，漫山轻雾湿梅花。

可能为了求官，约大德五年，鲜于枢把自己收藏的颜真卿《祭侄文

1.仇锷是京兆（今陕西西安）人，至元二十八年担任闽海廉访副使，次年就辞官闲居高邮，他和鲜于枢是好友，经常到杭州访友。大德四年病逝，享年五十一岁。

稿》送给了路过杭州的翰林学士张晏。这是至元二十年他用数种珍贵古籍从曹大本（彦礼）那里换来的，曾题为"天下行书第二，吾家法书第一"。之所以把自己最重视的珍藏拱手让人，可能因为张晏的父亲张文谦是元初高官，张晏此时是翰林学士，在朝中有很深的根基，鲜于枢期望张晏帮忙把自己调到京城馆阁为官。

八月五日，鲜于枢题跋赵孟頫的书画合璧作品《前后赤壁赋并画东坡像》时已经笔力颓唐，大概生病了。不久后他就得到太常寺典簿的任命公文，可没有来得及去上任，就在年底或者次年初去世了。

鲜于枢到江南后才开始用心发展自己的书法艺术，他的楷书颇有功底，因为他长期担任处理文书的吏员，楷书是官方公文使用的字体。但是他最为得意的是与楷书相对立的草书，对他来说，这是表达自己内心愤郁、兴奋、欢愉的字体，草书夸张的形态具有很强的视觉冲击力，和绘画有很多相通的地方。

鲜于枢尊崇的草书家有智永、怀素、黄庭坚等人，他习惯悬腕作字，力道饱满而又变幻多姿。同时代的袁衮说："困学老人善回腕，故其书圆劲，或者议其多用唐法，然与伯几相识凡十五六年间，见其书日异，胜人间俗书也。"[1]年轻一代文人书法家陈绎曾看到鲜于枢善悬腕写字，他问这样写作有何秘诀，鲜于枢瞋目伸臂说"胆！胆！胆！"[2]，这大概是喝酒以后的说法，因为光大胆未必就能写出好字。

鲜于枢逝世后五年，赵孟頫偶然看到一张鲜于枢的画像，想起了两人交往的旧事，于是写了一首长诗《哀鲜于伯几》追溯对他的印象：

> 生别有再逢，死别终古隔。君死已五年，追痛犹一日。
> 我生大江南，君长淮水北。忆昨闻令名，官舍始相识。

1.（清）倪涛.六艺之一录：卷三百五十三//钦定四库全书本.
2.（元）陈绎曾.翰林要诀：第一·执笔法//钦定四库全书本.

我方二十余，君发黑如漆。契合无间言，一见同宿昔。

春游每拿舟，夜坐常促席。气豪声若钟，意愤髯屡戟。

谈谐杂叫啸，议论造精覈。巍煌商鼎制，驵骏汉马式。

奇文既同赏，疑义或共析。锦囊装玉轴，妙绝晋唐迹。

粲然极炫曜，观者咸辟易。非君有精鉴，畴能萃奇物。

最后得玉钩，雕琢螭盘屈。握手传玩余，欢喜见颜色。

刻意学古书，池水欲尽黑。书记往来间，彼此各有得。

我时学钟法，写君先墓石。江南君所乐，地气苦下湿。

安知从事衫，竟卒奉常职。至今屏障间，不忍睹遗墨。

凄凉方井路，松竹荫真宅。乾坤清气少，人物世罕觌。

绯袍俨画像，对之泪沾臆。宇宙一何悠，悲酸岂终极。

　　赵孟頫对鲜于枢的书艺十分推崇。至大三年（1310）八月赵孟頫即将上京之前，鲜于枢的儿子鲜于必明到车桥寓所拜会他，请他在父亲所作《临王羲之鹅群帖》上题跋。赵写道："余与伯几同学书，伯几过余远甚，极力追之而不能及，伯几已矣，世乃称仆能书，所谓无佛处称尊尔。"[1]这当然是客套话，不过在草书方面，赵孟頫还是相当佩服鲜于枢的。

1.（元）赵孟頫，钱伟强.赵孟頫集：补遗.杭州：浙江古籍出版社，2012：403.

十一 心向禅林：
千古不磨唯佛法

元贞元年（1295）从大都回到湖州后，赵孟頫对仕途心灰意冷，加上他一直苦恼自己的家族、婚姻的诸多难言之隐，出仕以后一方面要在官场迎来送往，心中也觉得不安；另一方面又遭受宗室亲戚、南宋遗民的背后议论，内心感到矛盾，时常有幻灭之感，于是逐渐倾心佛法。大德元年（1297）四月八日他在书写《法华经》后落款"弟子赵孟頫熏浴焚香写"，已经以信徒自居。

中峰明本比赵孟頫小九岁，原是钱塘新城（今杭州富阳区新登镇）孙姓子弟，从小倾心佛典，稍通文墨就喜欢诵经。二十四岁赴天目山跟随禅宗临济派禅师高峰原妙学禅十年，号中峰，法号智觉。高峰原妙属于临济宗杨岐派的虎丘绍隆、雪岩祖钦一系，他们主张苦行修道，不依赖寺庙。当时较大寺庙都是伽蓝七堂制，僧人如世俗官府一样担任各种职位，忙于日常俗务，无心坐禅体悟。于是虎丘绍隆一派另辟蹊径，特立独行，决定不住寺庙而隐居山林实行"头陀"苦行修道。高峰原妙于至元十六年（1279）到余杭县天目山西峰的狮子岩营造草庵修禅，把附近岩壁上的一处小洞命名为"死关"，日夜坐禅修行数年，到至元二十年才有一些信徒在狮子岩左侧修建了一座小寺"师子院"。至元二十八年，两浙转运使瞿霆发在附近的莲花峰修建了一座规模更大的"大觉禅寺"，是西天目山的大寺之一。高峰原妙把这座寺庙托付弟子祖雍管理，自己仍然在狮子岩驻扎。他的弟子中出名的有祖雍、明本、断崖了义等数人。

元贞元年高峰原妙圆寂时让明本担任大觉禅寺首座，但是明本不愿意，他下山后在杭州西湖东南的吴山搭建了一处小庵"云居禅庵"修行，不久之后又去苏州、安徽天柱山、庐山、金陵等地游历，奉行居无定处、衣食随处而乞的"头陀行"修行方式。明本深谙佛典、善作诗文，写有《拟寒山》百首、《怀净土诗》108首，往来游历江南各地传禅授徒时经常和士大夫交往，在文人中有很高的评价。

大德三年冬天，明本来到湖州郡城北部的弁山，在山上资福寺后的黄沙坑搭建了一座小庵"幻住庵"修禅。此后他把自己在各处建立的茅庵都名曰"幻住"，他解释说"实无而有谓之幻，山河大地，诸色相等，皆是倚空而显现，未有一法不依幻而住，故此即叫幻住庵"[1]，并作《幻住庵歌》[2]，其中有这样的字句：

> 幻住庵中藏幻质，诸幻因缘皆幻入。
>
> 幻衣幻食资幻命，幻觉幻禅消幻识。
>
> 六窗含裹幻法界，幻有幻空依幻立。
>
> 幻住主人行复坐，静看幻华生幻果。

大德四年年初，赵孟頫等好佛学的湖州士人一起上山拜访明本，听他宣讲"参禅三要"之说，即："参禅要具三种心：第一具有大信心；第二具了生死心；第三具不退转心。信得及则始终不惑，生死切则用心必至，不退转则决定成就。"[3]这些话给赵孟頫深刻的印象。不久之后他于四月四日雨后专程登弁山去找明本请教，可是这时候庵中正在施工，而明本外出未回，赵孟頫在其他僧人的迎接下在庵中客房住了一晚。第二天早上吃了素斋之后，他留下一封短信请驻守的僧人珂月禅师转交给明本。赵孟頫在信中坦诚自己心向佛法，以前也曾从其他僧人那里听过讲解佛经，都是泛泛之言，之前听了明本的"三要"之说才有所感悟。他以"弟子"自居，希望"吾师"能够"时时寄声提警"[4]。

这时候明本已经去苏州传法了，他觉得阊门之西五余里的雁荡村与雁荡山同名，十分喜欢这里的风景和地名，于是就结草庐在此修行。富有

1.（元）释明本，于德隆.中峰明本全集.北京：九州出版社，2019：316.
2.（元）释明本，于德隆.中峰明本全集.北京：九州出版社，2019：350.
3.（元）释明本，于德隆.中峰明本全集.北京：九州出版社，2019：29.
4.赵孟頫致中峰明本《佛法帖》，台北"故宫博物院"藏。

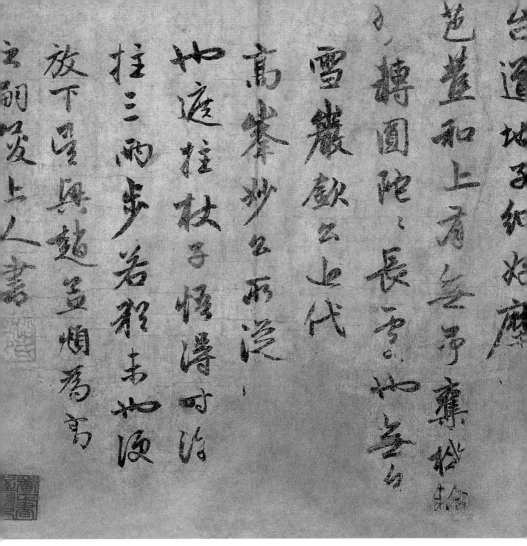

雪岩和尚拄杖歌卷　（元）赵孟頫　纸本行草　23.5cm×53.6cm

此卷系赵孟頫中晚年为天目山大觉正等禅寺住持高峰原妙公之弟子所书，属赵氏中晚年书。

的苏州信徒陆德润听说后，施舍了那里附近的松冈数亩，修建平江"幻住庵"供明本修禅。赵孟頫赶来拜会时还曾帮助僧侣、工匠搬运砖瓦，明本则自己涂墙，修成以后赵孟頫题写了匾额"栖云"[1]。从此赵孟頫和明本一

1.（明）宋濂.文宪集：卷三//文渊阁四库全书本.

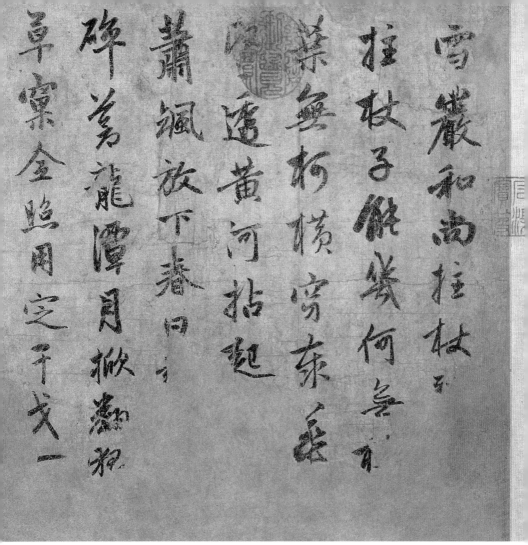

雪巖和尚拄杖子能縱能奪何曾
拄杖子能縱能奪何曾
葉無柯撑穿東岳
遙望黃河拈起
蕭颯放下春回
碎為龍潭月掀瀾
草窠金觭月定干戈一

直保持亲密的交往。明本是苦修僧人，经历的霜风雪雨多，或许面相看起来比赵孟頫衰老。

明本在苏州幻住庵传法近两年，前往参禅者络绎不绝。两年后他又到镇江待了一段时间。在此期间他们经常通过书信交流，赵孟頫还曾书写明本的《怀净土诗》108首。

赵孟頫时而就出仕还是隐居感到矛盾不安。大德七年（1303），明本以"防情复性"安慰他，指出儒学"防情"，鼓励士人出仕有为；佛学"复性"，讲究无为和修行——两者看似矛盾，其实都是应对世间的临时方法，最终归于"明心见性"，这大概给赵孟頫不少安慰。

大德八年，赵孟頫夫妇请刚从外地回到杭州天目山的明本到杭州寓所见面，给他们一家说法。从此赵孟頫尊奉明本为"吾师"，管道昇称明本为"本师"，赵亮、赵雍称明本为"师父"。明本回到天目山后，从大德九年到至大元年（1308）担任师子院的住持，许多江南僧人都曾前去问道，日本的一些僧人如远溪祖雄等二十多人都曾到天目山跟从他学习，形成了日本禅宗中的幻住派一系。

赵孟頫的远房族兄赵孟僩（xiàn）是浙江黄岩县人，曾任文天祥的幕僚，南宋灭亡后束发当了道士，法名道渊，自号"三教遗逸"，驻在松江供奉真武大帝的"北道堂"。后来他听了明本的说法，皈依佛门为僧，法号月麓，将北道堂改建为"本一禅院"，经常延请明本说法。赵孟頫到松江时常住在本一禅院的客房，与明本、月麓谈论佛法，曾为该寺题写牌匾，还描绘了禅宗历代祖师像供奉在本一禅院，也经常与月麓、王坚、王默、俞庸、章弼等交流。

至大年间，明本继续往来江南各地传教说法，成为江南著名的禅僧，每到一处都受到僧俗信徒的虔诚供养。他不愿意在杭州这样的大城市定居，多次谢绝官员让他主持杭州名山巨刹之请。明本不仅精于禅学，也擅长诗文著述，与蒙、汉官员如瞿霆发、赵孟頫、冯子振、郑云翼、敬俨、答剌罕脱欢等人都有交往。他培养的弟子如前岩元长、天如惟则、慈寂等都是元末著名的禅僧。

就在赵孟頫一家都虔诚拜明本为师的时期，赵孟頫在大德八年（1304）暮春创作了一幅《红衣罗汉图》（现藏辽宁博物馆）。让人觉得奇怪的是，此时他最亲近的老师明本是汉人禅师，并不是西域人，可是这张画描绘的却是深目高鼻的西域僧人相貌。

他绘制这幅画可能有三重缘由：

一者，他母亲怀他之前曾经梦见僧人到家中借宿，他也怀疑自己前世是僧人，创作此画有自喻的意思；

二者，他在题跋中表示对五代以来的罗汉画不满，尝试画接近唐人风格的罗汉画，这是他实验人物画的画法而已；

三者，正好去年著名的西域僧人胆巴帝师在上都去世，让他想起了许多旧事。

胆巴喇嘛（1230—1303）是西番突甘斯旦麻（今青海省玉树藏族自治州称多县）的藏人。他幼年丧父，依靠叔父生活，小时候就出家为僧，十二岁时师从萨迦法王贡噶坚赞学习梵咒，又去西天竺参拜高僧古达麻室利学习梵秘经典，中统年间帝师八思巴推荐他朝见世祖忽必烈。当时怀孟大旱，忽必烈命令他祈雨，结果立即下起了雨，于是得到忽必烈的重视，命他驻锡五台山寿宁寺。

至元十九年（1282）胆巴可能和帝师、桑哥不和，受到排挤，他就离开大都回到西域传法，至元二十六年回京短暂驻锡圣安寺。很快又被派到潮州开元寺，形同贬谪。至元二十八年桑哥被杀以后他才被召回。当今皇帝登基后，胆巴成了最受皇帝信任的吐蕃僧人之一。元贞元年（1295），西域的海都进犯吐蕃地区，成宗命胆巴在战神"摩诃葛剌"前祈祷，之后元军果然获得胜利，这让皇帝十分高兴，命胆巴主持京师最大的庙宇大护国仁王寺，还派出怯薛侍从和百官护送他去仁王寺上任。大德二年赵孟頫应太后之诏赴京书写《藏经》，或许与国师胆巴打过交道。大德六年三月成宗北巡上都时，让胆巴乘象舆行于皇帝车驾之前，足见对他的信任和重视。大德七年五月胆巴在上都逝世，享年七十四岁，火化所得的舍利带回大都，安放在仁王寺的庆安塔。

胆巴对佛教徒多有照顾，至元七年（1270）曾出资赞助重修洛阳白马寺。元贞二年（1296），瑞州路（今江西高安市）妙高山上的北乾明寺的尼姑了敬与管理当地佛教事宜的僧官有矛盾，带着徒弟到大都告状，找到了热衷宣扬佛教文化的南台御史台中丞章闾（蒙古或色目人，名字

和南拜覆中峰和上　（元）赵孟頫

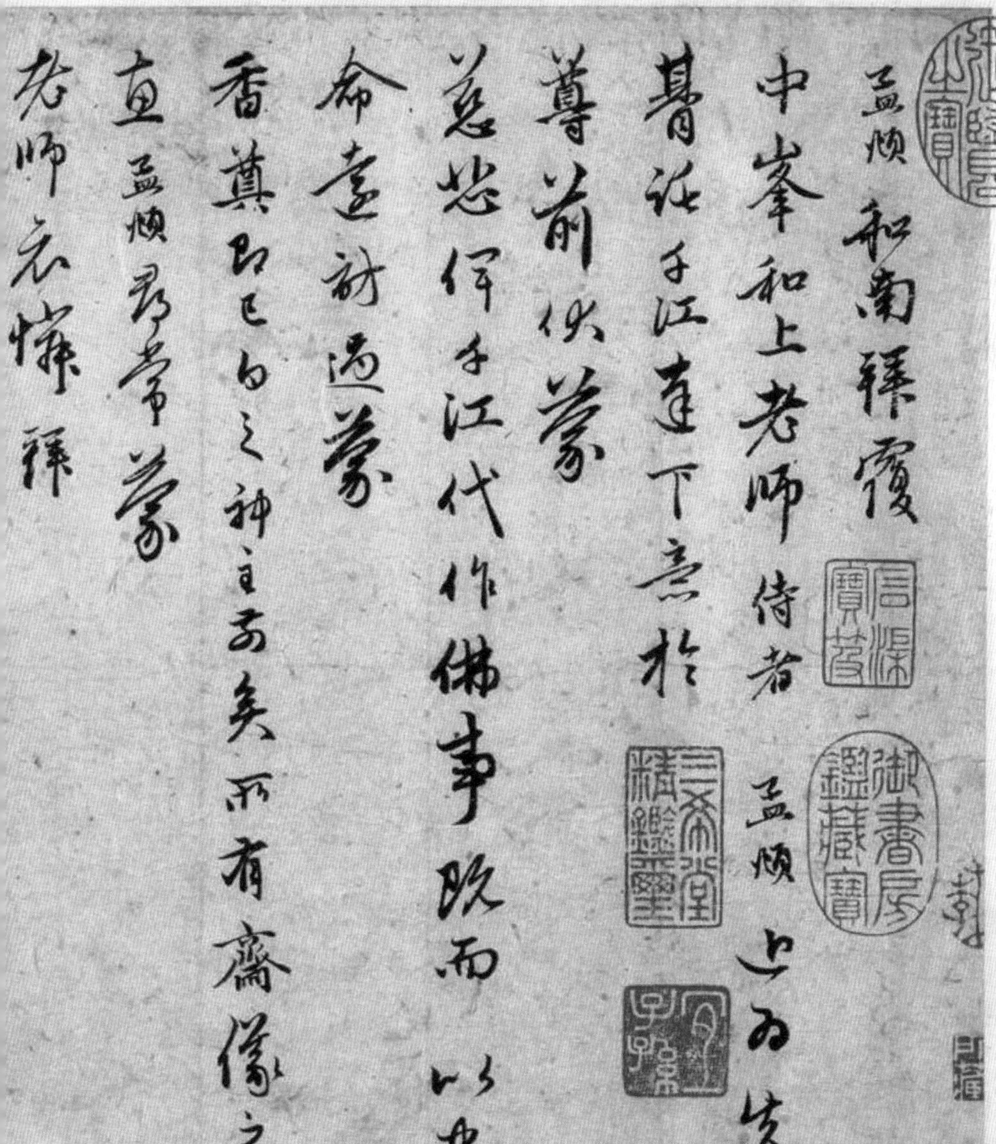
孟頫和南拜覆
中峰和上老师侍者　孟頫上為先妻再
朞請千江達下意於
尊前供養
慈悲俾千江代作佛事既而以中峰
命遠謝過蒙
香蕈收已白之神主前矣所有齋儭之
直　孟頫屢蒙
老师存恤拜

以中送去 般若经五卷又蒙
本师慈悲展请点化又各仍题讚存没重蒙
我师 吉祥宿业甚重每日人子摄三不愈安静去托
我师慈悲指教弓思诲頭但提起终仍受用吉祥与 良人
诚心至愿但仍到家只就家庭修设我恳
本师大和尚大慈大悲善度一切鬼神一切有主孤魂一切
无主孤魂一切宽宥 良人与吉祥祖上父母兄女外祖姓奴婢
及一切法界含灵莫堕三途恶道吉祥愿皆仍早生
佛界业乃 良人与吉祥心愿已讬 以中兄先覆知
吾师惠去及心疏 吉祥才拙观心必愿 良人见之生欢
吉祥心尤增感佩
我师如此大慈大悲度脱一切众生是吉祥
七世父母之恩何以报诳 深恩罔极的便特差吉祥去报安更无
善保尊重不宣

至治二年女弟子管氏吉祥和南拜覆

致中峰上人 （元）管道昇 纸本行书 31.7 cm×72.9 cm（普林斯顿美术馆藏）

又译为张间、张驴），被他介绍去找主管佛教事务的宣政院参议，最后见到了皇帝格外垂青的大护国仁王寺住持胆巴大师。胆巴大师把这件事上报给皇帝、皇太后，皇帝下旨地方僧官不得骚扰该寺，并给了敬赐号"圆觉大师"；皇太后、妃子也赏赐衣食给了敬，把北乾明寺收为皇家名下的道场，这样就没有人敢侵扰它了。而且北乾明寺僧尼有收度弟子之权，可以出入宫掖，外出可以乘坐官方车船和居住官方驿馆。章闾来杭州时把这件事告诉了赵孟頫，请他撰写《瑞州路北乾明寺记》。不知

和南　拜覆

本師中峯大禪師法座前　女弟子管氏　謹封

菩薩戒弟子　和南　拜覆

本師中峯和尚大禪師法座前　右別

頂相動是荷載瞻

仰之心日積不忘年時內以中首塵來都如見

師父幸頗備審

道體清安甚為忻慰　手書

般若誰報薦　先父母深恩及救薦亡兄女輪迴之苦極感諗

我師大衆慈悲照化亡者省心離苦海

我師但起一念何獨菩薩　公姑父母兄女同生淨土一切法界

含靈皆成　佛道盡澄善提矣　菩薩粉骨碎身生々

世之報荅

我師大和尚慈悲深恩耶　菩薩稽首

为何，赵孟頫一直拖到大德十年（1306）、章闾升任中书平章政事时才写了这篇文章。

至元二十五年（1288），南宋末代皇帝赵㬎被忽必烈派到吐蕃萨迦寺学习梵文和佛经。他改名"合尊"，潜心研究佛学，比较汉文版本与吐蕃文本对勘，翻译了《百法明门论》《因明入正理论》等，一度担任过萨迦大寺的总持。

赵孟頫在至元二十三年（1286）、元贞元年（1295）、大德二年

（1298）三次到大都期间，见过不少西蕃僧（吐蕃和西北各部族僧人）、西天僧（天竺僧人），尤其是大德二年他在大都写经时，经常与各方僧侣打交道，甚至直接和帝师乞剌斯八斡节儿、国师胆巴有过交流。也许胆巴的去世让他联想到了种种见闻，想到了在吐蕃萨迦寺出家的南宋末帝赵㬎、那位身穿红袍的年轻僧人，他处于众多的吐蕃僧人之中，只能谨小慎微地生活，只能默默想念自己的家乡杭州。于是创作了这幅具有特别的文化寓意但是又不得不小心隐约其辞的作品[1]。这幅画没有任何明确的请托者，意味着不是某一个朋友出钱或者带着礼物请求他创作此画，而是他自己主动绘制的[2]。

画中身披红衣的罗汉坐在一株青绿色的菩提树下，深目高鼻，浓髯大耳，耳佩金环，坐在铺在石头上面的红色垫子上，似乎正在面向右侧说法布道，同时左手前伸，掌心向上，正在以此开示听众。画中的古树和僧人、红花和僧衣构成了比对和象征的关系。古树寓意他已经达到"形如枯木、心若死灰"境界，树上缠绕的葛藤象征语言文字、世间色相种种纠葛，只有看穿这些纠葛，才可以得到真正的参悟。明本常在讲法以及写给赵孟頫的信中以葛藤比喻各种语言、文字、烦恼的纠缠[3]。这位红衣罗汉身在山林而不是在佛堂打坐，身前放着一双木履，这似乎代表明本是具有苦

---

1. 洪再新.赵孟頫《红衣西域僧（卷）》研究.新美术，1995（1）：29-33.
2. 后来，元仁宗在皇庆二年（1313）追封胆巴为"大觉普惠广照无上胆巴帝师"。延祐三年（1316）令赵孟頫撰写《胆巴碑》时，赵孟頫写得颇为用心。或许，他唯一有好感的吐蕃僧人就是这位胆巴。完成这幅画十六年后，延祐七年时赵孟頫又在这幅旧作上题跋，称："余尝见卢楞伽罗汉像，最得西域人情态，故优入圣域。盖唐时京师多有西域人，耳目所接，语言相通故也。至五代王齐翰辈，虽善画，要与汉僧何异？余仕京师久，颇尝与天竺僧游，故于罗汉像，自谓有得。此卷余十七年前所作，粗有古意，未知观者以为如何也？庚申岁四月一日，孟頫书。"这则题跋仅把这幅画的意义局限在绘画技术层面，他认为唐代画家在京城看到西域人，能够亲身观察和交流，所以能真实描绘出西域僧人的样貌，而五代的王齐翰等人没有见过西域之人，只能模仿拼凑，不足取法。他自己之前曾在大都和天竺僧人往来，对他们有所观察，于是参考自己见过的唐代卢楞伽罗汉画像等高僧邈真像（罗汉画），结合自己的见闻，创作了这幅"粗有古意"的画作。
3. 王中旭.赵孟頫《红衣罗汉图》中的古意与禅趣.故宫博物院院刊，2019（4）.

修精神的高僧。红花则可以看作修道有成的象征，或者说，破开葛藤缠绕的开悟之心的象征。

赵孟頫很可能在周密的朋友司德用处见过所谓卢楞伽《罗汉》。周密记载，至元二十八年除夕司德用曾请周密欣赏自己收藏的卢楞伽《罗汉十六》，他还藏有一件卢楞伽的《过海罗汉》，也许赵孟頫至元二十九年回家时或者元贞元年回家闲居时曾欣赏过这两件作品。当然，也有可能他在大都见过类似的唐代罗汉图。另外，他也在自己的收藏家朋友王芝那里欣赏过阎立本的《西域图》，在题跋中称赞此画人物、器物、举止都"备尽其妙"，堪称"神品"[1]。在这幅《红衣罗汉》图中他也详细描绘罗汉人像及其神态、石头、花木，而且采用了唐代流行的鲜艳的青绿颜料设色。

大德九年（1305）赵孟頫和明本听说冯子振被罢官了，正在苏州闲居，经常在附近游历。一次他们去拜访冯子振时，冯刚刚写完《梅花百韵诗》，十分得意，拿给赵孟頫、明本看。明本擅长作诗，不久后也和诗一百首，并出示自己所作的《九言梅花歌》。冯子振对明本的诗才也格外钦佩，两人也有了来往。

这一年赵孟頫五十一岁，杭州的黄梅季节总是下雨，让他想起了些许京城的春季风光，写下《杭州雨中》一诗：

江南十日九阴雨，花柳欲开无好春。
却忆京城二三月，秋千风暖涨香尘。

老朋友卢挚前来杭州担任浙西道廉访使，他喜欢的歌伎珠帘秀已经嫁给了钱塘道士洪丹谷为妻。卢挚也是六十四岁的老人了，成了监督官员的监察高官。他依旧喜欢听艺伎献唱，觉得坊间传唱的《水仙子》四首都

---

1. 洪再新. 赵孟頫红衣西域僧（卷）研究. 新美术, 1995（1）: 29.

红衣罗汉图 （元）赵孟頫 纸本设色 26cm×285cm（辽宁省博物馆藏）

模仿苏轼把西湖比作西施的句子，太过俗套，于是自己以春夏秋冬为题创作了《西湖四时渔歌》（双调湘妃怨），喜欢写散曲、杂剧的马致远、刘致都写了唱和之作。刘致，字时中，号逋斋，是石州宁乡（今山西中阳）人，这时三十多岁，是个不得志的文人。大德二年（1298），他在姚燧的举荐下进入湖南宪府当吏员，这次则是跟随卢挚到杭州担任小吏。

从京城传来的最大新闻是皇帝颁布诏书宣布立皇子德寿为皇太子。皇帝常常生病，很多事情是皇后卜鲁罕在做主。她强迫与自己不和的嫂子（真金太子第二子答剌麻八剌的王后）弘吉剌·答己和她的二儿子爱育黎拔力八达离开京城，去他们的封地怀州居住。弘吉剌·答己的长子怀宁王海山从大德三年就开始率军镇守漠北草原，是真金太子这一系中实力最强、威望最高的王侯，皇后有点忌惮他们家族的势力。可是到了年底，皇太子病逝了，继位问题再次成了悬疑，最有希望的继承者是海山和在西北

统辖唐兀之地（今宁夏、甘肃、陕西等地）的安西王阿难答（忽必烈第三子忙哥刺的儿子）。皇后有心立年幼的皇族子弟而自己临朝听政，曾以皇帝的名义下诏咨询庄圣皇后、昭睿顺圣皇后、徽仁裕圣皇后垂帘听政的先例，为自己垂帘听政制造舆论。

中秋节时赵孟頫和魏鹤台在杭州西湖芙蓉洲聚会时，收到老朋友牟应龙（字成甫）写的词《水调歌头》。赵孟頫想起了至元二十四年秋天和牟应龙在金华八咏楼聚会的日子，当即写了一首：

行止岂人力？万事总由天。燕南越北鞍马，奔走度流年。今日芙蓉洲上，洗尽平生尘土，银汉溢清寒。却忆旧游处，回首万山间。

客无哗，君莫舞，我欲眠。一杯到手先醉，明月为谁圆。莫惜频开笑口，只恐便成陈迹，乐事几人全。但愿身无恙，常对月婵娟。

他与京城、外地官场的朋友依旧有书信往来，关系较密切的是江南湖北道肃政廉访使程钜夫（文海）。程钜夫已经在地方当了十来年官，一直被排斥在大都朝廷之外，本来已经有养老的打算，在故乡南城县的麻源村修建了一处预备养老的宅院，命名为"程氏山房"，把自己的书斋命名为"远斋"。可是皇帝想起了这位大臣，大德八年（1304）年底授予他翰林学士、知制诰、同修国史的官职。程钜夫上书辞谢，不愿进京。大德九年六月，皇帝又让程钜夫"商议中书省事"，特地派出专使用四乘马车召他进京。程钜夫无法拒绝，只好进京。他当然也以此为荣，把老家新宅中的一处建筑命名为"晋锡堂"，请吴澄撰写了记，又让赵孟頫在八月二十五日书写了这篇《晋锡堂记》用于刻碑。赵孟頫写完后落款"门生赵孟頫书"，对推荐自己的程氏待以老师之礼。大德十一年，他还曾应程钜夫之托写了《止斋记》（段从周撰文），当时程钜夫年已六十，有了退休的想法。

这时候的赵孟頫经常和其他文人官员一起到宗阳宫、玄同观、兜率寺这类寺观闲聊雅聚，与道士、僧人来往。他在杭州他最熟悉的道士是杜道坚，经常应杜氏的请托撰写书法，如大德九年十月写了《行书〈周易·系辞〉》，大德十年正月写了《行书杜甫〈玄都坛歌〉》（均藏北京故宫博物院）。

位于奎辛街的大德玄同观是至元年间新修的道观，住持叫吴若遗，许多杭州文官喜欢在此雅聚闲聊，观中的北斗殿壁上还有李衎画的两株松树。赵孟頫也喜欢去开元宫，他和住持王寿衍十分熟悉。王寿衍的两个弟子倪璨（号文光）、张雨熟悉经史文墨，都和赵孟頫打过照面。张雨的祖父是曾任南宋漳州金事的士人张渊甫，也是赵孟頫当年在杭州见过的。赵孟頫见张雨喜好书法，指点过他如何学习书法。

倪璨在元贞年间被举荐担任学道书院山长，后来加入道教，跟从王寿衍左右，至大元年获得武宗赐号"元素神应崇道法师"，担任玄元观的住持提点。因为父母早逝，他负责抚育自己的两个弟弟倪瑛、倪瓒，年少的倪瓒也喜欢写诗、画画。

大德十年初，一个书院的国宾山长曾给赵孟頫送来画绢、茶牙、麂、鸠、鱼干、乌鸡、新笋等礼物，请赵孟頫为他先人撰写墓表铭文、刻写印章。大概觉得对方送来的礼物比较丰厚，赵孟頫把自己家的一株上党紫团参送给对方[1]。国宾山长在信中提到自己家被指派负担"造船"的徭役，应该和漕运有关，烦恼之下他甚至想到了出家。赵孟頫劝说这位朋友说就算是和尚、道士也有他们烦恼的事情，对是否出家一定要谨慎。

夏秋，赵孟頫鬓角出现肿块和溃疡，疼痛难忍，找了许多医生治病也总不见好，持续了四五十天才缓解，让他感叹自己是"濒死而幸存"[2]。他不由联想到自己的五哥就是因为背部溃疡于去年五月去世的，心中觉得庆幸又凄凉，感觉到老之将至。从这一年开始，他给亲友的信件中把四十五岁的妻子称为"老妇"而不是"拙妇"，其实是感叹自己也踏入老年了[3]。

他在家中养病将近两个月，恰逢他即将在年底任满，最常见的升调路线是去某个地方当同知、总管。可是赵孟頫因为这一场大病有些心灰意冷，也畏惧去当地方主官，更无心为了好位子去做请托高官之类的麻烦事，索性以身体有病为由，辞去了江浙等处儒学提举的官职。

为了缓解内心的焦虑，赵孟頫到天目山拜谒明本。恰逢明本外出，明本的弟子月林上人请他题写了苏轼的《次韵潜师》一诗。此时的赵孟頫以"三教弟子"自居，意为自己同时受到儒、释、道三教的影响。这倒不是空口无凭，他从小就接受过儒学老师敖君善、道士杜道坚的教育，现在又亲近明本，的确可以说是三教弟子。

就在赵孟頫辞官后悠游江南时，大都的皇位又换了主人。大德十一

---

1. 之前有人考证赵孟頫《致国宾山长帖》（北京故宫博物院藏）所言"国宾山长"为王利用明显有误，因为王利用是金末元初人且在北方为官，和赵孟頫没有瓜葛，此处的收信人可能是罗国宾，他与仇远、任士林等赵孟頫的熟人都有交往。
2. 赵孟頫：疡发于鬓札（致民瞻十札），上海博物馆藏。
3. 赵华.赵孟頫闲居考.成都：四川人民出版社，2020：139-142，234，235.

年（1307）正月初八元成宗驾崩，没有后嗣，于是蒙古皇族权贵再次展开皇位争夺。镇守漠北的怀宁王海山和镇守唐兀之地（今宁夏、甘肃、陕西等地）的安西王阿难答各自手握重兵，实力最强，在朝中各有支持者。海山的弟弟爱育黎拔力八达和母亲弘吉剌·答己得知成宗病逝的消息，紧急返回大都，与中书右丞相哈剌哈孙合谋发动政变，囚禁阿难答，诛杀左丞相阿忽台等，让爱育黎拔力八达以监国名义掌握大都。虽然弘吉剌·答己希望二儿子继承汗位，可是大儿子海山掌握军权。爱育黎拔力八达自知无法抗衡，就率众到上都与海山会合。五月在上都的忽里台大会上，宗室诸王、功勋贵族共同推举海山就任大汗，是为元武宗。十天后他封弟弟爱育黎拔力八达为皇太子，领中书省、枢密院。

新皇帝上台后任用乞台普济（唐兀人）、脱虎脱（畏兀儿人）、三宝奴（西域人）、乐实（高丽人）等人担任宰执高官，也起用了一批汉人老臣担任翰林学士。如为了修撰《成宗实录》，召姚枢之侄姚燧为荣禄大夫、集贤大学士、翰林学士承旨、知制诰兼修国史，升程钜夫为翰林学士、知制诰、同修国史、商议中书省事、特加正奉大夫。姚燧这一年已经

元武宗皇帝海山像

七十岁，负责修撰《成宗实录》，参与此事的还有程钜夫、阎复、胡祗遹、尚野、吴澄、袁桷、邓文原、元明善等人。

赵孟頫自然对京城的消息有所耳闻，不过这时候他对当官并不热心，也没有太过关注。这时他和妻子都倾心佛法，邀请明本到德清的新居（龙阳洞别业）说法。

一天，有人拿来龚开的山水画请赵孟頫题跋。赵孟頫听说这位八十七岁的南宋遗民文人刚刚故去，心中十分感慨，连题两首《题龚圣予山水图》：

> 泽雉樊中神不王，白鸥波上梦相亲。
>
> 黄尘没马归来晚，只有西山小慰人。
>
> 当年我亦画云山，云白山青咫尺间。
>
> 今日看山还自笑，白头输与楚龚闲。

第一首诗感叹这是自己梦想中敬佩的人物，第二首则说自己不如龚开，这恐怕不是就技巧而言。龚开的山水画用笔粗重、墨色淋漓，形式粗豪夸张，"怪怪奇奇，自成一家"，与赵孟頫完全是两个风格。赵孟頫如此评论龚开，或许不是就画而说，而是比较两人在出仕上的取舍和行为。

龚开字圣予，号翠岩，晚号龟城叟、岩叟，是淮阴龟山（今属江苏省淮安市洪泽区老子山镇）人，曾任南宋两淮制置司监当官。宋亡之际他写了《宋文丞相传》《宋陆君实传》《辑陆君实挽诗序》等记载文天祥、陆秀夫的事迹，之后长期在苏州、杭州卖画维生，喜欢画瘦马、墨笔钟馗这里有所寄寓的题材，比如他把高头大马和小孩画在一起，寓意《易》中所言"小人乘君子之器，盗思夺之矣"。大概是反思南宋晚年幼儿当皇帝，天下被强大的敌人夺走的历史。他生活困窘，可是从不奔走新朝权贵之门。赵孟頫推崇他，或许也与他敢于记述宋末的英雄义士事迹有关。而赵孟頫身为官员，对挖掘南宋帝陵的行为也只能保持沉默，反而要去歌颂忽必烈和伯颜的功绩。

赵孟頫是闲居的前官员和书画名家，在杭州、德清、湖州城都有房舍，而且杭州到德清约有百里之距，乘船一天半多就能到，可以时常两地跑。所以他这一段时间经常到杭州活动，有时候也应邀去其他城镇游览。

可是这时江南闹起了饥荒。去年的粮食收成就不好，冬天大旱，这年春天浙江东部和福建发生了严重的旱灾，七月又发生了大洪水，许多地方颗粒无收，民众流离失所。眼看要出现灾荒，米价快速上涨，让赵孟頫十分担忧，写信给苏州的中介人段德辅让他尽快把代卖字画所得寄给自己（《李长帖》），估计拿到钱就要多买些米储备起来。

到了秋冬果然发生了大饥荒和瘟疫，听说行御史台的都事赵宏伟建议把御史台储藏的数百万赃款都用于赈济灾民，即便如此还是只有少数人能得到救济。许多民众只能四处借债、逃荒。赵孟頫当然也要帮衬一下亲友，听说朋友牟应龙因为家口较多，日子十分窘迫，就写了一篇《乞米帖》告示吴兴的朋友，把牟应龙直比陶渊明、颜真卿，希望有人能帮助他[1]：

友人牟成甫之贫，香严所谓锥也。无者，丰年犹啼饥，况此荒歉，将何以望其腹，而瞻其老稚！渊明乞食，鲁公乞米，赖多古贤可为口实。仁人义士，有能指鲁肃之困，而实菜芜之甑者乎？！吴兴赵孟頫白。

进入至大元年（1308），夏秋浙江又发生大旱，麦子几乎颗粒无收，灾荒、瘟疫更加严重，许多民众饿死、病死，出现了父亲卖掉儿子、丈夫卖掉妻子求生的惨象。

明本被时任皇太子孛儿只斤·爱育黎拔力八达赐号"法慧禅师"。他却决定逃开名誉，下山乘船云游江浙各地，曾在西湖和赵孟頫相会。明

---

1. 赵孟頫《杂书四帖》，北京故宫博物院藏。

本作了一篇《勉学赋》分析才艺与学道的关系："古人学才学艺，而极于达道；今人负学道之名，反流于才艺……今之学者，惟以本具之说相牵，而不思真参实学之究竟。"以此勉励赵孟頫由"才艺"而进于"达道"。赵孟頫对此赋亦极为欣赏，曾一并作序称赞明本的观点。

赵孟頫这段时间经常读陶渊明的诗文，以隐士自居，经常创作这类题材的作品，如至大元年（1308）二月绘制《陶渊明故事图卷》，次年二月绘制《醉菊图》。南北朝时默默无闻的陶渊明在宋代被文人奉为文化偶像，成了士人表达隐居、田园生活时常会提到的典故。赵孟頫描绘的《陶渊明故事图卷》全卷共五段：第一段右题"渊明先生像"，描绘渊明跌坐席上，左手执图卷赏画的形象，以酒杯、酒坛、竹简为点缀，突出陶渊明饮酒、赋诗的文人生活状态；第二段描绘陶渊明吩咐家僮栽种、酿酒等事的场景；第三段描绘渊明顾视小吏，双手从腰间解下印绶辞职的场景；第四段中渊明头戴葛巾，左手持竹杖，赤足着草鞋，向左飘然而去；第五段中渊明酿酒的场景。次年二月二十六日于舟中所作的《醉菊图》十四帧，前五帧内容与上述同。余九帧分别画了抚无弦琴、蓝舆赴饮、醉眠麈客、王宏见访、王宏度屐、白衣送酒、醉菊、颜延之留钱、辞雠等事。这一系列精心创作的人物画无疑都是展示自己以隐士自居的心境。

作为一名前官员和书画名家，赵孟頫是湖州、杭州的名人之一。当时的湖州路总管、同知、乌程县令等官员如果略通文墨，在年节应该都会来拜访他，彼此有社交往来。比如刚就任的湖州路总管马煦（字德昌）就是如此。他是河北滏阳人，从吏员逐渐获得提升，先后担任江浙行台监察御史、江西提刑按察事、江西行省郎中、山南廉访副使等。他和赵孟頫是老相识，到任后不久就在一次雪后到赵孟頫家拜会。恰好赵孟頫去了德清别业，于是两人先是在信札中诗歌唱和，三天以后才在一个雪天见面，之后两人常常来往。

赵孟頫至元年间在北京认识的秘书监官员周驰外出担任了几年安徽萧县县令后，大德九年（1305）左右告病来到杭州的观桥闲居，此后经常和

双松平远图卷　（元）赵孟頫　纸本水墨　26.7cm×107.3cm（纽约大都会艺术博物馆藏）

赵孟頫见面。他们还合作为官宦贤达撰写家传、祠记、碑文。如武宗至大二年（1309）正月，周驰撰文，赵孟頫书写了《常熟知州卢侯生祠记》；次年，周驰又为北京通州潞县（今北京通州区）的高官李秉彝撰写了《闲邪公家传》，请赵孟頫以小楷书写。

他和担任江南御史行台中丞的廉恒也有交往，对方求画时他创作了一幅《双松平远图》，延续的还是《水村图》那种平远的构图和简率的书法行用笔。他在卷尾自题说自己和当今的其他画家的作品"稍异"，也就是与众不同的意思，这是用谦虚的方式说自己创造了一种新体山水画：

> 仆自幼小学书之余，时时戏弄小笔，然于山水独不能工。盖自唐以来，如王右丞、大小李将军、郑广文诸公奇绝之迹，不能一二见。至五代荆、关、董、范辈出，皆与近世笔意辽绝。仆所作者，虽未敢与古人比，然视近世画手，则自谓少异耳。因野云求画，故书其末。孟頫。

　　至大二年（1309）元月的"人日"，赵孟頫绘制了一幅明本的画像，描绘他横卧在一张盘椅之上，有一双红色的木屐脱在椅前，在后面写了一首偈，云[1]：

　　　　身如天目山，寂然不动尊。慈云洒法雨，遍满十方界。
　　　　化身千百亿，非幻亦非真。觅赞不可得，为师作赞竟。

　　赵孟頫又邀明本来松雪斋见面问法，明本为赵孟頫夫妇解说"本来具足之道未悟未明"的道理，说到深刻之处，曾让两人悲泣流泪[2]。

1.（清）钱泳，张伟. 履园丛话. 北京：中华书局，1979：279.
2.（元）释明本，于德隆. 中峰明本全集. 北京：九州出版社，2019：43.

十二　一步登天：
身外何因更有名

至大元年（1308），赵孟頫认识的两位南宋遗民王泰来、胡之纯（字穆仲）先后逝世，赵孟頫应前者家人之请写了《有元故徵士王公墓志铭》，给后者撰写了一首挽诗[1]：

> 我有三益友，对之如古人。布衣甘陋巷，书册老遗民。
> 泪落黔娄被，神伤郭泰巾。请为千字诔，书刻上坚珉。

这一年方回、陈应子、龚开等老一辈文人也先后谢世，人们对宋朝的记忆似乎也随之而远去了。死者已逝，生者还要继续他们各自的生活。也是在这一年，赵孟頫之前用浙江儒学提举司的经费刻印的书《注唐诗鼓吹》十卷出版了，从而与该书作者、时任中书左丞的郝天挺建立了亲密的关系。

郝天挺是河北安肃的汉人，他的父亲郝和尚八九岁时被掳入蒙古，成为蒙古贵族的近侍，长大后领军南下参与对金战争立下战功，被封为驻扎太原的"万户"。郝天挺早年师从金末名流元好问，喜好诗文，年轻时入宫担任侍从。忽必烈赞赏他的仪容言谈，选拔他任云南行省参知政事、陕西汉中道廉访使、吏部尚书等官职。大德七年（1303）春夏，他曾奉皇帝之命到江南、江北宣传旨意、体察民情，那时就和赵孟頫见过面。

元好问在金哀宗天兴二年（1233）左右编纂了《唐诗鼓吹》文稿[2]，自己选出一些唐诗教育子弟、学生。郝天挺自己抄录了老师的书稿，在大德初年利用闲暇一一注释，形成了《注唐诗鼓吹》这部文稿。大德七年他请知名文人官员姚燧、卢挚分别为书稿撰写序、跋，有了刻印此书的打算，可是并没有能实现。大德十年，赵孟頫可能偶然从浙西道廉访使卢挚那里听说《注唐诗鼓吹》书稿的事情，主动提出可以在江浙儒学提举司刻

1.（元）赵孟頫，钱伟强. 赵孟頫集：卷第四. 杭州：浙江古籍出版社：87.
2. 李玉燕.《唐诗鼓吹》考探. 厦门大学中国古代文学硕士学位论文，2006：8-9 .

印。他对这本书的刻印极为上心，安排人手校对、雕版，花费了不少经费和心思在这本书上。

大德十一年（1307）新帝（元武宗孛儿只斤·海山）登基后任命郝天挺为中书左丞，是中书省的高官之一。虽然赵孟頫辞职了，但新任的儒学提举武乙昌自然重视这部著作的刻印一事。至大元年（1308）五六月，郝天挺因公事来江南，路过杭州时在赵孟頫、武乙昌的陪同下参观了雕版情况，十分满意校对、刻版，请先后负责此事的赵、武两人为本书写序。郝天挺这次出差到江南待了很久，九月二十八日赵孟頫在杭州玄同观中陪郝天挺闲聊，镇江儒学学录郭畀（bì）来拜会。听说他之前一年去过京城，赵孟頫还向他打听京城有什么新鲜事，可是毕竟有郝天挺这样的朝廷高官在场，郭畀这样的低微官员只能简单寒暄几句就离开。

学录是主管全县教育工作的学正的副手，每月俸禄是粮2石，钞2两。二十八岁的郭畀想升职成为镇江或其他州县的儒学学正。他九月二十一日从镇江到杭州来办理升迁的事宜，第二天就带着礼物到打猪巷见李伯玉、李叔义父子。李叔义是正八品的江浙行省官署照磨，是主管文书、官籍发放和保管的小官，在他的指点下，郭畀将投递呈文改为蒙文，然后带着李叔义的引荐信去见级别更高的"都目"王一初。"都目"是仅次于提控案牍的升调主管官，在官署内颇有实权，王都目让属下金君玉具体承办此事，然后进入下一个环节"体复"。元代江南的书院委任山长是由行省决定人选并需按察司"体复"，即进行复核。这一环节需要勘验郭畀现任官职的上司给出的"解由"，上面写明上司给予他的评语和任内的功绩。这个公文本该早就通过官府的文书传递系统发送到了行省衙门，可行省的吏员张德辉似乎有意从中阻拦、企图获利。一晚，郭畀带着礼物去见他之后，他才说自己在行省的文书中找到了郭畀的解由。郭氏已经在杭州奔忙了好多天，找儒学提举司的官员写推荐信，去行省照磨所、行省礼房、儒学提举司等主管调职的衙门上上下下活动，为此不惜借钱给人送礼物、礼金以图打通关节。赵孟頫对郭畀的印象还好，知道他曾经跟从高克恭学习绘画,还曾让郭畀帮忙抄写自己的文稿《松雪斋集》留存。郭畀也认识赵孟頫的表侄张景亮。之前他两次想要拜会赵孟頫都因为赵外出没能见面,这次总算在玄同观中见面了。[1]

赵孟頫已经于九月十二日写好《注唐诗鼓吹》的序言,武乙昌找心细手巧的工匠雕版,不久后就印刷了。这部《注唐诗鼓吹》从头到尾的刻印、用纸都极为精良,让郝天挺十分满意。赵孟頫不仅主持出版了郝天挺的书稿,还书写了《郝氏先茔碑铭》。碑序的撰写者则是在大都担任"太子文学"的元明善,他是皇太子爱育黎拔力八达极为信任的东宫文臣。

通过这件事,赵孟頫和郝天挺这样的实权高官、元明善这样的皇太子侍臣建立了友好的人际关系,不仅对赵孟頫个人的仕途有帮助,也让赵孟頫的朋友因此受益。赵孟頫挺欣赏四明(宁波)士人任士林(字叔实),大德末年任士林到杭州后,曾给赵孟頫代笔。赵孟頫把他介绍给宗阳宫的住持南谷真人杜道坚,任士林得以租借宗阳宫的房舍开设私塾,招收子弟教书维生。赵孟頫还把任士林引介给郝天挺,郝把任氏举荐给江浙行省,让任氏获得了湖州安定书院山长的职位。

不幸的是,任士林和他儿子都感染了瘟疫,只能留在家中养病,没能去上任。此时江南流行瘟疫。江南连续两年发生大饥荒,很多人都被饿死或者得瘟疫死了,出现了"父卖其子,夫鬻其妻"的惨剧,杭州城周边常能看到逃荒的饥民,官府、僧人都设置粥棚救济。

赵孟頫的家人也没有幸免,他家有两个奴婢染上瘟疫而死,到了至大二年(1309)正月二十日,刚六岁多的幼女也不幸病逝。管道昇十分钟爱

---

1. 经过以上几个环节,多次送礼、请客,比如郭畀就先后请金君玉、毛令史在酒楼小酌,到李叔义、张德辉家中拜会,免不了要送礼物之类,这样郭畀的升调事宜才定了下来。行省官员同意"大德十一年二月十七日礼房呈前镇江路儒学学录郭畀给由,禀奉省堂钧旨,连送选房,于学正山长内任用者",直到次年五月十二日,郭畀才被授予饶州鄱江书院山长的官职。(元)郭畀,顾宏义,李文. 云山日记. 上海:上海书店出版社,2013:182.

这个最小的孩子，哀嚎了一夜。他们感伤了好一阵子。赵孟頫写信给明本通报此事，写了《金刚经》一卷，请师父念诵佛经为亡女超度。妻子因为爱女夭折，很长时间都吃不下去饭，变得又黄又瘦。

赵孟頫已经在家闲居了两年多。按照考核官员的《循行选法体例》，外任官员三周年为一考。正五品官员升从四品，必须至少经历两考（六周年），而且其中一任（三周年）必须是上州的州尹，如果上州州尹没有空缺的话，那就再增加一考才能升为从四品。可能是在郝天挺的关照下，七月朝廷任命赵孟頫为从四品的扬州路泰州尹兼劝农事，散官品级由从四品集贤直学士升至正四品的中顺大夫，顺利避开了这一要求。可是当时官位少而候选官员众多，按惯例要等到前任到期调离后，候选官员才能按照资历深浅去就任，所以他并没有去泰州当官，实际是在家中闲居候补而已。

赵孟頫从湖州家中赶到杭州行省办理新任命有关的手续，在杭州小住了几天，七月二十日为范乔年题跋《保母砖》（美国弗瑞尔美术馆藏），二十二日为乔篑成题跋《定武兰亭序》（台北"故宫博物院"藏柯九思本），并为《梦奠帖》（辽宁博物馆藏）补钤印鉴。赵孟頫从杜道坚派来的使者那里听说前几天任士林在杭州病逝。因为赵孟頫自己也得了"腹疾"，怕感染瘟疫，便没有敢去拜会杜真人，而是让来人带去十两银子，托杜真人给任的儿子，之后他还应任的儿子之请，写了任士林的墓志铭。

赵孟頫可能在杭州沾染了瘟疫，回到家中不久就病了好几个月。因为瘟疫严重，他也不敢多去外面游览，就整日待在家中。他在顾信（字善夫）那里见到另一部《淳化阁帖》，"纸墨湛湛，古香可掬"，不禁技痒，决定把《淳化阁帖》全部临摹一遍。此后他断断续续，花费了六年时间，在六十一岁时临完全部十卷，这是他晚年一项重要的书法创作。

尽管这时赵孟頫没有官职，可是他通过刻印《注唐诗鼓吹》等事情和京城的要人郝天挺、元明善有了密切联系。至大二年秋天，深受太子信任的太子文学元明善到江南宣读诏书[1]，经过杭州时和赵孟頫相谈甚欢。赵孟頫或许就是在这一场合把自己收藏的韩滉画作《五牛图》送给了对方或者托对方进呈皇太子。皇太子似乎对这张画并不感兴趣，又赐给了中书平章政事唐古台[2]。

至大二年底到至大三年初，赵孟頫和元明善又有一次合作。当年宋高宗因为自己无后，便把在湖州出生的堂侄赵眘（后来的宋孝宗）接到京城抚养，封为"普安郡王"，并赏赐了一座府邸。宋孝宗继位以后，下诏把这座府邸改为道观"佑圣观"，是杭州有名的道观。大德七年（1303）佑圣观因为失火被焚毁，之后道士募资重建，至大二年快完工时大概首先找以书法闻名的赵孟頫撰写碑文。赵孟頫一方面是为了避嫌，另一方面可能是为了和元明善深化关系，就引介道士找元明善撰文，自己书写，两人合作完成了这件《佑圣观重建玄武殿碑》。

通过东宫臣僚元明善，赵孟頫进入了皇太子爱育黎拔力八达的视野，也成了"简在帝心"的文臣。

爱育黎拔力八达出生在至元二十二年（1285），至元年间他还年幼，不可能对赵孟頫有什么印象。但是大德二年赵孟頫应皇太后之命到大都写经时，爱育黎拔力八达已是十四岁的少年藩王，他得到祖母、皇太后弘吉刺·伯蓝也怯赤的宠爱，经常出入隆福宫[3]，或许曾跟随祖母参观过赵孟頫在庆寿司写经的场面，对赵孟頫有一点印象。爱育黎拔力八达从小接受汉人儒臣的教育，也对书画感兴趣。他尤其尊敬在身边侍从讲授知识的文士李孟，大德三年曾找画师描绘李孟的画像并赐号"秋谷"，命集贤大学士王顒书写后刻为牌匾送给李孟。

1. 元明善这次南方之行见《云山日记》至大二年九月十八日，该书记载元明善路过镇江时会见众官员，可以推测他到杭州后也有类似举动，应是和赵孟頫见过面。
2. 赵孟頫延祐元年三月十三日《跋五牛图》，北京故宫博物院藏。
3. （元）赵孟頫，钱伟强. 赵孟頫集：外集. 杭州：浙江古籍出版社，2012：273-274.

至大三年（1310）皇帝对被冤杀的朱清、张瑄给予平反，返还他们在上海县的一处旧宅和一百顷田产，并任命他们的子孙当官。朱清的族人朱邦富在这种背景下被任命为宣武将军、海道都漕运万户，又成为了昆山亦官亦商的富豪[1]。朱清的儿子朱完者也重新活跃起来，在昆山府城的别墅修建了两座亭子，请赵孟頫分别题写了"寒碧""香晚"两个牌匾。赵孟頫因为姐夫印德传、亲家费氏的关系，一向和这些沿海的海商巨富家族有交往，还曾指点过朱清的儿子朱旭学习书法。

昆山富豪顾信请托赵孟頫找湖州著名文人牟𪩘撰写了《平江路昆山州淮云院记》（原稿藏北京故宫博物院），找杭州著名文人白珽口述了《淮云通上人化缘序》，然后都由赵孟頫书写以后刻石立碑。这座寺庙是顾信的父亲顾德、伯父顾发和朱邦富一起捐资给僧人通上人修建的道场。

可能是在郝天挺或元明善的推荐下，至大三年秋天，皇太子爱育黎拔力八达遣使召赵孟頫入京。这时赵孟頫还没有意识到，自己即将成为爱育黎拔力八达最尊崇的文学侍从之臣之一。在进京之前，赵孟頫给二儿子赵雍定下了亲事，娶了与赵家世代结亲的季氏家族的季博之女。季博当时担任某地官府的提举一职，他和赵孟頫的好友季源属于同一大家族，与赵氏家族已经三代联姻，所以赵孟頫早在至元年间就和季博认识，大德六年曾为他临写《阴符黄庭内景经》。

吴森家族极为重视与赵孟頫的关系，六月吴森（字静心）的长子吴汉英（字彦良）就带着礼物到杭州拜访赵孟頫。十六日这天赵孟頫画了一幅山水画（《鸥波亭图轴》）作为回礼，还和吴森约定一起进京。

至大三年（1310）八月皇太子让行省参政催促赵孟頫尽快北上。九月初，五十七岁的赵孟頫带着管夫人、三个儿子赵亮、赵雍、赵奕一起赴

---

1. 陈波. 赵孟頫与浙西航海家族的交游：以昆山顾氏、朱氏及长兴费氏为例//元史及民族与边疆研究集刊（36）. 上海：上海古籍出版社，2019：177-183.

《金刚经》墨迹（局部）（元）赵孟頫　纸本楷书　29.3cm×32.8cm（台北"故宫博物院"藏）

京。海商富豪吴森、擅长书法的天台山僧人独孤长老也一路送行，路上几个人常常谈论诗文书画，十分热闹。

吴森之所以随行，是因为他之前捐腴田二顷维持家乡义塾的运营，多次捐资修桥凿井、施药赈灾之类的事情。至大三年廉访使向朝廷报告此事，使他获得了"义士"的表彰。他随赵孟頫进京或许就是为了这事去感谢有关人等，也有可能和海运家族的利益调整有关。朱清、张瑄死后，新委派的官僚并不熟悉海运，漕粮运输中出了一些纰漏，运输量也下降了，于是成宗在大德九年又任命张瑄之子张文龙管理与日本商船通商事宜。到了至大三年，因为运输漕粮的船只不足，江浙行省左丞沙不丁推荐自己的弟弟马合谋但的、澉浦杨氏为海道运粮万户，承担一部分海运漕粮任务。马合谋但的次年担任领海道运粮都漕运万户府事，杭州路总管王柔、杨氏担任万户，张文龙和朱清长子朱显祖（朱虎）也获任海运千户，参与漕运管理事宜。吴森上京或许和这次海运权力格局调整有某种关联。当时海运漕粮超过200万石，远远超过京杭大运河的运量。

赵孟頫一行沿着京杭大运河北上，舟至南浔时，独孤长老拿出自己珍藏的《定武兰亭墨拓本》（五字已损本）请赵孟頫题跋。赵爱不释手，从独孤长老处"乞得"，或许吴森在其间发挥了关键作用，背后给了独孤长老什么许诺。赵孟頫对王羲之的书迹、佳拓十分在意。之前他听说苏州北禅寺住持东屏有一卷《定武兰亭》，曾去拜访，希望能欣赏一下却没有得到允许，心中对此念念不忘，乍然能得到独孤长老的赠礼，极为兴奋。

在船上的一个多月中，因为旅途无事，赵孟頫常常展开欣赏这"独孤本定武兰亭"，或者临帖，或者研究，颇有心得，先后写下十三段跋文，后人称之为"兰亭序十三跋"。赵孟頫之所以如此重视这件藏品，是因为定武石刻丢失后，江南许多收藏家都曾把自己的《兰亭序》拓本镌刻上石，于是出现了许多翻刻本，而独孤长老这件藏品与王芝收藏的赵子固拓本没有丝毫差别，可谓石刻拓本中的至宝。

这些跋文呈现了赵孟頫对书法基本问题的思考，尤其是在济州南部水闸边题写的第六跋、第七跋强调学习书法的关键是笔法（用笔）、字形（结字），指出"书法以用笔为上，结字亦须用工。盖结字因时相传，用笔千古不易"。他以王羲之为例，指出王羲之的结字（字势）是对之前时代古法的变革，《兰亭序》这种新体式兼具"雄秀"之气，出自王羲之个人的气质修为。齐梁间其他书法家在结字上仅仅有"古法"的架势，但是没有融入个人特质的那种"俊气"。这实际上是说书法家在结字上既要继承"古法"，又要敢于变化，不可刻板模仿古人，也不能刻意走极端，追求险怪风格，而是应把个人的气质修为自然呈现出来。

第八条跋文提到他九月二十九日抵达济州时，恰好遇到朋友周驰南下担任行台监察御史，两人在驿亭酌酒闲谈。赵孟頫重题自己所临《定武兰亭帖》赠给周驰，此时不断有在附近任职的官员带着纸绢请周驰写字，请赵孟頫写字的更是在门外挤成一团。于是赵孟頫只好急忙登船离开，向北行驶到三十里外才停船，再次欣赏《兰亭序》并在上面题跋。

十月十九日赵孟頫一行抵达了京师，他接到的第一件任务是绘制这年九月河间等地进献的一茎数穗的"嘉禾"。这嘉禾被皇太子视为祥瑞，而且命集贤直学士赵孟頫绘图保存在秘书监。随后赵孟頫就被任命为正三品的翰林侍读学士、知制诰、同修国史。

这是赵孟頫在官场的关键一跃。按照正常的铨选官吏，他这样的从四品官员至少要在任上干满八十个月（六年零十个月）才能升任三品官员。而且一般需要中书省建议，呈请皇帝决断后任命。而他是在皇太子的关注下，一步就升任正三品官员。此后他如果调任同品级的其他职位如六部尚书、诸道廉访使、都转运使、路总管等，也同样由中书省建议、皇帝决定，而如果进一步升为二品及以上官职，则完全由皇帝圣裁。

到京城他就听说高克恭在上月病逝了，享年六十三岁。高克恭在大德十年被外派担任大名路总管，至大三年（1310）春到大都等待朝觐皇帝，可是不幸染病，九月初四去世了。据说他为官清正，逝世之后家中没有什么财富，主要财产就是房山的两顷田地。他的儿子高柜也颇有才学，时任秘书监著作郎。

高克恭是这时大都最有名望的几个画家之一，他的一幅画作可以卖出上百绢的高价，很受官员、富豪的重视[1]。如果他活着的话想必也会得到皇太子的重用。

1.（元）邓文原. 巴西集：卷下//钦定四库全书本.

嘉禾图 （元）佚名 315cm×70cm（台北"故宫博物院"藏）

　　这幅画没有署名，很可能是赵孟頫或其他画家应皇太子之命创作的祥瑞题材作品。

这时的大都相比起赵孟頫大德三年离开时，最大的变化是多了几座新建筑。宫廷中兴圣宫刚刚完工，这是给太后修建的新宫殿，在太子宫的北面。从此这里就成了和皇帝、皇太子并立的一大权力中心。

大都城中新修了一座孔庙和几座寺庙。早在至元二十年（1283）忽必烈就下旨修建孔子庙，可是中书省并不热心，一直没有动工。至元二十四年设立的国子监是在燕京旧城的校舍上课，到了元贞元年（1295）成宗下诏立孔子庙，还是没有什么动静。大德三年（1299）春天成宗再次过问此事，右丞相哈喇哈孙这才紧张起来，亲自督导工部在大都东城崇仁门内修建孔庙。大德十年孔庙修成，里面供奉的大成殿供奉着孔子像，两侧的长廊供奉着孔子七十二门徒和宋元大儒的神像，之后又在孔庙西侧建成了新的国子学及其管理机构国子监的官署。

与之形成对比的是，皇帝对修建寺庙的关注度更高，修建的速度也快。成宗在大德九年（1305）下令在大都南北中轴线的北端修建了大天寿万宁寺[1]，两年多就建成了。这座大寺规制宏伟，其中心阁正处于大都中轴线东侧，与鼓楼相对而立，是一座可以俯瞰大都全景的楼阁，可谓大都北侧的地标建筑。寺内塑有密宗佛像，模样十分吓人，成宗的皇后卜鲁罕看到这尊佛像后，命人用纱布把它的头蒙起来，之后又传旨毁掉重塑。

至大元年（1308），皇帝为了给自己的曾祖父母、祖父母及父母荐福，命令在大都南城墙外修建一座藏式寺院大崇恩福元寺。这座寺庙位于大都和皇家苑囿"下马飞放泊"[2]之间，环境清幽，风景优美，实际上也可当作皇帝巡幸时临时驻跸之处。沿着寺庙一侧的御道就可以走到凉水河畔的皇家苑囿，那里河湖密布、水草丰茂。辽、金的皇帝就把这里当作渔猎游乐之所，世祖中统四年（1263）在这里修建了一些建筑，每到冬春之交

---

1. 位于今北京市东城区鼓楼东大街西口路北，寺内中心阁即在今之鼓楼的位置。
2. 明清改称南苑，即今南苑。

皇帝常常来这里纵鹰隼搏击雁鹅，谓之"飞放"。这座寺也有如同大护国仁王寺，庙门前树立了一对高耸的铜番竿，悬挂着驱邪镇魔的嘛呢幡，远远就能看到它们迎风招展。

大德四年（1300）皇太后伯蓝也怯赤（真金太子之妻，成宗之母，武宗和仁宗的祖母）逝世时，时为藩王的爱育黎拔力八达（此时的皇太子）为了超度祖母，施舍钱财在大都城内修建了三间佛殿。至大元年（1308）皇太子收购寺庙周围的民居，扩建为一座占地二百亩、有六百间房舍的大佛寺，赐名"大承华普庆寺"。这座寺庙规模宏大，从正南的山门进入以后是七间正觉殿，供奉三圣大像。正觉殿后西偏为供奉释迦金像的最胜殿，东偏为供奉文殊、普贤、观音三大士的智严殿。

至大三年十月到京城后，赵孟頫把家安在大都西南的咸宜坊，附近就是大都人熟悉的"羊市角头"（羊角市）。因为大都人爱吃羊肉，所以那里的集市每天交易的羊多达上千只。附近几条街巷都是人头攒动的闹市，分布着米市、面市、马市、羊市、骆驼市，周围的砖塔胡同、玉带胡同等各条胡同设有许多旅社、酒馆、茶楼、戏楼。这里距离燕京旧城也不远，所以吸引了许多南北城的民众前来消费，是大都西南最热闹的所在。咸宜坊南部就是顺承门，那附近的旅店经常有许多高丽、东北商人投宿做羊马生意，附近还有供穷人寻找打短工机会的"穷汉市"，随时可以去那里雇人做各种活计。咸宜坊有个著名的标志万松老人塔（今北京西城区西四南大街砖塔胡同），是一座元初修建的八角七级密檐式砖塔，俗称"砖塔"，它有一丈五尺高，顶上是平的，每年春夏都长出绿草，冬季则飘摇着一丛干草。

最初几个月赵孟頫感觉并不愉快，首先，大都的天气一天比一天寒冷，让习惯了江南气候的他有点难受，毕竟他的年纪也大了，不比年轻的时候；其次，大儿子赵亮来到京城后就感染风寒生病了，一直在卧床吃药，怎么也不见好；第三，在翰林院中他觉得受到排挤；第四，京城的政局也是险象环生，他并不喜欢牵涉其中。

通常来说，翰林院的工作非常轻松，事务稀少，只需要时不时应召侍从皇帝左右或者奉命撰写御制文章，其他时间都比较空闲。按惯例翰林院的官员只需要每隔三天集中开一次会即可，待制以下的中低级官员先集中到大厅闲坐聊天，等到翰林学士承旨、翰林学士、翰林侍读学士等高级官员到来，按照官职高低依次坐在官长的椅子上，众人长揖行礼就可以散会，有时官员十天半月不来官署也没有人在意[1]。

当今皇帝热衷祭祀之事，曾亲自前往太庙祭拜，开了大元皇帝自己到太庙祭祀的先河。之前江西文人曾巽初进呈《郊祀卤簿图》和《郊祀礼乐图》，皇帝对此相当重视，亲自召其入京接见，并令尚书省和太常寺讨论郊祀事宜，最后决定在南郊天坛之外另筑北郊地坛，并以太祖成吉思汗配天，世祖忽必烈配地，决定先在南郊的圜丘进行祭祀，来年夏天到北郊的方丘祭祀。

皇帝到南郊祭祀，需要翰林院提前撰写文章，可是赵孟𫖯在撰写祝文、拟定殿名的几个问题上，与其他翰林学士意见不一。赵孟𫖯感觉自己遭到排挤，甚至有了上书辞职的打算。

和他关系不睦的可能是集贤大学士、翰林学士承旨姚燧。姚氏从小接受伯父姚枢、大儒许衡两位北方名臣的教育，颇为恃才傲物，比较轻视赵孟𫖯这样的南方才子，对元明善这位带有南方风气的北方人也看不上眼。他的行事风格与众不同。高丽忠宣王、太尉驸马王璋长期在大都生活，成宗死后王璋帮助当今太后和皇太子爱育黎拔力八达在大都发动政变夺权，很受太后、皇帝、皇太子的信任。王璋喜欢用财物结交权贵朝臣，也喜欢附庸风雅，曾送来丰厚的礼物请姚燧撰写文章。姚燧没有答应，后来皇帝

---

1. 谢端云翰林院 "例三日始一集"。谢端. 送张文琰序//李修生. 全元文: 卷一〇四三. 南京: 江苏古籍出版社, 1998: 4. 马祖常记载部分随行到上都的翰林院官员 "旬日不一署文书"，可以推想此时大都翰林院官员也应是如此。马祖常. 上都翰林粉院记. 北京图书馆古籍珍本丛刊本.

或者皇太子降旨他才勉强作了一篇文章。王璋父子得到文章后十分高兴，送来币帛、金玉、名画感谢。姚燧平素非常喜爱收藏古玩名画，但是这次他却立即将其分给属官、吏胥和随从，把金银酒器留给翰林院充当公用器具，自己丝毫不取。他认为王璋来自藩邦小国，只重视钱财利益，以为大元朝臣也都如此爱财，所以故意要轻视他们，想让他们知道大元朝廷并不把钱财当作多么重要的事。

最初几个月赵孟頫在翰林院中并不顺遂，只是奉命撰写了几篇官样文章。这时皇帝追赠大德四年去世的不忽木为纯诚佐理功臣、太傅、开府仪同三司、上柱国、鲁国公，谥号文贞，赵孟頫奉命撰写了碑文。不忽木帮助过赵孟頫，赵孟頫也了解他的一些故事，所以赵孟頫对这篇文章十分重视，多次与任集贤待制的不忽木次子康里巙巙（字子山）商议碑文的内容，还与担任淮西肃政廉访使的不忽木长子康里回回（字子渊）有书信往来。

这期间赵孟頫见到了二十一岁的江南文人柯九思。他是浙江台州仙居县人，擅长诗文绘画，进京是为了寻找出仕的机会，可能是在冯子振的介绍下前来拜会赵孟頫。他和赵雍很谈得来，多有往来，可是这次他在大都没有找到机会，几个月后离开了京城。

皇太子爱育黎拔力八达很重视赵孟頫，时常召他到东宫闲聊，当时东宫中常见姚燧、阎复、洪革、赵孟頫等老一辈文臣，也有元明善、张养浩、虞集等年轻一代的文士，以及擅长绘画的商琦、王振鹏等人。赵孟頫和元明善、虞集经常诗文来往，关系最为密切。皇太子对绘画艺术兴趣浓厚，曾请李衎、商琦为太子宫绘制壁画。他也很欣赏三十多岁的温州画家王振鹏（约1280—1329）描绘的人物、宫廷建筑和生活绘画，招入太子宫当侍从，至大元年让他临摹金朝画家马云卿的《维摩不二图》，至大三年（1310）又命他创作了《历代圣母贤妃图卷》十帧，这可能是进呈太后的作品。王振鹏还创作多幅《金明池图》，描绘宫廷后苑金明池在重阳闹龙舟竞渡的场面。

春山图 （元）商琦 绢本设色 39.6cm×214.5cm（北京故宫博物院藏）

315

龙池竞渡图（局部）　（元）王振鹏　绢本水墨　30.2cm×243.8cm（台北"故宫博物院"藏）

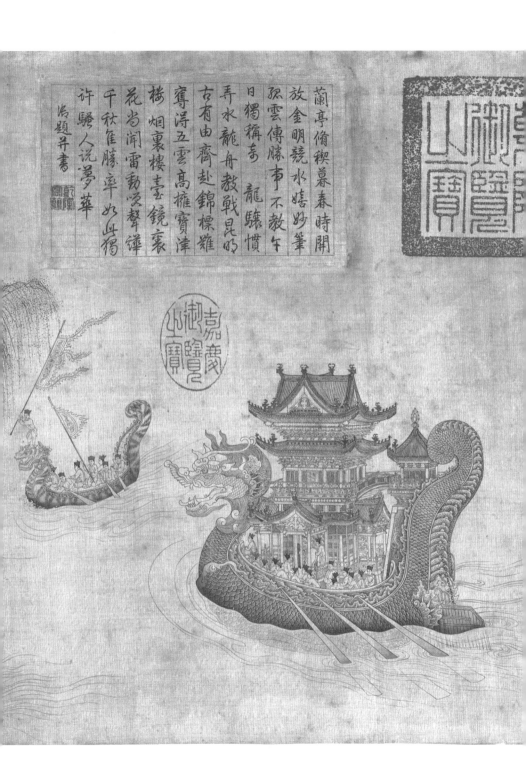

蘭亭脩禊暮春時開
放金明競水嬉妙筆
弄雲傳勝事不教午
日獨稱奇　龍驤慣
弄水龍舟教戰崑明
古有由齊赴錦標雜
奪淂五雲高擁寶津
橫烟裏樓臺鏡裏
花尚聞雷動受聲鐸
千秋隹勝率如此獨
許驕人說夢華
　　冶題并書

317

可是至大三年底的京城局势复杂多变，赵孟頫心中也有点忐忑。十一月祭祀南郊前，皇帝海山病重，只能另外派人代替自己祭祀。恰在此时宫廷中传出武卫亲军都指挥使郑思兰图谋不轨的案件。在尚书右丞相脱虎脱、左丞相三宝奴等的建议下，皇帝一下处死了17名近卫军军官，让京城局势再次紧张起来。东宫皇太子一党十分惶恐，担心皇帝临终前违反"兄终弟及"的约定，为了让自己儿子继位而对皇太子有所举动。

到了至大四年（1311）正月，朝局才明朗化，初八这天武宗驾崩于玉德殿，享年三十一岁。皇太子爱育黎拔力八达开始掌权，他立即下令废除尚书省，处死尚书右丞相脱虎脱、左丞相三宝奴等人之后才继位，后世称他为元仁宗。

新皇帝登基，赵孟頫也松了一口气。可让他难过的是，二月十三日长子赵亮因病而逝。他们一家都信佛，这个儿子多灾多难，长这么大不容易。儿子临死时念诵阿弥陀佛而去，赵孟頫抄写了一卷金刚经寄给明本，希望他能诵经荐送儿子的亡灵[1]。

不久后他接到信，湖州的遗老文人牟巘也去世了，终年八十五岁。赵孟頫应邀撰写了《牟巘墓志铭》，向提携过自己的这位老人送上了最后的敬意。

---

1. 赵亮是赵孟頫的长子，但是奇怪的是没有任何关于他是否结婚、是否有妻儿的记录。赵孟頫的二儿子赵雍在至元二十七年（1290）出生，到至大四年已经二十一岁，则赵亮至少应该比赵雍大一岁，不会小于二十二岁，按照这时候的习俗，男子一般十七岁到二十岁结婚。如果赵亮二十多岁的话应该已经成婚并有了儿女，而且大德末年、至大初年赵孟頫担任江浙等处儒学提举，有俸禄，卖书画也有收入，不会缺少给儿子结婚的费用。赵亮死时还没有妻子、儿女的明确证据，很可能意味着他并没有结婚。这可能是由于如下两个原因：一是他有严重的残疾或者智力迟钝之类的问题，没有人愿意和他结婚；二是他自己坚决不愿结婚，有出家之类的念头。总之，长子的状况是赵孟頫家族的另一个难言之隐。

元仁宗皇帝爱育黎拔力八达像 （元）佚名 绢本设色 59.4cm×47cm（台北"故宫博物院"藏）

十三 翰林学士：人物车书南北混

至大四年（1311）正月，五十七岁的赵孟頫在大都见证了新皇帝仁宗的登基仪式。其中群臣跪拜、上尊号等仪式环节与唐宋皇帝登基类似，但是还有几点不同，如要由两三个宗室诸王扶着皇帝登上大明殿的御榻，然后一名近臣念诵太祖成吉思汗颁布的法令"大扎撒"，萨满巫师按照蒙古习俗祈福告天，登基之前皇帝还要在宫内接受帝师的灌顶……这是赵孟頫这样的外臣不能观看的。

新皇帝用人与哥哥武宗不同，他即位后下诏让在外地的世祖旧臣如前平章政本程鹏飞、董士选、太子少傅李谦，少保章闾，中书右丞陈天祥、尚文、刘正，中书左丞郝天挺，御史中丞董士珍，太子宾客萧𣂏，参知政事刘敏中、王思廉、韩从益，侍御史赵君信，廉访使程钜夫，杭州达鲁花赤阿合马等入京咨询议政。其中大多是有名的儒臣，既有汉人、色目人，也有南人，如程钜夫。当时太后对政局有很大的影响，皇帝任命了太后宠信的云南行省左丞相铁木迭儿为中书右丞相，皇帝自己的亲信太子詹事完泽、集贤大学士李孟则担任中书平章政事。皇帝还任命自己信任的老师为集贤院大学士，延祐二年（1315）更是命他担任了掌管军政的枢密副使。

新皇帝不像前几任皇帝那样热衷游猎，他更喜欢待在大都而不是上都，继位后不再去东南郊的柳林春猎，也把出发去大都避暑的日子从二三月推迟到了四月，一般七月就从上都启程返回大都。

新皇帝十分重视润色斯文、发展文教，觉得儒者能够维持三纲五常，有助于治国安邦，所以他对国子监、翰林院以及科举之事都格外上心。

在国子监方面，皇帝让亲信李孟兼管国子监。在李孟的建议下，在国子监、翰林国史院、秘书监、太常寺都选拔任命了一批中青年的士人为官。之后皇帝一直比较关心国子监的情况，先后让多位中书平章政事兼管国子监，在国子监中修建了崇文阁，以宋儒周敦颐、程颢、程颐、张载、邵雍、司马光、朱熹、张栻、吕祖谦及元儒许衡从祀孔子庙。

在翰林院方面，皇帝下令该院可以设翰林学士承旨五员，学士、侍读、侍讲、直学士各二员。他陆续召回退休在家的前朝文臣程钜夫、卢挚（字疏斋）回京担任翰林学士承旨，还于四月十六日任命自己尊重的北方汉人儒臣靳德执掌翰林国史院。赵孟頫等同僚当日曾去靳府拜会祝贺，可惜靳德三天之后就病逝了，赵孟頫为他撰写了墓志铭。

之前成宗、武宗把许多朝廷衙门主掌官员的品秩都提升了一二级，如成宗大德八年（1304），把翰林国史院从正三品提升为从二品。仁宗继位后把多数衙门主官的品级都降回到至元年间世祖忽必烈规定的级别，但是对翰林国史院格外开恩，皇庆元年（1312）正月把翰林国史院的长官翰林学士承旨的品级由从二品提升为从一品。他对中书省的宰臣说："翰林院、集贤院的儒臣我自己选用合适的人选，你们不要再动辄拟定人选。人们说御史台的责任重大，在我看来翰林国史院的责任更重，御史台是一时之公论，翰林国史院写的史书是万世公论。"[1]皇帝命李孟推荐中外才学之士任职翰林院，这时的翰林院中，既有程钜夫、卢挚这种在元世祖忽必烈时期就起用的知名老臣，也有仁宗信任的东宫旧人元明善、张养浩担任翰林待制。在翰林学士承旨姚燧、卢挚的帮助下，在河南行省当掾属的刘致（字时中）得以担任翰林院的应奉翰林文字。

仁宗还让翰林院衙署迁到凤池坊北部、钟楼西部的旧尚书省官署，那里的房屋更多更新。翰林院中原来仅有六间办公房舍，其中一间还用于供奉太祖成吉思汗、太宗窝阔台、睿宗托雷的影像。这些画像是至元十五年、至元十六年忽必烈让时任翰林学士承旨和礼霍孙找人绘制的，按惯例翰林院官员要在春秋二季向三帝的影像致祭。翰林院搬迁到新官署后，仁宗下旨让翰林官员每月一祭。中书平章完泽等进奏说：祭祀是国家大事，不可轻易变动。太庙不过每岁一祭，放在翰林院的三朝影像春秋二祭，已

1.（明）宋濂，等.元史：卷二十四.北京：中华书局，1976：549.

经比太庙多了一次，没有必要再增加祭祀的次数。皇帝这才作罢。[1]

新帝如此重视文化、教育，让朝中的儒臣大受鼓舞，赵孟頫的境遇也有了惊人的变化。朝臣发现皇帝对待赵孟頫等少数几人与众不同，只呼其字而不呼名。一次在与侍臣谈论文学之士时，皇帝点评说赵孟頫有他人所不及的七处优点：一是他为帝王后裔，二是仪表俊美，三是博学多闻，四是操行纯正，五是文辞高古，六是书画绝伦，七是精通佛教道教学问[2]。

至大四年（1311）五月，皇帝平调赵孟頫担任正三品的集贤侍讲学士、中奉大夫，管夫人因此被封为吴兴郡夫人，还封赠赵孟頫的祖父、父亲官职。这仅仅是一个开始，随后几年他成了升职最快的文学侍从之臣。升职最显著的一个好处是俸禄增加，而且官位升高以后会有更多人来求书求画，他的润笔收入也会大幅增加。

在集贤院的工作很清闲，赵孟頫主要是应召写作追赠重臣的制诰、佛道领袖的谥号等，逢年过节写写"天子与天齐寿""四海唤欣鼓舞"这类官样诗文[3]。太后、仁宗崇信佛教，时常让赵孟頫撰写有关的文章。如至大四年有人上书，指责至元十六年（1279）镇江路达鲁花赤马薛里吉思强占金山的土地修建了两座"十字寺"（基督教教堂）——云山寺和聚明寺。仁宗下旨让江浙行省拆毁十字寺内外的装饰，派京师工匠刘高仿照大都佛寺塑造佛像、绘制壁画，改为佛教的金山寺下院，命赵孟頫在十月撰写了碑文。同一时期，蕃僧还在镇江云台山北麓的西津渡修建了一座昭关过街塔，下面是门洞可以通行，上面是形如酒壶的白塔，据说可以镇压水怪，

---

1. 翰林院中供奉已故皇帝的画像是元朝的独创，当初可能仅仅是忽必烈偶然的决定，可是之后却成了"祖宗惯例"。至元二十四年（1287）翰林院以仅有六间房屋为理由上奏，请求把三位皇帝的影像迁至太常寺，但是并没有获得允许，仍然保存在翰林院。英宗至治三年（1323）三帝影像曾从翰林院迁到大承华普庆寺，泰定五年（1328）又迁回翰林院。
2. （元）杨载. 大元故翰林学士承旨荣禄大夫知制诰兼修国史赵公行状//李修生. 全元文：卷八一二. 南京：江苏古籍出版社，1998：585.
3. （元）赵孟頫，钱伟强. 赵孟頫集：卷第十. 杭州：浙江古籍出版社，2012：273-274.

来往旅客经过门洞就意味着皈依佛法，可以获得福佑。

这前后他还奉皇帝、太后的敕命为僧人明仁刊行的《御集百本经》写序，撰文并书丹《大元大崇国寺佛性圆融大师演公塔铭》（今石景山区八宝山崇国寺塔院）。

好朋友田衍出京担任知河中府，朋友按照惯例要撰写赠别诗。赵孟頫除了撰写一首赠别诗，还撰写了《送田师孟知河中府序》，称赞田衍熟悉国家急需的诠选、财用、钱粮等各项事务，想必可以让河中府大治。他在《送田师孟知河中府》一诗中回顾了两人近三十年的友谊，感叹："田侯年少与子友，今三十年俱白首。离觞未尽去马鸣，愁向风前折杨柳。"

皇帝非常尊重赵孟頫，朝中和他关系不错的高级官员，如翰林学士承旨程钜夫、御史中丞郝天挺等，也因此过得相当清闲和愉快。赵孟頫的老熟人吴澄就没有这么幸运，至大元年他在弟子虞集的运作下再次入京担任六品的国子监丞。他看到国子监学风散漫，就以身作则整治颓风，每天拂晓便举烛到学堂教授学生，解答疑问，直至傍晚才退归寓舍休息。至大四年（1311），吴澄升为五品的国子监司业，这是仅次于祭酒的国子监副职，有了比较大的管理权力。他筹划参考宋代大儒程颢的《学校奏疏》、胡安国的《大学教法》以及朱熹的《贡举私议》等调整国子监的教学内容和考核方式，想设置经学、行实、文艺、治事等课程。可是国子监在元初就是北方大儒许衡长期执掌的地方，许多来自山东东平等地的北方儒臣担任国子监官员，关系盘根错节，如他的上级国子监祭酒由出自河北的翰林学士承旨刘赓兼任，皇庆元年（1312）元日仁宗又任命河北真定儒士王约担任集贤大学士。吴澄的教学改革主张遭到北方儒臣的非议，还有同僚攻击说他的教学内容偏离了朱熹之学而靠近陆九渊一派，于是他在皇庆元年正月告病辞归。

皇庆元年年初，虞集也托病回家，这很可能是与王约、刘赓等北方儒臣不和所致。在朝廷中，北方儒臣仍然要比南方儒臣更受信任，如许衡的四子许师敬这时候担任掌管官吏选拔任用的吏部尚书一职，不久后就任中书省参知政事，参与国家大政方针的决策。

对元仁宗来说，赵孟頫是老臣，也是擅长诗文书画的文学侍从之臣，类似的人物还有几位。仁宗对几位擅长书画、艺术的臣子十分优待。年初，已经退休的秘书监丞、领图画总管何澄进献了自己创作的界画《姑苏台》《阿房宫》《昆明池》。仁宗见九十岁的何澄还能创作，十分惊异和高兴，特授他为从二品的昭文馆大学士、中奉大夫，擅长雕塑的诸色人匠总管府总管刘元也获得昭文官大学士的荣衔，后来延祐元年还担任了秘书监卿[1]。

八月，皇帝又召担任常州路总管的李衎回京担任吏部尚书。李衎这时候已经六十八岁，仁宗对他的画名也是慕名已久，也只称他的字而不是名以示尊重。第二年李因为年老多病请求退休，仁宗没有允许，又越级升他为集贤大学士、荣禄大夫，官居从一品。仁宗又特封擅长写大字的昭文馆大学士李溥光为荣禄大夫，赐号"玄悟大师"。

原南宋宫廷的宦官罗源很得皇太后答己的宠信，担任主管后宫事宜的徽政院使，去年十一月被加封荣衔"大司徒"。他和南方来的程钜夫、赵孟頫等人都有交往。春末他家的花园中长出了双头牡丹、并蒂芍药，于是他请赵孟頫到家中描绘这两枝寓意吉祥的花木，又请程钜夫在画上写了《题赵子昂画罗司徒家双头牡丹并蒂芍药》：

> 并蒂连枝花乱开，冲和元自主人培。
>
> 集贤学士春风笔，更写天香入卷来。

此时赵孟頫以给获得皇帝封赠的祖父、父亲立碑的名义请假南归，

1.昭文馆大学士是从二品的荣衔，最初主要授予德高望重、文名显赫者，如出使南宋的郝经、秘书监卿温德荣、岳铉、脱烈、中书左丞姚枢、著名理学家窦默等文臣，而以技能得此荣衔始于成宗，他授予书画家李溥光、郭守敬，之后仁宗授何澄、梁曾、刘元诸人。

实际上此行他和妻子管道昇还有另一件家事要办。这时妻子的父母已经去世，让她念念不忘的是，因为之前赘婚失效一事，她的父母没有子嗣可以继承香火，自己作为妻子要跟从夫家祭祀而不能去祭祀父母，没有人去给父母扫墓祭祀。每每想到这里她就眼泪汪汪，觉得愧对父母。于是她想了个办法，把自家在东衡茅山（位于德清县城外东北十五里处）的旧居捐出作为祠观，请方外道士入驻管理。在祭祀神灵的正殿之侧放置父母的神位，让他们也时时得到祭祀。于是赵孟頫出钱修建了三间殿宇，命名为"孝思道院"，用于祭祀岳父岳母管伸、周氏夫妇。又买了附近三十亩农田，出租地产可以用于长期供养道士所需，免得维持不下去。四月时昆山富豪顾信到京城公干时去拜访赵孟頫，请他写了《送李愿归盘谷序》带回家。

五月十三日，赵孟頫、管道昇带着儿子赵雍、赵奕和几位仆人乘船沿大运河南下，当时正值暑热，容易生病。他们的童仆在路上生病死了三四个，一路上走得有点战战兢兢。六月到湖州后他们先拜谒了赵氏家族的先人坟墓，然后到德清东衡，在孝思道院中立碑纪念岳父岳母，按照"里俗"祭祀了他们，这可能是暗示赵孟頫按照赘婿的礼节向岳父岳母的灵位行礼[1]。因为赵孟頫和管道昇信奉佛教，后来他们还在杨家坞修建了一座佛殿集圣祠（初为庵）供奉岳父管伸、岳母周氏夫妇的神主。赵孟頫之所以先后以茅山孝思道院、杨家坞集圣祠供奉岳父岳母神主，显然也是因为他之前取消了"赘婿"约定，导致岳父岳母无后，他对此一直有愧疚心理。

九月或十月初赵孟頫曾经去了一趟苏州，返回杭州寓所后得知他的佛教师父明本曾来寓舍拜访。因为赵孟頫去了苏州错过了会面，明本托弟子月林上人留下文字给赵孟頫。信札提及明本受他人所托请赵孟頫给"陈

1.（元）赵孟頫，钱伟强. 赵孟頫集：卷第七. 杭州：浙江古籍出版社，2012：193.

公"撰写了一篇墓志铭并转交了润笔费[1]。可能是在赵孟頫的帮助下，杜道坚在这年也被皇帝授予"隆道冲真崇正真人"的称号，依旧主持杭州宗阳宫兼湖州计筹山的升元报德观、白石通玄观。

赵孟頫在杭州一直住到次年正月，这一时段他比较闲适。十月二十九日为东阳年轻文人黄溍所著《日损斋初稿》作序，十一月创作了一张《秋郊饮马图》（现藏北京故宫博物院）。

这时的赵孟頫也像皇帝、高官一样把多余的钱放贷作远洋贸易，他把家中的余钱托李千户带给亲家费拱辰，还请他帮忙接待一下熟人，在信中他写道：[2]

孟頫顿首再拜万户相公尊亲家坐前：

孟頫近陆县管便，曾附尺书，此当必达，所寄钞，想蒙不阻。今有余钞廿锭，附李千户便纳上，内见钞六锭九两，内纻丝二十斤，计价钞一十三锭四十一两，望亲家特为变钞，通前所寄共五十锭，附带发船为幸。但是所得皆惠及也。孟頫明后日便还德清，适王吉甫自越上来相会，因户门事到海上，望亲家以门墙旧客，凡百照管，为大幸也。寒燠不常，唯厚加珍爱，不宣。

十一月十日孟頫顿首再拜。

皇庆二年正月元旦，赵孟頫还不忘写作《万年欢》提前呈给千里之外的皇帝，祝贺新的一年开始。开元宫王寿衍真人的弟子张雨前来拜访。他是南宋崇国公张九成的后裔，为人潇洒，才思敏捷，二十岁出家遍游天

1.赵孟頫致中峰明本《吴门帖》，台北"故宫博物院"藏。据单国强先生考证陈公或即陈元凯，卒于皇庆元年七月十七日，十月柩葬，赵孟頫曾书写《故嘉议大夫浙东海右道肃政廉访使陈公碑》。

2.此信提及他之前就曾寄钱给费氏，证明他早就把自己的钱财委托亲家贸易获取利息。（元）赵孟頫，钱伟强.赵孟頫集.补遗.杭州：浙江古籍出版社，2012：354.

台、括苍诸名山，先后拜茅山檀四十三代宗师许道杞弟子周大静、王寿衍为师，道号"贞居子"。以前赵孟頫曾指点他学书的门径。

再次回到江南让他们全家都感到舒服，赵孟頫和管夫人合绘《枫林抚琴图》，流露出平安和乐的气象。正月时住在上海县的亲家费拱辰乘船来拜会赵孟頫，言谈中他们说起所见所闻的收藏品。费氏之前已经答应帮他弄到一幅《花竹戴胜》，赵孟頫又听说张万户（可能指费的同僚平江等处运粮万户张文虎）家藏有《洛神赋后节》，写信给费氏托他去问朋友能否转让给自己或者借给自己观摩一下[1]。

主管后宫事宜的徽政院使、大司徒罗源托赵孟頫回杭州时顺便找名人给自己的父亲撰写墓志铭，赵孟頫就拜托杭州有名的文人胡长孺（字汲仲），说如果写的话罗司徒愿意奉上百两银子作润笔。胡长孺听说后大怒，说："我难道是给宦官之父作铭的人吗！"[2]让赵孟頫也十分尴尬，不知道最后是否找其他人写了这篇文章。赵孟頫曾与胡长孺已故的堂兄胡之纯有来往，也认识胡长孺。

约二月底赵孟頫假满应召返京，擅长书法的晚辈、宁国路儒学学正吴福孙正好有事进京，于是一路偕行，路上吴氏经常向他请教。

大约四月时赵孟頫一家抵达京城，仁宗立即任命赵孟頫担任翰林侍讲学士、知制诰、同修国史。这时京城出了个有名的写真画家李肖岩，他是河北中山县（今河北保定）人，去年进京不久就以善于描绘人物写真像引起轰动，一时间许多王公、官员都邀请他到家中绘制肖像。他和人边说话边动笔，很快就能描绘人物的形貌、神情，惟妙惟肖。翰林学

---

1. 赵孟頫致万户相公（费振辰）尊亲家尺牍（《舟从枉顾帖》），台北"故宫博物院"藏。赵孟頫似乎获得了张家的这件藏品，虞集在《道园学古录》卷十一"子昂临洛神赋跋"中说他延祐年间见赵孟頫出示过一件号称王献之"真迹"的《洛神赋》（九行），上有宋高宗题字，另外还有三行《洛神赋》残件据说是当年贾似道从北方购得的，也被赵孟頫获得。

2. 此事最可能发生在皇庆元年底或者次年赵孟頫在杭州时，也有可能是延祐元年以后赵孟頫在京时，那他可能仅仅是写信拜托胡氏文而没有亲自请托。（元）陶宗仪. 南村辍耕录：卷之四. 北京：中华书局，1959：49-50.

士程钜夫、刘敏中等人都对他的画技感到惊奇。程钜夫在《赠李肖岩》诗中形容：

> 海内画手如云起，写真近说中山李。
>
> 一入都门天下闻，半纸无由及田里。
>
> 群公列卿日阗咽，过眼得皮仍得髓。
>
> 含毫沏墨笑且谈，忽见威仪在屏几。

六月一日半夜，大都发生了一次地震，人们惊醒以后刚开始只听到翻箱倒柜的混乱声响，后来更多的人被摇晃醒了。人们赶紧披衣服跑出院子、巷子看发生了什么事情，许多人不敢再进入房间，就学蒙古人那样在院子里搭帐篷睡觉[1]。第二天自然朝野都议论纷纷，有人觉得这是上天警示。

此时翰林学士承旨之一是赵孟頫的老朋友程钜夫（文海）。但是也有一些翰林官员对赵孟頫不以为然。仁宗决定把自己居住的"隆福宫"改名，让翰林院拟定合适的名字，有翰林学士拟名"光被"，赵孟頫建议叫"光天"。于是该学士说"光天"出自南朝陈后主的诗，他是亡国之君，因此"光天"的寓意不祥，赵孟頫不得不解释说"光天"出自《尚书》。这段对话其实暗含了惊心动魄的文字罗织、人事斗争。当时翰林院、集贤院中虽然有程钜夫、赵孟頫等南方士人，但仍然是北方人居多数，如此时的集贤大学士王毅、王约都是北方人。对赵孟頫这样的南方儒臣来说，他们必须步步小心、谨言慎行，最好说些平和文雅的话语，否则很容易被人抓住把柄攻击。这两个名字上报以后，皇帝采纳了赵孟頫的意见，表明他更欣赏赵孟頫。

皇帝因为和赵孟頫等江南人士交往多，对南方的民情也比较了解。当

1.（元）范梈.己未行//范德机诗集：卷五，元后至元六年益友书堂刻本.

时有大臣建议江南禁猎燕（应该指雁）、鸭，皇帝觉得不妥，说江南百姓经常食用雁、鸭，如果禁止了让百姓们食用什么，于是没有批准。

皇帝如此信任赵孟頫，并没有完全让排斥赵孟頫的人罢休。有大臣一再上书反对仁宗亲近赵孟頫，刚开始时仁宗装作没有看到，不加理会。后来又有人上书认为赵孟頫不能参与编修国史，因为国史记载的内容不宜让这位前朝王孙听闻。皇帝反驳说："赵子昂，是世祖皇帝提拔的人才，朕特别给予优待，让他在馆阁主管文字事宜，传之后世，你们这些人喋喋不休干吗?!"仁宗还赐给赵孟頫钞五百锭，叮嘱侍从说："中书省老是说财政困难，他们必定拖延不发这笔赏金，你把普庆寺库存的钞赐给子昂吧。"[1]

这时候赵孟頫经常交往的是集贤院、翰林院的官员。这两处机构中有袁桷、虞集、邓文原等南方来的文士，他们经常彼此交流，倡导一种儒雅平和的"雅正"诗风，这对后来的诗歌有重要的影响。这可能也是南方儒臣不得已的策略，因为在北方儒臣占据主流的大都官场，他们提出任何激烈的主张都可能遭受攻击，而温和平静的姿态相对来说容易得到容忍乃至唱和。

赵孟頫在杭州就认识的旧友袁桷在延祐元年（1314）升为翰林待制，受命撰写了很多朝廷制册、勋臣碑铭。他和赵孟頫早年就有交往，现在同朝为官，所以关系比较亲近。袁桷常常看到赵孟頫写字，形容他写小楷时速度飞快，"着纸如飞"，可见赵孟頫的功力深厚。赵孟頫也以自己的楷书自傲，经常说欧阳询、褚遂良以下可以不论[2]，意思是他看不起盛唐以后的众多楷书家。

赵孟頫也和其他官员时常唱和，尤其是和皇帝的亲信李孟、元明善二

1.（元）杨载. 大元故翰林学士承旨荣禄大夫知制诰兼修国史赵公行状//李修生. 全元文：卷八一二，南京：江苏古籍出版社，1998：586.
2.（元）袁桷. 清容居士集：卷四十六//两淮马裕家藏本.

人。赵孟頫曾写诗祝贺平章政事李孟的生日。李孟欣赏徽州休宁文人黄一清，想要举荐黄氏为杭州儒学教授，黄一清固辞。黄一清离开大都时李孟赋诗送别，其中有"君钓秋江月，我耕秋谷云"的句子，巧妙地嵌入了黄一清字"秋江"，李孟自己的字"秋谷"，一时朝野传诵。赵孟頫根据此诗绘制了一幅画，还曾推荐黄一清为官。

元明善是皇帝最信任的儒臣之一，先后任礼部尚书、参议中书省事、翰林侍读、集贤侍读，和赵孟頫的关系比较友好，两人经常合作碑铭。元明善以自己的文章为豪，擅长撰写古文。

九月初赵孟頫接到吴森的儿子吴汉英（字国用）、吴汉杰（字景良）的信札，得知前几年陪自己进京的吴森竟然在五月病逝了。两兄弟拜托赵孟頫给父亲写墓志铭，他自然答应。

赵孟頫在翰林院中仅仅待了几个月。十一月皇帝把他调入集贤院担任集贤侍读学士、正奉大夫，而让更年轻的元明善、张养浩两人分别担任翰林侍讲学士、翰林直学士，他们是皇帝欣赏的年轻一代儒臣。

同月，在平章政事李孟、参知政事许师敬、翰林学士承旨程钜夫、元明善、张养浩等积极建言下，皇帝下诏恢复科举制度，让南北士人激动不已，纷纷打探考试的安排。世祖忽必烈统治时期朝中就不时有北、南儒臣提议恢复科举，可是并没有获得皇帝和重臣的支持，这主要有三个原因：一是蒙古贵族、近侍主要靠世袭、恩荫为官员，并不认为科举制度对统治有巨大帮助；其次，采用考试制度有利于娴熟文字的南北儒士，可能损害蒙古、色目、汉人世侯的特权，对吏员出仕也不利，因此多数官员并不热心于此事；第三，儒臣不同学派对考试科目有许多争议，有的主张考核辞赋文章和经学，有的主张只考核经学和策问，对如何考试也迟迟没有定论。如今重开科举，读书人最为激动，延祐元年（1314）八月乡试时，一些年逾古稀的南宋遗老竟然也报名参加考试，如南宋进士陈大有已经七十三岁，行省官员本来要请他做乡试阅卷官，他却执意参加考试，结果并没有取中。

江南来京的文人、道士时常前来拜会赵孟頫。年底时杭州开元宫的玄教道士王寿衍入京，住在崇真万寿宫。他的弟子张雨素有诗名，京中士大夫杨载、袁桷、虞集、范梈、黄溍、赵雍等皆与之交游。虞集热衷研究道教奠基，闲聊时谈及道家符篆，虞集连写72道符篆，让身为道士的张雨也折服不已。

张雨来拜会赵孟頫，赵给他在杭州金菌山上修建的小阁题写了名字"有菌阁"，赠给他一件李邕《云麾将军碑》拓本，对张雨后来的书风颇有启发。这次觐见后王寿衍获得了"真人"的称号，成为管理杭州路道教事务的宗教领袖，他的弟子倪璨、张雨分别获得"玄中文节真白真人""清容玄一文度法师"之号。后来张雨成为杭州福真观的住持，他离开大都时赵孟頫写有《送道士张伯雨归江南》相赠。张雨回到杭州后，托人寄给赵孟頫一件周代的青铜钟，赵孟頫特别赋诗一首感谢。

皇庆二年冬季管道昇格外思乡，画了《渔父图》并题写两首词提醒丈夫不如早点退休回家：

遥想山堂数树梅，凌寒玉蕊发南枝。

山月照，晓风吹，只为清香苦欲归。

南望吴兴路四千，几时回去雪溪边。

名与利，付之天，笑把渔竿上画船。

身在燕山近帝居，归心日夜忆东吴。

斟美酒，脍新鱼，除却清闲总不如。

人生贵极是王侯，浮利浮名不自由。

争得似，一扁舟，弄月吟风归去休。

这年十一月，赵孟頫的好友田衍在大都寓舍病逝，终年五十六岁，他的儿子田叔重护送父亲的棺材到相州祖坟安葬，请赵孟頫撰写了父亲

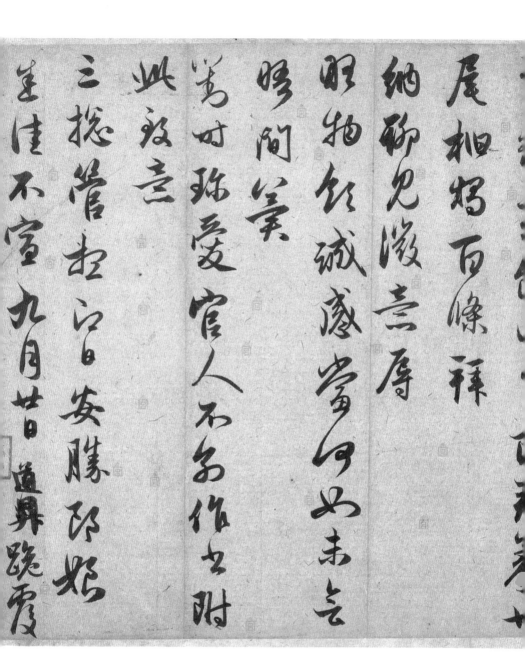

代管道昇致婶婶（秋深帖）　（元）赵孟頫　纸本行书　26.9cm×53.3cm（北京故宫博物院藏）

释文：道昇跪覆（复）婶婶夫人妆前，道昇久不奉字，不胜驰想，秋深渐寒，计惟淑履请安。近尊堂大夫人与令侄吉师父，皆在此一再相会，想婶婶亦已知之，兹有蜜果四盝，糖霜饼四包，郎君鲞廿尾，柏（柏）烛百条拜纳，聊见微意，辱略物领，诚感当何如。未会晤间，冀对时珍爱，官人不别作书，附此致意，三总管想即日安胜，郎娘悉佳。不宣，九月廿日，道昇跪复。

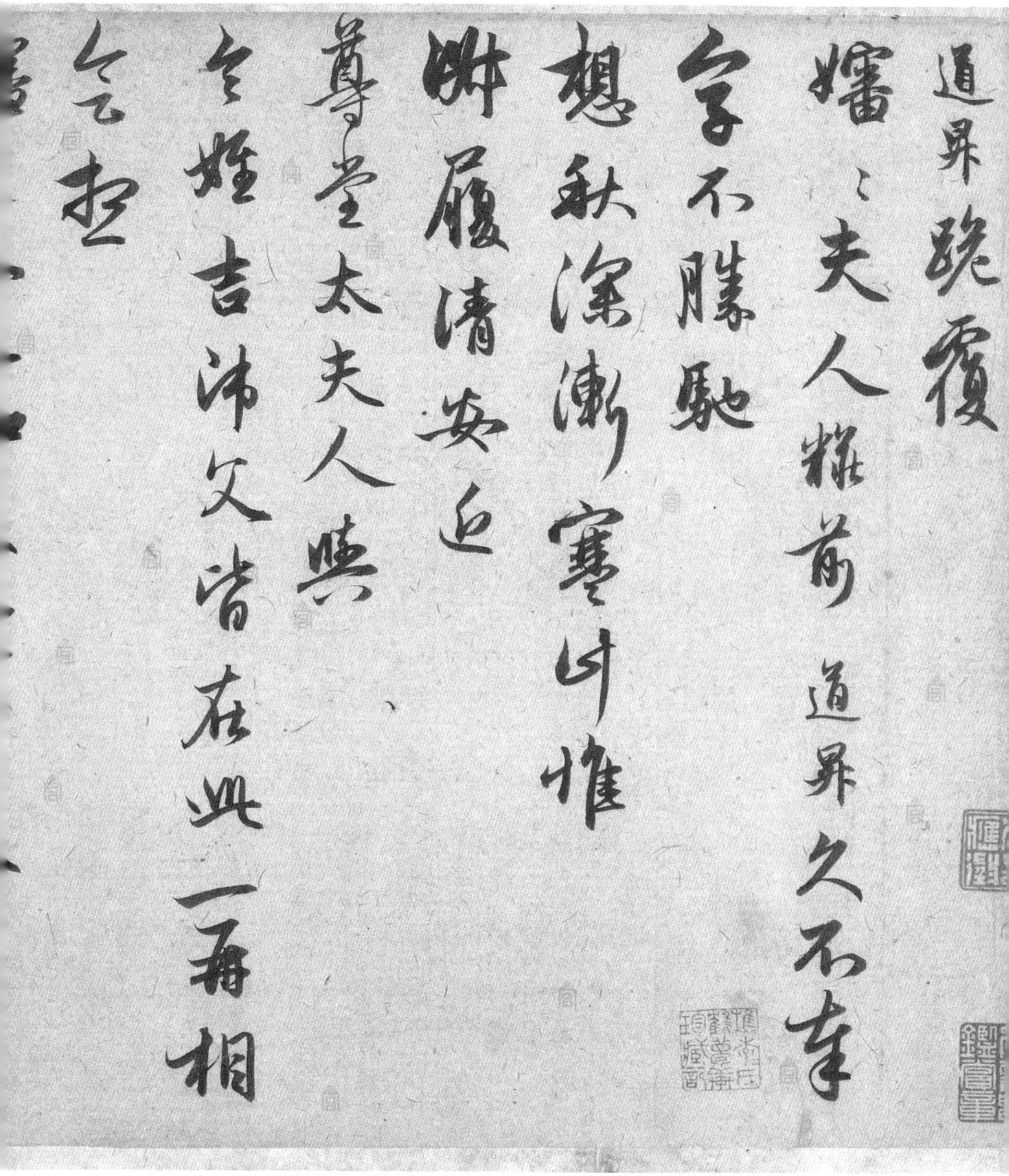
道昇跪覆
嬸嬸夫人妝前 道昇久不奉
字不勝馳
想秋深漸寒伏惟
淑履清安近
尊堂太夫人與
令姪吉祥皆在此一一相

的墓志铭。朋友的死亡让赵孟頫也心中一动，他在十二月十八日写了一首《渔父词》：

> 渺渺烟波一叶舟，西风木落五湖秋。
> 盟鸥鹭，傲王侯，管甚鲈鱼不上钩。
> 依在东西震泽州，烟波日日钓鱼舟。
> 山似翠，酒如油，醉眼看山百自由。

延祐元年（1314）夏初，袁桷奉命随从皇帝去上都，这实际上极其辛苦，因为上都的翰林院只有三间官舍，一些官员只好住在低矮简陋的"板屋"中，晚上相当寒冷，只能靠烧土炕烧饭和取暖。不过南方人袁桷初到草原感觉十分新鲜，沿途写了不少见闻诗歌，他把《上京杂咏十首》寄回大都，赵孟頫唱和了十首《次袁学士上都集韵十首》，另外还写了《次袁学士上都诗韵》。

这时候虞集担任太常博士、集贤院修撰，算是赵孟頫的下属。虞集是吴澄的弟子，大德元年（1297）就来到京城，得到董士选的举荐在大德六年担任了大都路儒学教授。他是年轻一代文人中的佼佼者。有一天赵孟頫在集贤院官署中写字的时候，正好虞集在旁边。赵孟頫在洗笔时回头问虞集："同僚都来请我写字，独你没有这样做，为什么？"虞集回说："心里一直有这种想法，但是不敢麻烦您。"

虞集对道家养生之书极感兴趣，他到京城租住了一所小房子，秉持恬淡无欲的心态为官。他想到道教经典《太上黄庭内景玉经·治生章第二十三》中所言的清淡心境就如园林一样有益养生求道，于是请赵孟頫给自己写了"道园"两个古篆，从此就以道园作为自己的号[1]。

年仅二十八岁就担任翰林侍读学士、知制诰、同修国史的贯云石也

1.（元）虞集，王颋.虞集全集.天津：天津古籍出版社，2007：511.

和赵孟頫有来往。贯云石是色目开国功臣、两淮万户府达鲁花赤阿里海牙之孙，姥爷是色目名儒廉希闵，舅舅廉希宪、廉希贡都是汉化的色目儒臣。因此贯云石从小就好诗文写作，长大以后把自己继承的万户官位让给弟弟，自己则到京城交往当时的文坛名流，得以出入皇太子爱育黎拔力八达宫中。爱育黎拔力八达上台后不久就命他到翰林院为官，因为他是色目贵族，所以升职要比南方文士快得多。贯云石有风流才子、贵族后人的豪气，他任职刚一年就不耐烦官场的种种现象，称疾辞归江南，临走还写了一首散曲《〔双调〕清江引》：

竞功名，有如车下坡，惊险谁号破？
昨日玉堂臣，今日遭残祸。争如我避风波，走在安乐窝！

像贯云石这样主动离开大都官场之人毕竟是少数，还有更多的士人不断到大都寻找入仕的机会，如龙兴富州（今江西丰城）人揭傒斯才华出众，程钜夫把自己的堂妹许配给他为妻。皇庆元年（1312）程钜夫回京时带着他。听说程公带来了有才华的后辈，元明善、赵孟頫都想见识一下。程钜夫引见后，他们从交谈中发现，揭傒斯论文时意象飞动，气势豪放，论政时骋议驰辩，理正辞严。大家认为揭傒斯才华横溢，是栋梁之材。李孟、王约等大臣都举荐他，于是延祐元年（1314）被任命为翰林国史院编修，延祐三年升为应奉翰林文字、同知制诰。

当时在大都寻求机会的四方游士不少，北方人甚至把江南来的文人戏称为"腊鸡"，因为许多江南人带着腊鸡到京城送人[1]。赵孟頫会见过不少这样的年轻人，也曾推荐过松江华亭才子夏侯尚元觐见皇帝，皇帝让他担任皇子的"说书"，就是讲解经史的老师。揭傒斯在《京城闲居杂言四

1.（明）叶子奇.草木子：卷三下.北京：中华书局，1959：49.

首》之一描述了当时在大都寻找机会的寒门文人的状况：

> 眇眇寒门士，客游燕蓟城。上无公卿故，下无旧友朋。
>
> 裘褐不自蔽，藿食空营营。四顾灾沴馀，但闻号哭声。
>
> 日负道德懿，敢怀轩冕荣。节食慎所欲，聊以厚我生。

揭傒斯也反感当时北方的蒙古、色目、汉人权贵官僚一方面到南方为官或经商，粮食物产大多也依靠江南，但是另一方面却鄙视江南民众的现象，写过《秋雁》一诗[1]：

> 寒向江南暖，饥向江南饱。物物是江南，不道江南好。

延祐元年（1314）春天，皇帝召集贤院等处的画家给嘉禧殿创作山水画。皇帝居住的隆福宫（光天宫）主殿光天殿的左右偏殿分别为寿昌殿、嘉禧殿，皇帝经常在嘉禧殿召见臣僚，欣赏书画，因此他下旨让商琦、唐棣、李衎和其子李士行（字尊道）等人前来绘制壁画、屏风。商琦不用金朱粉彩，只用水墨，画成以后获得皇帝赏赐钞25000贯。湖州人唐棣擅长绘画，以前曾向赵孟頫请教过技艺，他的诗、画很受曾任湖州路总管的马煦赏识。至大三年（1310），马煦回京担任刑部尚书时带着唐棣一起，想给他谋个前程，于是推荐唐棣绘制嘉禧殿的屏风。皇帝见他运笔如飞，水墨淋漓，画成以后立即就任命他为集贤院待制。

为了方便画壁画，李衎住在靠近皇宫的庆寿寺中，一次他和赵孟頫、秘书监著作佐郎袁矩（字子方）闲聊时，赵孟頫使用自己的私印"水精宫道人"盖章，颇有以隐士乃至方外之人自居的意味。袁矩看到后开玩笑说

1.（元）孔奇，庄敏，顾新.至正直记：卷之三.上海：上海古籍出版社，1987：111.

"水精宫道人"正可以与"玛瑙寺行者"组成对子，众人都大笑。因为李衎正住在庆寿寺，这话隐隐指向了他[1]。对赵孟頫来说，或许他还想到了杭州玛瑙寺的温日观。袁桷是镇江人，也知道杭州的玛瑙寺，临时想到这个对子或许与这段经历有关。

李士行还把自己绘制的界画《大明宫图》进献给皇帝，皇帝欣赏他的画艺，让中书省给他封了五品的闲官，与商琦一起经常侍从左右，为皇帝绘制画作。

赵孟頫虽然没有参与嘉禧殿的壁画创作，但是写有《宫中口号》两首赞美皇帝在此欣赏书画的行为：

> 日照黄金宝殿开，雕阑玉砌拥层台。
> 一时侍卫回身立，天步将临玉斧来。
>
> 殿西小殿号嘉禧，玉座中央静不移。
> 读罢经书香一炷，太平天子政无为。

这时候的集贤院似乎就是皇帝的书画院，里面有多位擅长绘画的人士，如世祖忽必烈时的汉人名臣商挺之子商琦（字德符，号寿岩，约1264—）擅画山水，宗法宋代李成、郭熙一脉，所作水墨山水、竹石和金碧山水在当时很受欢迎。大德十一年（1307）武宗继位时就被时任皇太子爱育举荐进入集贤院，皇庆元年（1312）升任从三品的集贤侍讲学士，朝列大夫。他经常应邀为宫廷殿宇和蒙古贵族宅第创作壁画，多绘群峰峥嵘、江水曲折的巴蜀风光或江南景色。在延祐年间的京城，他是与高克恭、赵孟頫齐名的著名画家，受邀给太乙崇福宫等处绘制大尺幅

1.（元）张绅. 跋朱伯盛印谱//李修生. 全元文：卷一七七五. 南京：江苏古籍出版社，1998：369.

壁画，影响很大。他和赵孟頫也有交往，赵孟頫在他的《桃源春晓图》上有过题诗。

当然，赵孟頫也和权贵高官多有交往，尤其是雅好书画之人，其中有几位性格、行事特别的人士。如元朝赐号高丽忠宣王、沈王的王璋（1275—1325）就是如此，他的父亲是高丽忠烈王王昛，母亲是元世祖之女元成公主忽都鲁揭里迷失，他自己娶了元朝宗室之女宝塔实怜。大德二年（1298）父亲禅位给他，可是他仅仅当了7个月高丽国王就因得罪高丽的权贵、冷落妻子等原因被宗主国元朝废黜王位，他的父亲重新登基担任国王。王璋和妻子回到大都滞留了十年之久，大德十一年成宗逝世后他辅助太后、武宗、当今皇帝夺取帝位有功，被武宗封为"沈阳王"（两年后升为"沈王"），高丽忠烈王去世后他回到高丽继位，可是仅仅在高丽待了三个多月他就回到大都居住，主要通过传旨遥控朝政。皇庆二年（1313）他回国禅位于儿子王焘（高丽忠肃王），又在延祐元年（1314）正月回到大都定居，从此再没有回故土。

王璋雅好书画和收藏，延祐元年正月他带着擅长诗文的高丽才子李齐贤到大都，还在宅邸中开辟"万卷堂"收藏图书器玩，经常与朝中的翰林院、集贤院文士交游、唱和，其间李齐贤的书法、诗文受到赵孟頫的影响。李齐贤在元朝生活了二十六年，曾经去四川、浙江等处游历，也曾从赵孟頫口中听说过吴淞江的风光。赵孟頫的"松雪体"及绘画技法因李齐贤等高丽文人传播到了高丽。

集贤院大学士李邦宁也是一位奇人。他是杭州人，从小就进南宋皇宫当太监。元灭宋后，随瀛国公赵㬎一起到大都朝见元世祖，后来就留在忽必烈的宫中供职。他为人机敏，很快就学会了蒙古语、诸蕃语，后来被成宗任命为礼部尚书兼提点太医生事，在成宗、武宗朝都官运亨通，获昭文馆大学士、大司徒的高位，实际主要负责管理太医院。仁宗时期优待老臣，他和赵孟頫都行将就木，养老而已，也不用担心皇帝的猜忌，因此彼此交往较多。延祐年间，重修太后居住的兴圣宫之后，李邦宁奉旨让赵孟頫题写匾额。当时宫殿城楼匾额，要么请赵孟頫书写，要么请李溥光（号雪庵）书写。赵孟頫请李邦宁禀告太后："凡是皇宫中的匾额都是李雪庵写的，还是让他写吧。"李邦宁和赵孟頫奉太后之命一同到李雪庵家中请他写匾。李雪庵问为什么不让赵孟頫写，李邦宁就把前后经过告诉了李雪庵，他很受感动，也不推辞，就书写了"兴圣宫"的大牌匾。

经常出入集贤院的玄教大宗师张留孙及其徒弟吴全节和赵孟頫也有往来。九月吴全节回乡庆祝父母八十寿辰，皇帝赐衣，群臣称贺，赵孟頫听说后对吴全节表示："《诗经》中说'绿竹猗猗'，是卫国人赞美卫武公的美德；'维石岩岩'，是民众瞻仰君子的盛德；'南有樛木，葛藟累之'是祝福君子能够子孙繁盛。"[1]特别画了一幅大画《古木竹石之图》祝贺，画面上竹子枝叶交错、古木苍然挺立，象征着长寿和多子多福，程钜夫等人纷纷题诗相赠。

吴全节离开京城那天，朝中公卿都去卢沟桥边送别。当日下起了秋雨，众人在驿站饮酒送别时，集贤侍讲学士商琦当场绘制了一幅近三尺长的《卢沟风雨送别图》赠给吴全节。画中以卢沟桥为中心，有几匹马、几辆车正在出发，南望是家乡的山川、白云，北望则是雨雾中的大都宫廷殿阁，象征吴全节心怀皇恩。众人当然又是感叹一番，擅诗的朝臣纷纷赋诗，还让擅长文字的虞集撰写《送吴真人序》记录这一系列雅事。

张留孙经世祖、成宗、武宗、仁宗四朝，备受宠遇。他开创的"玄教"是元代如今道教中最显赫的派别，武宗时张留孙以道士身份担任集贤院使[2]，参与管理整个集贤院的事务。张留孙和他的弟子吴全节在赞襄

---

1. （元）虞集.道园学古录：卷四十七//文渊阁四库全书本.

2. 《元史·百官志三》载皇庆二年以后，集贤院定置：大学士五员，从一品；学士二员，正二品；侍读学士二员，侍讲学士二员，并从二品；直学士二员，从三品。下设经历、都事、待制、修撰、兼管勾承发架阁库、掾史、译史、知印各、通事、宣使、典吏等官吏若干。

朝廷政治、任用官员方面起过不少作用，如吴全节在大德九年（1305）曾受命去搜访贤才，也曾为儒臣阎复和吴澄等人的任用问题帮忙说话，很受朝廷官员和士大夫的尊重。张留孙的另一个弟子王寿衍也曾受命在东南访求遗逸人才。

当然，赵孟𫖯也和蒙古权贵有交往，这年五月蒙古贵族、枢密院事也先帖木儿被封开府仪同三司。他的新府邸落成之后，邀请赵孟𫖯去参观商琦绘制的壁画，赵孟𫖯写了《题也先帖木儿开府宅壁画山水歌》：

> 大山崒嵂摩青天，小山平远通云烟。
> 商侯胸中有丘壑，信手落笔分清妍。
> 阆风玄圃元不远，粲烂金碧流潺湲。
> 参差涧谷楼观起，萦纡石路朱桥连。
> 松风飕飗响虚阁，棋声剥琢来群仙。
> 渔歌樵唱渺何许，纶巾羽扇清溪边。
> 高情自有泉石趣，凉意不受尘埃缠。
> 世间书画亦岂少，谁能真赏如公贤。
> 华堂风日不到处，绝胜绣幕空高悬。
> 举觞酌酒为公寿，眼明对此三千年。

一天，大都留守伯特穆尔拿着一幅画来请赵孟𫖯写赋。原来皇庆元年（1312）皇帝赐给伯特穆尔一只白色的"兔鹘"，就是擅长捕猎兔子的鹰隼。到了延祐元年（1314），它的白色羽毛变成了赤色，光彩熠熠，与众不同，加上它搏击凶猛准确，伯特穆尔十分喜欢它，就请人画了它的形象，托集贤侍读学士赵孟𫖯写一首赋，于是赵孟𫖯就写了一篇《赤兔鹘赋》。

十二月皇帝又升赵孟𫖯为集贤侍讲学士、资德大夫，这是正二品的官，足见仁宗对赵孟𫖯的重视。赵孟𫖯这时候的公务不算忙碌，他在翰林院、集贤院的主要任务是时不时应召到宫中待从或者奉命撰写文章、书写碑铭，包括多次奉命书写时任翰林学士承旨程钜夫所撰碑文，如《袁州大仰山重建太平兴国禅寺碑》（皇庆元年）、《大元增大司空开府仪同三司追封晋国公少林开衫光宗正法大师裕公之碑》（皇庆二年）、《大元赠大司空开府仪同三司追封晋国公少林开山光宗正法大禅师裕公之碑》（郭贯篆额，延祐元年）、《敕赐雍古氏家庙碑》（延祐三年）。他和程钜夫私下也有合作，如杭州虎林山大明庆寺的僧人找到赵孟頫，请他托程钜夫撰写了《虎林山大明庆寺重建佛殿记》，由赵孟頫书写后立碑。仁宗对其他画艺高超之人也很崇信，同年他任命王振鹏为秘书监典籍，后来还外派他担任海运万户府的千户，在常熟、江阴监督海运漕粮，这是收入优厚的肥差。

延祐二年（1315）初，赵孟頫和礼部尚书元明善等商议国子学贡试方法、课程设置和考核，得以实行[1]——这年二月在大都举行了元朝第一次会试。此次比宋代的会试规模小了许多，因为前年八月举行的地方乡试一共才选出三百人参加这次会试。元明善担任会试考试官，取中一百人参加三月七日在皇宫举行的殿试。

赵孟頫和参知政事赵世延共同担任殿试阅卷官。赵世延看到许有壬的策论后觉得写得得非常好，赞叹说他未来必然是名臣，请知贡举、平章政事李孟考虑把他列入二甲名单。李孟不同意，赵孟頫起来向李孟请示说："南宋仅有东南一隅，一科都取中数百进士。今天大元国家疆哉广大，多取中一个可以当正七品官员的进士，不算滥取。"李孟这才听从他的意见，录取了许。这次殿试最终录取了护都答儿、张起岩、欧阳玄、马祖常、黄溍、许有壬、杨载等56人为进士，蒙古、色目、北人、南人各14名，以蒙古人、色目人为右榜，汉人、南人为左榜。这次科考史称

1.（明）宋濂，等.元史：卷八十一.北京：中华书局，1976：2030.

"延祐复科"，是蒙元灭金、宋后第一次恢复科举考试，让儒士感到十分振奋，毕竟多了一条新的晋身出仕途径，有了参与理民、治国的可能性。皇帝还特命封赏这次没有考中进士的落第举人，给七十岁以上的人赠官致仕，六十岁到七十岁之间的授职府学、州学的教授，其余授予山长、学正的职位。

可是大元的科举考试平均分配蒙古、色目、北人、南人的名额，上述四类人每类有75个名额参加会试，再从300人中选出不超过100人为进士，仍然保持四类人每类最多25人的比例。而且为了保证上述四类人士等比例考中，如果蒙古人这年只录取了10人，则其他三类人各自最多也只能录取10人，也就是说按照录取最少的那类人的数字核定其他三类人的录取数。如此，大元每次录取的进士数量远远少于宋朝[1]，进士出身的官员数量远远没有吏员、恩荫出身的官员数量多。

赵孟頫这时候书名、文名卓著，其他官员常常拜托他写碑记、序言等，如六月二十五日他应邀为担任都水少监的任仁发所著文稿《水利集》写跋文。任仁发是松江青浦（今上海青浦）人，由吏员出仕，至元中曾担任了几年青龙镇负责治安的逻官，之后历任负责漕运的海道副千户、海道千户、海船上千户。大德七年因为疏浚吴淞江淤塞有功，被任命为都水监丞，在朝中以治理水利著名，先后负责治理通惠河、汴梁黄河水患等治水工程。他也擅长绘制人物画、鞍马画，曾奉仁宗的命令画《渥洼天马》《熙春天马》二图，仁宗看后十分赞赏，让秘书监收藏。

十月，道士祝丹阳拿来一幅《天冠山图》长卷，请赵孟頫为一座座山峰赋诗，说要带回去刻石，为此赵孟頫创作了28首称赞天冠山各个景点的五言绝句。实际上，他并没有去过江西的天冠山，完全是根据图画

---

1. 元朝一共才举行了16次科举考试，录取进士仅1139人。其中只有四分之一是南人，这些南方进士官员在同期文官人数中仅占1%，可谓杯水车薪。所以科举进士在元代官僚体系完全没有宋代、明清时代那样的重要性。

来写作诗歌，落款则是"松雪道人"，与道士打交道时他有以方外人自诩的意思。

这期间李衎向仁宗进呈了一件《上都春狩图》，这是去年皇帝命李衎随行到上都观看狩猎场景之后下令创作的。李衎花费了近两年时间描绘了长五丈、高一尺八寸的长卷，气势恢宏，描绘精细。皇帝赞叹不已，让王公、高官都来欣赏，给李氏赏赐了5000锭银子。

这年怀孟（今河南沁阳）的大龙兴寺建成，赵孟頫受命撰写《敕建大龙兴寺碑铭》。成宗末年，皇后把藩王爱育黎拔力八达（仁宗）和他母亲答己分封到那里居住。成宗病逝后，他们急忙赶到京城争夺帝位。爱育黎拔力八达登基后，皇太后答己觉得这里是龙兴之地，皇庆二年（1313）下令在那里修建一座寺庙。经过两年的紧张施工，建成了一座大寺，同时把怀孟路改为怀庆路，以示喜庆之意。赵孟頫应召撰写碑铭，自然用心写了一篇足够长和措辞华瞻的文章。

皇帝对佛教传承历史颇有兴趣，下令赐给大庆寿寺的住持西云和尚"临济正宗之印"和荣禄大夫、大司空的虚衔，让赵孟頫撰写碑文刻石。赵孟頫历数达摩初祖到六祖慧能大师、十祖临济义玄的脉络，又从义玄的传人一直写到海云印简。辽代与金代，在北方曹洞宗的势力与影响最大，后来海云印简拜见当时还是藩王的忽必烈，给他留下了好印象。印简的徒弟可庵、颐庵在北方传教多年，可庵的弟子刘秉忠是忽必烈信任的开国功臣，因此这一派在北京颇有实力。成宗把颐庵的弟子西云禅师请到大都担任庆寿寺都总统，他与皇族、高官经常来往。赵孟頫大德二年（1298）在大都写经时就住在庆寿寺，写了《次韵西云长老赠周仲和》与西云酬唱。赵孟頫本身是江南临济禅宗明本的弟子，他撰写的《临济正宗之碑》用语精彩，开头也与众不同，是花费了许多心思写的文章，包含了他本人的佛教理念在内。仁宗把西云定为临济宗的合法传承，说明它已经是北京地区势力较大的禅宗流派，或许赵孟頫也参与了扶持临济派的幕后运作。

当然，他也奉命书写过有关道教的碑文。如这年三月赵世延撰文，赵孟頫书丹，李孟篆额，溥光书碑阴的《大元敕藏御服之碑》记载了一件奇事：大德七年（1303）春天，成宗梦见自己到了终南山一处金碧辉煌辉的道观。醒来后他把自己梦中的见闻讲给左右侍从和道士听，确定自己梦见的是终南山上的重阳万寿宫，这是全真道的总观。群臣认为世祖忽必烈当年获得陕西京兆（今西安）封地，可以说元朝皇室就是从那里发迹的，成宗的梦是因为思慕世祖而作，于是成宗就派遣侍从把自己的一件御服送到重阳万寿宫让道士们供奉。延祐元年（1314），全真教的掌教孙德彧被封为"神仙演道大宗师"。他通过太保、领集贤院事、集贤大学士李邦宁，请求皇帝赐文立碑纪念此事，于是皇帝就让赵世延、赵孟頫等合作了这一碑刻。

延祐三年正月赵孟頫大病一场，三个月没有到宫中去朝见。皇帝向左右侍从询问，都说赵孟頫年老畏寒，容易生病。于是皇帝令御府赐他貂鼠皮裘，这是蒙古贵族才可穿的冬季皮衣，显示出对他的格外尊崇。

二月六日，春雨初霁时，崔晋（字进之）前来拜访，赵孟頫绘制了《落花游鱼图》并赋诗为赠，后来还以小楷书写《道德经》并在经文之前白描绘制《老子像》赠给崔晋。崔晋的祖籍是湖州，家在钱塘，在杭州开设药铺，颇为富有。他喜好鉴藏，工小楷，和赵孟頫已经相识二十来年，有许多共同话题。赵孟頫到杭州时，常常借宿在他家中。赵孟頫听说崔晋的妻子怀孕待产，主动和崔晋说以后你生了女孩，我儿子生了男孩，那你就把女孩嫁给我儿子家；如果你家生下了男孩，我儿子生了女孩，那我就让他把女儿嫁给你家。后来延祐五年，赵雍的长女赵淑端出生以后，赵孟頫做主把这个孙女和崔晋的儿子结成了娃娃亲[1]。

---

1. （元）徐一夔.始丰稿：卷六//文渊阁四库全书.

春天，京城官场热烈议论的话题是，皇帝令人在大圣寿万安寺修建了一座专门供奉栴檀瑞像的佛殿。修成后立碑时众人对这尊雕像的来历有争议，皇帝对此极为重视，让集贤大学士李衎，昭文馆大学士李溥光，大海云寺、大庆寿寺、大原教寺、大崇恩福元寺、大圣寿万安寺、大普庆寺的住持一起讨论，研究其来源。至元二十六年（1289）世祖忽必烈把这尊栴檀瑞像从皇宫移到大圣寿万安寺后殿时，赵孟頫正在京城当兵部郎中，曾见识过在京城掀起的朝拜热潮。

最后，程钜夫根据官员和名僧的讨论结果，在《敕建旃檀瑞像殿记》中写了该像流传的时间、地点[1]。这是程钜夫在翰林院写的最后一篇重要文章，不久之后他就生病了。考虑到自己之前与宰相意见不合，加上年纪老迈，于是他就上书以生病为理由请求退休。皇帝时时派近臣去看望他，安慰他说"你是世祖忠贞不二的旧臣，应该多保重，留在京师辅助我"，诏令太医去给他治病，安排他儿子程大本担任郊祖署令，就近侍养父亲。

三月二十一日，仁宗在嘉禧殿让大学士李邦宁给秘书监的官员传圣旨，让检查秘书监收藏的书画，如果没有签贴的话，就都请赵孟頫写一下。四月十九日，可能是在赵孟頫的运作下，宣政院僧人上奏请皇帝给明本这一派在天目山的寺庙立碑，仁宗敕命赵孟頫撰写了《天目山大觉正等禅寺记》。赵孟頫在京修书明本，讨教《金刚经》的宗旨，明本把自己的理解写成《金刚般若略义》寄给他。

四月二十七日，皇帝让大学士李邦宁给秘书监传话，让把赵孟頫写的17卷《千字文》手卷装裱一下，好好保存。五月二日又让李邦宁对秘书监的少监阔阔出传话，秘书监里收藏的书画没有签贴的，都叫赵孟頫写一下。

1.尚永琪.优填王旃檀瑞像流布中国考.历史研究，2012（2）：165-175.

六月时，在上都的皇帝派使者到大都宣布旨意，同意程钜夫退休，特授他为光禄大夫，赏赐他自己使用的酒樽，命令留在大都的朝廷官员都到大都东的齐化门外饯别，并让赵孟頫接任翰林学士承旨、荣禄大夫、知制诰兼修国史。

翰林学士承旨是从一品官职，每月俸禄是至元钞166两，米十二石。皇帝推恩三代，还追封了赵孟頫的祖父、父亲。因皇帝的欣赏，赵孟頫在五年多时间里就从正四品升官到从一品，跨越了五个台阶。当年赵孟頫是由程钜夫举荐的，如今又接替了程钜夫的位置。两人最后都做到了从一品的翰林学士承旨，是截至当时出自江南的官位最高的两位官员。不同的是，程钜夫曾长期担任御史和监察官员，在忽必烈统治后期曾对政局有过一定影响，成宗、武宗、当今皇帝时也曾参与中书省政事讨论，这是赵孟頫无法相比的。

赵孟頫为了表示敬重程钜夫，先以门生之礼去程钜夫家拜谒，然后再进入翰林院中办公，成为士大夫的佳话。随后，他和众多朝中官员一起到齐化门外的运河码头送别程钜夫，按照惯例，翰林院同僚都撰写了赠别诗。袁桷因为随侍上都，没有能亲自送别。他应程钜夫之请为程家的藏书山房撰写了一首赋《七观》，请赵孟頫书写并题跋之后赠给程钜夫，算是两人合作的一份赠别礼物。此后赵孟頫和程钜夫依旧有联系。延祐五年（1318）仁宗追封朝廷高官，程钜夫的妻子也在其列，《大元追封楚国夫人徐君碑记》由熊朋来撰文，贡奎书丹、赵孟頫篆额。

赵孟頫担任了从一品的翰林学士承旨后，许多人来大都西南的咸宜坊赵宅祝贺。赵孟頫经历了之前的官场磨难和种种变动，对于这一荣耀并不是特别激动。他写有《自警》一诗概括自己的过去，觉得自己如今有些牙齿都掉了，头顶光秃秃的，变成了衰弱的老人，在官场所得的最多的是惭愧；或许以后人们谈论更多的是自己毛笔创作的诗文、书画，诗句的言外之意甚为沉痛：

齿豁童头六十三，一生事事总堪惭。

唯余笔砚情尤在，留于人间作笑谈。

很快，东南海运巨族吴家的吴景良来大都祝贺他升官，顺便打点京城的关系。七月二十三日晚上在赵宅饮宴后，吴景良请赵孟頫题跋了自家收藏的《定武兰亭帖》（残本现藏日本东京博物馆）。对海运豪族来说，赵孟頫虽然可能无法直接针对朝廷政务发表意见，可是凭借他的官爵、名声，居间引介做些穿针引线的工作也就够了。

夏日荷花盛开之时，提前退休的江南行台御史中丞廉恒招翰林学士承旨卢挚（字疏斋）、赵孟頫饮于自家的万柳堂。有名的妓女"解语花"刘氏擅长唱慢词，只见她左手持荷花，右手举杯，唱了一曲元好问的《骤雨打新荷》：

绿叶阴浓，遍池亭水阁，偏趁凉多。海榴初绽，朵朵簇红罗。乳燕雏莺弄语，有高柳鸣蝉相和。骤雨过，珍珠乱撒，打遍新荷。

人生百年有几，念良辰美景，休放虚过。穷通前定，何用苦张罗。命友邀宾玩赏，对芳尊浅酌低歌。且酩酊，任他两轮日月，来往如梭。

袅袅娜娜的歌女，悠悠扬扬的曲调，让在座的三位白头老翁感叹不已，想起各自的青春年华，赵即席赋诗《万柳堂即席》[1]：

万柳堂前数亩池，平铺云锦盖涟漪。

主人自有沧洲趣，游女仍歌白雪词。

手把荷花来劝酒，步随芳草去寻诗。

谁知咫尺京城外，便有无穷万里思。

1.（元）陶宗仪.南村辍耕录：卷之九.北京：中华书局，1959：110.

这处园林被当时的人称为"廉园"。廉恒已故的父亲廉希宪原是中统（1260—1264）末年、至元初年中书右丞、参知政事，至元六年（1269）罢官以后在大都西南约十里处修建了一处富有野趣的别业，在此读书、教子。这里距离高梁河、西镇国寺不远[1]，有许多湖泊，所以一些高官就到这里修建别业，如赵参谋之匏瓜亭，栗院使之玩芳亭都在附近。廉园中有池塘数亩，水石花竹之胜在京城首屈一指。园中牡丹花开时，著名文臣如刘秉忠、王恽、姚燧曾前来欣赏。这里建有"后乐堂""清露堂""遗音堂"等数处建筑，有贯云石、许有壬写的楹联，许多文人雅士都曾应邀来此雅聚。

秋天的时候大都气候最为宜人，士大夫们纷纷在海子边雅聚或者出城游览。九月四日风清日朗，李邦宁邀请赵孟頫、廖方寿、乔仲山等一起到书斋聚会，展示了自己收藏的黄筌《秋江待渡图》。赵孟頫觉得这幅画有唐人意度，题跋之后意犹未尽，又临摹了一张。有一次和李邦宁雅聚时赵孟頫拿出自己新得的两个古玉辟邪，制作精妙，前所未见。李邦宁执意要走了其中一个，赵孟頫不好意思拒绝，之后几天赵孟頫、管道昇都郁郁不乐。

还有一次李邦宁邀请赵孟頫等人来家中参加宴会，酒席上歌者岳贵贵请求赵孟頫写词，于是赵孟頫写了一首《浣溪沙》：

> 满捧金卮低唱词，尊前再拜索新诗，老夫惭愧鬓成丝。
> 罗袖染将修竹翠，粉香吹上小梅枝，相逢不似少年时。

赵孟頫的夫人管道昇聪敏过人，因为经常观摩丈夫画墨竹，大德末年便自己学习绘制墨竹、梅、兰这类绘画，有时候有了得意的作品还会

---

1. 位于今玉渊潭西北侧的西钓鱼台一带。谷卿.《万柳堂图》及其题诗新论. 中国国家博物馆馆刊，2017（3）：102-114。

请赵孟頫欣赏和题跋。延祐年间她和贵妇人社交时常以自己的画作送人，曾经给皇太后进呈她创作的墨竹和着色竹画，也曾应不忽木的夫人之命创作墨竹图。管道昇这一段时间常出入宫廷，她在《自题墨竹》中记述：

> 内宴归来未夕阳，绡衣犹带御炉香。
> 侍奴不用频挥扇，庭竹潇潇生嫩凉。

他们的二儿子赵雍也以书画知名，皇帝让人把管道昇的书法作品与赵孟頫、赵雍的书法用玉轴精装，钤上御印藏于秘书监，说："让后世知道我朝有一家的夫妇父子都善书，这也是奇事啊！"仁宗对赵孟頫担任翰林学士十分得意，把他比作唐代的李白、北宋的苏轼。

赵孟頫因为年老而且多病，心中有了退养的打算，一次去海子边游览时赋诗《大都红门外海子上即事》表达退休之意：

> 白水青林引兴多，红裙翠黛奈愁何。
> 底从暮醉兼朝醉，聊复长歌更短歌。
> 轻燕受风迎落絮，老鱼吹浪动新荷。
> 馀不溪上扁舟好，何日归休理钓蓑？

另外写给青年时代好友姚式的《和姚子敬韵》中也透露出虚幻之感，想要来年申请退休回家：

> 同学故人今已稀，重嗟出处寸心违。
> 自知世事都无补，其奈君恩未许归。
> 沧洲白鸟时时梦，玉带金鱼念念非。
> 准拟明年乞身去，一竿同理旧苔矶。

除了奉敕撰文、写字，赵孟頫经常接受请托私下为其他官员、富人撰写墓志铭，也和其他翰林学士合作碑刻墓表。比如皇庆二年（1313）立在大都路都总管府的《大都路总治碑》碑刻就是多位翰林学士合作，正面碑文由翰林学士承旨王构撰著、翰林学士承旨刘赓书丹、中书平章政事王泰亨篆额，背面的《大都路都总管府碑阴记》由张养浩撰文、赵孟頫书丹并篆额。同一年河北曲阳官僚杨琼后人所立《大元朝列大夫骑都尉弘农伯杨公神道碑铭》是由姚燧撰文、赵孟頫书丹、刘赓篆额。

书写墓铭碑文应该是赵孟頫在俸禄之外重要的收入来源，从至大三年（1310）到延祐六年（1319）在京期间，他书写了近百篇碑文。他合作最多的同僚是元明善，元明善撰文、赵孟頫书写的碑铭有杭州金陵《华阳道院铭》（至大三年）、山东城武《清河郡伯张成墓碑》（延祐二年）、河南许州《追封陇西郡伯李彬墓碑》（延祐五年）、《番君庙碑》（延祐六年）等多件。程钜夫退休后，两人也合作过多件碑铭，赵孟頫书写了程钜夫撰文的《何玮神道碑》（延祐四年）与《大元敕赠贞文先生揭君之碑》。

他和位高权重的李孟也有几次合作，书写了李孟所撰《襄陵牛氏墓碑》（延祐五年）。当然，他和比自己年轻的友人、下属也经常合作，比如他撰写了嘉兴《福源普慧禅寺碑》（邓文原撰文、虞集篆额，延祐五年）。

或许因经常接到委托撰写碑文，他这一阶段的书法越来越接近李北海、柳公权那种刚健有力的风格。这可能是应对现实需求的一种策略性的变化，实际上他最欣赏的还是二王那种更加流丽潇洒的书风。

这一时期的赵孟頫因为名位显要、职责清闲，可以发挥自己的书画所长，他的艺术观点也在延祐年间得到了更大范围的传播。在书法上他主张"则古"，就是学习二王为代表的晋唐古人，有人夸张地说此时的他"以翰墨为天下倡，学者翕然而从景"[1]。

---

1. 韩性. 书则序//崔尔平. 历代书法论文选续编. 上海：上海书画出版社，1993：196.

在绘画上他延续自己在大德年间提出的"作画贵有古意"一说，一再在自己作品的题跋中强调"命意高古"[1]的重要性，并以"粗有古意"[2]评价自己年轻、壮年时的作品。他的复古主张并不极端，所指唐人之"意"很大程度是来自对"古画"具有的所谓气韵、骨法的文化赋义。他似乎更欣赏那种相对静态的人物、鞍马、山水画景观，尝试塑造一种蕴藉典雅之美。当然他也融入了五代、北宋一些画风、技巧，比如在山水画方面他取法董源、巨然又兼学李成、郭熙，在创作时每每将两个体系融会并加以简化，形成了一种新的描绘江南山水的折衷主义画风。当然更重要的是，他摸索出了自己独特的图式和构画方法，继续沿着《水村图》《双松平远》《重江叠嶂图》发展简约而讲究笔法的文人画，这种"省减"[3]的创作方法既可以让画家免于耗费太多精力渲染，又显得相当雅致，方便了业余画家的创作。

可是，尽管此时赵孟頫有足够的资历在京师提倡自己的观点，他的言论也对更多文人士大夫画家产生影响，可在当时大都的画坛，他的理念、画风似乎并没有对大都画家群产生决定性的影响，如商琦等人的画风依然在大都非常流行，朱德润在英宗时期也是靠画《雪猎图》得到召见。这都说明赵孟頫的画风在皇室、权贵眼中并不算主流，他在大都主要以书法闻名而不是绘画。

此时的赵孟頫、虞集等人都在文坛提倡温雅的诗风，赵孟頫"诗法高蹈魏晋，为律诗则专守唐法"[4]，刻意要和南宋流行的江湖诗派拉开距离。这并不是他的独创，实际上金末的元好问就有宗唐的主张，北方的文坛名

1. 见赵孟頫题《题曹霸画人马》[（元）汤垕. 画鉴//文渊阁四库全书本]和延祐四年题跋王居正《纺车图》（式古堂书画汇考：画卷十一//文渊阁四库全书本）。

2. 延祐七年自题《红衣罗汉图》，辽宁博物馆藏。

3. 王连起. 赵孟頫书画艺术概论. 书画世界，2017（11）：9-11.

4.（元）袁桷，杨亮. 袁桷集校注：卷第四十九. 北京：中华书局，2012：2170.

流也尊崇唐诗，可以说延祐年间南北的主张汇合，出现了"京师诸名公咸宗魏晋唐，一去金宋季世之弊，而趋于雅正"的现象[1]，这是南北调和时代文坛共同的文化趋向。

对谨小慎微、性格温和的赵孟𫖯来说，这类"复古"主张比列举一种明确的风格或者某个古代名人的名字更不易被人找到疏漏攻击。从现实的文化生态来说，提倡"古意"也是南北文人、官僚可以接受的最大公约数。他们说的"古"主要指唐代及以前的时代，否则提倡辽、金、北宋、南宋这几个朝代的任何书画家、诗人并视为典范，容易引起其他地域文人的反对。这就像朝廷要编撰辽、金、宋史时，文人士大夫多次争论哪个朝代能够代表正统，北方文人以辽、金为正统，江南文人则以宋为正统，争论多次也没有结果。而且如果大声争论辽、金、宋何为正统，容易和元代的统治合法性关联，有可能在政治上遭到构陷，这是多数南士需要小心避免的。

延祐四年（1317），皇帝罢免了太后的亲信、右丞相铁木迭儿，在朝政上有意革新。李衎因为年老，再次上书请求退休。皇帝为了表示尊崇他，命他担任江浙行省平章政事，在杭州为官，距离他在扬州的家不太远，还让他的儿子李士行担任知泗州，可以就近照顾父亲。李衎于四月离开京城，赵孟𫖯等人都前去送别。到延祐五年李衎再次上书才获准退休，回到扬州家中养老。

在翰林院中，赵孟𫖯的朋友邓文原升为翰林待制。邓文原之前任赵孟𫖯曾经担任的职位江浙儒学提举。程钜夫的亲戚揭傒斯在翰林院担任编修，他和赵孟𫖯的关系也比较好。皇帝让翰林院书写的典册，赵孟𫖯常让揭傒斯撰文，自己书写，私下两人也合作过碑铭，如翰林学士承旨野仙帖穆而（也先铁木尔）捐出1500亩田地给自己妻子封地内的延津上乘寺供

1.（元）欧阳圭. 罗舜美诗序//四部丛刊本.

奉长明灯，让揭傒斯撰文、赵孟頫书写《泰安王子开府公长明灯记》（龙觉寺长明灯记）。延祐五年揭傒斯为自己的父亲立《赐贞文先生揭君之碑》，他请程钜夫撰文，赵孟頫书写。

揭傒斯颇能理解赵孟頫一生"山欲静而风不止"的处境，曾在《题赵子昂寒翠图》中略微涉及：

> 石润欲生云，山寒疑有雨。高林叶尽脱，低篁绿堪数。
> 因之静者要，更觉王孙苦。小草枯树根，茸茸欲华予。

这一年赵孟頫奉命撰写了几篇重要的文章。皇帝赠阿剌浑萨理推忠佐理翊亮功臣、太师、开府仪同三司、上柱国，追封赵国公，谥文定。赵孟頫因为与他有过交往，于是自己出头撰写了神道碑铭。皇帝封道教正一派第三十九代天师张嗣成为"太玄辅化体仁应道大真人"，主领三山符箓，掌江南道教事，让赵孟頫撰写了其曾祖母为玄真妙应源德兹济元君的碑文。赵孟頫还奉皇帝之命，为玄教大宗师张留孙作画像赞，贺其七十大寿。

皇帝下令在大都建德门外修建了一座园林，他觉得可以一举两得，一方面把这里赐给集贤大学士、太保曲出；另一方面自己春秋巡幸的时候可以驻跸在这里。过了一个多月就修建完成，集贤大学士李邦宁请皇帝赐名，赵孟頫拟定之后给皇帝选择，于是皇帝赐名那里的堂、亭为"贤乐堂""燕喜亭"，并命昭文馆大学士李溥光书写后赐给曲出。曲出是皇帝的侍从近臣，有拥戴之功，也喜好汉文化，他又请赵孟頫撰写《贤乐堂记》纪念此事。

赵孟頫依旧留心收藏书画，这年七月他以50金购得宋人王居正《纺车图》。八月十五日中秋节他鉴赏之后题跋，称赞这幅画"虽尺许，而气韵雄壮，命意高古，精彩飞动，真可谓神品矣"。延祐年间赵孟頫仍然对兰亭序的拓片、临本很有兴趣，弟弟赵孟籲从福建得到一本蛀蚀本《兰亭序》送给哥哥。赵孟頫曾获得陈振孙旧藏的盖有"叔信甫印"的《兰亭五字损本》，又在都城得到另一本，把其中一本拿去和"瓷器刘"换了一些银壶杯盏之类的器具。"瓷器刘"是大都有名的一个古玩商，赵仁举曾在那里购买过一件古代玉马[1]。

十月时，弟弟赵孟籲偕子赵玠进京，大概是让赵孟頫帮忙给儿子寻个一官半职。他们看到赵孟頫每天都在咸宜坊寓舍接待宾客，求书画者门庭若市。比如十月二十四日有一个叫谭崇文的人携带《定武五字不损兰亭帖》来访，赵孟頫与邓文原、王一、赵孟籲同观并题跋。

在题跋中，赵孟頫提到他曾见过另两本《定武兰亭》，其一在集贤院大学士李邦宁（叔固）家中，那是南宋末赵孟坚收藏的著名"落水《定武兰亭》"，另一本为其弟赵孟籲所藏《定武兰亭》本。赵孟頫平生所见和自藏的《兰亭序帖》刻本不下十余种，可谓与之有缘。他从青年到老年至少临摹了《兰亭序》数百遍[2]，许多临摹之作都散落在亲友手中。

延祐五年（1318），赵孟頫已经六十四岁了，他在这一年多次书写陶渊明的《归去来辞》，表露出退休回家的打算。

四月二十一日他在内府观王羲之《快雪时晴帖》墨迹本，奉敕题跋，泛泛谓"不胜欣幸之至"。实际上他对晋代墨迹经历近千年传播到现在是有所怀疑的，这类所谓墨迹最多是唐人摹本而已。差不多这前后他还奉命给内府收藏的陆柬之《文赋》（现藏台北"故宫博物院"）、杨凝式《夏热帖》（现藏北京故宫博物院）、苏轼《治平帖》等做了题跋。

这年春天皇帝要举行"先农礼"，亲耕籍田；皇后举行"亲蚕礼"，象征性地从事采桑、养蚕、缫丝、织布等一系列劳动，以示鼓励农桑。四

1.（元）朱德润，廖莲婷.古玉图.上海：上海书店出版社，2016：469.

2.他的朋友仇远就见过赵孟頫临摹的兰亭序多达几百本。（元）仇远.山村遗集：题赵子昂书//文渊阁四库全书本.

月二十七日，集贤院大学士李邦宁、大司徒罗源在嘉禧殿向仁宗进呈赵孟頫作诗、杨叔谦作画的《农桑图》。赵孟頫在此画上题写的二十四首诗（《题耕织图诗二十四首奉懿旨撰》），一步步呈现了农民耕作、蚕织两项基本生产的步骤。

皇帝欣赏了好一会儿，问："作诗者何人？"

李邦宁对曰："翰林承旨赵孟頫。"

皇帝又问："作图者何人？"

李邦宁对曰："诸色人匠提举杨叔谦。"

皇帝对他们的诗作、画作称赞不已，赐给每人文绮、丝绢各一段，又让赵孟頫写一篇《农桑图序》记录自己和皇后重视农桑的意义。

看了这幅书画合璧的作品后，皇帝对以书画形式传播农桑知识有了很大兴趣。九月大司农买住等进呈司农丞苗好谦所撰《栽桑图说》，也是以文字配合图画的方式。皇帝觉得这有助于民众参照图画学习栽种桑树，命朝廷刊印一千部，送各地学习。

皇帝对礼乐制度感兴趣，于是翰林院让编修官曾巽申研究古代皇帝出行时的仪仗装备和礼节的"卤簿"图文，找画家临摹宋代元圣年间或皇佑年间的《大驾卤簿图书》，制作了《大驾卤簿图书》进呈。大驾卤簿用于最重要的场合，如皇帝郊祀、籍田时，带领的仪仗队最为豪华，仪仗中的人员必须严格按照礼制规定来排列阵型，帝、后车辇，随行禁军护卫、文武官员、乐队人员的着装、手中执掌的旗帜器具、骑乘的马匹毛色都有规定。

这时候的赵孟頫是名满天下的翰林学士承旨，是最著名的书法家。他的友人顾信（善夫）在十一月把赵孟頫给自己的四封信，以及赵孟頫所书《兰亭》《归去来辞》《乐志论》《送李愿归盘谷序》《行书千字文》《淮云通上人化缘序》《淮云诗》《太上老君说常清静经》等刻石，立在太仓家中的园林中，称之为墨妙亭，然后把拓片编辑成《乐善堂帖》传播，乐善堂是顾信的书斋名称。延祐四年顾信的父亲逝世，他回家守制，正好有余暇监督刻石之事[1]。

　　许多年轻文人都喜欢来拜会赵孟頫，以得到他的指点、赞誉为荣，比如袁桷的学生、赵孟頫在江浙时的属下柳贯于延祐三年（1316）参加吏部的考核，因为没有空缺的官职，只能在京城等待机会。其间他在中书左丞张思明家中当了三年私塾教师，到延祐六年才得到举荐担任国子助教。柳贯经常和赵孟頫、袁桷等江南来的官员交往。冬日的一天他去赵孟頫宅中聊天，赵孟頫谈到兴头上，拿起笔濡墨写自己熟悉的颜、柳、徐铉、李诸人书帖，写完后让书童拿出真迹刻帖一一比较，转折向背无不绝似，让围观的数人十分惊叹[2]。赵孟頫指点过柳贯的书法，还临写唐人字帖送给他。

　　在家中，妻子管道昇虔信佛法，自己手写《金刚经》数十卷送给各地的名山名僧。他们的师父明本经过多年漂泊，也无力四处游动，延祐五年回到了天目山西峰驻扎，僧俗纷纷慕名上山礼拜求法。赵孟頫和妻子常写信给明本，向他倾吐心中的疑惑和不安。

　　明本派遣徒弟以中到大都请赵孟頫帮忙求朝廷赐号、立碑，送来沉速香作为礼物。在赵孟頫的运作下，九月皇帝下旨赐明本金丝袈裟和"佛慈圆照广慧禅师"封号，改师子禅院之名为"师子正宗禅寺"。皇帝见赵孟頫这样推崇明本，多次想要征招他入京，可能明本不愿意到京城，就托赵

---

1. 现存所谓赵孟頫《重江叠嶂图》上有赵孟頫延祐五年九月的题款云："善夫副使一日过余，出长素索画，意欲老懒为辞。善夫语甚婉，色甚和，且有三十年之友谊，焉可却也！余忆壬辰岁在集贤院时……"这段题跋说明这幅画应该是不了解顾信底细的伪作。首先，顾信在延祐四年后在昆山太仓守制，应该不会轻易外出到大都；其次，至元二十九年（1292）壬辰赵孟頫担任集贤院直学士、济南路总管府同知，实际在济南当地方官而没有在大都集贤院任职；第三，最重要的是他们没有三十年友谊，应该是大德中期才相识，到延祐五年最多不超过二十年。张明. 赵孟頫致顾信四札考. 中国国家博物馆馆刊，2014（2）：34.

2. （元）柳贯. 柳侍制文集：卷十九//文渊阁四库全书本.

孟頫以自己年老多病的理由推辞了[1]。

在元代寺院有等级之分，从"院"改成"寺"算是升级，需要宣政院批准。赵孟頫奉旨撰写了《师子正宗禅寺碑记》，还托以中带人参一斤、五味一斤给老师明本。后来赵孟頫听说明本患有疝气，把自己打听到的方子托信使带给明本。明本则赠给他酒豉、灵砂等保养身体的药物。而赵孟頫除了赠送药物，还常常写经书给明本请他施舍、念诵，以超度自己的亲人。管道昇也常书写佛经施舍给佛寺，还曾赠送一幅自己画的《竹石图》给以中，明本曾在上面题跋[2]。

这时候赵孟頫常常自称"三教弟子"[3]，这是对自己一生经历和信仰的总结。他少年时代受过道士杜道坚的教育，青年时代跟随老儒敖君善研究儒家经典，而到了老年，他和妻子都拜禅僧明本为师，三人对他都有许多影响。赵孟頫自己的信仰也混了儒、道、佛三家的成分，相对来说五十岁以后的他更倾向佛教一些，心中常常有空幻之感。

赵孟頫和妻子都已年老，开始绸缪后事。延祐五年（1318）闰八月十日，赵孟頫给家中庄园主管写信，托他在德清东衡已经买好的墓地边上再买一些土地，为自己日后的丧葬作准备。之所以把自己的墓地选在德清而不是家族大本营乌程县，应该和他早年入赘管家的约定有关。或许当初赘婚约定，他和妻子或者他们的孩子本应安葬在德清东横千秋乡茅山的管氏祖坟中，但是后来他当官以后只能取消赘婚的一系列约定，这时他的地位、名望显赫，完全不可能入葬管氏祖坟，于是他和夫人商量了个折中方案——他们在距离千秋乡管家祖坟不远的地方另买一块独立的坟地，安葬自己和妻子管道昇，算是让管道昇逝世后可以离自己的父母坟地近一些，

1.（元）释明本，于德隆.中峰明本全集.北京：九州出版社，2019：713.

2.（清）卞永誉.式古堂书画汇考：卷四十六画十六//文渊阁四库全书本.

3.虞集题马远《三教图》卷云"近年吴兴赵公子昂，常称三教弟子"。（清）卞永誉.《式古堂书画汇考》画卷之十四//文渊阁四库全书本.

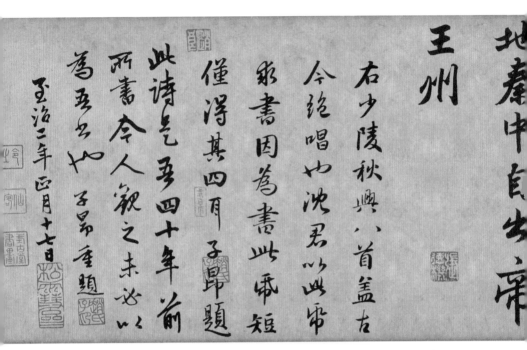

杜甫秋兴八首（局部）（元）赵孟頫　纸本行书　23.5cm×261.5cm（上海博物馆藏）

算是有个心理安慰。这个计划可能是妻子提出的，赵孟頫也可以接受。对他来说，选择在这里入土一方面是安慰和补偿妻子，之前打破赘婚约定让他一直对岳父岳母、妻子心怀歉意；另一方面，他出仕元朝未尝没有愧对祖先的心理，不去入葬湖州的家族坟墓也顺理成章。

这一年举荐他入朝的程钜夫、与他有诗文往还的刘敏中、与他熟悉的道士杜道坚先后逝世，让赵孟頫也感慨不已。赵孟頫应杜道士的门徒之请写了《真人杜公道坚碑》。

好消息是，儿子赵雍的妻子生下了长孙女淑端，让赵孟頫夫妇感到了一丝快乐。可是赵孟頫夫妇年龄大了，经常身体状况不佳，先是赵孟頫一病两个月，几乎濒临死亡，好不容易恢复。冬天时管道昇的旧疾脚气病又

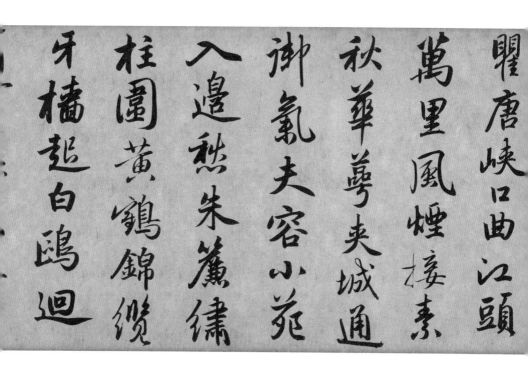

瞿唐峽口曲江頭

萬里風煙接素

秋華蓉夾城通

御氣夫容小苑

入邊愁朱簾繡

桂圍黃鶴錦纜

牙檣起白鷗迴

发作了，逐渐全身都有了病，皇帝多次派太医前来诊治也没有好转。到延
祐六年（1319）春天，妻子的病情进一步加重，赵孟頫连忙上书请求皇帝
允许自己退休，要带妻子回老家养病。

十四　钧天一梦：梦想田园雪水头

赵孟𫖯第一次上表请求退休，皇帝刚开始没有批准。

延祐六年（1319）初，吴全节父亲故去后，皇帝命令元明善撰写碑文，赵孟𫖯书字。不久后七十一岁的张留孙逝世，吴全节继任玄教大宗师。

鉴于管道昇的病情日益加重，皇帝才终于同意赵孟𫖯护送妻子返乡，但是并没有让他退休。这一年赵孟𫖯六十五岁，从至大三年年底开始来大都至今已经七年多。听说他要回家乡，朝中略有交往的文臣都撰写了赠别诗。

赵孟𫖯听说驸马太尉沈王三月就要离京前往普陀山"降香"，礼拜名寺高僧，赵孟𫖯写了《留别沈王诗帖》送行。沈王信奉佛教，在朝鲜就把旧王宫施舍为佛寺。至大二年他曾陪同答己太后和皇太子（仁宗）参拜五台山，延祐三年又派李齐贤代表自己去礼拜峨眉山诸寺，这次他打算到观音菩萨的道场普陀山进香和布施。王璋请赵孟𫖯为嘉定县的圆通寺撰文书写《圆通寺碑》，由自己篆额。可能是在赵孟𫖯的建议下，沈王决定去普陀山之后，顺便也去天目山拜访明本。

赵孟𫖯在杭州就认识的友人、曾任闽海道肃政廉访副使的仇锷的后人托人找到赵孟𫖯，请他为八年前病逝的仇锷书写墓碑铭。赵孟𫖯操心妻子的病情和告别事宜，实在抽不出时间，就让柳贯代自己撰文，自己书写。

这时二十五岁的苏州文人朱德润第二次到大都寻找出仕的机会，赵孟𫖯介绍他认识了沈王。在沈王的举荐下，皇帝立即在玉德殿召见朱德润，觉得他的诗文书画颇为可观，授予他应奉翰林文字、同知制诰、兼国史院编修官的官职。他和沈王的侍从李齐贤交好，经常一起去燕京东部的集市搜购画作，在那里见过僧人铁关的山水画、公俨的花卉、任仁发的马画、李衎的竹画以及赵孟𫖯的作品，后几人的作品估计是从士人、官员手中流散出来的。这也是常事，就像周密逝世之后不久，他的子孙就把他的一些藏品出售，流落到了燕京、杭州等地。

四月，皇帝带着大批侍卫、臣僚前往上都，赵孟𫖯前往建德门送别之后，回到大都收拾好家中的东西，于四月二十五日离开大都，护送着管夫人沿大运河南返。一路上管夫人的病情一天天加重，赵孟𫖯也是无可奈何。五月十日船到临清时，管夫人永远闭上了眼睛，享年五十八岁。

几十年相互扶持的妻子一朝故去，赵孟頫心中十分悲痛，只能让奴仆督促船工赶路，想尽快回到家乡安排后事。约在月底回到吴兴，家人都忙着操办丧事，儿子赵雍驻扎在东衡建造庵堂，布置墓地，而女儿赵由皙回到家帮助处理杂事。对亲友来说，赵孟頫这位退休高官、当代名流有巨大的价值。女儿赵由皙操办母亲丧事之余，不忘托人把父亲写的十个扇面带给丈夫，显然，这是她丈夫用来送礼或出售赚钱的，还让丈夫把家中四幅没有盖印章的赵孟頫作品寄过来盖章。她也让丈夫尽快挑一些又好又大的方顶柿送来，因为父亲爱吃这种柿子。

他们是一个大家族，除了早夭的六女儿，赵孟頫其他五个女儿分别嫁给了强文实、费雄、李元孟、王国器（字德琏，其子是元末画家王蒙）、刘师远，都是比较富足的家庭。其中最显赫的是二女婿费雄，费家是武将家族，宋末投降元朝之后被元朝封为将军、万户，连续几代担任平江（苏州）等处海道运粮万户的官职。

六月十二日、二十八日，赵孟頫不断写信给明本和尚，倾诉对亡妻的哀情，希望明本能下山来主持亡妻的超度仪式。明本因为年老，行动不方便，延祐五年（1318）之后就没有再下天目山，无法前来，但是他派遣弟子带来了书信和给管道昇写的悼章、祭文等。

之后几个月赵孟頫沉浸在痛失妻子的悲伤之中，他写信给明本，期盼他能前来开导自己。可是明本因为年老没有能前来，让赵孟頫觉得十分遗憾。他说自己虽然受过明本的教诲，觉得已经可以看破生死，可是到了妻子亡故时，还是无法接受。"幻心未灭，随灭随起"[1]，日夜都会想起和妻子经历的风风雨雨，不觉就流下眼泪，觉得自己三十年来随波逐流，劳碌奔忙都是梦幻。到九月四日，赵家把管道昇安葬到德清东衡山墓地，这里

---

1. 赵孟頫致中锋明本《还山帖》，台北"故宫博物院"藏。

距离她父母的墓地不太远，希望她可以在另一个世界继续陪伴父母。

明本之所以无法前来东衡，除了年老，另一个原因是这年九月，太尉驸马王璋将带着宣政院使、王子、从官到天目山拜访，山上的寺庙都在为此做准备，无暇他顾。沈王王璋一行五月到杭州后待了好几个月，除了去普陀寺进香，还去附近的苏州等地游玩。因为赵孟頫正在给妻子服丧，他们就没有来打搅他。秋末沈王派遣李齐贤等人来湖州，可能就是为了拜访赵孟頫，可是赵孟頫因为哀伤或者生病，无心应酬，根本就没有和李齐贤见面。

赵孟頫给友人的信中提到自己这段时间哀痛之极，已经“两目昏暗，寻丈间不辨人物”[1]。失去了夫人后他觉得事事都不顺心，对两个儿媳都不满意，在信中抱怨“家务尽废，最是两儿妇皆不曾成就，事事无人掌管”[2]。他自己只能眼不见心不烦，日常拄着拐杖在庭院中转转，在书斋聊天、写字，赵孟頫写了《老态》形容自己这时候的生活状态：

老态年来日日添，黑花飞眼雪生髯。
扶衰每藉齐眉杖，食肉先寻剔齿籤。
右臂拘挛巾不裹，中肠惨戚泪常淹。
移床独就南荣坐，畏冷思亲爱日檐。

天气好的时候，他也经常到庭院中走一走，如《即事》二首所言：

庭槐风静绿阴多，睡起茶余日影过。
自笑老来无复梦，闲看行蚁上南柯。

---

1. 赵孟頫致进之提举《去家帖》，台北“故宫博物院”藏。
2. 赵孟頫《与袁伯长书》。（元）赵孟頫，钱伟强. 赵孟頫集：补遗. 杭州：浙江古籍出版社，2012：352.

橘子花香满四邻，绿阴如染净无尘。

幽斋独坐鸟声乐，万虑不干心地春。

　　赵孟頫是闲居的翰林高官，严格说还没有退休，很多人都来拜会他，请他撰书、题字。赵孟頫在写给明本的信札中说自己"终日应酬，体疲眼暗，无策可免"，还抱怨求书之人"不识好恶"，不管合不合适都要求"满幅盈卷"[1]。这时候他信佛，经常念佛经，如果是僧人、道士来请托写字，他一般都会答应，比如河北邢台的僧人拜托他给师父撰写了《虚照禅师明公塔铭》。他也十分想念交好的朋友，比如他写信给交好的钱塘药商崔晋，希望他能来湖州见面，之前他已做主把儿子赵雍的长女和崔晋的儿子结为娃娃亲，两家关系比较亲近。

　　赵孟頫和乌回禅院的住持僧人大䜣（字笑隐）时常往来。大䜣本是江西九江陈氏子弟，家中崇佛，十岁就受沙弥戒，后来拜临济宗名僧晦机元熙参禅。大䜣擅长诗文，是著名的诗僧，至大四年到湖州担任乌回禅院住持，皇庆元年赵孟頫请假回家时估计两人就有了交往。延祐六年（1319），赵孟頫回到湖州后两人来往更多，关系密切。大䜣曾经代赵孟頫撰写《杭州路金刚显教院记》《金陵天禧讲寺佛光大师德公塔铭》两文。

　　延祐七年，大䜣得到机会去杭州担任大报国寺的住持，那是当年杨琏真迦在南宋皇宫遗址上修建的佛寺。可是前一年这座寺庙起火烧得只剩下了三座大门，大䜣需要自己化缘修复佛殿。赵孟頫十分支持他重修寺庙，写了数百幅书法作品施舍给他，方便他拿去回馈施舍钱物之人或者给官员请托送礼，帮助他复建佛寺[2]。赵孟頫还写信给明本，希望他能写一篇募缘的文字给大䜣带去，有利于号召佛教徒捐赠。

---

1. 赵孟頫致中锋明本《入城帖》，台北"故宫博物院"藏。
2.（元）大䜣. 笑隐䜣禅师语录：卷之四//新编卍续藏经：第121册. 台湾新文丰出版公司，1993：
　　246-247.

当今皇帝还是很看重赵孟頫，冬天遣使召他回朝。可是赵孟頫没有精力再去京城侍从左右，以患病的理由婉谢了皇帝的召见。

延祐七年（1320）正月，在位九年的元仁宗爱育黎拔力八达崩于大都光天宫，年仅三十六岁。这好像是元代皇帝的宿命，很多皇帝年纪轻轻就病逝。这或许和元代皇帝的生活习惯有关——他们喜欢喝酒，常常在帐篷和宫殿之间移动，也对丹药之类有兴趣。从忽必烈开始元朝好几任皇帝都在元月病逝，可能疏于防范冬季的寒冷和病菌，因此特别容易在最寒冷的年初时节病亡。

仁宗的儿子孛儿只斤·硕德八剌继位，时年十七岁，后世称为元英宗。太后支持的帖木迭儿再次出山担任宰相，他当政后睚眦必报，罗织各种罪名惩罚之前与自己不和的朝臣，比如追回授予前中书平章政事李孟的秦国公爵位和印章，以违背太后懿旨的罪名诛杀了自己厌恶的前御史中丞杨朵儿只、中书省平章政事萧拜住。

新皇帝因自幼受儒家教育，任用了一些老资格的北方儒臣，如枢密副使吴元珪、王约等。新皇帝颇为精明强干，对太后的一些亲信毫不客气，沈王在这年四月带着不得志的朱德润等侍从文人离京南下"降香"，可是新皇帝找了个把柄就派遣使者半路上截下沈王，把他押回大都，气势汹汹的使者把朱德润等沈王的随从人员吓得四散逃亡。新皇帝把沈王软禁在大都，后以学佛为名流放到吐蕃，到至治三年（1323）才允许他回到大都，两年后沈王就病逝了，享年五十一岁。

正月，杭州福神观的道长崔汝晋请时任江东建康道肃政廉访使的邓文原撰写了《福神观记》（邓文原撰文），又来请赵孟頫书写，顺便还让赵给自己书写了一卷《道德经》。

袁桷因为健康不佳请求退休回四明（今宁波）老家，他在路上特意绕道湖州看望赵孟頫。四月九日见面时赵孟頫也十分高兴，闲聊之后，他题跋了袁桷在京城所得的《辋川图》（矮本）。之前管道昇病卒后袁桷曾托人送来礼金并寄诗安慰赵孟頫，因此两人联系较多，这年八月二十日赵孟頫还曾致信袁桷。

赵孟頫托人给新皇帝呈上了请求退休的表章，皇帝知道他老病不堪，客套了一番后就批准了。

妻子一周年忌辰前夕，赵孟頫又一次写信给明本，希望他能到东衡的亡妻墓地主持超度仪式。但是这愿望也没有实现，明本只能让弟子、吴兴弁山幻住庵的庵主千江主持仪式，作了一昼夜佛事。白天僧人诵念《法华经》，夜晚布施十灯十斛，僧人念诵三次法华忏法。明本也在天目山的寺庙中安排了佛法仪式超度亡灵，赵孟頫特地写信感谢老师。

赵孟頫在五十岁后多次写信给明本，包含着复杂的情感，此时的他，内心常常对自己的人生选择和种种遭遇感到困惑。他出生在赵氏家族，母亲的身份暧昧难言，自己的婚姻也有许多不得已，长子于至大四年（1311）初在京城染病而亡，幼女于皇庆二年（1313）在杭州早夭，这都让他时常感到灰心，觉得是冥冥中的报应。他大概也怀疑自己的出仕不仅仅对不起赵氏先人，也因为当官不得不半途废除入赘的约定，导致妻族管氏"无后"，愧对九泉之下的岳父岳母和妻子。他的心里压抑了许多痛苦、悔恨，可是却又无法言明，只能对这个方外老师稍微吐露一些。

这时的赵孟頫体弱眼暗，老病交侵，可是依旧有很多人前来请托书写碑铭，他写了《观音殿记》《赠参知政事强公神道碑》，为张雨引荐的钱塘隐真庵道士何道坚作《楷书道经生神章》（北京故宫博物院藏）。不时有年轻的文人前来拜会，赵孟頫对那些有才华的来访者会格外对待，比如五十岁的宁国推官杨载回到杭州扫墓时到吴兴来拜会赵孟頫，求书《文赋》，赵孟頫写了《千文》赠给他，还邀请他观赏自己刚画的《兰竹石》。杨载是前几年他当考官之一取中的进士，可谓他的门生之一。

他和大都的官员偶然还有书信往来。让他惊讶的是，一天有个僧人敲他家的大门，原来在大都的集贤大学士陈颢托这位僧人把王献之《洛神赋》带给赵孟頫。这是几年前赵孟頫在大都一个藏家手中看到的，他托陈颢找关系看能否购藏这件名迹。过了几年陈颢才找到机会购藏并如约送

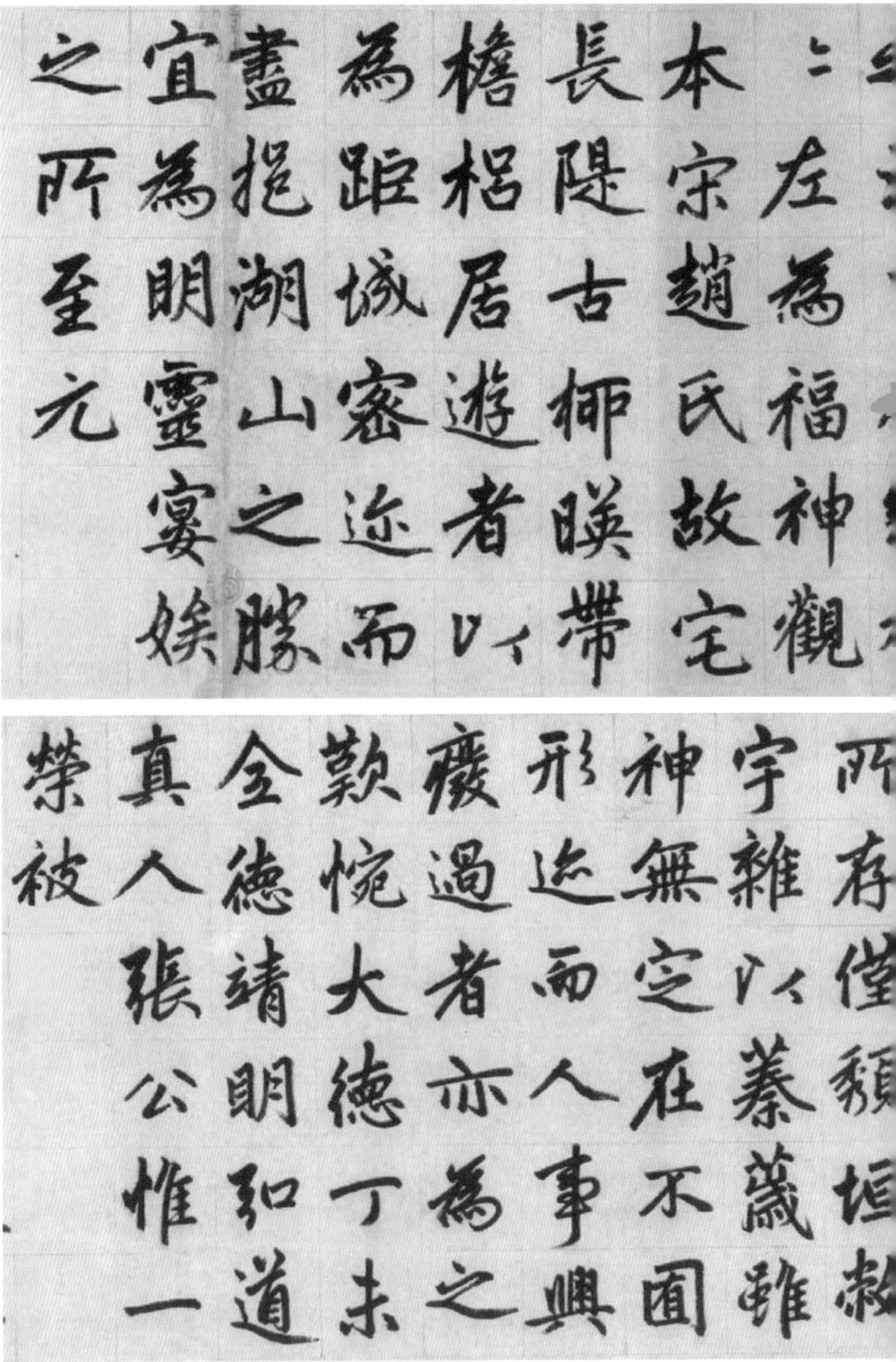

二

本宗趙氏故宅觀

長隱古栁暎帶

為橋椐居遊者以

距城窊迤而

盡挹湖山之朕

宜為明靈宴娛

之所至元

所存僅額垣教

宇雜以葺不雖

神無定在

形迤而人事

廢過者亦為之興

歎悗大德丁未

全德靖明知道

真人張公惟一

榮被

杭州福神觀記

杭州西湖古稱秀麗甲於江南環湖多仙佛之居宅幽曠臨金碧相望宗祠太神爲宮者二乙在孤山者表其

宮自孤山徙焉學道循真之士巾屨雲會顧褊隘不能容迺黃山橋楊氏故園劚夷經度大如廊規凡觀之層樓夏屋榱桷……散其舊……

千字文（局部）（元）赵孟頫　绢本行书　30.7cm×36.5cm（台北"故宫博物院"藏）

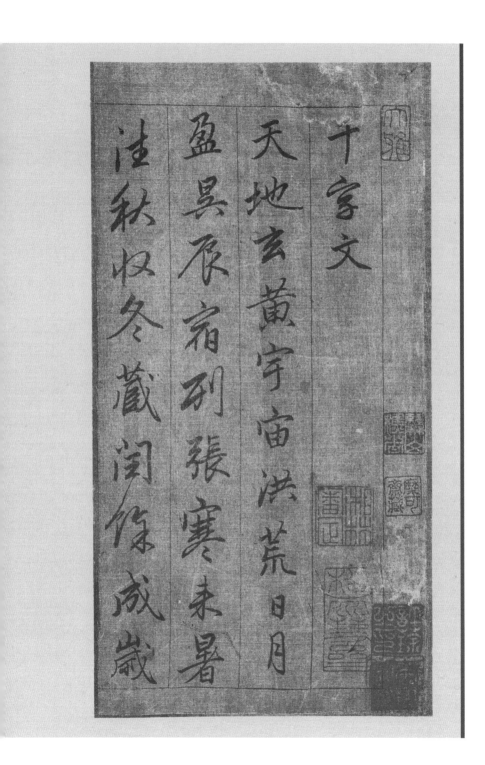

千字文

天地玄黄宇宙洪荒日月
盈昃辰宿列張寒来暑
注秋收冬藏閏餘成歲

到赵孟頫处，让他十分感动。陈颢是河北清州人，年轻时跟从翰林学士承旨王磐、安藏（畏吾儿人）学习，通晓汉语、蒙古、畏吾儿等多种语言，被安藏举荐担任宫廷侍卫，之后又给当时还是藩王的仁宗说书，是仁宗十分信任的近侍。仁宗即位后任命他担任集贤大学士、荣禄大夫，仍宿卫禁中。他亲近儒臣、性格和善，之前和赵孟頫有过交往。

秋天赵孟頫去杭州待了几个月，应邀为已故的石门县望族濮鉴撰写了墓志铭，因此和濮家人熟悉起来。翌年濮鉴之子濮允中托他帮忙提婚，看能否让自己的次子濮立仁娶赵孟頫的外甥张景亮（张伯淳之子）的女儿秀姐为妻。张景亮也已经出仕为官，先后担任吴江知州、河南宣慰副使等官职。

吴汉英（字彦良）这时候担任平江等处财赋提举，赵孟頫和他一直有书信来往，一次吴汉英托人送来钱物，赵孟頫则以一幅《仕女图》作为回礼。湖州的制笔巧手陆颖要去苏州闯荡，赵孟頫帮忙写信请吴氏照顾。赵孟頫还请吴氏赠送一些杉木给自己，似乎是提前准备制造自己的棺材，当时人常用杉木制作棺材、船只、良琴，信中说[1]：

孟頫顿首彦良提举相公契亲坐右：

孟頫昨沈老去，草草作答之后，未能嗣书，甚切驰想。冬暄雅候胜常。贱体自秋来苦痢疾，今虽稍愈，然藏府尚未调适，极以为忧，冀得寒渐佳耳。笔生陆颖欲去献技，恐足下必须收佳笔。谨作此，令其前去，望照顾之。前所乞杉木，不知肯惠否？如蒙早赐遣至，甚感。因陆颖行，作此，未会晤间，唯善保。不宣。

孟頫顿首。十一月十一日。

这时他听说退休的李衎上月二十四日在扬州家中去世了，享年七十六

---

1. 王连起. 赵孟頫墨迹大观：下册，上海：上海人民美术出版社，1995：465-466.

岁。他们当年都是仁宗尊崇的艺文之士，如今都纷纷谢世，赵孟頫自己也苦于痔疮、皮癣、痢疾等病症，一直离不开药物。

皇帝至治元年（1321），忙于和太皇太后答己支持的右丞相铁木迭儿进行权力斗争的皇帝想到了父亲尊崇的著名大臣赵孟頫，遣使到他家中，命他书写《孝经》呈送，估计是送给太皇太后的礼物。

四月十九日，杭州起了大火，烧毁数万人家的房舍，开元宫也毁于火灾。赵孟頫听说张雨离开杭州，到茅山去主持崇寿观去了。

赵孟頫在家中经常翻阅自己的收藏和作品，重题了自己以前临写的《禊帖》并图合卷、《右军乐毅论帖》等，还整理了自己所著《书古今文集注》文稿，并重新写了一则序言。赵孟頫对自己的这部著作颇为自信，觉得前人撰著的《尚书》注疏有各种问题，比如宋末元初浙江兰溪的名儒金履祥在大德七年故去，他晚年著有《尚书表注》四卷。赵孟頫读后觉得太简略，也有不准确的地方，而自己的著作更加精深。

他依旧与明本书信往来，三月二十二日写了明本的《勉学赋并序》一卷。五月十一日写了一封信给他，倾诉对妻子的怀念。八月十二日，为明本画《墨竹图》。

年底时，杭州径山万寿寺的住持僧人祖瑛前往昌国州（今浙江定海）主持隆教寺，赵孟頫代一众友人书写了《方外交送瑛公住持昌国州隆教禅寺疏》，提及一起送别祖瑛的有仇远、北村老人汤炳龙、邓文原、婺州胡长孺、吴兴赵孟籲、西秦张模、楚地龚锈、长沙冯子振、燕山贯云石、苏州张渊、浦城章懋卿、玄览道人王寿衍、紫霞道士马臻、句曲道士张嗣显等人。这些大都是闲居杭州的文人，赵孟頫来杭州时估计会和仇远、邓文原等会面。冯子振在元武宗继位大赦之后再次入京担任集贤待制、承事郎，但元武宗至大四年（1311）年末或元仁宗皇庆元年（1312）年初再次被罢官，回到了苏州闲居。这时候赵孟頫已经有点年老眼花，所以这幅字帖的每个字都写得比较大，但仍然相当均衡流畅，显示他保持着很高的书法功夫。

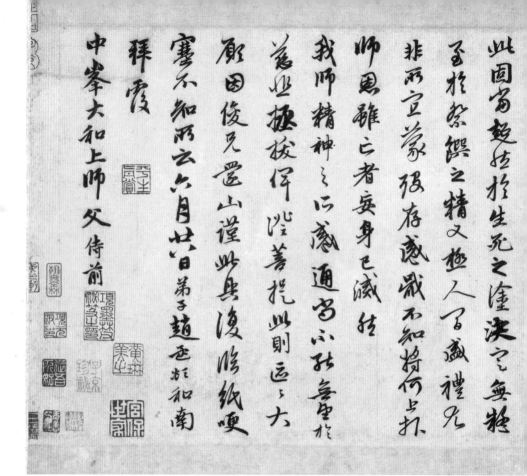

致中峰和尚尺牍　（元）赵孟頫　纸本行书　43.6cm×77.8cm（台北"故宫博物院"藏）

这时候仍然常有寺观、州郡托人找赵孟頫写碑，他在至治元年（1321）书写的就有《万寿宫记》（王去疾撰）、《三茅山崇禧万寿宫记》（王去疾撰）、华亭《长春道院记》（杨载撰）、《平江路重修儒学记》（杨载撰）、《吴兴光福重建塔祀》（沙门了清撰）《嘉兴路资圣禅寺长生修造局记》（沙门如芝撰）、蔚州《杨氏先茔碑铭》《大瀛海道院记》（吴澄撰文，袁桷篆额，至治二年二月立）等。至治二年写的有安徽泾县《苏公政绩碑》（梅震撰）、山东邹县《李志椿道行计》（邓志明撰）、山东临汾《吉公墓碑铭》等。这应该都是各种亲戚朋友引介拜托的

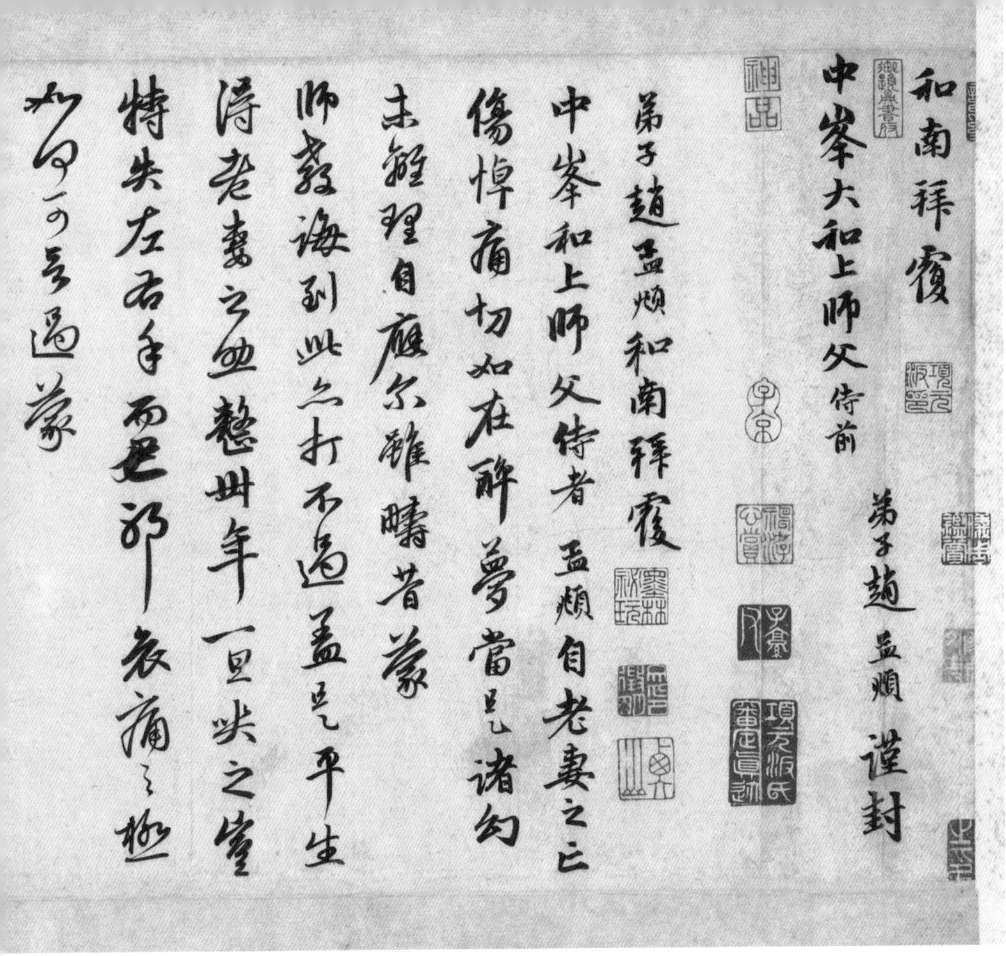

和南拜覆

中峯大和上師父侍前　　　　　弟子趙孟頫謹封

弟子趙孟頫和南拜覆

中峯和上師父侍者　孟頫自老妻之亡

傷悼痛切如在醉夢當是諸幻

未能理自應爾雖蒙昔蒙

師慈誨到此六七日不過孟是平生

得老妻之助慈世年一旦喪之哀

特失左右手㸦且邪衰痛之極

如何可言過蒙

活计，都有礼物或者润笔送上。

让他印象较深的是接到请托书写碑文《大瀛海道院记》，文章作者是他熟悉的吴澄。象山大瀛海道院的住持吕虚夷是吴澄的旧交，他曾在延祐六年（1319）春请在建康（南京）的吴澄为自己的道院写篇文章。吴澄就此大发了一通议论，对道士用这么大的词命名道观表示疑虑，甚至可以读出一点讽刺的意思。这位吕道长大概喜欢和名人打交道，希望用名人的文章、书法增加自己道观的名誉，于是又找四明（今宁波）同乡袁桷篆额，在袁桷的引介下又联系上了赵孟頫。赵孟頫书写这篇碑记的时候，或许想起了当年和吴澄一起北上的岁月，如今他们都已经垂垂老矣。可是吴澄的性格中还是有那么点"不合时宜"的倔强，而吴澄文字的可爱也在这份倔强质朴上，因此显得有个人的性情，和赵孟頫那种淡淡记述的文风不同。

赵孟頫一生书写了大约200通碑文，其中一部分是别人撰文，他仅仅书丹。可以明显看到他书碑的数量和官位提升有直接关系。大德二年（1298）之前他仅受托写过约10通碑文；大德三年到至大二年（1309）担任江浙行省儒学提举时，因为是江浙地区最高学官，在这一区域名声较大，书写了约30通碑文；而至大三年他入京之后到至治二年（1322）他的官位日益显赫，受托书写了约90通碑文，其他一些无明确记年的碑文或者佚失碑文，应该也多是大德年间和延祐年间所书[1]。

这些碑文以为官僚撰写的墓志铭和为佛寺撰写的记事碑最多，各有约70通，与道教有关的约27通，与儒学有关的10通[2]，由此可以看出当时佛教寺庙的经济实力和社会影响十分突出。碑文分布的地域集中在杭州和北京周边地区两处。他在杭州担任江浙行省儒学提举时所书碑文多在浙江、江苏以及临近的江西。至大三年后他在大都当官，受大都、河北、河南、山东等地的僧道、官僚、富户之托书写了大量碑文，在山东也留下了14通碑刻，一部分是他在济南为官时留下的，一部分是则是后来在大都时接受请托书写的。

至治二年春初他生了一个多月病，得到鲍医士的调理才缓解。其间英宗皇帝遣使来吴兴问候，给赵孟頫赏赐了衣服和酒。英宗对书画也有兴趣，这一年春天，英宗在大都东南的柳林狩猎时，集贤大学士泰思都等召朱德润绘制《雪猎图》，并进呈上万字的《雪猎赋》。这是一幅具有政治意涵的画作，英宗有意把自己狩猎的行为和刘贯道当年描绘的忽必烈狩猎

---

1. 金丽娟. 赵孟頫碑刻书法的整理和研究. 杭州师范大学硕士学位论文，2016：5-8.
2. 金丽娟. 赵孟頫碑刻书法的整理和研究. 杭州师范大学硕士学位论文，2016：9-10.

的图画《世祖出猎图》联系起来，显示自己重视游猎和武备，是世祖忽必烈的优秀继承者。得到皇帝的赏识后，朱德润再次成了翰林院中的活跃人物，负责召善书文士以泥金写佛经之事。

赵孟頫已经六十八岁了，每天都是在家中闲坐，有客人来就在书斋闲谈半天。这时他年纪衰迈，常常气喘吁吁，腿脚肿胀。春天时张雨寄信给赵孟頫，说他在茅山居住的玄洲精舍附近有好几处景点，便请赵孟頫一一写诗歌咏"玄洲十咏"。张雨接到赵孟頫回信以后写了十首唱和之诗，请人把赵孟頫和自己的诗都刻石立碑。

不时有人来请赵孟頫题跋藏品或者书写文章，比如一月十七日他重题了《秋兴诗卷》，三月三日与江浙行省都事刘致等同观王献之《舍内帖》。刘致之前曾任翰林应奉文字、翰林待制兼太常仪礼院博士，不久前被排挤离开了京城，到江浙行省任职。赵孟頫还把自己临写的颜真卿《麻姑坛碑》赠给刘致。

赵孟頫身体多病，日益憔悴，因为便秘一类的疾病导致寝食难安，笔下也不像从前那样严整劲健。年轻时的数位湖州好友中只有七十七岁的牟应龙还活着，两人每月见一两次闲谈。闰五月七日天气晴朗暖和，赵孟頫让人带便条给牟应龙，请他到自己家中闲谈半天。

闰五月二十日，明本派来的信使提到明本的弟子以中过世。这是赵孟頫打过几次交道的人，所以赵孟頫也颇为伤感，写信给明本说自己已经能坦然面对老、病、死之苦，"人谁无死，如空华然"，以此与疾病缠身的明本互勉。

近来赵孟頫一直在书写《大洞经》，还特地让人在苏州制作上好的纸张，每天清晨起来洗脸、漱口以后焚香，然后郑重书写三张纸的《大洞经》。幻住庵的僧人也来请赵孟頫写《金刚经》，他刚写了一半，正打算几天之内写完。

六月十六日，赵孟頫像往常一样早上起来写字，然后和来访的朋友一起欣赏字画，展纸写字，谈笑风生。到傍晚快天黑时他感到有些累，想要坐下来休息一会儿，不料闭眼以后就没有醒来，这位湖州最有名的文士、品级最高的退休官员永远地睡着了，享年六十八岁。

听说消息以后，牟应龙等朋友、亲戚自然都来吊唁，慰问赵孟頫的后人。家人少不了报告官府，接受吊唁之类杂事。还要约请饶州路同知浮梁州事杨载了撰写赵孟頫的行状，为此送去了家中记载赵孟頫事迹的有关文字资料供杨载参考。

赵孟頫有两个儿子、五个女儿尚在人世，他们于九月十日把父亲安葬到德清县千秋乡的东衡山下，与母亲管夫人为伴。他的墓前立有生前自书的墓碑——"元学士赵孟頫之墓"。

明本听说赵孟頫病逝以后，说赵孟頫晚年孜孜追求"真参正念"，除此以外的"施为举措"如当官、诗文、书画仅仅是"借路经过"，是无关大道的"游戏"而已[1]。当然，这只是一位禅师的看法。

和赵孟頫有过交往的苏州文人宋无，在《书赵集贤诗翰后》说自己见到赵孟頫的墨迹，想起他富有戏剧性的一生，却无法像别人那样轻易出口称颂，有许多无法明言的哀愁：

> 九天宫阙郁嵯峨，公昔骑龙上大罗。
> 文在玉堂多焕烂，泪经铜狄一滂沱。
> 原陵禾黍悲酆镐，人物风流继永和。
> 今日吴笺拜遗墨，只堪哀怨不堪歌。

1.（元）释明本，于德隆.中峰明本全集.北京：九州出版社，2019：44.

自写小像 （元）赵孟頫 绢本设色 24cm×23cm（北京故宫博物院藏）

十五　生前身后名

想贞元朝士无多，满目江山，日月如梭。上苑繁华，西湖富贵，总付高歌。

麒麟冢衣冠坎坷，凤凰城人物蹉跎。生待如何，死待如何。纸上清名，万古难磨。

这首散曲是元末文人周浩为题咏《录鬼簿》而作[1]，恰好可以借来形容赵孟頫经历的人生变化。

赵孟頫死后十年，喜欢文艺书画的元文宗在至顺三年（1332）追赠赵孟頫为荣禄大夫、江浙等处行中书省平章政事、柱国，追封魏国公，谥文敏。至正五年（1345）元顺宗特赐神道碑，敕翰林学士欧阳玄为文，集贤侍讲学士苏天爵书丹，翰林学士承旨张起岩篆额。

赵孟頫生前编定的诗文集一直没有刻印，一直到他去世十七年之后，二儿子赵雍才在元顺宗至元五年（1339）把文稿交给同乡沈伯玉刊印《松雪斋文集》十二卷（含有赵孟頫行状、谥文一卷及目录一卷）。

赵孟頫死后的元代政治犹如走马灯一样急剧旋转变化，皇位频繁更迭。短暂的四十六年后，蒙古黄金家族就逃离大都，朱元璋建立大明，统一了中国。

忽必烈和他的后代统治了东亚内陆一百零八年，赵孟頫从至元十三年（1276）到至治二年（1322）在元朝治下生活了四十六年，经历了元朝早期到中期的大部分事件。

对元代中后期的人来说，赵孟頫是著名的书法家、画家，而非诗歌、辞章的第一流作者。赵孟頫故去不久，给他写行状的后辈文人杨载就称："孟頫之才颇为书画所掩，知其书画者，不知其文章，知其文章者，不知其经济之学，人皆以为知言云。"[2]这反倒说明当时文人士大夫看中他

---

1. 隋树森. 全元散曲. 北京：中华书局，1964：1375.
2. （元）欧阳圭. 圭斋文集：卷九//四部丛刊本.

的书法、绘画。也就是说，延祐年间他最终以书画家的形象扬名全国。与书画创作相关的，他也是当时重要的书画收藏家，以擅长鉴赏书画、古器物著称。

在书法方面，赵孟頫在延祐年间就是时人眼中最重要的书法家。与赵孟頫有交往的虞集这样评价："赵松雪书，笔既流利，学亦渊深，观其书，得心应手，会意成文。楷法深得《洛神赋》而揽其标，行书诣《圣教序》而入其室，至于草书，饱《十七帖》而变其形。可谓兼有学力、天资，精奥神化而不可及矣。"[1]元人卢熊说："本朝赵魏公识趣高远，跨越古人，根抵钟王，而出入晋唐，不为近代习尚所窘束，海内书法，为之一变，后进咸宗师之。"[2]元人陆友仁在《研北杂志》胡汲仲说："上下五百年，纵横一万里，举无此书。"[3]遒媚秀绝的"赵体"雅正而有跌宕之势，流美而又骨力劲健，对明清书坛影响广泛，成了一种普及性的书体。

在绘画方面，赵孟頫擅长绘画的各个题材，杨载称"他人画山水、竹石、人马、花鸟，优于此或劣于彼，公悉造其微，穷其天趣"[4]。这是延祐年间赵孟頫成为高官、名人后得到的称赞。在元代中后期，赵孟頫的画名并没有书名那样得到超越同侪的评价。

大德、延祐年间和他并称的画家至少有高克恭、李衎、商琦等数人。尤其是高克恭很受推崇，虞集把高、赵并称，并曾称赞"国朝名笔谁第一，尚书醉后妙无敌"[5]，在大德、至大年间，他的画名要比赵孟頫还高出一筹。在元代后期的文人心目中，高克恭和赵孟頫并称画坛翘楚，如与

1.（元）虞集.跋《赵子昂临智永千文卷》//文渊阁四库全书本.
2.（明）卢熊.跋《赵魏公二帖》//文渊阁四库全书本.
3.（元）陆友仁.研北杂志：卷下//文渊阁四库全书本.
4.（元）杨载.大元故翰林学士承旨荣禄大夫知制诰兼修国史赵公行状//李修生.全元文：卷八一二.南京：江苏古籍出版社，1998：587.
5.（元）虞集.道园学古录：卷二//文渊阁四库全书本.

两人都有交往的张雨称"近代丹青谁最豪，南有赵魏北有高"[1]。柯九思在《顾善夫集十大家》中首先提及赵孟𫖯和高克恭两人，元末的倪瓒也是并称高、赵二人[2]。元末至顺元年（1330）进士林泉生仍然以"善画尚书高彦敬，能书学士赵子昂"形容高克恭和赵孟𫖯，证明高克恭在元代后期的画名仍十分突出。

可是比高克恭幸运的是，元代后期赵孟𫖯的画风在家乡太湖流域得到文人画家的传承发展，元末太湖流域的知名画家多与赵孟𫖯有或多或少的关系：

首先，赵孟𫖯的亲友中就有多位文人以擅长绘画知名。他的二儿子赵雍（1289—1369）以父荫入仕，官至集贤待制、同知湖州路总管府事。他擅山水，尤精人物鞍马，其两子赵凤、赵麟也善画人马、山水，深得家传。赵孟𫖯的三儿子赵奕在湖州隐居不仕，亦以书、画知名。

其次，江南许多画家受到他的影响，如黄公望四十八岁时在赵孟𫖯府遇见王冕，亲眼看到赵孟𫖯为王冕绘制《幽禽竹石图》。黄公望自称"当年亲见公挥洒，松雪斋中小学生"[3]。赵孟𫖯的外孙王蒙（1308—1385）长期隐居临平（今浙江余杭临平区）黄鹤山，自号"黄鹤山樵"，是活跃在太湖地区的著名画家。他们基本都延续着赵孟𫖯开创的"新江南山水画风"继续发展[4]。

在元末明初，赵孟𫖯的书画艺术通过子弟、师生传授的方式在太湖流域开枝散叶，他的书风、画风对沈周、文徵明等苏州吴门画家有重要影响。明代后期包括苏州府、松江府在内的太湖流域地区经济繁荣、科举发

1.（元）张雨.静居集：卷三//四部丛刊三编.
2.倪瓒题跋黄公望《溪山雨意图》："黄翁子久，虽不能梦见房山、鸥波，要亦非近世画手可及，此卷尤其得意者。"中国国家博物馆藏。
3.（元）黄公望.题《赵孟𫖯千字文》卷后//徐娟.中国历代书画艺术论著丛编（8册）.北京：中国大百科全书出版社，1997：183.
4.李铸晋.赵孟𫖯的《鹊华秋色图》（下篇）.新美术，1989（3）：29-39.

达，文人画家占据文坛、艺坛的有利位置。他们把同样出自太湖流域的赵孟頫推举到元代第一人的地位，同样是文人画家的高克恭等北方画家则遭到忽视乃至贬低。

如明代王世贞在《艺苑卮言·附录》称赵孟頫、吴镇、黄公望、王蒙等四人为元代绘画领域的"元大家"，属于第一等级；高克恭、倪瓒、方从义（号方壶）为逸品，第二等级；盛懋、钱选是第三等级的画家[1]，但是又认为他不如唐代大师，"承旨可出宋人上，比之唐人尚隔一舍"[2]。

其后的董其昌《容台别集·画旨》称"赵集贤画为元人冠冕"[3]，要比他推崇的"元季四大家"黄公望、王蒙、倪瓒、吴镇地位更高，认为赵孟頫的山水作品"有唐人之致而去其纤，有北宋之雄而去其犷"[4]，实际上已经指出赵孟頫对唐、宋山水画都做了简化和变体，形成了后世元明画家追随的一种新风格。他对宗法郭熙的元代画家看不顺眼，认为"元时画道最盛，惟董、巨独行，此外皆宗郭熙，其有名者，曹云西、唐子华、姚彦卿、朱泽民辈，出其十不能当黄、倪一。盖风尚使然，亦由赵文敏提醒品格，眼目皆正耳"[5]。但是可能因为赵孟頫出仕元朝这一政治因素，让受到赵孟頫很大影响的董其昌在自己身处的文化环境下对赵孟頫的公开评价有些微妙。

不过董其昌的祖母是高克恭后裔，董其昌多次提及自己和高克恭的血缘关联，因此一向苛刻的他对高克恭这位北方画家也比较推重，说"高尚书之品，几与吴兴埒矣"[6]，认为他也要比四大家出色[7]。尽管如此，董其

1.（明）王世贞.弇州四部稿：卷一百五十五//文渊阁四库全书本.
2.（明）王世贞.弇州四部稿：卷一百五十三//文渊阁四库全书本.
3.（明）董其昌，印晓峰.画禅室随笔：卷之二，上海：华东师范大学出版社，2012：80-81.
4. 董其昌.跋赵孟頫《鹊华秋色图》//文渊阁四库全书本。
5.（明）董其昌，印晓峰.画禅室随笔：卷之二.上海：华东师范大学出版社，2012：107.
6.（明）董其昌，印晓峰.画禅室随笔：卷之二.上海：华东师范大学出版社，2012：80-81.
7. 董其昌先是从元代人推崇房山、鸥波"居四家之右"谈起，然后说自己所见高尚书真迹"果非子久、山樵所能梦见"。（明）董其昌，印晓峰.画禅室随笔：卷之二.上海：华东师范大学出版社，2012：85-86.

昌整体上重视、发扬的还是赵孟頫的画风。在书法方面，董其昌也推崇赵氏，认为他得王羲之和李邕之精髓，为"书中龙象"[1]。

王世贞、董其昌都是太湖流域的文人、书画家，而他们推崇的赵孟頫和元四家也都是太湖流域的文人画家，这可以说是明代江南地区士人掌握了文化话语权以后塑造的艺术史话语谱系。对他们来说，文人画的鼻祖王维仅仅是个遥远的影子。他们实际上强调的是宋代以来南派画家的历史地位，从而也顺带确认自己的文化史地位。

在诗方面，熟悉赵孟頫的袁桷认为他"诗法高踵魏晋，为律诗则专守唐法"，晚辈文人评价他"为文清约典要，诸体诗造次天成，不为奇崛，格律高古不可及；尺牍能以数语曲畅事情"[2]，陶宗仪则把虞集、赵孟頫、杨载、范梈、揭傒斯并称为元代中期主要的五位诗人[3]。另外萨都剌（1272－1355）以流丽清婉见长，李孝光以渲染比喻著称，杨维桢的"铁崖体"则标新立异，"眩荡一世之耳目"[4]，影响广泛。元末时赵孟頫的诗似乎并没有上述诸人的影响力大。

就文章而言，元末人林弼说"赵文敏、虞文靖文翰，近代称绝"，这仅仅是就名声而言，实际上赵孟頫文章的社会影响似乎不大。首先，他生前并没有文集刻印流传，去世十七年后才在湖州有了刻本；其次，在元末明初众多著名文人眼中，赵孟頫的文章似乎难以和虞集等人抗衡，如宋濂在《柳待制文集后记》中认为"天历以来，海内之所宗者，唯雍虞公伯生（虞集）、豫章揭公曼硕（揭傒斯）、乌伤黄公晋卿（黄）及先生（柳贯）四人而已"[5]。上述四人都是元代中期馆阁文臣，因长于写诗歌和朝廷

---

1. 董其昌. 题《赵文敏与中峰十一帖、附管夫人一帖》//钦定四库全书本.
2. （元）欧阳圭. 圭斋文集：卷九//四部丛刊本.
3. （元）陶宗仪. 南村辍耕录卷之四. 北京：中华书局，1959：50.
4. （元）张雨.《铁崖先生古乐府》序//李修生. 全元文：卷一〇八七. 南京：江苏古籍出版社，1998：350-351.
5. （明）宋濂，罗月霞. 宋濂全集. 杭州：浙江古籍出版社，1990：2254.

典册、碑版铭文而享有盛名。

在经学思想方面，赵孟頫写的《书古今文集注》失传了，或许这部书稿并没有刻印。他也不以经史学问著称，没有培养出这方面的学生，没有相关的学术传承。元代道学家以元初的许衡、元代中期的吴澄最为著名。许衡是元初北方经学大家，主要传承程颐、朱熹的学问，长期担任集贤大学士兼国子祭酒，培养出众多弟子；到元代中后期吴澄是南方士人公认的天下儒士之冠，号称"北有许衡，南有吴澄"[1]。他学问精深，兼取朱熹、陆九渊之长，著有《诗纂言》《易纂言》《书纂言》《礼记纂言》《春秋纂言》及《易纂言外翼》《仪礼逸经传》《孝经定本》《道德真经注》等多部书稿。他为人严正。至治三年（1323）元英宗曾经诏令时任授翰林学士、知制诰同修国史的吴澄撰写《金书佛经序》以资皇室追荐冥福之用，吴澄对此颇有异议，拖延不肯书写，后因英宗驾崩而止。

在政治方面，赵孟頫几乎没有发挥什么作用，他在至元二十四年至至元二十七年初担任了三年兵部郎中，至元二十九年至至元三十一年担任了两年多同知济南路总管府事这样的中级官僚，主要负责上传下达和琐碎公文账簿的处理。之后在杭州江浙行省儒学提举，仅仅主管学校教育事宜，没有什么显著政绩，本身也和朝政大局无关。仁宗延祐年间他在集贤院、翰林国史院中担任比较清闲的文化侍从官员，并没有参与朝政大事的决策。他得以就任从一品的翰林学士承旨，也没有在文化教育相关政务上有大的建树，甚至未能在大部头的史书《世祖实录》《成宗实录》《武宗实录》等修撰中有突出的表现，完全是靠元仁宗对其书画艺术、诗文的欣赏才被提拔到高位。

就艺术家的生涯而言，在杭州担任儒学提举的清闲职位以及闲居无事恰好让赵孟頫得以有时间、精力增进自己的艺术技能，与杭州的文人雅士

1.（元）揭傒斯.大元敕赐故翰林学士资善大夫知制诰同修国史赠江西等处行中书省左丞上护军追封临川郡公谥文正吴公神道碑//文渊阁四库全书本.

赵孟頫写经换茶图卷（局部）（明）仇英　绢本设色　22cm×110cm（克利夫兰博物馆藏）

　　此卷主要有两个部分：仇英的《赵孟頫写经换茶图》与文徵明书写的《心经》。画卷描绘赵孟頫正在松树下踞石几写字，中峰明本禅师对坐，即题识上所说的"恭上人"，赵氏右前方的侍童手上捧着一物，似为茶包，松林较远处有一侍童，正蹲着煮水。

交流，从而发展自己在书画创作、鉴藏方面的优势，形成了自己的独特的艺术风貌。而晚年在翰林院位居高位，则有利于的他的艺术观念、技法得到承认、重视，从而传播开来。

　　尽管明代文人对赵孟頫出仕元朝有不少道德上的指责，颇讳言他对明代文人书画艺术的巨大影响，但是许多明代书画家的书画风格以及艺术观念表达都受到他的强烈影响，比如沈周、文徵明的亲友都以"神仙中人"形容这两位艺术家，这恰好是来自赵孟頫传记的内容。

　　如今，赵孟頫依旧是作为画家、书法家、鉴赏家为人们所熟悉，他被认为是中国艺术史上的巨匠之一，北京故宫博物院、上海博物馆等国内外机构收藏着许多他创作或者题跋的作品，时不时就有关于他的展览、研讨

会或者书籍出版，人们主要从艺术史和视觉艺术的角度了解他。对此，我想他并不会感到遗憾。

附录

赵孟頫的官职和俸禄

时间	官职	品级	俸钞（两）	职田（顷）
至元二十四年至二十七年 （1287—1290）	兵部郎中	从五品	70（中统钞）	
至元二十七年至二十八年 （1290—1291）	集贤直学士	从四品	90（中统钞）	
至元二十九年至三十一一年 （1292—1294）	集贤直学士同知济南路总管府事	从四品	90（中统钞）	8
大德三年至十年 （1299—1306）	集贤直学士、江浙等处儒学提举	从四品	90（中统钞）	8
至大三年 （1310）	翰林侍读学士	正三品	116.7（至元钞）	
	集贤侍读学士	从二品	133.3（至元钞）	
皇庆元年 （1312）	集贤侍讲学士	从二品	133.3（至元钞）	
延祐元年 （1314）	资德大夫、集贤侍讲学士	正二品	150（至元钞）	
延祐三年 （1316）	翰林学士承旨	从一品	200（至元钞）	

（根据《中国俸禄制度史》整理。黄惠贤，陈锋. 中国俸禄制度史. 武汉：武汉大学出版社，1996：349-352.）

参考文献

[1] 赵孟頫，钱伟强.赵孟頫集[M].杭州：浙江古籍出版社，2012.

[2] 任道斌.赵孟頫系年[M].郑州：河南人民出版社，1984.

[3] 任道斌.赵孟頫书画全集（全6册）[M].杭州：浙江摄影出版社，2017.

[4] 宋濂，等，元史[M].北京：中华书局，1976.

[5] 陶宗仪.南村辍耕录[M].北京：中华书局，1959.

[6] 赵孟頫研究论文集[C].上海：上海书画出版社，1995.

[7] 余城.元代艺术史纪事编年[M].天津：天津人民美术出版社，2017.

[8] 陈高华.元代画家史料（增补本）[M].北京：中国书店，2015.

[9] 陈高华.元大都[M].北京：北京出版社，1982.

[10] 赵华.赵孟頫闲居考[M].成都：四川人民出版社，2020.

[11] 王德毅，等.元人传记资料索引[M].台北：新文丰出版公司，1979.

[12] 罗依果，楼占梅.元朝人名录[M].台北：南天书局有限公司，1988.

[13] 周良霄，顾菊英.元代史[M].上海：上海人民出版社，1993.

[14] 蒙思明.元代社会阶级制度[M].北京：中华书局，1980.

[15] 杨海明.张炎词研究[M].济南：齐鲁书社，1989.

[16] 胡昭曦.宋蒙（元）关系史[M].成都：四川大学出版社，1992.

[17] 王连起.赵孟頫临跋《兰亭序》考[J].故宫博物院院刊，1985（1）：36-47.

[18] 王连起.赵孟頫书画真伪的鉴考问题[J].故宫博物院院刊，1996（2）：1-39.

[19] 王连起.赵孟頫的名号款印与鉴定问题[J].收藏家，1996（5）：50-56.

[20] 王连起.赵孟頫早期书札考[J].中国书法，2018（9）：82-121.

[21] 王连起.鲜于枢生卒事迹考略[J].文物，1998（12）：73-85.

[22] 王连起.赵孟頫书画艺术概论[J].书画世界，2017（11）：4-11.

[23] 单国强.赵孟頫信札系年初编[J].故宫博物院院刊，1995（2）：47-52.

[24] 赵华.赵孟頫论枕卧帖小考与元初书画收藏生态[J].故宫文物月刊，2012（9），98-105.

[25] 赵华.赵孟頫同知济南考[J].东方艺术，2013（12）：8-29.

[26] 赵华.由《与子俨等疏》谈赵孟頫托病江南时期书风嬗变[J].中华书画家，2015（10）：112-121.

[27] 赵华.赵孟頫管道昇婚年考辨[J].书法，2015（10）：46-53.

[28] 赵华. 关于赵孟頫致郭天锡《应酬失宜帖》的几点意见[J]. 书法, 2016（8）: 57-59.

[29] 赵华. 赵孟頫《自写小像》的几个问题[J]. 中国美术, 2019（2）: 92-99.

[30] 谈晟广. 1300年: 赵孟頫的"书画同源"和文人画的新走向[J]. 文艺研究, 2012（5）: 113-121.

[31] 辛立娥. 李郭派绘画在元代的发展及相关问题[J]. 艺术百家, 2007（1）: 60-64.

[32] 张帆. 元代翰林国史院与汉族儒士[J]. 北京大学学报（哲学社会科学版）, 1988（5）: 77-85.

[33] 吴安宇. 南宋《紫霞洞谱》寻踪[J]. 中国音乐学, 2010（4）: 27-32.

[34] 赵盼超. 元初江南地区收藏家王子庆的交游与庋藏[J]. 中国国家博物馆馆刊, 2012（2）: 105-109.

[35] 赵振乾. 元代书法家周驰研究中的几个问题[J]. 中国书法, 2015（15）: 195-198.

[36] 谈钥. 嘉泰吴兴志[M]. 杭州: 浙江古籍出版社, 2018.

[37] 彭万隆, 魏素素. 元代文学艺术家姚燧、李衎二题——以新发现的刘致诗作为中心[J]. 浙江工业大学学报（社会科学版）, 2017（4）: 101-107.

[38] 刘迎胜. 高克恭杂考[J]. 西域研究, 2015（1）: 13-21.

[39] 马明达, 元代回回画家高克恭丛考[J]. 回族研究, 2005（2）: 131-145.

[40] 戴立强. 鲜于枢研究七题[J]. 书法研究, 1998（3）: 59-78.

[41] 戴立强. 鲜于枢史料正误琐考[J]. 书法研究, 2000（5）: 57-76.

[42] 张玉兰. 杭州市发现元代鲜于枢墓[J]. 文物, 1990（9）: 24-27.

[43] 郭锋. 从张炎北游论其遗民心态[J]. 南京师大学报（社会科学版）, 2006（3）.

[44] 苏显双. 元代书法家李溥光生平事迹考[J]. 长春师范学院学报, 2003, 22（4）.

[45] 谈福兴. 倪瓒与张雨关系考（一）[J]. 荣宝斋, 2013（2）: 260-267.

[46] 张建伟. 元代大都廉园主人廉野云考论[J]. 民族文学研究, 2015（6）: 100-106.

[47] 王秀丽. 元末明初的海商与江南社会[J]. 南开学报（哲学社会科学版）, 2016（2）: 147-156.

[48] 陈波. 元代海道都漕运万户府的人事变迁[J]. 元史及民族与边疆研究集刊, 2014（1）: 84-94.

[49] 周运中. 宋元之际上海的兴起[J]. 学术月刊, 2012（3）: 124-130.

[50] 施锜. "镜影图"的道教源头与文人趣味渗透: 从赵孟頫《自写像》说起[J]. 民族艺术, 2015（6）: 150-159.

[51] 尚刚. 蒙、元御容[J]. 故宫博物院院刊, 2004（3）: 30-58+157.

[52] 马季戈. 商琦生平及其绘画艺术[J]. 故宫博物院院刊, 1992（2）: 88-96.

[53] 何欢欢. 赵孟頫的佛教因缘（下）[J]. 佛教文化, 2007（3）: 36-42.

[54] 孙昌武. 元代的僧诗: 中峯明本的僧风与诗作[J]. 中华文史论丛, 2012（4）: 279-305.

[55] 纪华传. 元代临济宗高僧明本与日本幻住派[J]. 佛学研究, 2013（12）: 130-140.

[56] 杨坤. 中峰禅师画像及其相关史实[J]. 上海文博论丛, 2005（3）: 81-83.

[57] 屈文军. 论元代中书省的本质[J]. 西北民族研究, 2003（3）: 29-42+58.

[58] 易小斌. 冯子振籍贯与生平新证[J]. 北方论丛，2006（5）：83-86.

[59] 桂栖鹏. 冯子振生平三考[J]. 浙江师大学报（社会科学版），2001（4）：1-5.

[60] 阎海. 金毓黻对王万庆资料的收集与研究[J]. 渤海大学学报（哲学社会科学版），2017（6）：19-23.

[61] 王似峰. 黄惇. 赵孟頫年表[J]. 荣宝斋，2002：50

[62] 翁同文. 王蒙为赵孟頫外孙考[J]，台北《大陆杂志》卷二六，一期，1963，30-32.

[63] 周祖谟. 宋亡后仕元之儒学教授[J]. 辅仁杂志，1946，第14卷12期：191-215.

[64] 孙克宽. 江南访贤与延裱儒治[J]. 东海学报，卷8.1967（1）.P19：1-9.

[65] 姚从吾. 程钜夫与忽必烈平宋以后的安定南人问题[J]. 文史哲学报，1968（6）：353-379.

[66] 劳延煊. 元初南方知识分子——诗中所反应的片面[J]. 香港中文大学中国文学研究所学报，1979（10）：129-158.

[67] 陈得芝. 从"遗民诗"看元初江南知识分子的民族气节[J]. 元史及北方民族史研究集刊（5），1981，7-18.

[68] 陈得芝. 程钜夫奉旨求贤江南考[C]//内陆亚洲历史文化研究——韩儒林先生纪念文集. 南京：南京大学出版社，1996，209-242.

[69] 陈得芝. 论宋元之际江南士人的思想和政治动向[J]. 南京大学学报（哲学·人文科学·社会科学），1997（2）：147-161.

[70] 王树林. 元初"江南求贤"及其文坛效应[J]. 南通大学学报：哲学社会科学版，2005（2）：59-65.

[71] 余大钧. 关于元代四等人制下的科举取士[J].《国学研究》第七卷. 北京：北京大学出版社，2000.

[72] 段莹. 元初《保母志》鉴藏热潮之原因——从杨琏真迦发陵事谈起[J]. 中国书法，2019（7）：188-189.

[73] 金丽娟. 赵孟頫碑刻书法的整理和研究[D]. 杭州：杭州师范大学，2016.

[74] 陈爽. 忽必烈时期南方士大夫政治地位的浮沉：元代"南人"地位的局部考察[D]. 北京：北京大学历史系，2002.

[75] 黄雅雯. 赵孟頫尺牍初探[D]. 台南：台南师范学院，2003.

[76] 张明. 赵孟頫书法研究发微[D]. 长春：吉林大学，2007.

[77] 王力春. 元初法书鉴藏研究：以赵孟頫为视角[D]. 长春：吉林大学，2005.

[78] 李敬熙. 赵孟頫艺术对古代韩国与日本的影响研究[D]. 杭州：中国美术学院，2004.

[79] 丁雪艳. 张雨年谱[D]. 桂林：广西师范大学，2002.

[80] 来亚文，钟翀. 宋代湖州城的"界"与"坊"[J]. 杭州师范大学学报（社会科学版），2016（1）：109-122.

| 跋 |

　　十年前我撰写《中国艺术收藏史》时，惊讶地发现虽然吴道子、赵孟頫、倪瓒、黄公望、文徵明等艺术家是中国艺术史上的伟大人物，可是关于他们的传记却没有几本，而且有些明显是"传记小说"，虚构了许多戏剧化的故事，而非严肃可靠的"传记"。写完那本书后我觉得意犹未尽，于是有了给这些艺术家写作传记的想法，我称之为"艺术大师传记系列"。后来还在系列中增加了王羲之、苏轼以及扬州八怪的几位，我觉得他们不仅仅创造了一些新的作品或者艺术形式，而且关联到更广泛的社会、文化议题，对后人的影响也比一般的书画家更大，值得今天的人一再回味。于是一边搜集和阅读他们的诗文集、史料，一边断断续续写起来了。

　　我习惯"多人并进"的写作，就是把自己写作、阅读过程中的想法都记录下来，慢慢再形成更为成熟、系统的书稿，所以经常是今天在写文徵明，明天就写起了赵孟頫，后天又随手记下了关于吴道子的趣事。总之，这十年来，我断断续续都在干这件事，写作的摊子铺得挺大，烂尾工程也挺多。最近几年在亲友、编辑的鼓励下，才下决心把这些作品一一收尾和交付出版。

　　这个系列我最先开始写的是《文徵明传》，这很大程度上是因为我多次到苏州旅行，那里的紫藤、花窗、拙政园、太湖水等具体的事物给我生动鲜明的印象，似乎让我可以摸到16世纪日常生活的影子。我对朋友戏称自己写的是有关"鸡生蛋""蛋生鸡"的传记，侧重追溯苏州为什么出了个文徵明，之后文徵明又带给了苏州什么样的影响。如今的苏州古城给人"旅游景点"的感觉，许多人都喜欢苏州园林的安静雅致，却很少有人意识到，16世纪的苏州在东南、在全国的地位就如同20世纪时上海在东南、在全国的地位。在当时它是一个繁荣喧闹的经济、商业、文化出版中心，在这重要背景下，沈周、唐伯虎、文徵明才有可能成为那个时代江南最著名的视觉艺术家。

写作过程中，我发现苏轼、赵孟頫创造的观念和话语不时出现在文徵明的笔下、口头，文徵明和儿子也是多件赵孟頫作品的收藏者、题跋者。他们还把自己收藏的赵孟頫致明本信札十一通的一部分请刻工温恕、章简甫刻石，列入他们的《停云馆法帖》卷八。文徵明以"神仙中人"称呼自己的老师沈周，其他人又以此称呼文徵明，这也是元代对赵孟頫的一个关键性"称呼"——发现自己写的几个历史人物彼此有许多关联，这算是写作的乐趣之一。

之后写《苏轼传》，到六七万字的时候颇感吃力，就暂停下来。那段时间读厌了三苏的文字，就在临睡前翻《赵孟頫文集》，算是换个口味放松一下。赵孟頫的一生好像比苏轼要平顺，文字大多也温雅平淡，可是个别的诗文字句却让我有"惊心动魄"之感，流露出不易觉察的隐痛。进一步研读《元史》、周密的《癸辛杂识》、陶宗仪的《南村辍耕录》、熊梦祥的《析津志》等文献，对元代初中期的政局、社会生活有了大概的认知，再回头看赵孟頫的诗文，看他的亲友撰写的赵孟頫行状、墓志铭，发现那里面隐藏了不少暗语，还有许多他不愿、不敢置词的空白……如果把这些一一揭示出来，足以颠覆我以前认知的那个赵孟頫。

于是我暂时放下苏轼，转而写赵孟頫，一个不太浪漫的人，一个才子真实而残酷的命运。他是"被动的成功者"，他是从一品的翰林学士承旨，是元代中期最著名的文人艺术家，却无法明言自己的诸多苦衷，只能在给佛教师父的信札中不断忏悔。

这本书严谨地从元代的基本史料出发，对赵孟頫一生的重要经历、有关传言进行了分析，这些"背后的工作"有些体现在注释中，部分内容参考了最近三十年元史学者、考古学家、艺术史学者的研究成果，在书中都一一给予注明，尤其是从任道斌、陈高华、王连起、赵华四位先生的有关研究中所得启示尤多，在此特别致意。

需要强调的是，这本书里没有任何虚构情节。这里面提及的所有人物、事件、建筑、风俗、引用的言论都有元明时期的原始文献为证，并无文学性的虚构。仅仅是个别场景中对人物的内心、彼此的关系从当时的情理出发做了些许推测。

在正文中，我试图以"视觉线索"推进叙事，所以详细写了赵孟頫眼中的大都、杭州、湖州，写了他三次来往大都的路途上可能的见闻，尝试让这本传记具有某种"视觉性"。比如他第一次到北京时正值大都建成不久，我以他的视角描述这座新城的建筑、风俗以及活跃的四方人士，有些是赵孟頫自己诗文中明确提及的，有些则是根据同时代的文献给予"补充性复原"。比如大都的大圣寿万安寺的白塔是当时大都第二高的建筑，也是元朝皇帝极为重视的一座寺庙，赵孟頫不可能没有注意到它，可是他却没有在诗文中提及这座寺庙，我在书中提供了一种基于史料的推测和解释。

写作这本书也在不断唤起我的记忆。我在北京师范大学就读时经常去积水潭闲逛，那里在元代是京杭大运河的终点；我也去过很多次"北土城"，那是元大都的北城墙残迹；如今我住在东五环外亮马河和坝河交汇的地方。我常带着儿子去河边，看他往里面扔小石子玩，一天偶然了解到这里竟然是当年京杭大运河的一段，刹那间感觉自己顿时也"古老起来"，有了些许感慨：许多年前，赵孟頫就从我眼前的运河上乘船经过。

元代是一个容易被今天的人误解的时代，因为它的时间比较短，蒙古统治者也不太重视汉文文献的撰写和保存，没有留下太多文献让后人研究。可是现在看来，元代尽管受到许多失去出仕途径的文人的恶评，可是在那个时代，农民、商人、手工业者似乎都过得比明朝舒适——元代农民缴纳的税收继承了金、南宋的制度，总体而言要比明代的税负低很多，商税堪称轻微。相比之下明代对农民、商人的征税很重，民众还要承担繁重的徭役，以致明代人也不得不承认"前元取民最轻"（沈德符《万历野获编》）。

元代江南地区的农业、商业、手工业乃至对外贸易都相当发达，赵孟頫恰好活跃在当时经济最繁荣的太湖流域和杭州，他也和这里的社会各界有密切的关系。可以说，赵孟頫是太湖流域乃至江南地区第一个享誉全国的书画家，不仅对之后的元四家，而且对整个明清的书画艺术都产生了极大影响。

赵孟頫一生有许多隐约其辞的苦衷，对此今人或许可以有"了解之同情"。他和家人都对他的前期经历、家族、婚姻等有所遮掩，不管是为了个人前途、家族名声还是避免政治祸患，都在人性可以理解的尺度之内。在那个时代，不仅仅他一个人如此，如同样从南方北上的才子冯子振，也对自己出仕元朝的缘起、早年在集贤院的经历故意"语焉不详"，尽管他面对的社会压力并不比赵孟頫更严重。

本书章节名称中的七言诗句都是从赵孟頫的诗作中摘出的，可以形容他那一阶段的状态。希望这本传记可以帮助读者认识赵孟頫这个人的多个侧面，也能对元代文化生态有更加丰富的理解。

周文翰